OS PASSOS DO HOMEM COMO RESTOLHO DO TEMPO

MEMÓRIA E FIM DO FIM DA HISTÓRIA

FERNANDO CATROGA

OS PASSOS DO HOMEM COMO RESTOLHO DO TEMPO

MEMÓRIA E FIM DO FIM DA HISTÓRIA

Posfácio de Anselmo Borges

2.ª edição

(Reimpressão)

OS PASSOS DO HOMEM
COMO RESTOLHO DO TEMPO
MEMÓRIA E FIM DO FIM DA HISTÓRIA

AUTOR
FERNANDO CATROGA

EDITOR
EDIÇÕES ALMEDINA, S.A.
Rua Fernandes Tomás, n.ᵒˢ 76, 78, 80
3000-167 Coimbra
Tel.: 239 851 904
Fax: 239 851 901
www.almedina.net
editora@almedina.net

PRÉ-IMPRESSÃO
G.C. – GRÁFICA DE COIMBRA, LDA.

IMPRESSÃO | ACABAMENTO
Papelmunde

Abril, 2016

DEPÓSITO LEGAL
333146/11

Os dados e as opiniões inseridos na presente publicação
são da exclusiva responsabilidade do(s) seu(s) autor(es).

Toda a reprodução desta obra, por fotocópia ou outro qualquer
processo, sem prévia autorização escrita do Editor, é ilícita
e passível de procedimento judicial contra o infractor.

Biblioteca Nacional de Portugal – Catalogação na Publicação

CATROGA, Fernando, 1945-

Os passos do homem como restolho do tempo:
memória e fim do fim da história – 2.ª ed.
ISBN 978-972-40-4614-3

CDU 930

À memória de

MIGUEL BAPTISTA PEREIRA

Palavras Prévias

O passo que o homem dá para a frente tem na peugada anterior a sua condição de possibilidade. Trespassado de tempo, o seu caminhar vai deixando traços no ecrã branco de Cronos que, ou serão sugados pelo Letes que é pior que a morte, ou, como no recalcado de cada existência, perdurarão – mesmo quando esquecidos ou não encontrados – como reserva de memória e de história. Seja como for, eles são sinais que o impedem de ser só presente ou só futuro. Dir-se-ia que vão colados às solas de seus pés como sombras que, se ficam para trás, o sol da vida também projecta para diante, o que, ao impedir tolher-se aquilo que tudo degrada, suscita a construção de histórias que visam criar a ilusão de o domesticar. No entanto, esse impulso está sempre em fuga, mas não como um prisioneiro, porque nunca foi nem será enclausurado. E tais esforços foram desenhando geometrias do devir, com configurações redutíveis a três modelos-tipo essenciais: o cíclico, o estacionário e o linear. Compreende-se. Compensando a incapacidade de saber o que é o tempo, o homem enreda o seu fio invisível para, debalde, o apanhar.

Assim como no tratamento pacificador do corpo morto (e da alma dos mortos), também aqui se trata de simular e de apreender a ritualização do que não se quer nem pode ser olhado de frente. Ente memorioso imbuído de expectativas, o homem, ao narrar-se como história, apazigua os acontecimentos, inscrevendo-os em espaços e tempos que ordena por eixos de sentido. Como ele sabe que só com o esquecimento irreversível a morte se transforma em definitivo nada, o diálogo com os signos da ausência é uma *re-presentificação*, mediante a qual, ao darem futuros ao passado, os vivos estão a afiançar um futuro para si próprios.

Tudo isto pode ser dito de outro modo: o homem conta histórias como protesto contra a sua finitude. E não são nem a mudança do horizonte dos regimes da experiência do tempo, nem a linguagem que os expressa, que alteram uma necessidade que decorre da carência trazida pela corrupção e pelo esquecimento. Se ele soubesse sempre – como o sabe a deusa grega da memória – o que foi, o que é e o que será, não haveria nem recordação, nem atitudes de espera, nem necessidade de se deixar marcas que as solicitassem. Porém, como nesse trilho se revela a consciência da morte e da sua repulsa, o significado das pegadas de quem passou é inseparável das interrogações que elas colocam a quem vem. Transcendental metafísico que obriga a equacionar a historicidade das respostas. E este é o escopo essencial das páginas que se seguem, escritas, não de um não-lugar, mas como uma viagem, há séculos iniciada e para muitos já cumprida, do expresso do Ocidente.

Primeira Parte

UMA POÉTICA DA AUSÊNCIA

CAPÍTULO I

Recordação e esquecimento

Existe um relativo consenso acerca do papel da recordação na génese das identidades pessoais e sociais. Joël Candau (1996) chamou justamente a atenção para a existência de três níveis na memória: a *protomemória*, fruto, em boa parte, da socialização, e fonte dos automatismos do agir, correspondendo ao que, em *Matière et mémoire*, Bergson designou por "mémoire-habitude", acepção que, por conseguinte, tem a ver com o corpo como memória; a *memória propriamente dita*, que enfatiza a *recordação* e o *reconhecimento*; e a *metamemória*, conceito que define as representações, de pendor comemorativo, que o indivíduo faz de um modo compartilhado e onde predomina a chamada "recordação-imagem". Devido ao seu cariz, dir-se-ia que a primeira acepção se refere a algo de passivo – isto é, ao que os gregos chamavam *mnême* –, enquanto as duas últimas recobrem a noção de *anámnesis*, ao significarem a procura activa de recordações. E estas também remetem para a maneira como cada um se filia no seu próprio passado e como, explicitamente, constrói a sua *identidade* e se *distingue* dos outros. Por sua vez, se as duas primeiras têm uma dimensão mais espontânea, a terceira acentua as características inerentes à chamada *memória colectiva* e *histórica*, bem como às modalidades da sua reprodução. Mas é óbvio que todas elas se interligam, e será um erro resumir a fenomenologia da memória à espontaneidade e autarcia do *eu*, dado que ela também está sujeita a uma sobredeterminação social.

Memória e alteridade

Cada indivíduo participa, simultaneamente, em vários campos mnésicos, conforme a perspectiva em que coloca a sua retrospecção. Porém, esta é passível de ser reduzida a duas atitudes nucleares: a *autobiográfica* e a *histórica*. E, se elas não se confundem – a última é mais extensa e transmissível –, o certo é que, como o próprio Halbwachs reconhece em *La Mémoire collective*, ambas se implicam reciprocamente. Compreende-se:

um indivíduo que vivesse autarcicamente não podia ultrapassar a mesmidade e sofreria de amnésia. É que "un homme, pour évoquer son propre passé, a souvent besoin de faire appel aux souvenirs des autres. Il se rapporte à des points de repère qui existent hors de lui, et qui sont fixés par la société. Bien plus, le fonctionnement de la mémoire individuelle n'est pas possible sans ces instruments que sont les mots et les idées, que l'individu n'a pas inventés, et qu'il emprunte à son milieu" (Maurice Halbwachs, 1997). Como consequência, as recordações radicam na subjectividade, embora cada *eu* só ganhe consciência de si em comunicação com os outros, pelo que a evocação do que lhe é próprio tem ínsitas as condições que a socializam.

Na experiência vivida, a memória individual é formada pela coexistência, tensional e nem sempre pacífica, de várias memórias (pessoais, familiares, grupais, regionais, nacionais, etc.) em permanente construção, devido à incessante mudança do presente em passado e às alterações ocorridas no campo das *re-presentações* (ou *re-presentificações*) do pretérito. Significa isto que a recordação, enquanto presente-passado, é vivência interior na qual a identidade do *eu*, ou melhor, a ipseidade, unifica os diversos tempos sociais em que comparticipa. Assim, contra a tese bergsoniana da existência de uma "memória pura", os dados imediatos da consciência são tecidos por uma pluralidade de memórias outras que coabitam na memória subjectiva (Gérard Namer, 1997), cuja mediação acaba por especificar o modo como aquelas são apropriadas.

Perante estes considerandos, será pertinente falar de *memória colectiva*? Não será este conceito filho de uma ilusão holística, de cariz antropomórfico e antropopático, incompatível com a actual reivindicação da subjectividade e com a contestação da auto-suficiência e autonomia das totalidades sociais? Já Santo Agostinho (*Confissões*, XI) centrou a recordação na alma, medida do tempo, sendo este experienciado como uma indizível tensão entre a anamnese e as saudades do futuro. Com isto, o autor de *A Cidade de Deus* inaugurou um modo de pensar que, passando por Locke e Husserl, circunscreveu a memória a um "olhar interior" e à assunção pessoal das temporalidades.

Todavia, alguns outros têm acentuado o "olhar exterior" da memória, ao entificarem a sua dimensão colectiva e social, como, na linha da sociologia de Durkheim, o fez Halbwachs nos seus *Cadres sociaux de la mémoire* (1925; 1952); outros, contudo, têm sublinhado que, em coexistência interna com a *memória pública*, existe a *memória privada*, sendo difícil não reconhecer que ambas interagem e se formam em simultâneo. Aqui, alinha-se com as posições dos que têm buscado os fundamentos do consenso numa espécie de terceira via entre o atomismo social extremo e o organicismo totalizante, onde a memória colectiva emerge substantivada como memória histórica e, sobretudo, como memória nacional. Sendo esta "un recueil des traces laissés par les événements qui ont affecté le cours de l'histoire des groupes concernés", é igualmente ela que confere "le pouvoir de mettre en scène souvenirs communs à l'occasion de fêtes, de rites, de célébrations publiques" (Paul Ricœur, 2000). Mas, como se medeia o relacionamento entre a interioridade do sujeito e algo que parece vir e estar no seu exterior? Para justificar essa ponte, Ricœur recorreu ao conceito de intersubjectividade.

A pressuposição de que esse liame é feito por um sujeito transcendental, que correlaciona a destrinça entre o *eu* e o *outro-eu*, coloca a análise num plano pouco apto para dar conta de experiências indissoluvelmente ligadas à vida da *pólis* (Jeffrey Andrew Barash, 2008; 2006). O sujeito, mesmo antes de ser um *eu*, já está, a um certo nível, imerso na placenta de uma memória que o socializa e à luz da qual ele irá definir, quer a sua estratégia de vida, quer os seus sentimentos de pertença e de adesão ao colectivo. Porém, se o modelo da reificação externa deste último nível é perigoso – pois volta-se contra os seus próprios criadores –, não o será menos supor-se que a memória colectiva só existe como uma espécie de resultado do contrato social. Ela é um adquirido que a subjectividade permanentemente renegoceia, em particular nas sociedades mais complexas e heterogéneas dos dias de hoje.

Perspectivar a estruturação, assimilação e reprodução da memória colectiva na longa duração não é incompatível com a tese de Ricœur (1996-1997), segundo a qual recordar é, em si mesmo, um acto relacional, ou melhor, de alteridade. Por conseguinte, a relação com o passado não se esgota numa evocação em que cada subjectividade se convoca a si mesma como um *outro* que já foi (embora a sua coerência narcísica tenda a escamotear esta diferença temporal, em nome da omnipresença do mesmo – a identidade essencializada –, em todas as fases da vida de cada indivíduo). E ela decorre, também, do facto de a recordação envolver sujeitos diferentes do evocador e de o desejo de ascender ao verosímil se comprovar com o recurso às recordações dos outros. Por sua vez, como a consciência do *eu* se matura em correlação com camadas memoriais não só directamente vividas, mas também adquiridas, tem de se ter presente que estas, para além das de origem pessoal, só se formam a partir de narrações contadas por outros, ou lidas e vistas em outros, o que prova que a memória é um processo relacional e intersubjectivo (G. Namer, 1997), mas no seio de um horizonte comum que permite o reconhecimento e a compartilha.

Quanto à vivência temporal que a põe em acção, só uma leitura ingénua a pode cingir à sua dimensão subjectiva. Ainda que apenas os indivíduos possam recordar – só por metáfora se poderá afirmar que as "sociedades recordam" –, a interiorização da alteridade permite detectar a existência de uma analogia entre a estrutura subjectiva do tempo (presente-passado, presente-presente, presente-futuro) e a que passou a dar sentido à vida colectiva. Esta semelhança levou Reinhart Koselleck (1993), entre outros, a sustentar que a própria constituição da consciência histórica moderna (explicitada tanto nas representações anamnéticas, como nas grandes narrativas das teorias da história e nas "reconstituições" historiográficas) tem uma das suas raízes na influência da visão judaico-cristã do tempo – pioneiramente explicitada por Santo Agostinho –, pois secularizou os "horizontes de expectativas", enraizando-os em "campos de experiência". Isto faz do presente histórico um permanente ponto de encontro da recordação com a esperança.

É certo que se terá de ser cauteloso na transposição destas semelhanças. Porém, nunca como no século XIX (e boa parte do século XX) essa comparação foi tão acreditada. Entende-se. Essa também foi a época dos historicismos e em que se assistiu à gradual reificação das "ideias colectivas" (Durkheim), tendência que conduziu à elaboração dos conceitos de *memória social* e de *memória colectiva*, assim como ao correlato reforço da definição da sociedade como um organismo, ou como uma totalidade. E, não por acaso, tais propostas teóricas foram condicionadas por mudanças sociais provocadas pela industrialização e pela emergência da sociedade de massas, processo que, como se sabe, teve como uma das suas maiores consequências a entificação de "sujeitos sociais colectivos" (*civilização, nação, povo, classe, raça*) postulados, pelo historicismo ocidental, como motores imanentes do dinamismo histórico.

Neste contexto, a história foi cada vez mais apresentada como um *iter*, no qual o conhecimento do passado era premissa fundamental para se entender o presente e se transformar o futuro. Ora, se a actual reivindicação da subjectividade tem contestado esta excessiva ontologização dos "factos sociais" (com destaque para Peter Berger, Luckmann, Josette Coenen--Huther), não se pode negar que, num certo sentido, a tradução subjectiva da anamnese se dá dentro de "quadros sociais" – interiorizados, porém, a partir dos *topoi* históricos do próprio evocador – e que tudo isto conduz à necessidade de se dar coerência narrativa à vida dos grupos, como se de "*eus* colectivos" se tratasse. De onde a importância de se precisar melhor os laços existentes entre conceitos como *memória social* e *memória colectiva*.

Na tradição durkheimiana, eles assentam na distinção entre *sociedade* e *sociedades*: enquanto a primeira se supõe ser uma criação social espontânea, a segunda refere-se ao modo concreto e histórico como os vários grupos constroem e transmitem o passado comum. Deste modo, as memórias colectivas, com as suas pluralidades muitas vezes conflituosas e irredutíveis, comparticipam da memória social, substrato adquirido e matricial que, mesmo quando aquelas se extinguem, permite acreditar na continuidade do tempo social e possibilitar a génese de novas memórias colectivas e históricas.

O que ficou escrito não pretende pôr em causa a objectividade de tais conceitos, mas visa salientar que a sua definição em termos de uma exterioridade coisificada requer prevenções relativizadoras. Como bem salientou Gérard Namer, o próprio Halbwachs, em *La Mémoire collective*, reviu o "realismo" defendido em *Les Cadres sociaux*, quando passou a aceitar a interiorização da própria experiência do tempo social e a deixar portas abertas para se sopesar o papel inclusivo da memória pessoal na socialização e transformação do que cada sujeito recebe como *herança*. Isto obriga a reconhecer-se a existência de alguma autonomia ao papel específico dos indivíduos na formação do *habitus* (Norbert Elias, Pierre Bourdieu), como se cada um fosse formado por "duas personalidades", embora unificadas pela dialéctica entre a *inclusão* e a *exclusão* (G. Simmel), ou melhor, entre a ipseidade e a alteridade (G. Namer, 1997).

A formação do *eu* será, assim, inseparável da maneira como cada um se relaciona com os valores da(s) sociedade(s) e grupo(s) em que se situa e do modo como, à luz do seu passado, organiza o seu percurso como *projecto*. Qual mónade, ele é um microcosmos constituído pela síntese que resulta do trabalho que a mediação subjectiva opera sobre as várias influências exteriores. Na linguagem de Halbwachs, significa isto que a personalidade se forma sempre dentro de "quadros sociais de memória", pano de fundo que, todavia, consente tanto a apropriação mais personalizada do herdado, como as suas reinterpretações. E estas, se, regra geral, possibilitam a comunicação e o consenso entre os indivíduos e uma transmissão revivificada do passado, também são alvo de rejeições, fenómeno

Memória, esquecimento e expectativas na construção selectiva do passado

Todos estes condicionamentos ditam que a memória seja sempre *selectiva* (T. Todorov, 1998), pelo que ela não pode ser encarada como um armazém inerte, onde, por ocasional e arbitrária acumulação, se recolhem os acontecimentos vividos por cada indivíduo, tal como acontece com as coisas amontoadas no sótão da casa dos avós. Bem pelo contrário. Ela é retenção afectiva e "quente" dos "traços" inscritos na tensão tridimensional do tempo que permanentemente a tece. Por isso, o esquecimento, sendo uma "queda" e, portanto, uma "perda" – de onde a nostalgia e a saudade –, só será definitivamente o nada se ficarmos surdos e cegos à reminiscência do que já foi conhecido e, sobretudo, vivido.

Defrontando a incessante dialéctica que existe entre a recordação e o esquecimento, e tendo em vista uma assumida demarcação dos planos psicofisiológicos da memória (corticais, psíquicos), Ricœur procurou decifrar o enigma da representação do passado na memória. E recorreu à resposta dada por Platão no *Teeteto* através do *eikôn*, isto é, da imagem--recordação, a fim de sublinhar o seu paradoxo: ele é a presença, no espírito do homem, de uma coisa ausente, ou melhor, é *presença da ausência*. Mas, a esta característica da memória, Aristóteles juntou esta outra: ela transporta a marca do tempo, o que define uma linha de fronteira, por mais móvel que ela seja, entre, por um lado, a imaginação e o fantasmático e, por outro lado, a memória, que se refere a uma anterioridade, ao que já aconteceu (François Dosse, 2008).

Daí que, àquelas duas manifestações de traços memoriais, o filósofo tenha articulado uma outra, a que chamou *memória material*, nível em que os traços abrem a possibilidade de o esquecimento ser historiável. No entanto, ter-se-á igualmente de pesar a destrinça entre um *esquecimento irreversível* e o *esquecimento de reserva*, já que só este potencia a assunção do que já não existe, como memória e como historiografia, porque o primeiro é o reino do vazio, enquanto, no segundo, o esquecimento se reveste de uma significação positiva (P. Ricœur, 2000; F. Dosse, 2008).

Tem-se consciência de que o uso desta terminologia pode gerar confusões, por remeter explicitamente para uma longa tradição metafísica e por sugerir algo controverso, a saber: a definição do esquecimento como um produto da memória. Não pensava assim Heidegger, por exemplo, para quem a pergunta sobre o ser-aí (*Dasein*) obrigava a defender-se que aquela (*Erinnrung*) é consequente ao esquecimento (*Seinsvergessenheit*), e não o contrário, como pretenderam Platão e os seus continuadores essencialistas e metafísicos. E essa radicalidade patentar-se-ia ao analisar-se o *Dasein* na sua existência quotidiana, banal e inautêntica, isto é, como *das Mann*, experiência em que o seu cariz finito, que o faz um ser-para-a-morte, estaria sob o manto da amnésia. Por isso, a este nível, o tempo é concebido como uma sequência em que o futuro, enquanto espera de acontecimentos, se configura como uma continuidade do presente, logo como um prolongamento uniforme do passado, permanência que mascara, pelo olvido, a aproximação inquietante da morte futura (J. A. Barash, 2004).

Assumir esta derradeira condicionalidade significa o acesso à autenticidade existencial, recordação que só pode emanar do esquecimento, e não o contrário. No entanto, a decisão da sua autenticidade não é descrita, por Heidegger, em termos de memória, mas de repetição (*Wiederholung*). Por ela é relembrado ao *Dasein* que essa escolha tem de ser norteada pela finitude inerente à sua condição de ser-para-a-morte, o que, ao nível da experiência do tempo, conduz a um confronto com um futuro exclusivamente individual, horizonte que explica o pouco relevo que ele deu à memória, carência que está em evidente consonância com a sua análoga desvalorização da historiografia, bem como de todas as questões que pudessem desaguar na socialização da vida autêntica do *Dasein*, mormente as respeitantes à problemática da memória histórica. Daí que se tenha visto neste posicionamento, gizado contra o platonismo, não uma ruptura com a metafísica clássica, mas a sua manutenção mediante o prolongamento da cesura entre a filosofia e a vida pública, algo impossível quando, sem se cair no essencialismo, se evidencia o papel da anamnese (J. A. Barash, 2004).

A autenticidade existencial heideggeriana, ao lembrar-se da finitude e da morte, esqueceu-se não só da memória, mas também de uma outra condicionalidade humana que não é extinção definitiva da alteridade, mas criação genesíaca que a possibilita: o *nascimento*. Hannah Arendt, antiga discípula e companheira de Heidegger, sublinhou este dualismo precisamente para reivindicar a importância da memória e da vida pública. Mergulhado na *physis*, o homem age contra o determinismo através: do *tra-*

balho, para garantir a sobrevivência da espécie; do *obrar*, em ordem a assegurar artefactos menos corruptíveis, como a escrita, e a conferir mais permanência à índole fútil e evanescente da finitude do tempo humano; e, por fim, da *acção*, que, contra os ditames da natureza, cria "a condição para o recordar, quer dizer, para a História" (Hannah Arendt, 1968). E, se estas expressões estão interligadas, o nexo mais estreito com a *natalidade* é mantido pela *acção*.

Compreende-se, já que esta, rompendo com a repetição da natureza, reifica o que cria, de molde a *conservar* e, assim, vencer a degradação provocada pelo tempo. Como é lógico, tudo se dá, como em Heidegger, num horizonte limitado pela morte. Mas é precisamente porque a *acção* se afirma como construtora de "structures de *souvenance*" que o homem pode aspirar a uma durabilidade estável devido aos efeitos da *praxis* plasmados na obra histórica, na obra política, na obra de arte, etc. Isto é, "en créant des conditions pour le souvenir sous forme de mots et de faits, l'œuvre effectuée à travers le souvenir approche 'l'immortalité' terrestre" (J. A. Barash, 2004).

Nesta acção, a anamnese não eleva a alma a um reino eterno de ideias imutáveis e essenciais, nem põe em prática uma intelectualizada dialéctica ascendente que as volta a intuir através da libertação do mundo dos sentidos e da *doxa*. Dir-se-ia que o inscrito na memória não pode ser definido como um *intellectus archetypus*. O esquecido pode sempre vir, com rosto retocado, bater à porta do andar de cima onde mora o acto de recordar. Porém, qualquer que seja o seu percurso, essa ascensão é activa, pois produzirá as inevitáveis metamorfoses ditadas pela mediação das estratégias de vida (de que ela faz parte) e que age como uma *re-presentificação* doadora de futuros ao passado.

Do lado das incidências políticas desta actividade, é fácil presumir que Platão e Aristóteles não acreditavam que os mortais se pudessem "imortalizar" através de grandes factos e de grandes palavras. Ligada à *praxis* e à luta contra a *physis*, a recordação reactualizava a memória e reproduzia cadeias geracionais através de narrações que iam desde as dos tempos míticos, em que o mundo ainda estaria cheio de deuses, até às registadas em verso ou em prosa. Deste modo, ganha sentido que a fundamentação do uso público da memória tenha os seus arcanos em Homero, Heródoto e Heraclito. E mais à frente serão retomadas as consequências desta perspectiva, ao analisar-se a estranheza metafísica dos filósofos gregos perante o aparecimento de um género novo, apostado, como o trabalho dos aedos, em combater o esquecimento e a que chamou *Histórias*.

Por tudo isto, ter-se-á de concordar que a memória e o esquecimento se exigem reciprocamente. Se a vida é impossível sem a primeira, nem que seja ao nível da sua acção como protomemória ou como *habitus,* ela seria igualmente impossível sem o esquecimento. Disse-o Nietzsche (1999) na sua palinódia contra os abusos historicistas da memória e relembrou-o Renan (1992), ao sublinhar o papel positivo da amnésia na consolidação da memória individual e colectiva. De facto, em 1882, ao equacionar o cariz contratual da origem das nações – em confronto com o peso da tradição –, escreveu: "L'oubli, et je dirai même l'erreur historique, sont un facteur essentiel de la création d'une nation."

Ora, seja como recordação ou como esquecimento, nunca é o passado que se impõe ao presente, mas é este, enquanto permanente tensão e protensão, que vai urdindo as tonalidades – que podem chegar à patologia – de presença do ausente (François Dosse, 2006). Logo, não será correcto figurar a memória sob o signo do ícone platónico, ou como um depósito de coisas inertes, e caracterizar a indefinível experiência individual do tempo como se passado, presente e futuro fossem uma mera soma de categorias temporais. E só por desconhecimento dos processos de *enraizamento* se poderá confundir esta atitude com o passadismo, ou pensar que ela se esgota na nostalgia, ou, de um modo menos referencial, na saudade, não por acaso sinónimo de desejo de tornar presente o que se sabe ausente. Como toda a retrospectiva sentida, ela é uma *retroprotensão*, mas em que nem o antes se mantém *em si* e *por si*, nem o futuro é exclusivamente absorvido, como em Heidegger, pela certeza da finitude e da morte.

A unidade do *eu*, ou melhor, a ipseidade (Ricœur), atravessa os vazios da amnésia, como se o percurso autobiográfico fosse um *continuum* cuja coerência existencial unifica os buracos negros da caminhada, isto é, como se, desde as suas primícias, cada estratégia de vida fosse incindível do cumprimento de uma omnipresente vocação específica: a de se realizar como projecto. De onde o cariz totalizador e teleológico da recordação, pois a retrospectiva, esquecendo-se do esquecimento, cose um enredo finalístico que domestica o aleatório, o casual, os efeitos perversos e descontínuos do real-passado quando este foi presente. Em certa medida, ela é – como as outras narrativas que exprimem a historicidade do homem – uma previsão ao contrário (o *efeito* é a causa não confessada da sua própria *causa*).

Daí que, na anamnese, a história e a ficção se misturem, a verdade factual se mescle com conotações estéticas e éticas, e que já Halbwachs encontrasse na narrativa memorial uma "lógica em acção", onde os pontos de partida e de chegada são escolhidos pelo próprio evocador (fale este em nome individual – no cumprimento de estratégia autolegitimadora de um percurso de vida –, ou em nome de um grupo: família, associação, partido, igreja, nação, humanidade). Mas também se entende que, com a irrupção do recalcado, essa continuidade seja desconstruída, ruptura que pode levar a estados patológicos.

Esta tensão está ainda mais patente quando o recordado é fruto de uma rememoração "quente", faculdade que, como assinalou Walter Benjamin, não se limita a evocar o passado; ao contrário, ela deseja transformá--lo, em ordem a ultimar-se o que o tempo deixa sempre inacabado. Em suma: quando é acto de revivescência, "elle est l'instrument d'efficacité retrospective du présent sur le passé; grâce à elle le temps historique cesse d'apparaître comme irreversible" (Stéphane Mosès, 1992). A recordação é a prova de que se pode experienciar o tempo fora dos quadros do causalismo mecânico. Por isso, a convocação do acontecido não é escrava da ordenação irreversível, causal ou analógica em relação ao presente. Os seus nexos são urdidos por afinidades electivas, e estas determinam que cada presente construa a sua própria história dentro do horizonte de possibilidades que ele é, não só em função da onticidade do que ocorreu, mas também das suas carências, necessidades e expectativas. Como, algures, afirmou Balzac, afinal, "a esperança é a memória que deseja".

O recordado como a ponta do icebergue do esquecido

Também se sabe que a memória (subjectiva e/ou colectiva) tende a olvidar-se do esquecido que constrói, bem como a não reconhecer que ela é uma espécie de ponta do *iceberg* do subconsciente ou inconscientemente recalcado (Marc Augé, 1998). Quer isto dizer que o ausente pode ser tão importante como o lembrado, como o enfatiza uma religião tão anamnética como a judaica (Y. H. Yerushalmi *et al.*, 1988). E, se uma parte deste continente submerso é passível de ser recordada, o certo é que existirá sempre a ameaça da amnésia, permanente direito de portagem que a anamnese tem de pagar ao esquecimento. E, conquanto esta dialéctica tenha muito de espontâneo, quanto maior for a dimensão colectiva e histórica da memória, maior será a margem de manobra para o seu uso e abuso (T. Todorov, 1998).

Destarte, como acreditar que a recordação seja voz verdadeira do pretérito e como não perceber que é ela que dá futuros ao passado, numa actividade de *re-presentificação* que, se não for praticada, será devorada pela corrupção do tempo? A memória poderá desempenhar a sua função social através de liturgias próprias, centradas em suscitações que só os *traços- -vestígios* do que já não existe são capazes de provocar. Portanto, o seu conteúdo é inseparável não só das expectativas em relação ao futuro, como dos seus campos de objectivação – linguagem, imagens, relíquias, lugares, escrita, monumentos – e dos ritos que o reproduzem e transmitem, o que mostra que ela nunca se desenvolverá sem a presença de registos interiores (*traços*) que, do exterior, os suportes materiais, sociais e simbólicos podem reavivar.

Mais especificamente, a *re-presentificação* é *experiência temporal* indissociável da sua *espacialização*. Contudo, esta faceta não se restringe à sua materialidade, pois também forma um *campo semântico* que garante uma *duração que simula a da eternidade* – o rito suspende o tempo banal –, base necessária para identificar e perpetuar as mundividências individuais e grupais. E a pluralidade de tempos, unificados na memória sempre em tensão, implica cortes na homogeneidade do espaço, ainda que, em certos casos, a incidência se dê sobre a mesma realidade física que a sacralidade da recordação e da celebração fragmenta em diversos "lugares de memória". Pode assim dizer-se que a memória *temporaliza o território*, marcando-lhe fronteiras, que agem como significantes, porque "l'espace social est [...] nécessairement dans le temps [...] car l'image de l'espace ne dure que dans la mesure où le groupe fixe sur elle son attention et l'assimile à sa pensée" (M. Halbwachs, 1997). Com essa apropriação, entra-se no campo simbólico. E este transformar-se-á tanto mais em *património* quanto mais se passar da *recordação vivida* para a *comemoração institucionalizada*, domínio da *repetição* em que a memória pública aparece integrada num ordenamento do tempo comandado pelas políticas da memória.

Memória e monumento

Em suma: não há representação memorial (nem historiografia) sem *traços*. Registada desde o século XII, a palavra (do latim *tractus*) referia-se a uma sequência de impressões deixadas pela passagem de um animal, o que lhe permitiria funcionar como *testemunho* e *indício*, como ensinaram Lévinas, Ginzburg e Paul Ricœur, pelo que não surpreende que a extensão do seu significado se tenha alargado, referindo-se, hoje, a qualquer vestígio humano, voluntário ou involuntário. E, se a memória material só age a partir de *traços* inscritos na mente, ou deixados no seu exterior, a sua produção como *metamemória* requer a exteriorização das representações do tempo e do espaço pelo rito, prática anamnética nuclear nas sociedades sem escrita, mas que não se extinguirá nas que irão desenvolver outras *ars memoriae*.

Aliás, não deixa de ser sintomático que a própria origem da palavra *memória* pareça solicitar o *traço* e o rito. Com efeito, a expressão latina *monumento* deriva da raiz indo-europeia *men*, e esta também se aplica a uma das funções nucleares do espírito (*mens*), a *memória*. Mas a ligação entre o *monumento* e a *memória* não pode ser vista em termos exclusivamente eruditos, ela também convida ao relacionamento das dimensões espaciotemporais que ambos os conceitos implicam (Jacques Le Goff, 1984; 1991). E, se todo o monumento é *traço* do passado, consciente ou involuntariamente deixado, a sua leitura só será *re-suscitadora* de memórias se não se limitar à perspectiva gnosiológica e "fria" (típica da leitura patrimonial, museológica e historiográfica) e se for afagada na partilha com outros.

Na verdade, nas suas enunciações mais afectivas, o *diálogo* entre o presente e o passado quase anula o distanciamento entre o sujeito e o objecto e constitui, mais do que uma prática frívola e egóide, um acto cordial e comunitário, um *re-cordare com*, isto é, um *co-memorar*. Nesta dimensão, a memória só pode ser narrada na linguagem pública e instituinte do rito, pois comemorar, na acepção que melhor cumpre o acto vivificante do recordar, é sair da autarcia do sujeito (manifestação potencialmente patológica) e integrar o *eu* na linguagem comum das práticas simbólicas e comunicativas.

A mediação espacial do *traço* surge, portanto, como condição necessária para que a recordação não degenere em exclusiva imaginação e para que, ao ser prática *re-presentificadora*, seja também enunciação que ordena o caos e a descontinuidade *événementiel*, conferindo sentido à vida dos indivíduos e dos grupos em que cada um se integra. Mas também é verdade que, se o *monumento* é símbolo que espera a recordação, o seu significado mais radical só será apreendido se as suas conotações forem confrontadas, tanto quanto possível, com o que elas também omitem e ocultam.

A memória como narrativa

Não obstante só os indivíduos poderem recordar, os ritos anamnésicos e, particularmente, os comemorativos têm efeitos holísticos e desempenham funções instauradoras de sociabilidades (Pierre Bourdieu) que ultrapassam o problema da *fidelidade*, a principal pretensão cognitiva da memória. É que, como se assinalou, esta também tem um papel *pragmático* e *normativo*. Em nome de uma história ("era uma vez"), ou de um património comum (espiritual e/ou material), ela insere os indivíduos em cadeias de *filiação identitária*, *distinguindo-os* e *diferenciando-os* em relação a *outros*, e exige-lhes, em nome da inefável identidade do *eu* – ipseidade suposta como o actante omnipresente em todas as fases da vida –, ou da perenidade do grupo, deveres e lealdades endógenos. O seu efeito tende a traduzir-se numa *mensagem*, ou melhor, tende a interiorizar-se como *norma*.

Como salientou Y. Yerushalmi, é da essência da memória o que a palavra hebraica *Zakhor* ("tu lembrar-te-ás") traduz, a saber: a necessidade de se "continuar a narrar" o acontecido através da mesma narrativa, a fim de, contra a amnésia, se manter e transmitir viva a presença do que se passou. Mas, ao invés do que acontece em outras religiões, a sacralidade judaico-cristã não subsume o histórico, já que, longe de sair do tempo, a sua recitação, que memoriza e não cessa de recordar, transcorre da temporalidade, isto é, está inscrita "dans le temps que l'on raconte, mais aussi dans le temps de celui qui raconte" (François Hartog, 2005; Miguel Baptista Pereira, 1999). E é este imperativo que, ao pagar a dívida da *herança*, constrói, conserva e renova identidades, domesticando o fluxo do tempo num presente que se esvai como um *sendo*.

Tal anelo não pode escamotear a ambiguidade do trabalho da memória: se, por um lado, esta é o que, do passado, é reversível e aceite no presente por todos os que a recebem, a reconhecem e a prolongam ao longo de gerações, por outro lado, ela tende a esconder que a corrupção do tempo (e a historicidade do homem) também trespassa as suas reactualizações e transmissões. Consequentemente, tem de se reconhecer que a *identidade* é um produto social, de certa maneira sempre em devir no quadro de uma relação dialógica e temporal entre o *eu* e o *outro* (Joël Candau). Mas, se isto é certo, também o é a face complementar deste trabalho: a de dar forma às predisposições que condicionam os indivíduos a *seleccionarem* as marcas do seu pretérito, processo psicológico em que as recordações são acompanhadas pelo que se olvida, pois, quer se queira quer não, *escolher implica, igualmente, esquecer, silenciar e excluir aquilo de que já se teve notícia.*

Ganha assim sentido afirmar-se que "la mémoire se présente comme une possibilité de récit organisé" (Gérard Namer, 1987) e que, como bem sublinhou Joana Duarte, tal ocorre "porque nela se articulam os preceitos narrativos que perpassam todas as narrativas, naturais ou artísticas: a diversificação, a dinâmica da sucessividade, a objectivação, a exteriorização" (Joana Duarte, 2006), características particularmente patentes quando ela se expressa como *memória reiterativa* (J. A. Barash), ou como metamemória.

Filiar, identificar, distinguir

Na modernidade, o núcleo social em que, paradigmaticamente, se concretizou a assunção da herança memorial como *norma* foi o da família (a memória do *eu* é sempre, em primeira instância, uma memória de família, ou, talvez melhor, de "pátria"), ponto de vista que ajuda a clarificar os laços existentes entre o trabalho de *identificação, distinção, transmissão* e a sua interiorização como *norma*: recorda-se o espírito de família, porque, contra o caos anómico, é necessário preiteá-lo, retransmiti-lo e reproduzi-lo.

De facto, os complexos, as reminiscências comuns e as repetições rituais (festas familiares), a conservação de saberes e símbolos (fotografias e respectivos álbuns, a casa dos pais ou dos avós, as campas e mausoléus, os marcos de propriedade, os papéis de família, os odores, as canções, as receitas de cozinha, a patronímia, os nomes), a par da responsabilidade da transmissão do conteúdo das heranças (espirituais ou materiais), são condições necessárias para a criação de um *sentimento de pertença*, em que os indivíduos se reconheçam dentro de totalidades genealógicas que, vindas do passado, pretendem, sem solução de continuidade, projectar-se no futuro. E, mesmo quando existem revoltas individuais contra esta função integradora (como nos conflitos de gerações), é ainda no seio deste mundo que elas irrompem, prova de que, sem a memória, as suas identidades não possuiriam dimensões simultaneamente filiadoras e escatológicas secularizadas.

Numa escala mais extensa de socialidade – como nas classes, nos grupos sociais, na nação –, a analogia faz com que, como no indivíduo, a memória (social, colectiva, histórica) seja cerzida de acordo com critérios unificantes e de transmissão, o que se traduz na construção de similares sistemas de *filiação* (e de *linhagem*) necessários à inserção do indivíduo numa comunidade de destino. Mas importa destacar que, nas liturgias de recordação, existe sempre uma tensão entre *cordialidade*, ou melhor, entre *afectividade* e *conhecimento*, bem como entre memória e normatividade, antíteses que tendem a ser sintetizadas como *mensagens*. E estas actuam como correntes pulsionais que eticamente se expressam como deveres. Daí a estreita relação entre *memória*, *identificação*, *filiação* e *distinção*, elo em que, porém, sem a primeira, as demais não existiriam.

Mesmo no campo estritamente subjectivo, cada indivíduo, ao recordar a sua própria vida (ou melhor, certos aspectos ou acontecimentos dela), une os instantes do seu *iter* existencial numa espécie de linhagem contínua e finalística. Para que esta convicção funcione, é necessário, contudo, que haja esquecimento. E só as inesperadas emergências do recalcado (afinal, o que outrora foi conhecido) põem em causa a textura criada pela retrospectiva. Reconhecendo-se, estranhando-se ou distanciando-se do que foi, o sujeito actualiza, sem cessar, a sua ipseidade (que também a diferencia dos *outros*), em diálogo (passivo, ou não) com passados comuns e na *retro-projecção* de um determinado sentido para a vida. Por este, o itinerário biográfico aparece, na ordem explícita do recordado, como um caminho que vai realizando uma identidade, construção que é trabalho psicológico necessário para a formação da personalidade e para um quotidiano não patológico.

Infere-se, assim, que a tarefa última das liturgias de recordação é gerar coerência e perpetuar o sentimento de pertença e de continuidade, num protesto, de fundo metafísico, contra a finitude da existência, ou melhor, contra o esquecimento, essa antecipada prova de que o homem caminha para a morte. De facto, o imaginário da memória liga os indivíduos, não só *verticalmente*, isto é, a grupos ou entidades, mas também *horizontalmente* a uma vivência encadeada do tempo (subjectivo e social), submetendo-os a uma "filiação escatológica" garantida pela reprodução (sexual e histórica) das gerações e por um impulso de sobrevivência, nem que seja na memória dos vivos. A memória reactualiza-se, portanto, num "campo de experiência" aberto à recordação e às expectativas, horizonte que a recebe como herança e como um imperativo de transmissão, num aceno em que se promete ser possível vencer a morte, jogo ilusório que faz esquecer que, tarde ou cedo (duas, três gerações?), também os mortos ficarão órfãos dos seus próprios filhos. Seja como for, é por ela que a vida, ao dar futuros ao passado, sublima e adia a assunção da consciência humana da finitude. E não se pode qualificar como inautêntico o trabalho que acrescenta ao mundo que existe outros mundos possíveis.

Os futuros do passado

Foi na modernidade, e sobretudo no século XIX, que o ritualismo memorial ganhou a sua mais pública expressão, podendo mesmo sustentar-se que, então, se viveu o "século da memória" (Pierre Nora, 1984), ou, talvez mais concretamente, da "metamemória". Mas ele também foi, e não por acaso, o "século da história", isto é, o século da edificação da ideia de nação. Entende-se. As transformações sociais, culturais e simbólicas impeliam os indivíduos, as famílias, as novas associações (assentes no contrato), as classes, os novos Estados-Nação a procurarem no passado – como o havia feito a antiga aristocracia – a sua legitimação. E é a mesma estrutura teleológica (como uma retrospectiva ao contrário) que se encontra nas convocações postas ao serviço da prática instituinte e de reconhecimento das identidades colectivas, bem como – e tal será destacado no seu lugar próprio – do delineamento finalístico do evolucionismo histórico desenhado, em termos mais teoréticos, pelo combate contra a inexorável degradação trazida pelo curso do tempo.

Estas ilações não são contraditadas pelo facto de a recordação e os seus ritos serem cíclicos (todo o rito é uma repetição). É que essa característica é movida pela busca de sentido, atitude que situa a selecção do passado como se o escolhido fosse passos do caminhar evolutivo da vida (individual e colectiva). E não basta dizer que não há memória sem algo que se fixe e se estabilize em "quadros de memória" (Halbwachs), pois estes só nascem e ganham forma no ponto de encontro entre, por um lado, o que passa e muda e, por outro lado, o que, condicionado pelas expectativas, aspira a manter-se, a reproduzir-se e a repetir-se.

É certo que, na mente, não existem vazios nem esquecimentos absolutos (M. Halbwachs, 1997) e é muito discutível a tese dos que, como Bergson, defendem residir o passado, por inteiro, na memória de cada indivíduo, como páginas acabadas de um livro cujo conteúdo os limites do cérebro impedem de estar permanentemente presente na recordação. Com isto, secundariza-se a diferença entre *traço* e *imagem*, assim como a dimensão selectiva de todo o acto anamnésico. A análise das práticas *re-presentificadoras* (memoriais; historiográficas) mostra que novos *traços* podem despertar lembranças esquecidas e que novas alterações situacionais do evocador podem levar a "reescrever" o que nunca se esqueceu (os mesmos acontecimentos da infância, nunca olvidados, terão o mesmo significado quando relembrados aos vinte anos e, depois, na velhice?). E acertam todos os que, ao demarcarem fronteiras a essa actividade de reconstrução, assinalam, porém, as possibilidades de renovação do adquirido e a maneira como cada *eu* vai revendo a sua biografia, a fim de a justificar como projecto, faceta que, quanto a nós, Halbwachs não equacionou devidamente.

Tem-se por evidente que, no campo do que se recorda e do que se esquece, nada está definitivamente congelado. Glosando a expressão com que Hegel qualificou o trabalho do negativo na efectuação da racionalidade histórica, pode supor-se, por ironia, a existência de uma dialéctica entre recordação e esquecimento que funciona, igualmente, como uma espécie de *ardil da memória*, "manha" que, em face do renovamento potenciado pela imprevisibilidade do porvir, possibilita a existência tanto de futuros para o presente, como, numa atitude justiceira, de futuros para o passado. Por conseguinte, *recordar* é *seleccionar* e *resgata*r, já que, como ensinou Walter Benjamin, a memória é *projectiva*, ou melhor, é inseparável dos olhares bifrontes nascidos da condição histórica do homem. E se, no que respeita ao tempo jurídico, o *pretérito pode prescrever* sem ser julgado, na historiografia (tal como na *memória histórica*) não deve existir o "imprescritível" (Vladimir Jankélévitch, 1996): só lembrando se poderá explicar e compreender o que já foi. E essa é a condição necessária para que se possa alcançar uma "memória justa" e ascender ao reconhecimento e ao perdão (Paul Ricœur, 2000).

A ilusória permanência do presente

Para muitos, as sociedades contemporâneas estão a provocar rupturas no campo das heranças e das expectativas, como se de *sociedades amnésicas* – padecendo, segundo alguns, de uma espécie de *mnemotropismo* – se tratasse. Serão tais mudanças fruto da maneira como o homem de hoje experiencia o tempo, vivendo-o como um simples somatório de momentos com hiatos entre si, e não como um *fieri* construído, indissociavelmente, pela recordação e pela esperança? E, como prova desta crise, aponta-se,

28   *Uma Poética da Ausência*

amiúde, o que se passa no actual empolamento do problema da memória (e do esquecimento).

Na verdade, para alguns, esta enfatização seria uma consequência do ideal da *aceleração* do tempo e da *compressão* do espaço, fenómenos em boa parte decorrentes da massificação e urbanização da vida contemporânea (François Hartog, 2003). Esse mundo geraria anonimato e olvido, pelo que a valorização – em detrimento da memória do colectivo – da memória do *particular* (isto é, do *próprio* e *pequeno*) seria uma espécie de antídoto contra o sentimento de *perda* irreparável a que, inexoravelmente, conduziu a maior precipitação do tempo (e do espaço) (A. Huyssen, 2003; Elena Hernández Sandoica, 2003) e a destruição da tradicionalidade.

No entanto, esta maior *privatização* do recordar também teria desencadeado respostas compensatórias, de cariz mais público, fenómeno bem patente na concomitante importância que os vários poderes (Estado, município, grupos vários, família) dão, depois do seu primeiro período de apogeu nas últimas décadas do século XIX, a um renovado fomento de *políticas de memória*.

Em Oitocentos, o investimento historicista e comemorativo constituiu uma prática adequada a uma concepção *acumulativa*, *evolutiva* e *continuísta* do tempo (biográfico e histórico) e correspondia à função normativa e integradora da memória, de acordo com a dominante concepção progressiva da história. Ora se, então, foi assim, nos dias de hoje a situação parece ser outra. As transformações sociais e a contestação do historicismo e seus postulados – perfectibilidade, evolução, progresso, previsibilidade –, bem como o desenvolvimento de uma sociedade-mercadoria, instalaram um exclusivo e atomista sentimento de descontinuidade, pluralidade e não-sentido em relação ao tempo psicológico e ao tempo histórico. Isto é, sob o efeito de uma crescente dissolução da vivência do tempo como *presente real* (complexo e tensional), subjugada na atemporalidade presentista do *tempo real*, tende-se a esquecer que a própria memória é retrospecção comandada pela ideia de futuro.

Se, no *presente real*, se entrecruzam heranças e expectativas, o *tempo real*, ao contrário, parece transcorrer como *tempo vulgar*, como se fosse uma mera soma de acontecimentos irrepetíveis, no qual cada momento é também o esquecimento do instante que o precedeu. Como sublinhou Miguel Baptista Pereira, "a memória é inseparável da relação entre passado, presente e futuro, que, por sua vez, não são diferenças punctiformes aritmeticamente somáveis mas modos temporais com passado, presente e futuro". E como "houve passado, presente e futuro no passado, há passado, presente e futuro no presente, haverá passado, presente e futuro no futuro" (M. B. Pereira, 1999), pelo que viver no *presente real* é viver a riqueza da "memória de acção".

Diferentemente, o *tempo real* encerra, tão-somente, uma *acção sem memória*, realidade que se afirma na actual valorização quantitativa do tempo-mercadoria tão característica das sociedades massificadas e de consumo, e de onde emana uma patente crise de sentido. E é esta crescente crença na existência de um *presente perpétuo* que estará a congelar a vivência memorial típica do *presente real*. Produto em vias de erodir, a memória, sobretudo na sua faceta pública, transforma-se em objecto da própria historiografia praticada como se estivesse a fazer "un inventaire avant un décès annoncé" (François Hartog, 2003). Transmudou-se, em suma, em *memória-objecto*. Subjacente a esta conservação mumificadora estará a ilusão de se viver num eterno presente que, recalcando o futuro--futuro e as possibilidades de se dar futuros ao passado, congela o tempo, para dar lugar à incessante reprodução do efémero. E o aprisionamento turístico do histórico é, apesar de parecer o contrário, uma das expressões desse domínio.

Se é assim, continua a haver a necessidade de se perguntar: ao transformar-se a memória em mercadoria, cuja atractividade necessita de frequentes remodelações e releituras, não se estará, apesar de tudo, a abrir futuros às representações do passado, operação que contradita a auto-suficiência do presente perpétuo, intrometendo-lhe a inquietação de quem sabe que ele não só não é o *fim da história*, como virá a ser um passado com pouco futuro?

Para muitos, a erosão hodierna da memória – individual e colectiva – e a perda de referências, assim como o decréscimo da adesão dos indivíduos a identidades holísticas extensas, terão as suas causas principais no esgotamento das "filiações escatológicas", ou melhor, no definhamento das grandes memórias organizadoras e reprodutoras, quer do elo social (a família, a igreja, o partido, o sindicato e, sobretudo, a nação), quer do sentido da vida. A ideia de futuro foi enfraquecendo, o que provocou um maior distanciamento entre o "horizonte de expectativas" e o "campo de experiência" (R. Koselleck, 1993). Simultaneamente, os ritos colectivos de recordação transformaram-se em cerimónias cada vez mais "frias", sem a seiva da comunhão ritual, enquanto os *traços* são apreciados como objectos a preservar, em nome de uma política patrimonial que, elegendo como "lugares de memória" tudo o que é antigo, ou que se julga histórico, pode acabar por não circunscrever e sacralizar lugar nenhum. Cresceram, por isso, os usos e abusos da memória. E as causas são várias: manipulações ideológicas (exemplo: as comemorações), orientação mercantil do culto do passado através de um presentismo que bloqueia a recordação e fomenta o efémero, aculturações devido à imposição de memórias estranhas (P. Ricœur, 2000ª). E, a este propósito, alguns historiadores falam, hoje, na existência de uma preocupante "tirania da memória", exercida pelas versões oficiais, ou pela pressão de grupos pouco interessados em sujeitarem as suas leituras ao crivo das interpretações críticas (F. Dosse, 2008).

Ora, quando a evocação se banaliza, está-se perante uma comemoração-repetição e antiquária. Proust e Walter Benjamin avisaram que recordar (ou historiar), com a exclusiva finalidade de restituir ao património colectivo os acontecimentos do pretérito e de, frivolamente, os celebrar, leva ao conformismo que medra quando a memória sobrevive como tradição mecânica. E, segundo o autor de *Angelus Novus*, esta atitude não permite dar-se conta de que certos modos de honrar o passado são recordações mais funestas do que o seu olvido definitivo (S. Mosès, 1992). Sendo assim, não se podia confundir a *comemoração* – cujos ritos aparentemente cíclicos estavam ao serviço de uma visão homogénea, vazia e irreversível do tempo – com a *rememoração* (*Eingedeken*), experiência decisiva para se poder viver o "tempo de hoje" (*Jetztzeit*) como fruto da conjugação fulgurante entre o passado e o presente com um fundo de messianidade.

Nos anos de 1920, Franz Rosenzweig (1982), Walter Benjamin (s.d.) e Gershom Scholem (1987) recorreram ao paradigma estético para contestarem a índole estreita da causalidade necessitarista e mecânica que ditava a visão continuísta e progressiva do tempo. Essa seria a mundividência mais conveniente à narrativa da história dos vencedores. Como alternativa, queriam exaltar as potencialidades da passagem do *tempo da necessidade* para o *tempo dos possíveis*. O fundo do messianismo judaico em que se integravam convidava-os a operar com *temporalidades descontínuas*, mais propícias a pensar-se a criação e a aparição do *novo*. Por outras palavras: "Le modèle esthéthique de l'histoire remet en question les postulats de base de l'historicisme: continuité du temps historique, causalité régissant l'enchaînement du passé vers le présent et du présent vers le devenir" (S. Mosès, 1992). Este tipo de retrospectiva linear compaginar-se-ia bem com a lógica da "história dos vencedores", percurso que a suposição de um presente com capacidade para se renovar eternamente estaria a confirmar.

O poder sedutor desta ilusão reside no facto de ela insinuar, acriticamente, que se pode parar tudo o que muda. E, para alguns, esta nova experiência do tempo é causa e feito de uma sociedade amnésica, mesmo quando isso parece estar a ser desmentido por fenómenos como o crescimento do turismo cultural, pelo correlativo arrolamento dos "lugares de memória" e pelo ciclópico armazenamento de informações, prática facilitada pelas novas tecnologias da *ars memoriae*. Outros, porém, assinalam – talvez de uma maneira mais avisada – que a crise é, tão-só, sintoma da afirmação de caminhos mais plurais e diversificados de objectivação memorial, devido à fragmentação dos sistemas culturais e à sua miscigenação nas sociedades contemporâneas. *E a pluralidade de expectativas e de memórias é o inevitável corolário da existência de uma pluralidade de mundos e de uma pluralidade de tempos sociais.*

Olhando para tais modificações – no campo histórico, comummente ligadas ao questionamento da validade da concepção linear, acumulativa e eurocêntrica do tempo –, talvez se esteja a assistir, não a uma desritualização e desmemorização, mas a uma ainda pouco perceptível afirmação de novos ritos e de novas formas de socializar e vivenciar memórias. Quando muito, aumentou a consciência do valor cada vez menos apelativo das suas formas tradicionais de concretização, embora estas se mantenham (comemorações, centenários, estatuária, personalização da toponímia, panteonizações) como manifestações e cerimónias inscritas em políticas da memória devidamente planificadas.

De qualquer maneira, tudo isto indicia que, hoje, já não é o rito (primordial actualizador de memórias) que cria o elo social, não obstante continuar a ser válido dizer-se que a recordação não pode refugiar-se no ensimesmamento, nem reduzir-se à sua dimensão psíquica: ela deve ser acto de abertura cordial ao outro. Caso contrário, a centralidade do *eu* tornar-se-á narcísica e egóide, quebrando a relação de alteridade (e de socialidade) em que a memória se constrói, destruindo-se, com isso, a sua própria identidade subjectiva. Isto é, cada indivíduo não pode esquecer-se de que só recordando os outros de si mesmo se recorda.

Em síntese: o fundamento último da comprovação psicologista de que não há memória sem esquecimento encontra-se, afinal, no conhecido aviso proferido por um velho sábio grego: "os homens morrem porque não são capazes de juntar o começo ao fim"; somente *Mnemósyne*, divindade da memória, pode ligar o que nós fomos, o que nós somos e aquilo que seremos; os sem memória, ou os absolutamente anamnésicos (como em *Funes ou a memória*, uma célebre "estória" de Jorge Luis Borges), esses nunca poderão saber de si. Daí que, como frisou Nietzsche, seja importante reivindicar o direito ao esquecimento activo, pois tanto os abusos da amnésia como os da recordação provocam os mesmos efeitos: a impossibilidade da vida. Porém, criar e reconhecer o *novo* será impossível se se acreditar que cada momento condensa em si toda a história (individual ou colectiva), ou que, então, assinala o seu grau zero absoluto. Tanto a carência de conhecimentos históricos como os seus excessos debilitam a "força plástica da vida", porque não compreendem as condições em que o passado pode ser um alimento vigorante (Nietzsche, 1999). Mas também se terá de perceber que não haverá vida sem expectativas a mediarem o presente e o pretérito. Em qualquer dos casos, quem recorda (ou quem historia) deve esforçar-se por não se esquecer do que ficou esquecido (M. Augé, 1998), conquanto saiba que essa é uma tarefa de Sísifo; nem sequer os historiadores poderão fugir a essa condicionalidade. E tanto a memória (a recordação) como a escrita da história estão irmanadas por este objectivo comum: vencer semioticamente a consciência da fugacidade do tempo.

CAPÍTULO II
A representificação do ausente

Só um cientismo ingénuo pode aceitar a existência de uma radical separação entre a retrospectiva da memória e a retrospectiva historiográfica, tanto mais que ambas não são exclusivamente criadas pela imaginação e, ainda que por vias diferentes, aspiram ao verosímil, seja por fidelidade ou por veridicção. No entanto, o dilema não tem uma resposta consensual e sabe-se que o primeiro grande teórico da sociologia da memória colectiva se esforçou por destrinçar, como se de dois campos sem conexão se tratasse, a *história vivida* da *história escrita* (M. Halbwachs, 1997). Mas, pensando bem, as características apresentadas como típicas da memória (*selecção, finalismo, presentismo, verosimilhança, representação*) encontram-se, igualmente, no trabalho historiográfico, sobretudo porque, hoje, este não se restringe à busca de explicações por causalidade mecânica, elevada a *deus ex machina* da visão linear, acumulativa, homogénea e universalista do próprio progresso. Afinal – como adiante se verá –, a historiografia contemporânea, como saber *mediato* e *mediado*, também opera com a ideia de não-continuidade do tempo e não reconhece a existência de um vazio entre o sujeito-historiador e o seu objecto, o que matiza o projecto de se alcançar uma verdade total e definitiva, meta ilusoriamente defendida por paradigmas ainda imbuídos de positivismo, mesmo quando julgam tê-lo ultrapassado.

Halbwachs, porém, quis separar as águas: enquanto a *memória histórica* seria um produto artificial, com uma linguagem prosaica e ensinável, destinada ao desempenho de papéis sociais úteis, a *memória colectiva* teria uma origem anónima e espontânea, uma transmissão predominantemente oral e repetitiva, bem como um cariz normativo. E o fito da sua argumentação era claro: demonstrar que o pensamento social é, antes de tudo, uma memória formada pelas recordações colectivas, objecto, portanto, do sociólogo e não do historiador, esse estudioso de coisas definitivamente mortas.

Esta posição reproduz a atitude clássica da escola de Durkheim em relação à historiografia, neste caso traduzida na defesa de uma radical separação entre a história e a memória, opção que reenvia aquela para o campo frio da erudição de arquivo. Além do mais, a história seria una, enquanto existiriam tantas memórias colectivas quantos os grupos sociais que as geravam. E elas caracterizar-se-iam por serem memórias vivas, ao invés do objecto do historiador "qu'il ne peut faire son œuvre qu'à condition de se placer délibérément hors du temps vécu par les groupes qui ont assisté aux événements, qui en ont eu le contact plus ou moins direct, et qui peuvent se les rappeler" (M. Halbawchs, 1997; François Hartog, 2003).

Também para Lucien Febvre (1953), ou para Marrou (1954), a memória sacralizaria as recordações, enquanto o discurso historiográfico constituiria uma operação intelectual crítica, que desmistificaria e secularizaria as interpretações, objectivando-as através de narrações que ordenam causas e efeitos sequenciais, de modo a convencerem que a sua *re-presentação* do passado é verdadeira (Krzysztof Pomian, 1999).

Num outro registo e sem deixar de as distinguir, Pierre Nora (1984) situou o projecto colectivo, que coordenou – *Les Lieux de mémoire* (1984- -1993) –, "entre Histoire e mémoire", sinal evidente de que, se não as opunha, também não as fundia, mas que se servia de ambas. Por outro lado, são conhecidas e pertinentes as posições que Ricœur tomou na contenda: para ele, a memória e a história (incluindo a historiografia) mantêm uma relação que, na perspectiva da inevitável presença de horizontes de pré-compreensão no questionamento historiográfico, consente pôr-se "la mémoire comme matrice de l'histoire" (Paul Ricœur, 2000).

Propendemos para concordar com os que sustentam esta tese. E, se outras razões não houvesse, bastaria ir ao encontro da raiz de onde nasce a necessidade de recordar para a perfilharmos, a saber: a experiência humana de domesticar os mortos através do culto tanatológico. E, por mais estranho que à primeira vista possa parecer às leituras pouco sensíveis ao simbólico, a escrita da história também é, à sua maneira, um "gesto de sepultura". Com efeito, as narrações do passado são equiparáveis à linguagem dos cemitérios nas povoações, porque procuram "re-presentar [ou, dizemos nós, *re-presentificar*] mortos através de um itinerário narrativo" (Michel de Certeau, 1978). Portanto, pode afirmar-se que a historiografia também exorciza a morte, introduzindo-a no discurso para criar, como no jogo *simulador* e *dissimulador* do culto cemiterial dos mortos, a ilusão da sua não-existência. Indo aos fundamentos últimos desta função, pode mesmo concluir-se que o homem é um "animal histórico" porque necessita de "ajustar contas com a sua própria morte" (Umberto Eco, 1994).

A escrita da história como rito de recordação

O reconhecimento da existência de características comuns à memória e à historiografia não pretende negar a especificidade de ambas as narrações sobre o passado. Porém, a historiografia nasceu como uma nova *ars memoriae*, crescentemente tornada necessária pela decadência da transmissão oral e pelo alargamento da afirmação da racionalidade.Têm deste modo razão os que consideram a passagem da narração oral dos mitos para a escrita como uma das condições necessárias para se reforçar a luta contra o esquecimento e, portanto, para se escrever "histórias" (Jack Goody, 1979; François Hartog, 2005), tendência que, dentro da narração épica, vinha, pelo menos, de Homero e que os "historiadores" (Heródoto, Tucídides) prolongarão.

Na verdade, Heródoto de Halicarnasso escreveu as suas *Histórias* "para que os feitos dos homens se não desvaneçam com o tempo, nem fiquem sem renome as grandes empresas, realizadas quer pelos Helenos quer pelos Bárbaros" (Heródoto, *Histórias*, Liv. 1..°, 1. 1). E, seguindo Hartog, dir-se-ia que, "face à l'immutabilité de la nature et à l'immortalité des dieux, ces traces foncièrement éphémères, la parole de l'historien s'en charge et son écriture les fixe. Successeur de l'aède épique, il aspire à se poser en 'maître' d'immortalité". Logo, a historiografia tem de, igualmente, ser inserida na continuidade das grandes narrações orais, exercendo, na sua especificidade própria, funções análogas às demais práticas de recordação, incluindo as do culto dos mortos, prática que, para muitos, fez do homem, ao contrário do animal, o primeiro construtor de "documentos" históricos.

São conhecidos os efeitos de desmemorização que resultaram do alargamento do uso da escrita e do decréscimo do papel instituinte do rito, e é óbvio que a primeira alteração ocorreu ao nível da transmissão cultural: a oralidade perdeu o exclusivo, mudança que desvitalizou a dimensão colectiva e convivial da compartilha da memória e lhe trouxe uma mediação mais racionalizada, *pois o escrever e o ler exigem atitudes bem distintas das do dizer e do ouvir*.

Não por acaso, Platão, no *Fedro*, ao referir-se a este processo, caracterizou a invenção da escrita como um *phármakon* ambíguo, já que, se constituía um remédio eficaz para a preservação da memória, também a enfraquecia, dado que fazia diminuir o esforço mental para a manter (François Dosse, 2006; 2008), o que fez crescer o recurso às *ars memoriae* (Frances A. Yates, 2007). E, como o desenvolvimento histórico no

Ocidente (relembre-se a derrota, em 787, dos iconoclastas em Niceia) irá alargar essa tecnologia até ao hodierno predomínio da visualização, percebe-se por que é que, como contrapartida, este processo foi debilitando a capacidade individual (e colectiva) de reprodução oral da memorização, défice compensado, porém, pela escrita e pela imagem, superabundância que, porém, provocou novos tipos de esquecimento.

Para T. Todorov, tal aculturamento, de longa duração, foi acelerado pelas sociedades, nascidas do impacto científico-técnico e da legitimação da sociabilidade política, que prescindiram da tradição, como se estivessem escoradas no primitivo contrato social. Em sua opinião, "nous sommes passés, comme disent les philosophes, de la hétéronomie à l'autonomie, d'une société dont la légitimité vient de la tradition, donc de quelque chose qui lui est extérieur, à une société régie par le modèle du contrat, auquel chacun apporte – ou non – son adhésion [...] Le recours à la mémoire et au passé est remplacé par celui qu'on fait au consentement et au choix de la majorité. Toutes les traces de légitimation par la tradition ne sont pas éliminées, loin de là; mais, et cela est essentiel, il est licite de contester la tradition au nom de la volonté générale ou du bien-être commun [...] La mémoire est détrônée, ici, non au profit de l'oubli, bien sûr, mais de certains principes universels et de la 'volonté générale'". A citação foi longa, mas necessária para se esclarecer algumas das questões que ela levanta.

Em primeiro lugar, nela se sustenta algo indiscutível: a memória colectiva e as suas concretizações rituais já não detêm a função instituinte e legitimadora dos laços sociais que outrora possuíram. Mas parece excessivo qualificar esse trânsito em termos kantianos, isto é, como se de uma passagem da *heteronomia* para a *autonomia* se tratasse. É que, quando tal funcionalidade dominante existiu, a memória e a recordação eram intrinsecamente constituintes da sociedade – como, aliás, o são hoje, ainda que numa outra e menor escala –, porque não lhe seriam heterónomas, logo exteriores. De onde seja mais correcto dizer-se que tais alterações provocaram, sobretudo, a debilitação dos imperativos de origem holística na maneira como, em diálogo com o passado, cada indivíduo posiciona as suas estratégias de vida perante os vários agrupamentos sociais em que, sucessiva e/ou simultaneamente, se insere e está integrado.

É também verdade que a teoria moderna do poder, ao estribar-se no contrato, se quis apresentar como uma espécie de *alfa* da história. Todavia, se não se matizar tal asserção, corre-se o risco de se supor que a via rousseauniana e francocêntrica foi a única que, no Ocidente, desembocou na modernização das sociedades. Houve (e há) alguns casos em que foi a tradição, mesmo que "inventada" ou "ressuscitada", a propulsar esses movimentos, ainda que a sua legitimidade acabasse por ser confirmada, ou corrigida, por práticas de cariz mais pactual e electivo.

Os exemplos desta diversidade são conhecidos e este não é o lugar próprio para os pormenorizar. Contudo, existe um dado histórico que deve ser chamado a terreiro: mesmo as sociedades políticas baseadas numa mais explícita e assumida base contratualista não prescindiram do apelo a memórias colectivas, seja para as valorizar como uma herança que merecia ser reactualizada à luz das novas ideias e valores (as revoluções liberais europeias do século XIX autojustificar-se-ão assim), seja para se *enraizarem*, ou para as "construírem" a jusante da sua instalação, já que é destino de todas as revoluções, incluindo o das que almejam ser parto de um *homem novo* e de um *tempo novo*, fomentarem a comemoração de si mesmas.

Explica-se, assim, por que é que, com o decréscimo das pressões holísticas resultante da índole mais complexa das sociedades actuais e do consequente aumento da individuação no seu seio, os vários poderes investiram mais fortemente nos suportes literários e iconográficos do renovamento das memórias colectivas. E, nesta estratégia, o contributo das narrativas históricas foi fundamental. Na conjuntura em causa, isso significou um intenso trabalho "artificial" que teve em vista a hegemonia, sobre memórias colectivas várias, de memórias históricas adequadas à reprodução dos poderes dominantes ou, como contra-respostas, marginalizadas e alternativas, ao seu domínio.

Dir-se-ia que aquela finalidade visava domesticar o atomismo social – o indivíduo-cidadão – e os perigos anómicos que o contratualismo encerrava, o que fez crescer a consciência de que a memória teria de continuar a exercer o seu papel de *cimento* do consenso social (e, enquanto memória histórica, da memória nacional), tarefa ainda mais premente por causa do avanço do individualismo, da agudização dos conflitos sociais dentro de cada Estado-Nação, bem como do crescimento da competição belicista entre estes. Não admira que o esfriamento das *memórias vividas* tenha sido acompanhado pela acelerada produção, e reprodução, de *metamemórias*. Mas, com isso, não foram tanto as tradições, mas, sobremaneira, as leituras mais racionalizadas sobre o passado (teorias da história; obras historiográficas; comemorações e festas cívicas) que vieram a ocupar um lugar de destaque na materialização e encenação dessas *re-presentificações*.

Sugere-se, assim, que não foi por mero acaso que a radicação dos sistemas representativos na Europa coincidiu com a expressão máxima das chamadas "sociedades-memória" (século XIX europeu) e com a apoteose do historicismo, fenómeno igualmente contemporâneo do florescimento de um novo culto dos mortos, atitude em que se podem surpreender as características estruturais do acto de recordar (F. Catroga, 1999). E a analogia não deve admirar, pois, de certa maneira, escrever história é, como no apelo que se surpreende no olhar do anjo de Benjamin, "ressuscitar os mortos" (S. Mosès, 1992).

Um *"gesto de sepultura"*

Com efeito, o simbolismo funerário aposta na edificação de memórias e indicia a simulação da "presença" do ausente a partir de *traços* que, em simultâneo, dissimulam o que se quer recusar: a putrefacção do referente. Explica-se: se a morte remete para o não-ser, o monumento funerário irrompe o espaço como um apelo a um suplemento mnésico de futuro. Se, nos ritos funerários, se negoceia e se esconde a corrupção do tempo (e do corpo) com a finalidade de a sociedade dos vivos poder gozar da protecção dos seus antepassados, definitivamente pacificados, e de se reconstituir a ordem social que a morte pôs em causa, diferente não é o papel da historiografia: esta fala sobre o passado para o enterrar, ou melhor, para lhe dar um lugar e redistribuir o espaço, podendo mesmo afirmar-se que ela é, não obstante as suas pretensões cognitivas, prática simbólica necessária à confirmação da vitória dos vivos sobre a morte. Daí as afinidades que têm sido encontradas entre o trabalho da memória e o trabalho do luto. E, por mais paradoxal que possa parecer, o texto histórico tem igualmente uma função análoga – não escrevemos idêntica – à do túmulo e à dos ritos de recordação. A convocação discursiva e racional do "objecto ausente" congela e enclausura, à sua maneira, o "mau génio da morte" e provoca efeitos performativos, já que marcar um passado é dar, como no cemitério, um lugar aos mortos; é permitir às sociedades situarem-se simbolicamente no tempo; mas é, também, um modo subliminar de redistribuir o espaço dos possíveis e indicar um sentido para a vida... dos vivos" (M. de Certeau, 1975).

A escrita da história será, portanto, um túmulo para o morto na dupla acepção de o *honrar* e de o *eliminar*, ou, talvez melhor, de o *esconder*.

Por conseguinte, a historiografia, tal como a memória, ajuda a fazer o trabalho do luto e a pagar as *dívidas* do presente em relação ao que já não é (P. Ricœur, 1998; 2000), o que lhe permite desempenhar um papel performativo, pois situa o historiador, isto é, o presente, numa relação de alteridade específica, em que o *outro*, como nos signos funerários, só se insinua velado, ausência que, como salientou Certeau, sendo falta impreenchível, é intrinsecamente constituinte do discurso histórico (François Dosse, 2006).

Esclareça-se um pouco melhor a comparação. Todo o signo funerário, explícita ou implicitamente, remete para o túmulo (*signo* deriva de *sema*, pedra tumular) através de uma sobreposição de significantes (F. Catroga, 1999). E, neste jogo de negação da morte e da corrupção provocada pelo tempo, os signos são "dados em troca do nada segundo uma lei de compensação ilusória pela qual quantos mais signos temos, mais existe o ser e menos o nada. Graças à alquimia das palavras, dos gestos, das imagens ou monumentos, dá-se a transformação do nada em algo ou em alguém, do vazio num reino" (Jean-Didier Urbain, 1997). Por isso, o túmulo e o cemitério devem ser lidos como totalidades significantes que articulam dois níveis bem diferenciados: um *invisível* e outro *visível*. E as camadas semióticas que compõem este último têm o papel de *dissimular* a degradação (o tempo) e, em simultâneo, de *simular* a não-morte, transmitindo aos vindouros uma semântica capaz de individuar e de ajudar à *re-presentação*, ou melhor, à *re-presentificação* do ontologicamente ausente. É à luz destas características que é lícito falar, a propósito da linguagem cemiterial – tal como do discurso anamnético –, de uma "poética da ausência" (Ana Anais Gómez, 1993; F. Catroga, 1999).

Mantendo a analogia, o mesmo se pode afirmar da historiografia. Se, em certo sentido, o túmulo funerário foi o primeiro "monumento" deixado para os vindouros, a escrita da história também é veículo que luta contra o esquecimento e, por conseguinte, contra a degradação que marca o *iter* do tempo. E não deixa de ser sintomático que Ricœur tenha encontrado na teorização de Michel de Certeau sobre a escrita da história uma certeira passagem da "sepultura-lugar" para a "sepultura-gesto" (P. Ricœur, 2000). Mais especificamente, mediante a leitura do texto histórico (tal como na do cemitério, feita pelos cultuadores), a "sepultura-lugar", ao ser lida, torna-se "sepultura-acto", concepção que "rouvre l'horizon des possibles, car le fait d'assigner au mort une place est un moyen de poursuivre le chemin vers un horizon créatif, à la fois en dette et sans fardeau, avec un passé qui ne vient pas hanter la créativité d'une présence à l'insu des vivants" (F. Dosse, 2006).

Diga-se que estas cumplicidades entre a historiografia e a evocação tanatológica foram percebidas por alguns historiadores oitocentistas. Segundo Oliveira Martins, assim como na lembrança dos finados, também na escrita da história não há "inimigos, há mortos", pelo que, se "o cadáver é o símbolo do infinito, o cemitério [é] o tempo da eternidade [...] Os cemitérios são as sociedades na história, as sociedades são a história nos seus momentos" (*in* Augusto Santos Silva, 1984). E, embora para a depreciar, Halbwachs recorreu a um símile análogo, ao defender que "l'histoire, en effet, ressemble à un cimetière où l'espace est mesuré, et où il faut, à chaque instant, trouver de la place pour de nouvelles textes" (M. Halbwachs, 1997). Estas analogias são compreensíveis: tal como a visita à necrópole é acto memorial de *re-presentificação* – suscitada a partir de "sinais" que referenciam um "objecto ausente" –, também a escrita (e a leitura) da história se constrói narrativamente a partir de *traços* e de *representações* que almejam situar, na ordem do tempo, algo que se presume ter existido, mas que já não existe.

Foi neste plano que, a propósito do seu ofício, alguns historiadores falaram em "reconstituir" ou "ressuscitar" o passado. Disse-o Ranke, com a intenção de o reconstituir tal qual ele aconteceu, bem como Michelet, ao atribuir à escrita da história a função mediadora de "ressuscitar" os mortos. Mesmo Marc Bloch, não obstante as suas exigências críticas e científicas, caracterizou a história, enquanto historiografia, como "uma ciência dos homens no tempo" movida pela intenção de "unir o estudo dos mortos ao dos vivos" (M. Bloch, 1960). Como nada ontológico que o passado é, apesar de tudo, a memória material deixa *traços* e a leitura historiográfica está obrigada a lançar um olhar *mediato* (e *mediado*) na direcção dos vivos "qui furent avant de devenir les absents de l'histoire" (P. Ricœur, 2000). E, como acontece com a recordação, facilmente se concorda que só o presente-futuro poderá dar uma nova "vida" aos que já morreram.

Entre a fidelidade e a veridicção

Os que contestam as imbricações apresentadas aventam que serão distintos os pressupostos epistemológicos em causa: se a historiografia reivindica a exactidão das suas leituras, a memória limitar-se-á ao *verosímil*, pois a sua retrospectiva não põe entre parênteses as paixões, as emoções e os afectos do sujeito-evocador. Por outro lado, o seu critério de prova convoca mais uma fiabilidade assente no reconhecimento da boa-fé do narrador – que, em última análise, certifica a fidelidade do testemunho – do que uma argumentação racional, característica dominante das estratégias de convencimento usadas pelo discurso historiográfico. Em suma: a recordação julga, enquanto aquelas pretendem explicar/compreender, declarando-se, para isso, filhas do distanciamento entre o sujeito e o objecto, componentes que, na memória, estariam fundidas, levando a que, inevitavelmente, a sua narração seja sempre *axiológica*, *fundacional* e *sacralizadora* do passado.

Implicará tudo isto que se tenha de reduzir a memória a um produto exclusivamente subjectivo, que não se diferencia da imaginação artística, contradizendo as pretensões de objectividade que o seu discurso também visa alcançar? É indiscutível que a recordação é alimentada por uma *epistemologia ingénua*, em que mais facilmente se confunde a *re-presentação* (que é sempre uma *re-presentificação*) com o real-passado, isto é, com a *passeidade*, espécie de efeito mágico em que a palavra dá ser ao que já não é. E, se esta característica a distingue da *imaginação estética*, convém lembrar que ambas remetem para um "objecto ausente".

Porém, se esta última pode ter, ou não, referencialidade, o acto de recordar (como o da investigação histórica) não abdica de convocar o *princípio da realidade*, o que exige que as suas retrospectivas, apesar de se conjugarem no tempo passado (anterioridade), reivindiquem a verosimilhança, tendo em vista garantir a fidelidade do narrado, mesmo que a sua única fiança, na falta de testemunhas, seja o juramento do próprio evocador, num acto de desdobramento em que este se assume como objecto de si mesmo. Mas, para gerar esse efeito, ele encobre, ou não controla, as razões *subjectivas*, *normativas* e *pragmáticas* que condicionam a sua construção qualitativa, selectiva e apaixonada do que já não existe. E estas condicionantes estarão ainda mais presentes quando a memória referencia factos vividos pela própria testemunha, ou que digam respeito a pessoas ou acontecimentos em relação aos quais o evocador está afectivamente mais ligado.

Explicando melhor: é um facto que a estratégia de convencimento da *anámnesis* não recorre tanto à racionalização de explicações causais, analógicas e comparativas, ou a inferências, como o faz a historiografia. Ela baseia-se, sobretudo, na idoneidade do evocador e no seu estatuto de *testemunha* de eventos pretéritos, próprios e alheios. E, apesar do carácter mais débil da separação entre o sujeito e o objecto no acto de recordar (e de testemunhar), este também pressupõe algum distanciamento, esforço que a metodologia histórica (e a investigação judicial) procurará desenvolver até às suas últimas consequências (Renaud Dulong, 1998).

Com efeito, quando uma recordação tem um propósito mais cognitivo e pretende dar testemunho (e o evocador ser uma testemunha), assiste-se a uma espécie de cesura interior, através da qual o sujeito se comporta, mesmo em relação aos acontecimentos que lhe tocam mais directamente, como se fosse um *outro* que os tivesse presenciado, isto é, como tivesse sido uma terceira pessoa a vivê-los. Não por acaso, e segundo E. Benveniste, a palavra *testis* tinha a ver com *tertius*, que designava, no direito romano, a terceira pessoa encarregada de assistir a um contrato oral e habilitada para certificá-lo (P. Ricœur, 2000). Também no quinto livro bíblico do *Pentateuco* se encontra um bom exemplo da denotação de testemunho como "terceiro", nomeadamente quando se escreve: "Uma só testemunha contra ninguém se levantará por qualquer iniquidade, ou por qualquer pecado, seja qual for o pecado que pecasse; pela boca de duas testemunhas, ou pela boca de três testemunhas, se decidirá a contenda" (*Deuteronómio*, 19:15). Esta lógica encontra-se explicitada em todo o acto testemunhal de cariz jurídico e não será precipitado sustentar que, perante a ausência de testemunhas vivas, o distanciamento (do historiador e do leitor) será a atitude que, de um modo mais racionalizado e com metodologias apropriadas, deve presidir a toda a crítica (interna e externa) dos *traços* e dos *documentos* no trabalho historiográfico, em ordem à testificação das hipóteses que o comanda.

Todavia, uma outra acepção tem interesse para o estudo do relacionamento da memória com a história. O testemunho também podia ser dito pela palavra latina *superstes*, tradução do grego *martyros*, que significava "testemunho", ou melhor, a pessoa que atravessou uma provação, a saber: o *sobrevivente*.

Em qualquer dos casos, a noção de testemunho como terceiro anuncia o tema da "verdade", ou seja, traz à luz o facto de que ele "por definição só existe na área enfeitiçada pela dúvida e pela possibilidade da mentira" (P. Ricoeur, 2000), atitude que o coloca sob a alçada da vigilância historiográfica. Escapará a esta condição o seu segundo sentido? Relembre-se que este implica provação e sobrevivência, parecendo sugerir que se está na presença de uma memória viva, passível de ser ouvida não só como fonte, mas também como narração do ocorrido. Porém, com a morte de quem esteve no passado quando este foi presente, aquilo que ele afirmou – não obstante poder possuir o valor testificado pela idoneidade do evocador – não pode fugir ao âmbito de todas as prevenções veritativas que, historiograficamente, têm de ser tomadas em relação ao arquivado.

O eco do silêncio no rumor do recordado

Nesta óptica, será cair num outro tipo de ingenuidade epistemológica pensar que a dialéctica entre a memória e o esquecimento é um pecado exclusivo das anamneses individuais e, por analogia, colectivas. Também a historiografia – que nasceu sob o signo da memória –, apesar de querer falar em nome da razão, se edifica, voluntária ou involuntariamente, sobre silêncios e recalcamentos, como a história da história tem sobejamente demonstrado. Esta inevitabilidade aconselha a ser-se cauteloso em relação ao "discurso manifesto" dos seus textos, vigilância que deve ser redobrada quando a própria recordação é elevada a documento, isto é, ao nível arquivístico necessário para se dar objectividade ao trabalho de explicação/compreensão para onde deve subir a interpretação historiográfica. Por mais que o testemunho pareça ser imediatamente verista – como o da história oral, ou o da história do tempo presente –, será sempre necessário fazê-lo passar pelo crivo das exigências críticas da *operação historiográfica* (Michel de Certeau, 1975; Paul Ricœur, 2000).

Reconhece-se, ainda, que a memória, quando arquivada, deixa de ser, na sua verdadeira acepção, uma recordação, pois desliga-se do único mediador capaz de a revivificar: o sujeito-testemunho. Nesse estado, ela somente tem o estatuto de uma "matéria-prima" a pedir um questionamento que o transforme em documento. Todavia, num plano aparentemente inverso, é igualmente verdade que a prática historiográfica – herdeira de regras e especificidades metodológicas próprias – só poderá brotar de memórias (pessoais e colectivas) do historiador adquiridas por vivência pessoal (e social), ou por transmissão oral, e ser escrita sobre um mundo silencioso de esquecimentos. Por outras palavras: os seus problemas só podem ser formulados num horizonte de pré-compreensão, ou, talvez melhor, a partir de um sujeito já *pré-ocupado*.

Em suma: memória e história (entendida como historiografia) constroem retrospectivas distintas mas com indesmentíveis cordões umbilicais entre si. A primeira visa, sobretudo, atestar a fidelidade do narrado, enquanto a segunda é movida por uma finalidade veritativa que necessita da comprovação para certificar as suas interpretações. No entanto, esse objectivo não a pode levar a uma posição de monopólio no mundo das representações do passado, pois isso conduziria a uma espécie de sacralização da leitura dos historiadores. Mas cultivar a posição inversa seria escamotear as mediações crítico-racionais sem as quais, em nome da memória, ou da sua negação, tudo seria permitido (François Dosse, 2006). Nas palavras certeiras de Ricœur: "Une mémoire soumise à l'épreuve critique de l'histoire ne peut plus viser à la fidélité sans être passée au crible de la vérité. Et une histoire, remplacée par la mémoire dans le mouvement de la dialectique de la rétrospection et du projet, ne peut plus séparer la vérité de la fidélité qui s'attache en dernière analyse aux promesses non tenues du passé" (Paul Ricœur, 1998[a]).

Seja como for, convém ter-se presente que, se a memória pode funcionar como obstáculo epistemológico (nem que seja através do esquecimento), ela também actua como acicate da própria investigação histórica, particularmente quando o testemunho é uma prova viva capaz de desmentir negações, deturpações ou branqueamentos do passado feitos por quem não esteve lá. Mas igualmente se sabe que, tarde ou cedo – veja-se o que está a acontecer com os sobreviventes do Holocausto –, o vazio deixado pela morte da testemunha presencial só deixa ficar testemunhos a pedirem que os "construam" como documentos.

Por consequência, a memória do historiador é componente forte de experiências primordiais em relação ao espaço e ao tempo, húmus que, se pode obstar ao surgimento de interrogações, também fura censuras, trazendo à tona fragmentos do que está esquecido. Daí que, tal como a recordação, também a historiografia deva lutar para que o passado não caia, definitivamente, no rio da amnésia. E, bem vistas as coisas, só num sentido muito restrito será lícito pensar-se que a história já "terminou" para o historiador. Fazê-lo será não entender o papel que, consciente ou inconscientemente, as suas próprias expectativas (o *ainda não*) desempenham na "ressuscitação" do passado; será, em suma, perfilhar uma visão absoluta, cristalizada e aritmética do tempo presente.

Tem de se reconhecer, porém, que, no testemunho memorial, a separação entre o sujeito e o objecto é precária (mesmo quando se recorre, supletivamente, às recordações dos outros e a suportes de memória), ao contrário do que deve acontecer na crítica e na interpretação que transformam os *traços* em documentos históricos. No entanto, mesmo neste caso, tornar-se-á impossível anular, por completo, a mediação do sujeito, mormente porque a consciência do historiador não é um receptáculo vazio: as suas perguntas só podem nascer no seio de uma mente já *pré-ocupada* por uma dada formação histórica e por *memórias sociais, colectivas* e *históricas* subjectivizadas e estruturadas pela estratégia pessoal do evocador. E aqui radica esta outra condicionalidade inerente a toda a obra historiográfica, em cujos interstícios, não ditos, e no que também é excessivamente lembrado, se situa, escondida, a vala comum dos marginalizados e esquecidos, esse eco abafado do silêncio que o historiador deve procurar ouvir para lá dos sons da *anámnesis*.

De facto, tal como na recordação, no historiar a herança do passado não é uma simples acumulação de acontecimentos. Ao invés, tudo se passa como se a consciência do presente saltasse anos e séculos para escolher os momentos em que ela (em diálogo positivo ou negativo) encontra a sua arqueologia e os momentos fortes do sentido que quer dar ao seu percurso, atitude que, porém, não pode accionar a destemporalização do sujeito-historiador como se este tivesse podido estar lá, no passado, quando este foi presente. Mas ela também não pode cingir-se à curiosidade "antiquária", ou à função do coveiro a desenterrar cadáveres após o cumprimento do ciclo da putrefacção (e do esquecimento). A *indiferença* do historiador em relação ao seu objecto será tanto menor quanto mais os problemas levantados disserem respeito aos valores essenciais da condição humana. Por conseguinte, e como na recordação – mas com a sua metodologia própria –, a leitura historiográfica não deve ser comemorativa; ela tem de dar vida ao que já não existe.

Assim como Proust assinalou em relação à memória subjectiva, o historiador, mais do que encontrar o passado, deve procurar *salvá-lo* (S. Mosès, 1992). E é aqui que, nos seus campos próprios, a memória e a historiografia se encontram com a consciência da *dívida* (Paul Ricœur) e da responsabilidade (o contrato ético-cognitivo), em particular perante os que, quando vivos, estiveram condenados ao silêncio, imperativo decorrente do facto de a mediação presentista não se esgotar na seca análise científica, dado que ela obriga a escolhas que não são social e axiologicamente neutras. Quem *salva* do nada este ou aquele aspecto do passado sente-se responsável por ele, posicionamento que ajuda a entender o modo diferente como Walter Benjamin equacionou a questão do papel justiceiro da história: para Hegel (e para o historicismo em geral), a história é o lugar do Juízo Universal e Final, porque seria ela que, a partir da ideia de *fim da história* que a sua retrospectiva pressupunha, julgaria os homens; para o autor do *Angelus Novus*, ao contrário, são os homens que a julgam.

Afinal, a invocação das ideias de continuidade histórica e de progresso, tal como o entendimento do devir como uma sequência irreversível de causas e efeitos – características dominantes na historiografia oficial durante os séculos XIX e XX –, adequavam-se (e adequam-se) bem à problemática dos somente interessados em escrever a "história dos vencedores" e em secundarizar ou esconder a dos "vencidos" (S. Mosès, 1992). Daí a necessidade que o historiador tem de não olvidar a dialéctica que existe entre o recordado e o esquecido, e de atender a este ensinamento de Benjamin: a historiografia dos que, quando vivos, nem sequer deixaram traços exige que se opere com a descontinuidade do tempo histórico, porque a continuidade é, como na recordação que descreve a coerência do itinerário do *eu*, a linha traçada pela boa consciência dos vencedores, como se a *res gestae* fosse uma consequência lógica da univocidade do tempo histórico, nem que, nessa caminhada, se tenha de saltar por cima dos buracos negros da memória.

Memória política e política da memória

Em síntese: a historiografia também funciona como fonte produtora (e legitimadora) de memórias e tradições, chegando mesmo a fornecer credibilidade cientista a novos mitos de (re)fundação de grupos e da própria nação (reinvenção e sacralização das origens e de momentos de grandeza, simbolizados em "heróis" individuais e colectivos). A modernidade acentuou estas características. Os novos poderes (sociais e políticos), para atacarem a aristocracia tradicional, reescreverão a história, em particular a partir dos inícios de Oitocentos, o que levou ao desenvolvimento da historiografia e ao aumento do prestígio social dos historiadores, movimento que desembocou no uso (e abuso) dos novos conhecimentos na modelação da *memória colectiva* como *memória histórica*. Este trabalho passará a ser sinónimo do que virá a designar-se por *memória nacional*, prova de que, se a historiografia, a montante, acaba por pedir emprestada alguma coisa à memória, a jusante, ela não deixa de ser posta ao serviço das suas políticas. E se, em certo sentido, ela é "filha da memória" (Paul Veyne, 1979), o contrário também é verdadeiro: esta também é socializada (e reescrita) pelo modo como a historiografia investiga e as suas conclusões são popularizadas.

A história da historiografia mostra à saciedade que a institucionalização da pesquisa e do ensino históricos, bem como a sua consequente estatização, não se limitaram a garantir a aplicação de critérios tidos por mais científicos. Os cidadãos e, a partir deles, os novos Estados-Nação ajudaram à profissionalização e à especialização deste tipo de estudos, porque os viram como úteis para a nação e para a humanidade, procura que ultrapassou os círculos dos eruditos e que foi movida pelo explícito objectivo de enriquecer (e credibilizar) o renovamento da *memória colectiva* e da *memória histórica* e, dentro desta, da *memória nacional*.

Na verdade, o crescimento da importância social (e política) das representações sobre o passado foi acompanhado por estas duas consequências simultâneas: a produção de conhecimentos comprováveis (a *história como saber*) e a sua difusão com a finalidade de se fundar e, sobretudo, refundar a *memória histórica*. E, mesmo quando a diferença entre *história-investigada* e *história-ensinada* se manteve, a política da memória encarregar-se-á de as articular. De facto, e por mais antitéticas que estas duas faces possam parecer, existem entre elas evidentes pontos de contacto (Gérard Noiriel, 1996), conforme se pode demonstrar através, quer da maneira como, desde o século XIX, tem sido justificado e praticado o ensino da história em todos os graus, quer da análise do modo como foram (e são) organizadas as manifestações em que, por razões cívicas, a recordação se transforma em comemoração "fria" – toda a comemoração suscita um resfriamento da recordação –, isto é, em cerimónia e puro espectáculo público.

Ademais, se a memória é instância construtora e cimentadora de identidades, a sua expressão colectiva também actua como instrumento e objecto de poder(es) mediante a selecção do que se recorda e do que, consciente ou inconscientemente, se silencia. E, quanto maior é a sua circunscrição nacional, mais se corre o risco de o esquecido ser a consequência lógica da "invenção" ou "fabricação" de memória(s). Ao sublinhar-se esta vertente, não se pretende negar a função involuntária dos "ardis da memória" – que a leitura psicanalítica pode ajudar a descobrir no campo da consciência –, mas deseja-se frisar que, nas suas dimensões colectivas, sobretudo quando ela funciona como *metamemória*, a margem de manipulação e de uso político-ideológico aumenta. Pelo que escrever uma "história social da memória" só terá sentido se, ao mesmo tempo, se redigir uma siamesa "história social do esquecimento", projecto que não pode dispensar a comparência da "história-memória" no *forum* da "história-crítica".

Seguindo uma sugestão de Nietzsche, poder-se-á mesmo sustentar que existiu (e existe) uma relação íntima entre a perspectiva "monumental", dominante nas interpretações historicistas do passado, e a intenção educativa que as animava. E esta raramente foge ao modelo teleológico de narração da aventura colectiva, cada vez mais protagonizada por uma personagem colectiva chamada *povo*, ou melhor, nação. Os grandes momentos do passado são integrados numa sucessão em cadeia, a fim de os exemplos maiores serem eternamente prolongados como *fama*, garantia de imortalidade que tem subjacente a crença na capacidade ilimitada que o futuro terá para vencer a mudança e o transitório. Por isso, quando a consideração "monumental" do passado domina, só algumas das suas partes são evocadas e, consequentemente, sacralizadas; outras, porém, são esquecidas e depreciadas, em ordem a formar-se uma corrente contínua, na qual os factos particulares, previamente seleccionados como *exempla*, são "manhosamente" destacados como "arquipélagos isolados" (Nietzsche, 1999), mas para pontuarem um sentido colectivo de vocação consensualizadora. E basta assinalar que, dentro de uma mesma sociedade, as identidades são múltiplas e conflituosas entre si (memórias de família, locais, grupais, de classe, nacionais, etc.) para se justificar o recurso a esta atitude. Por outro lado, tal como a anamnese, também o esquecimento histórico é um processo, pelo que o "olhar" do historiador só não se enredará na sedução (e pretensão) homogeneizadora da *memória colectiva* e *histórica*, se a souber confrontar com perguntas como estas: quem recorda o quê? E porquê? Que versão do passado se regista e se preserva? O que é que ficou esquecido?

Mais à frente, procurar-se-á perceber melhor a ligação que existiu entre os esforços feitos pela historiografia para se autonomizar como um saber científico e a afirmação da irreversibilidade do tempo e da substantividade da história, num contexto em que a dissolução de muitas formas de sociabilidade tradicional requeria a socialização de memórias com uma maior intenção consensual e, portanto, com mais capacidade para aculturar e unificar as memórias regionais e diversificadas. Religar o indivíduo--cidadão à sociedade política será o seu escopo principal, tarefa incindível da necessidade da "reinvenção" do passado que, na Europa, cresceu no século XIX (Alemanha, França e, gradualmente, todos os outros países), mormente numa conjuntura em que se assistiu, de facto, a intensos e conflituosos processos de formação ou de refundação de uma nova ideia e de um novo ideal de nação, bem como à afirmação identitária de novos grupos sociais emergentes (a cultura e a consciência operária, por exemplo).

Este processo ultrapassou, porém, o terreno das filosofias da história e da historiografia, pois corporizou-se, igualmente, no reconhecimento do valor social e político da investigação, ensino e popularização das interpretações do passado (a *história-ensinável*) e na institucionalização de práticas simbólicas postas ao serviço da sacralização cívica do *tempo* – comemorações – e do *espaço* (novos "lugares de memória"): as *ritualizações da história*, não raro de iniciativa oficial e afiançadas por historiadores (Fernando Catroga, 1996). Desta atitude resultou o incremento da "sociedade-memória" oitocentista (P. Nora, 1984), época em que, escudados em leituras historiográficas, ou no seu prestígio, os poderes fomentaram várias liturgias de recordação com o objectivo de, em sociedades que caminhavam aceleradamente para o individualismo, se socializar e enraizar a(s) nova(s) memória(s) em construção (ou em processo de refundação). E a este tipo de investimento ter-se-á de juntar a manualização das narrativas oficiais (ou oficiosas) da história pátria, veículo em que, epicamente, se conta a história de um povo, como se de uma galeria panteónica se tratasse. Como se verifica, o destino da chamada *história-crítica* não ficou imune à credibilização da *história-ensinável*, característica que os manuais escolares levarão, sobremaneira a partir dos finais do século XIX, às últimas consequências. Por tudo isto, aceitar-se a existência de uma excessiva dicotomia entre a escrita dos historiadores propriamente ditos e a dos divulgadores pode encobrir a sobredeterminação cívica e memorial em que ambas estavam inscritas.

A historiografia, com as suas escolhas e esquecimentos, também gerou (e gera) o "fabrico" de memórias, pois contribui, através do seu cariz narrativo e da sua cumplicidade, directa ou indirecta, com o sistema educativo, para o apagamento ou menosprezo de memórias anteriores, assim como para a refundação, socialização e interiorização de novas memórias. O que se entende. Bem vistas as coisas, "le but ultime de l'opération historique est de provoquer une connaissance destinée à être apprise et remémorée". Portanto, em vez "de déplorer l'inévitable, de rechercher une 'pureté' impossible ou de rabaisser les qualités scientifiques de l'histoire", o historiador tem de defrontar, (auto)criticamente, "le caractère 'mêlé', aporétique, pourrait-on dire, de l'histoire" (Jean-Clément Martin, 2000). Certeza clara já, pelo menos, desde o século XIX.

Mais do que qualquer outro, este foi o "século da história" devido ao grande surto historiográfico (desde a Alemanha, França, até Portugal) e reflexivo (Hegel, Comte, Marx, etc.) e ao concomitante reconhecimento da utilidade social e político-ideológica do uso de leituras do passado como argumentos legitimadores de interesses do presente-futuro. Esta necessidade atingiu, então, o seu acume e traduziu-se em práticas de divulgação e de cariz pedagógico (ensino primário, secundário, universitário), assim como na construção de "lugares de memória" (estátuas, edifícios, toponímia, etc.) e no lançamento de novas ritualizações da história, objectivações que não se esgotavam numa única linguagem, embora pressupusessem uma análoga concepção orgânico-evolutiva, contínua, acumulativa e finalística do tempo histórico. E pode dizer-se que todas elas punham o "povo", ou a "nação", a desempenhar o papel de demiurgo do desígnio específico (e, em alguns casos, superior) de cada um no concerto das outras nações e da história universal. Por isso, estes "sujeitos-colectivos" actuavam como personagens que, ao desenvolverem a sua índole ou idiossincrasia (na língua, nos costumes, nas leis e tradições), estariam a explicitar, na ordem do tempo, uma essência já potenciada desde a origem e suposta omnipresente em cada uma das fases do itinerário que a ia consumando.

A credibilidade que gozava o argumento historicista era tão forte que fez com que ele fosse compartilhado por várias ideologias e posto em prática por políticas de memória igualmente transversais. É certo que tal não significou o fim das divergências e contradições. No entanto, é igualmente verdade que cada Estado-Nação conseguiu criar infra-estruturas culturais e simbólicas para se ir interiorizando o ideal de pátria, deus maior de uma religião civil que teve, no culto dos "grandes homens", dos "grandes acontecimentos" e das respectivas ritualizações e símbolos, as suas maiores celebrações e liturgias. Naturalmente, o sistema educativo desempenhou um papel decisivo nesta inculcação, nos indivíduos, do sentimento de pertença a uma dada comunidade política.

"Recordo-me, logo existo"

A que melhor ilustração se pode recorrer para mostrar que a *memória colectiva* é tanto menos espontânea quanto mais é *memória histórica*, e para se perceber o protagonismo das *memórias-construídas* na fundação (ou refundação) de novos consensos? Como se sabe, o romantismo em geral e, depois, os vários historicismos faziam retrospectivas para fundamentarem a criação do consenso (social e nacional) e para legitimarem uma meta para cada povo e, a partir desta, para toda a humanidade.

No caso português, essa "utilidade" foi imediatamente compreendida, tanto mais que, em boa parte do século XIX, se viveu sob um clima decadentista, situação que certos grupos ascendentes procuravam superar, incitando a opinião pública a colher lenitivos nos ensinamentos do passado, o que desembocou no uso moderno do preceito *historia magistra vitae* e no qual o presente, ou melhor, uma previsão progressiva do futuro, aparecia a pontualizar momentos paradigmáticos do passado, em ordem a que, através de memorações rituais, a evocação e a invocação pudessem funcionar, contra a decadência do presente, como *exempla* revivificadores. Este fito reforçou o intercâmbio entre a memória-repetição e a história, já que se sentia a necessidade de esta ser reescrita (atente-se no trabalho de Herculano e seus discípulos), ao mesmo tempo que se impulsionava um forte investimento comemorativo, como acontecerá, com frequência, em toda a Europa, e em Portugal com mais ênfase a partir de 1880 (centenário de Camões).

Havia a forte convicção de que – como escreveu um dos principais "mordomos" das cerimónias dos Centenários realizadas nos finais do século XIX e princípios do século XX – "a memória é o cimento indispensável da vida individual. O apregoado entimema cartesiano: 'Eu penso, logo existo', poderia ser mais intuitivo e estritamente expresso pela fórmula 'recordo-me, logo existo'. Passado, presente e futuro, ocas palavras essas se acaso não se reflectissem no cérebro humano a continuidade e a correlação dos movimentos; e idênticos fenómenos dominam [...] os agrupamentos de homens, denominados nacionalidades [...] Quando na memória de um povo se obliteram os interesses nacionais e a sua missão no mundo, esse povo corre o perigo de perecer de inacção" (Henrique Lopes de Mendonça, 1925). A comemoração implicava, portanto, uma clara finalidade revivescente, conquanto o seu espectáculo também remetesse para uma analogia com o próprio culto cemiterial dos mortos, pois, como na própria época se reconhecia, havia algo de fúnebre nas pompas e préstitos comemorativos (F. Catroga, 1988; 1996).

Por outro lado, não deixa de ser significativo o discurso directo, na primeira pessoa do singular, da frase "recordo-me, logo existo". Como ela é aplicada à prática comemorativa, essa presença prova que os ritos cívicos recorriam a processos análogos aos da "manha" da memória individual (*re-fundação, identificação, filiação, distinção, finalismo*), mediante a selecção e a fragmentação da sequência dos eventos e a sua inserção num horizonte prospectivo. Isto é, escolhiam-se "grandes homens" ou "grandes acontecimentos", assim arvorados em paradigmas que apelavam à imitação de uma exemplaridade que o futuro devia cumprir. Por consequência, se as comemorações parecem ser, por um lado, um culto nostálgico e regressivo, por outro, o passado é reinterpretado à luz da lição que se pretende dar ao presente e ao porvir. E tudo bateria certo porque este comemoracionismo, tal como a historiografia dominante, se baseava numa similar ideia evolutiva e continuísta do tempo histórico, na qual o melhor do ocorrido era não só decantado para responsabilizar os culpados pelo seu não desenvolvimento pleno, como enaltecido enquanto momento precursor. Mas, em simultâneo, para que a mensagem normativa e o papel pedagógico-cívico do rito pudessem funcionar, muito teria de ser esquecido.

De facto, as comemorações e a escrita historicista da história são práticas de *re-presentificação* igualmente indissociáveis do esquecimento, não admirando, portanto, que elas tenham posto em jogo uma concepção continuísta e evolutiva do tempo análoga à das narrativas optimistas, pois estas só exercerão as suas finalidades pedagógicas se forem ritmadas pela épica que norteia a "história dos vencedores". Como, num eco da proposta comtiana, se escrevia em 1880, as comemorações cívicas deviam ser realizadas "em honra e para glória da humanidade para nortear estádios nesse caminhar incessante da civilização universal [...], não para impor, em nome de um passado irrestaurável, às novas gerações, a adoração dos seus 'fetiches', a idolatria dos seus deveres [...], mas para lhe apontar o exemplo dos seus beneméritos" (Manuel Emídio Garcia, 1880).

Percebe-se agora melhor por que é que a comemoração constitui uma *metamemória* inscrita na memória-repetição, pois é inseparável das suas ritualizações. A intriga que nelas se conta – mormente quando se organiza como calendário cívico – dialecticiza a presença da ausência através de uma "cenografia" em que se "teatrializa" e "esteticiza" o narrado. E, como salienta Dosse (2006), "le rite permet d'entretenir la mémoire en réactivant la part créative de l'événement fondateur [ou mesmo refundador] d'identité collective". E o espectáculo visa dar coerência a esta estratégia: enaltecem-se figuras modelares, ou momentos de fastígio, a fim de, passando ao lado do mais sombrio das coisas, exorcizar (e criticar) decadências do presente e alentar a esperança na redenção futura. Consequentemente, neste tipo de evocação, não estava em causa o uso "passadista do passado", mas a exploração da sua mais-valia como arma de legitimação de um regime de tempo de cariz prospectivo.

O historiador como um "remembrancer"

Em suma: se não se quiser cair numa estrita posição cientista, tem de se aceitar o tom ambíguo e "indeciso" das relações entre a memória e a historiografia. Na verdade, por mais esforços de auto-análise que o historiador possa fazer para aplicar a sua metodologia crítica e para atenuar o peso da idade subjectivo na interpretação histórica, a sua *epochê* será sempre *epocal*, porque os nexos com a memória (e o recalcamento) e com o que, dentro dela, é presença do colectivo impedem-no de se colocar, totalmente, "entre parêntesis", isto é, de situar o seu saber para além da história, característica que, aliás, ele mesmo declara ser inerente a tudo o que possui marca humana. Por mais que queira, o historiador não é um *eu transcendental*, autotransparente a si mesmo, esse sonho de luz plena que anima todos os racionalismos extremos, às vezes a maior de todas as cegueiras.

No entanto, o *contrato* que, tacitamente, celebra com a responsabilidade ética e epistémica inerente ao seu ofício obriga-o a actuar, tanto quanto lhe for possível, como pastor e lobo dos seus fantasmas e do "ser ausente" que ele pretende fazer reviver. E esta inevitável condicionalidade convida-o a pôr sob suspeita a memória transmitida e a ter uma salutar dúvida metódica perante a transparência ontológica do narrado. De acordo com um exemplo usado, algures, por Peter Burke, poder-se-á afirmar que, ética e deontologicamente, ele deve ousar ir à procura dos esqueletos escondidos nos armários da memória, apesar de saber que, ao fazê-lo, corre o risco de estar a ocultar, mesmo inconscientemente, alguns dos que transporta dentro de si. Apesar disso, a sua missão tem de ser análoga à do *remembrancer*, nome atribuído ao funcionário inglês que, nos finais da Idade Média, tinha a odiosa tarefa de ir, de aldeia em aldeia, e nas vésperas do vencimento dos impostos, lembrar às pessoas aquilo que elas mais desejavam esquecer.

Se Nietzsche teve razão quando salientou que o a-histórico, assim como o histórico, são igualmente necessários para a saúde de cada indivíduo, de um povo e de uma cultura, reconhece-se que, se é importante lembrarmo-nos de esquecer, também o será não se esquecer de lembrar. E essa é a tarefa primeira do historiador, imperativo que ainda se torna mais premente quando se passou a cultivar uma *ars oblivionis* mais programada. Como escreveu Yosef Yerushalmi, "no mundo que é o nosso, não se trata mais de uma questão de memória colectiva ou de declínio da consciência do passado, mas sim da violação brutal daquilo que a memória ainda pode conservar, da mentira deliberada pela deformação das fontes e dos arquivos, da invenção de passados recompostos e míticos ao sabor de poderes tenebrosos". E, em tais épocas, "apenas o historiador, animado pela paixão dos factos, dos testemunhos, que são o alimento da sua profissão, pode velar e montar guarda" (Y. Yerushalmi, 1988; Márcio Seligmann-Silva, 2003).

Por outras palavras: "l'histoire critique trouve son originalité en entreprenant la 'déconstruction' des épaisseurs et des rivalités mémorielles pour en établir le fonctionnement et les rouages, pour souligner les pratiques de manipulation et d'occultation, jusqu'à prendre le risque de mettre en cause les structures profondes des communautés" (J.-C. Martin, 2000). Todavia, se este posicionamento é diferenciador, é um facto que a chamada *história-ciência* só será socialmente útil se radicar na *história viva* decorrente da tensão entre memória, esquecimento e expectativa. Daí o excesso das teses dualistas: a memória, tal como a historiografia, é uma das expressões da condição histórica do homem. E os historiadores de hoje já perceberam que a descredibilização dos grandes mitos colectivos e o enfoque dado ao carácter compreensivista e narrativo da própria escrita historiográfica (Hayden White, 1978; Roger Chartier, 1998) conduziram a que ela – conquanto não seja redutível ao exclusivo campo da ficcionalidade, como alguns pretendem – surja, cada vez mais, como uma operação crítica e cognitiva, mas mediada, em última instância, pelo tempo e pelo espaço em que o historiador se situa e, por isso mesmo, umbilicalmente dependente "de *topoi* venus de la mémoire profonde" (J.-C. Martin, 2000). Saber isto, mas tentar evitá-lo, é a missão (impossível) em que ele se arrisca como perscrutador de verdades, como pessoa e como cidadão.

Segunda Parte

MEDIATEZ E MEDIAÇÃO

CAPÍTULO III

A historiografia como *ars memoriae*

Sabe-se que, pelo menos nas civilizações arcaicas, o distanciamento da origem era vivido como um estado de empobrecimento ontológico, e esta ontologia foi prolongada pelas cosmogonias greco-romanas, com o seu ideal epistémico essencialista e, consequentemente, com a redução do tempo ao mundo da corrupção e das aparências, sobre o qual seria impossível o conhecimento. Como é lógico, será dentro destes parâmetros que se deve entender a função social que os gregos atribuíam à escrita da história: esta devia ser bela e pragmática, dado que os ritmos da vida poderiam vir a repetir-se. Mas, enquanto "arte de memória", e protesto contra a mortalidade a que estavam sujeitos os dizeres e as obras humanas, ela também era *monumento* que, ao autonomizar-se da *physis*, lutava contra o esquecimento.

Quando a boca do tempo mordia a cauda do tempo

Como os estudiosos do tema têm sobejamente assinalado, o aparecimento de um género de literatura a que se deu o nome de "Histórias" estava nos antípodas das preocupações intelectuais dos gregos, sobretudo porque, mais do que uma fractura, a metafísica helénica terá conferido uma maior racionalização ao cariz a-histórico da mentalidade arcaica. Mesmo o seu pensador mais "dialéctico" (Heraclito) não só buscou um fundamento omnipresente para o devir, como defendeu que o movimento cósmico culminaria, tal como nas cosmogonias míticas, na deflagração universal (*ekpyrosis*). Por outro lado, a corrupção (e o esquecimento que lhe seria inerente) estava subordinada ao *causalismo formal* e *final*, pois o importante seria captar o que permanece, que especifica, enforma e determina a finalidade perseguida por aquilo que devém. O *fim* seria, portanto, a meta a que os entes particulares aspirariam, consumando-a num ciclo finito, mesmo que indefinidamente repetido e repetível, sempre diferente e sempre igual, num processo em que o *omega* seria a necessária explicitação do *alfa*.

Será pertinente perguntar, contudo, se esta metafísica não racionalizava a sobrevivência de concepções míticas acerca do eterno retorno. E, aos que acham excessiva esta tese, deve lembrar-se que a configuração do tempo como um círculo também se encontra em Aristóteles, para quem, a par da eternidade do universo, "o tempo parece ser o movimento da esfera, porque este movimento é o que mede os outros movimentos e mede também o tempo [...] e também o tempo parece ser uma espécie de círculo [...] pelo que dizer que as coisas geradas constituem um círculo é dizer que há um círculo de tempo" (Aristóteles, *Problemas*, XVII, 3916a). De acordo com esta ontologia, compreende-se que, para este filósofo, todas as criaturas vivas, incluindo o homem (pelo menos enquanto género), estivessem incluídas numa natureza sempre presente e, por conseguinte, dotada de imortalidade (*Da Alma*, 425b13). Mediante o ciclo repetitivo da vida, aquela assegurava, "para as coisas que nascem e morrem, o mesmo tipo de eternidade para as coisas que são e não mudam".

Reiterando o que Hannah Arendt escreveu acerca dos modos de relacionamento do homem com a *physis* (*trabalhar*, *obrar*, *acção*), conhece-se que seriam os efeitos desta última a garantirem a memória, campo que, por isso, mais interessa aos historiadores e à capacidade comunicativa do homem. É que só a *acção* possibilita, quer a fuga ao determinismo da espécie, quer a *anámnesis* através de estruturas de recordação materializadas em obras que pretendiam escapar à inexorável finitude da biografia individual, condicionalidade que pode ser assim formulada: "a mortalidade humana repousa no facto de que a vida individual, um *bios* com uma história de vida identificável do nascimento à morte, emerge da vida biológica, *dzoê*. Essa vida individual distingue-se de todas as outras coisas pelo curso rectilíneo do seu movimento, que, por assim dizer, secciona transversalmente os movimentos circulares da vida 'biológica'" (Hannah Arendt, 1968).

Dito de outro modo: só o natural teria estatuto de eternidade. E, se o que resultava do *trabalho* ainda possuía esta característica – dado que colhia a sua matéria bruta da natureza –, o que resultava do *obrar* do homem e da sua *acção*, traduzido em factos e em palavras, estaria ainda mais sujeito à fugacidade e ao esquecimento, pois expressaria a individualidade de uma existência que, com tais obras e feitos, se subtraía à eternidade natural. Sendo assim, essa *acção*, qual luta contra a morte e a amnésia, só podia garantir a imortalidade através de "infra-estruturas" anamnéticas (Hannah Arendt, 1968). O que dá sentido ao escopo maior de Heródoto: ele escreveu as suas *Histórias*, repita-se, "para que os feitos dos homens se não desvaneçam com o tempo, nem fiquem sem renome as grandes empresas, realizadas quer pelos Helenos, quer pelos Bárbaros" (Liv. 1.º, 1.1).

Torna-se preciso ter presentes todos estes argumentos para se evitar interpretações anacrónicas, como a de se pensar que – mesmo nos autores que mais se aproximaram do antropocentrismo (os Sofistas, por exemplo) – os gregos (e os romanos) podem ser elevados a uma espécie de precursores do historicismo moderno e, em particular, do seu princípio viquiano, segundo o qual é o homem quem "faz" a história.

Perante o exposto, será útil indagar se, à luz destas hipóteses, não terão os ideais gregos de verdade (como os de bem e de belo) e a sua correlativa concepção geométrica do cosmos sido pouco sensíveis a um tipo de reflexão a que, mais tarde, se chamará "filosofia da história", independentemente das ideações sobre os processos de se pesquisar o passado que se encontram nos textos clássicos (Heródoto, Tucídides, Políbio, Cícero)? Sujeita à *tyche* (destino, fado), mas ameaçada pela *hybris* (desmesura), a assunção da história como antropodiceia não significaria fazer do tempo dos homens uma obra supra-sensível, logo com características análogas às da própria *physis*? Em suma: não seriam estas premissas incompatíveis com o núcleo forte do substancialismo metafísico grego?

Responder a estas questões, ainda que de um modo muito resumido, será uma boa base para buscar as semelhanças e as diferenças que terão existido entre esta perspectiva e as ideias que nortearam o aparecimento da história (sobretudo com Heródoto) como género literário, afinal, também um bom barómetro para se avaliar a pertinência de o eleger como o marco fundador da historiografia.

Imediatamente se deve destacar esta nota diferenciadora: para a filosofia – a primeira de todas as ciências –, só o geral, o fixo e o necessário poderiam ser objecto de conhecimento (*episteme*). Como, "para quem trate de investigar o que é o contingente, resultará evidente que não haja uma ciência do contingente" (Aristóteles, *Metafísica*, XI, 8, 1064), a história (como historiografia) teria de ser epistemicamente mais pobre do que a própria poesia. Por palavras do Estagirita: "não é ofício do poeta narrar o que aconteceu; é, sim, o de representar o que poderia acontecer: o que é possível segundo a verosimilhança e a necessidade. Com efeito, não diferem o historiador e o poeta, por escreverem verso ou prosa (pois que bem poderiam ser postas em verso as obras de Heródoto e nem por isso deixariam de ser história, se fossem em verso o que eram em prosa) – diferem, sim, em que diz um as coisas que sucederam, e outro as que poderiam suceder. Por isso, a poesia é algo de mais filosófico e mais sério do que a história, pois refere aquela principalmente o universal, e esta, o particular. Por 'referir-se ao universal', entendo eu atribuir a um indivíduo de determinada natureza pensamentos e acções que, por liame de necessidade e de verosimilhança, convêm a tal natureza; e ao universal, assim entendido, visa a poesia, ainda que dê nomes aos seus personagens; particular, pelo contrário, é o que fez Alcibíades ou o que lhe aconteceu" (Aristóteles, *Poética*, 1451a, 36; 1451b, 10). Por aqui se vê que, na hierarquia dos saberes, mesmo a poesia seria superior à história, dado que esta, limitada à descrição do que se move e aparece, só podia emitir a mera opinião (*doxa*), narrando, portanto, uma colecção de factos particulares, enquanto aquela revelava capacidade para formular juízos mais universais.

Ver, ouvir, testemunhar

Assinalar esta depreciação é crucial para se inteligir o elo existente entre a historiografia e a metafísica gregas, começando por lembrar que aquela surgiu sob o signo do *olhar* e, logo, da *percepção*. Por exemplo, para Heródoto de Halicarnasso, considerado o "pai da história", as investigações (*historie*, *apodexis*) mais credíveis eram as que decorriam da observação directa (*opsis*) e não tanto das fontes, ou mesmo das informações alheias, aceites como meras notícias que o historiador-investigador devia registar, mas em que não era obrigado a crer. E esta atitude metódica provinha da própria semântica da palavra que a designava.

Com efeito, *historie* (forma jónica de *historia*) foi-se impondo pouco a pouco. E a palavra, formada a partir do verbo *historein* (inquérito, na sua primitiva acepção, de âmbito judicial), deriva de *histor* (raiz indo--europeia: *wid*), ela própria ligada a *idein*, ver, e a *oida*, saber. Dir-se-ia ser necessário ver para saber, e *histor* significava, originariamente, *testemunha ocular* e, posteriormente, *aquele que examina testemunhas e obtém a verdade através da indagação*. Todavia, Heródoto não só procura informações (*historei*), mas também conjectura e deduz (*semanei*) (François Hartog, 1996 e 2005).

Por conseguinte, *historein* refere-se tanto a testemunhar como a investigar e conjecturar, acepções que se tornarão mais claras a partir desta regra consignada no *Satapatha Brahmana*: discutem dois homens, dizendo um, "eu vi-o", e o outro, "eu ouvi-o". Não se negava valor informativo àquilo que tinha sido *ouvido*. Porém, ele era supletivo em relação ao da vista e requeria uma maior vigilância crítica. De qualquer modo, no privilégio dado à visão radicava o poder que o *hístor* tinha para dirimir as controvérsias, capacidade que o elevava ao papel de árbitro, de juiz.

Por sua vez, o termo *díke* (= justiça) tem por origem (ao contrário de *thémis*, que denota os fundamentos sacrais do direito positivo, a começar pela sua administração no interior do grupo familiar) o radical *deik-* (mostrar); logo, *díke* remetia para justiça, mas no sentido de *mostrar com autoridade*, *mostrar o que deve ser*; e este significado também se encontra no composto latino *iu-dex*, em que *deik-* aparece unido a *ius*: só o juiz pode dizer *ius* (Hannah Arendt, 1968; G. Marramao, 1989; E. Benveniste, 1969).

Verifica-se, assim, que as etimologias de *hístor*, juiz-testemunho, e de justiça confirmam o relevo dado às evidências testemunhais da visão. E a sua raiz permite ainda perceber por que é que, para os gregos, este tipo de "histórias" descrevia, dominantemente, o passado recente: especialistas em procedimentos judiciais, os historiadores davam particular atenção à *acribia* da observação directa, ou, segundo o modelo hipocrático aplicado na arte médica, à depuração do testemunho oral (Tucídides). Saliente-se que, na própria organização textual, expressões como "eu vi" não escondem o sujeito da enunciação, isto é, explicitam a intervenção do narrador no seu relato, dando-lhe autoridade e elevando o "eu vi" (ou o "eu digo") a garante de verdade. Também por isso, quando a retrospectiva vai mais longe e trata de tempos mais antigos e, portanto, não vistos, ela acaba por dar guarida (Heródoto) a relatos míticos e tradicionais (François Châtelet, 1978), bem como a conjecturas.

Chegados a este ponto, deve perguntar-se se esta historiografia rompeu, por inteiro, com a mitologia (o que parece não ter acontecido com Heródoto) e se o seu modo de contar não terá dependido da passagem da *narração oral* para a *escrita*, trânsito que, como se escreveu atrás, fomentou uma maior racionalidade. De facto, se a primeira procurava convencer através da suscitação, no ouvinte, do espanto e do sublime, com a escrita o trabalho de convencimento do leitor tinha de assentar em juízos argumentativos, por mais excepcionais e exemplares que fossem os factos narrados. E não há dúvida que, a partir dos séculos V e IV a.C., diminuiu a credibilidade do mito e aumentou a confiança nas capacidades da razão inquiridora, como se verifica na sofística e, principalmente, no diálogo socrático. Portanto, será lícito pensar que, por exemplo, entre Tucídides – com as suas preocupações com a prova (*autopsia*) – e Heródoto a diferença não está tanto na circunstância de ambos não procurarem a verdade, mas residir na finalidade dos seus discursos: o "escrever para sempre" (Tucídides) e o escrever para se declamar perante um público (objectivo ainda patente nos textos de Heródoto) põem em acção estratégias diferentes: em Tucídides, a *acribia* (a conformidade com os factos) excluía os "dizeres" não comprovados; em Heródoto, tentava-se prender a atenção do receptor, contando o que se viu, em ordem a gerar-se prazer através da sugestão da *mimesis* (Jorge Lozano, 1994).

A especificidade do novo discurso historiográfico terá residido na sua sensibilidade perante a vida concreta dos indivíduos e dos povos, isto é, do particular em detrimento do geral. De certo modo, ela também prolongava o protesto que, desde a construção de *monumentos* e da transmissão geracional possibilitada pela oralidade e pela poesia escrita, procurava compensar um fado que condenava o indivíduo, enquanto submetido ao seu ciclo biológico, à queda no esquecimento. E, não por acaso, o seu conteúdo incidiu, principalmente, sobre situações únicas, feitos ou eventos que "interrompem o movimento circular da vida diária, no mesmo sentido em que o *bios* rectilinear dos mortais interrompe o movimento circular da vida biológica. O tema da história são essas interrupções – o extraordinário, em outras palavras". Mas, se foi assim, poder-se-á concluir, sem mais, que os grandes feitos e obras de que são capazes os mortais, e que constituem o objecto da narrativa histórica, não podem ser vistos como parte de uma totalidade ou de um processo abrangente, porque "a ênfase recai sempre em situações únicas e rasgos isolados" (Hannah Arendt, 1968)? Se, com esta afirmação, se deseja defender que os gregos não postulavam a existência de qualquer *logos* que, imanente aos eventos humanos, se explicitaria num finalismo temporal sobredeterminado pela ideia de futuro, a tese aceita-se. Contudo, sabe-se que o uso da exemplaridade narrada pelos historiadores obedecia a propósitos de convencimento e a motivações pedagógicas, o que aconselhava a integrar os grandes eventos e respectivos heróis em totalidades, embora finitas e não assentes em qualquer pretensa lógica auto-suficiente a comandar a irreversibilidade do devir universal, ao contrário, porém, do que virá a acontecer nas futuras "filosofias da história".

Como alguma história da historiografia clássica tem sublinhado, comummente, as "investigações" seleccionavam conjuntos limitados de factos, que se tinham sucedido no tempo, para os explicar mediante uma ordenação que lhes dava *forma*, inserindo-os num todo coerente. Contra o caos, a narração construía uma totalidade, conquanto finita e fechada, mas que, tal como na tragédia, era tecida por uma trama com um princípio, um clímax e uma conclusão. Assim, é explicável que os historiadores gregos (e romanos), mesmo os mais factualistas, não se tivessem preocupado muito com a descrição dos eventos tal qual eles aconteceram; estes só ganhavam sentido desde que fizessem parte de um enredo. Com isso, e ao invés do que pensou Aristóteles, o discurso historiográfico acabava por ultrapassar o particular (as situações únicas e as acções individuais), pois a verdade do narrado não estaria tanto na adequação dos enunciados à realidade, mas residiria, sobretudo, na sua correlação e correspondência com um modelo de virtudes – pressuposto que muitos, como Plutarco, não deixarão de explorar –, ou com uma teoria, principalmente com aquela que apontava para a existência de oscilações cíclicas nos negócios humanos (Políbio), ou a que acreditava na eterna identidade da natureza humana (Tucídides). Deste modo, a narração, apesar do seu aparente cariz doxográfico, veiculava um ideal de verdade que era sinónimo de construção de conjuntos harmoniosos, em consonância, aliás, com o que também se encontrava objectivado no ideal epistémico e estético da Hélade.

A historiografia nascente contava o que tinha acontecido com o fito de lembrar, à luz dos ritmos cíclicos, ou da repetição do que é característico da natureza humana, o que poderá vir a acontecer. E deste modo mostrava que, como o homem possuía uma pequena margem para fugir ao destino, a *tyche* não conduziria ao fatalismo absoluto, e o fado, que preside à vida humana, só teria um poder destruidor quando o indivíduo caísse na *hybris* e, portanto, numa cegueira que só podia conduzir os acontecimentos para a tragédia (Manuel Benavides Lucas, 1994).

O ritmo do cosmos, a raiz a-histórica da natureza humana e a fama (perpetuada pela escrita) são, assim, as traves mestras que devem ser invocadas para se entender melhor o consabido preceito greco-romano (Tucídides, Políbio, Cícero), segundo o qual a história é mestra da vida (*historia magistra vitae*): "*Historia vero testis temporum, lux veritatis, vita memoriae, magistra vitae, nuntia vetustatis, qua voce alia nisi oratoris immortalitati comendatur*" (Cícero, *De Oratore*, II, c. 9, 36 e c. 12, 51). A tarefa directora que Cícero adjudicava à história (ou melhor, à história como arte) tinha em vista obter efeitos análogos aos da oratória, fornecendo a esta, com pretensões à imparcialidade, uma colecção de exemplos pedagógicos (*plena exemplorum est historia*) (Reinhart Koselleck, 1993). Para isso, e tal como outras formas de bloquear o esquecimento, a historiografia era também garante de transmissibilidade, o que dá sentido ao facto de ela ter sido qualificada como um verdadeiro testemunho contra a condenação ao *Letes*, isto é, como um discurso tanto memorial como aletológico (*"lux veritatis"*) e *"vita memoriae"*.

Cícero explicitou bem os liames estreitos que enlaçavam estes dois níveis, extraindo-os dos ensinamentos de Heródoto e do que Tucídides escrevera acerca da utilidade da sua *História da guerra do Peloponeso*. Com efeito, partindo do pressuposto de que a imutável natureza humana é o grande motor da história, este último estava convicto de que o seu registo colhia uma lição válida para sempre: a "ideia-tipo" (Raymond Aron), que o estruturava, continuaria a valer, já que, tarde ou cedo, a guerra reapareceria.

Depois da queda de Roma, a historiografia cristã irá mudar as coisas. As suas promessas de cariz soteriológico e escatológico, assentes na predominância da fé sobre a razão e, consequentemente, da verdade revelada sobre a inquirida, interiorizaram um entendimento providencialista da história justificado à luz da superioridade da cidade de Deus sobre a cidade dos homens (Santo Agostinho). Por isso, entende-se que a concepção greco-romana, segundo a qual a investigação do passado tinha uma função pragmática, recebesse, agora, uma justificação dominantemente metafísico-religiosa e que também não se desse continuidade ao preceito herodotiano que se baseava na validade do "visto" e, mesmo, no "ouvido". A verdade do narrado provinha da autoridade do *Livro* e da Igreja, isto é, o passado só podia ser objecto historiográfico se a razão de ser dos acontecimentos fosse apreendida através da fé, o que colocava o texto sagrado como exclusivo paradigma de explicação do sentido do tempo. E o pretérito, objecto de fé, contrastava com o presente, objecto de conhecimento. Neste horizonte, os historiadores cristãos aceitavam, sem vigilância crítica, as narrações fornecidas pela tradição e garantidas por uma autoridade reconhecida (Igreja, Monarquia, Universidade), ou pela santidade e posição social de quem as transmitia, credulidade que os levava a "falar do passado, referido nesses relatos, como se eles próprios o tivessem vivido" (K. Pomian, 1984).

Isto ajuda a inteligir melhor as características essenciais que enformaram a historiografia medieval, a saber: a periodização do tempo histórico feita segundo o modelo cristológico; a sua função catequética; a sua ultrapassagem dos particularismos (a unicidade de Deus fundamentava, numa cristianização do velho estoicismo, uma perspectiva universalista de humanidade); a sua escrita, encarada como um trabalho anónimo e geracionalmente contínuo (como tem sido assinalado, não se fazia distinção entre as noções de *historiógrafo* e de *cronógrafo*, bem como, quanto aos géneros, entre *anais*, *crónicas*, e *histórias*); a inexistência de uma consciência autoral, característica que explica a índole colectiva de muitos textos historiográficos da época e que relativiza as posteriores acusações de plagiato; e, por fim, a ordenação das idades e acontecimentos de acordo com a justificação providencialista, bem como a escolha de um temário dominantemente apologético e hagiográfico (R. Collingwood, s.d.; George Gooch, 1977).

Neste contexto, o magistério das suas narrativas já não visava produzir efeitos de índole ético-cívica. Ao contrário, a exemplaridade enaltecida só tinha sentido desde que tivesse um conteúdo religioso e convidasse à imitação das vidas virtuosas, tendo em vista o serviço da cidade de Deus e a salvação das almas. Daí que se tenha assistido à cristianização do velho preceito *historia magistra vitae*. Porém, os *exempla* funcionavam, não por se acreditar na repetição cíclica ou na eternidade da natureza humana, mas devido ao facto de a centração cristológica do tempo e da sua sobredeterminação escatológica possibilitarem que o passado fosse relativamente valorado como uma preparação para a *consumatio* definitiva. Pelo que, conquanto no contexto de uma história da salvação, os *exempla* já surgiam seleccionados, em certa medida, pela espera.

O método como caminho

A consolidação do espírito crítico em historiografia fará com que esta se afaste tanto da pretensão de Heródoto como do horizonte fideísta dos cronistas medievais. E aceita-se a sugestão – que Pomian desenvolveu em vários estudos – segundo a qual a ruptura entre *conhecimento* e *percepção* (fomentada pelo método histórico-filológico, pelas filosofias racionalistas e pelo espírito crítico da modernidade) porá em causa a fiança da verdade histórica dada pela observação ou pela fé, em nome de uma concepção de *conhecimento mediato* (e, como se verá, *mediado*) do passado, rica de consequências. Foi quando aumentou a certeza de que a via de acesso ao saber histórico só podia ser aberta pela análise crítica dos *traços*, *vestígios* e *indícios*, voluntária ou involuntariamente deixados pelos homens no restolho do tempo.

É ponto assente que o Humanismo e o Renascimento instauraram um novo diálogo com a Antiguidade. Para isso, recorreram à paleografia e recusaram o anacronismo, numa atitude conscientemente antiescolástica e potenciadora de historicidade, que já se encontra em Petrarca (1304-1374) e, sobretudo, em Lourenço Valla (1407-1457), com a sua demonstração da falsidade da doação de Constantino (D. R. Kelley, 1970). Por sua vez, a redescoberta de obras greco-romanas e o aumento de conhecimentos sobre a cultura antiga (facilitado pela emigração decorrente da queda de Constantinopla, em 1453) fizeram aumentar, não só as suspeitas sobre a autenticidade de textos e documentos, mas também a depreciação da cultura legada pelo passado mais recente.

Pode mesmo sustentar-se que, no plano estético, os humanistas avaliavam os tempos coevos em termos de ruptura em relação ao período imediatamente anterior. Como já havia sido defendido no século XII, começava a ser urgente realizar-se uma *revocatio*. Todo o itinerário que decorreu desde o momento paradigmático (a Antiguidade Clássica) até ao presente era visto como uma espécie de buraco negro na história, ou melhor, como uma *media aetas*, *media tempora*, *media tempestas*, época intermédia, culturalmente valorada de um modo negativo. Com isto, introduziram-se – ainda que no plano restrito da evolução da literatura, da arte, do direito e da filosofia – as ideias de descontinuidade e sugeria-se que, se a produção de obras exemplares era um mérito humano, também cabia aos homens a responsabilidade pela sua decadência. E foi com esta gradual secularização da cultura que o humanismo renascentista, com a sua denúncia dos anacronismos, com o seu reconhecimento de um tempo descontínuo (embora regressivo) e com o interesse que conferiu quer às circunstâncias que condicionam os acontecimentos, quer à explicação dos elos que os ligam, impulsionou a paulatina génese de uma nova consciência histórica (Enrique Moradiellos, 2001) e, por conseguinte, de um novo modo de se comprovar a análise do passado: o *método histórico-filológico*.

A popularização do relógio mecânico – feita, a partir do século XIV, nas principais cidades europeias – também não foi indiferente à emergência da nova sensibilidade perante o tempo. É certo que o andar dos ponteiros continuava a representar um círculo. Porém, quando se comparava o seu funcionamento com as vicissitudes que sofriam os relógios de sol ou de água (em consequência das mutações da meteorologia), o seu ritmo artificial dava-lhe uma continuidade e uma constância que não se encontravam no dia-a-dia da natureza; o que, correlacionado com a consolidação de uma datação e de um calendário de cariz histórico-sacral (porque centrado em Cristo), contribuiu, mesmo que indirectamente, para o crescimento da autonomização do tempo histórico face ao tempo físico. E, sem esta condição prévia, jamais aquele poderia ter arrancado para a sua infinitização, pois a umbilicalidade que ligava o tempo profano ao ritmo do cosmos continuaria a subjugá-lo ao círculo da natureza e ao estigma da finitude que a religião judaico-cristã lhe atribuía.

Recorde-se, porém, que estas alterações ainda não estavam escoradas na entificação da história e que não operavam, plenamente, com o conceito de tempo irreversível. A novidade humanista e renascentista só se afirmava no que respeita à realidade anterior imediata, já que o seu ideal de ruptura era, igualmente, desejo de fuga ao presente, através da "renascença" do que arquetipicamente teria sido o momento em que a história mais coincidiu com a essência do belo e do bem. Portanto, esta alternativa era sobretudo fruto de um imaginário ético-estético – coerente com exigências de harmonização geométrica – e não tanto uma consequência da assunção plena de um sentido terreno para a irreversibilidade do tempo histórico.

Não deve espantar que, no campo da literatura e da arte, para humanistas e renascentistas o novo significasse, igualmente, "regresso" à Idade de Ouro – a *antiquitas* era qualificada como *sancta vetustas*, *sacra vetustas* –, modelo que, no entanto, se servia do neoplatonismo para justificar o cariz a-histórico da harmonia e da beleza (K. Pomian, 1984). Mas esta posição também começava a abrir horizontes seculares de futuro, visíveis, por exemplo, no aparecimento de uma periodização sequencial – Idade Antiga → Idade Média → Idade Moderna –, alicerçada em critérios não só cronológicos, mas também qualitativos. (Ao que parece, a primeira acepção historiográfica de "Idade Média" – condição fundamental para a fixação das duas restantes – ocorreu em 1688, com a obra de K. Keller, *Historia medii aevi a temporibus Constantini Magni ad Constantinopolim a Turcis captam deducta*).

De tudo isto resultou o alargamento do método histórico-filológico à investigação de todo o tipo de documentos escritos e a inserção dos factos em explicações mais sensíveis às condicionantes do espaço e do tempo. Neste movimento, destacaram-se intelectuais ligados à vida das repúblicas italianas, como Florença, onde o chanceler da cidade, Leonardo Bruni, com os *Doze livros de história florentina* (1415-1444), e Maquiavel (1469--1527), com a sua *História de Florença* e o ensaio *O Príncipe*, foram os primeiros historiadores humanistas a reactualizarem o modelo clássico do relato profano, racionalista e imanentista, anatematizando os anacronismos (Enrique Moradiellos, 2001). Esta tendência foi acentuada por Francesco

Guicciardini (1483-1540), autor que tentou subtrair a historiografia às influências da retórica, realçando a experiência concreta e a dimensão contingencial dos efeitos advindos das acções humanas. Amigo de Maquiavel, a sua obra – em particular a sua *História de Itália* – virá a ser apreciada por Montesquieu e por Jean Bodin (Josep Fontana, 2001). Por sua vez, aquele último, no seu livro *Methodus ad facilem historiarum cognitionem* (1566), em alternativa à visão teológica e natural do devir, começou a defender a necessidade de se encontrar uma explicação racional para as acções do homem em sociedade, atitude que anunciava o crescimento da consciência histórica na cultura do Ocidente. É que nele não estava somente em causa um problema metodológico, renovado pelo papel crítico do método histórico-filológico, mas também a valorização da ideia de *ponto de vista*, em sintonia, aliás, com o impacto da descoberta da *perspectiva* em pintura.

Com este modo de operar, desenvolveu-se a convicção de que o caos dos acontecimentos teria de ser interpretado em termos mediatos e retrospectivos, em ordem a conseguir-se hierarquizar a sua evolução e a demonstrar-se – contra a nostalgia regressiva da Idade do Ouro – que o presente (e, por consequência, o futuro) era qualitativamente superior ao passado. E, para ilustrar a sua tese, Bodin citava a descoberta da América, a invenção da bússola, a expansão comercial, a metalurgia, a imprensa, etc. (F. Dosse, 2000). Quer isto dizer que ele não só pugnou pela aplicação de um método que possibilitasse uma retrospectiva mais crítica e científica, como contribuiu para a autonomização e secularização da historiografia, ao distinguir a história humana propriamente dita da história natural e da história divina, decorrendo a primeira, sobretudo, "da vontade dos homens, que nunca é igual a ela própria e da qual não é possível antever o fim. De facto, todos os dias surgem novas leis, novas instituições, novos rituais, e as acções humanas não deixam de produzir novos erros". Por conseguinte, a sua inteligibilidade requeria – a par do cultivo da dúvida metódica em relação aos *vestígios* do passado – a inserção dos indivíduos na vida social e na lógica que presidiria ao inevitável cruzamento da história particular com a história universal (Jean Bodin, 1965; Nicolas Piqué, 1998).

Por sua vez, na mesma conjuntura, La Popelinière, no ensaio *L'Histoire des histoires, avec l'idée de l'histoire accomplie* (1599), esboçou uma teoria optimista acerca da evolução dos povos, sustentando que, para a captar, não se podia subsumir a importância das histórias particulares, dado que "a história tem de compreender a diversidade da natureza, dos costumes e das maneiras de agir do povo ao qual se refere", pelo que a sua compreensão só seria possível se o facto estudado fosse articulado com um conjunto mais geral, capaz de lhe atribuir significado dentro da própria história. E a historiografia devia narrar a relação dos acontecimentos entre si, mas dentro de uma representação totalizadora, que desse uma ordem sequencial aos eventos, lá onde o senso comum somente descobria desordem e mudança. Por palavras de La Popelinière: "a narração histórica deve sustentar-se numa trama, sem digressões", pois ela "é a representação do todo: para nos fazer recordar das coisas passadas, a fim de que nos acomodemos às presentes, na espera das futuras: é necessário que ela compreenda todas as coisas" (La Popelinière, 1989; Nicolas Piqué, 1998).

Como se vê, ia ganhando corpo a explicação retrospectiva que sabia que este tipo de conhecimento não só não podia ser de cariz *imediato* (ao contrário do que Heródoto sugeriu), como teria de radicar na dúvida. E foi esta que incentivou o desenvolvimento do método histórico-filológico, atitude intelectual que encontrou um rico campo de aplicação nas controvérsias nascidas da cisão da cristandade e das guerras religiosas que se seguiram (séculos XVI e XVII).

Na verdade, desta disputa nasceu uma nova hermenêutica dos textos sagrados (Espinosa, Richard Simon) e uma história sacra, tanto de inspiração protestante (destaque-se a obra colectiva, dirigida por Flacius Illyricus, *Centúrias de Magdeburgo*, em treze volumes, com publicação iniciada em 1539), como católica (a obra, em trinta e oito volumes, do cardeal César Barónio, com publicação começada em 1588, pode ser considerada uma resposta à anterior). E foi dentro desta mesma valorização do passado religioso, mas já com preocupações menos hagiográficas, que Jean Bolland e os seus discípulos começaram, em Antuérpia, a edição das *Actas sanctorum*, cujo primeiro volume veio a lume em 1643, e que os beneditinos de Saint-Maur (Baluze e outros) se lançaram no estudo da vida dos santos da sua Ordem, de acordo com as normas que Jean Mabillon (1632-1707) sistematizou na sua *De re diplomatica* (1681), texto de referência para a futura fundamentação da historiografia-ciência (Marc Bloch considerá-lo-á um dos marcos da cultura ocidental). Num plano mais geral, e intimamente conexo com a consolidação de uma cultura mais profana e crítica, se inscreve o aparecimento (e o impacto) do célebre *Dictionnaire historique et critique* (1695-1697) de Pierre Bayle.

Sob o Iluminismo, não obstante o florescimento de uma temática filosófica que secundarizava a historiografia, a tendência erudita continuou a desenvolver-se movida pela necessidade de se recorrer ao conhecimento do passado como instrumento de legitimação das lutas, internas e externas, que Estados e nações travavam no presente. Foi o caso: da obra do filósofo empirista inglês David Hume, que escreveu uma *História de Inglaterra* (1711-1716); de William Roberston (1721-1793), com a *História do reinado do imperador Carlos V*; de Eduardo Gibbon (1759-1799), com a sua influente *História da decadência do império romano*, e também do próprio Voltaire. Simultaneamente, a particularidade política da Alemanha, então dividida em vários Estados, deu particular atenção ao estudo das suas especificidades jurídicas, numa linha que combinava a erudição com uma narração histórica enformada por perspectivas cronológicas, racionalistas e imanentistas. Integra-se neste movimento a chamada Escola de Göttingen (J. C. Gatterer, A. L. Schlözer, Arnold von Heeren) e era sua intenção superar a escrita de biografias de reis e as descrições de datas, guerras, batalhas, mudanças de governo, informações sobre alianças e revoluções (Enrique Moradiellos, 2001). Para isso, deram particular ênfase ao estudo crítico das fontes e reuniram informações sobre a economia, a geografia, a demografia social respeitantes aos Estados alemães, desenvolvendo, assim, a *Statistik* (descrição do Estado).

Uma sensibilidade análoga para com o específico não passou despercebida, em França, a Montesquieu, Rousseau e Voltaire. Mas foi sobretudo com o historiador alemão Justus Möser que surgiu uma interpretação que já pode ser vista como uma resposta aos excessos universalistas do Iluminismo, vertente que encontrará a sua base filosófica no pensamento de J. G. Herder (1744-1803). Com efeito, na sua *História de Osnabrück* (1768), Möser – que Alexandre Herculano virá a ler – estudou os costumes, as tradições e as instituições da cidade, numa escala micro-orgânica, em ordem a captar a unidade espiritual do seu objecto, isto é, algo substancial e próprio, a que, na mesma conjuntura, Herder chamará *Volksgeist* (Isaiah Berlin, 1976; Frederik Barnard, 1965).

Ora, se esta última atitude será desenvolvida no século seguinte por algum romantismo historiográfico, a necessidade de se integrar o estudo crítico dos documentos e dos acontecimentos em totalidades explicativas também se virá a manifestar numa literatura mais especulativa. Assim, no seu *Dicionário filosófico* (1764), Voltaire defendeu que a historiografia teria de se basear em factos comprovados, datas exactas, mas, igualmente, e na linha de La Popelinière e de Montesquieu, num melhor estudo dos usos, costumes e leis, comércio, fazenda, agricultura e população, esboçando, assim, uma perspectiva que, mais tarde, se virá a chamar "história total". Todavia, subordinava esta exigência a considerações de carácter mais universalizador que ele designou, pela primeira vez (1756), por "filosofia da história".

Pensando bem, tudo isto é sinal das crescentes preocupações do pensamento europeu com o problema do consórcio do particular com a perspectiva cosmopolita que daria o sentido verdadeiro do devir histórico. Dir-se-ia que, no seguimento de velhas prevenções, o primeiro campo ficava reservado para a historiografia, enquanto o segundo seria domínio exclusivo da filosofia. E, devido à força que este ganhou nas últimas décadas do século XVIII e durante o seguinte, não admira que a historiografia a tenha elegido como seu adversário epistémico principal. Todavia, há que indagar se esta, para justificar a sua autonomia, e para construir as suas interpretações, não irá recorrer, igualmente, a conceitos, juízos de valor e de sentido, de raiz filosófica (Gérard Noiriel, 1996), apesar de a herança directa do seu *métier* vir do "velho" método histórico-filológico, em acção desde o Humanismo, bem como do mais recente desenvolvimento da linguística comparada, da filologia e da arqueologia. De qualquer modo, em termos paradigmáticos – isto é, no tocante à adesão a um conjunto de ideias, valores e modos de proceder por parte de uma comunidade específica (os historiadores) –, tem-se por certo que quer a consolidação da alforria epistémica da historiografia, quer a sua institucionalização e inserção no sistema educativo, quer a sua gradual profissionalização e especialização académica foram fenómenos que virão a ser mais valorizados pelo século XIX adentro.

Um "cartesianismo" impossível

Sem secundarizarem a lição dos precursores clássicos (Tucídides) e modernos (Mabillon, Bolland), os historiadores da historiografia tendem a fixar o início da chamada *história-ciência* nas primeiras décadas do século XIX, movimento que foi protagonizado pelas várias (e diversificadas) maneiras de se concretizar a sensibilidade romântica. A compreensão da maneira como esta interpretou o passado requer, porém, o equacionamento dos seus contextos sociais, principalmente dos que, em muitos casos, permitem enlaçar os pressupostos gnosiológicos e temáticos do romantismo com as necessidades político-ideológicas ligadas ao aparecimento de novas nações culturais (Alemanha) e políticas (Itália), ou à construção de novas memórias sociais (burguesia) e nacionais, como, para o caso português, a análise do pensamento historiográfico de Alexandre Herculano exemplarmente ilustra (Fernando Catroga, 1996). E, por maiores que tenham sido as renovações ocorridas no interior da historiografia contemporânea, será erro ocultar que as normas, as regras e os hábitos, que lhe dão especificidade no conjunto dos saberes sobre os trabalhos e os dias dos homens no espaço e no tempo, foram definidos no século XIX, percurso que teve dois pontos de referência distintos: um, de *atracção* – as ciências da natureza, enquanto modelo positivo a imitar tanto quanto fosse possível; e um outro, de *rejeição* – as filosofias da história (ou os seus sucedâneos ideológicos), cuja influência no historiar se criticava.

Não se poderá silenciar o dilema que, a nosso ver, a historiografia romântica não resolveu. É que se, por um lado, no seu afã de representar o passado tal qual ele aconteceu (*wie es eigentlich gewesen*: Ranke), ela fez da análise crítico-documental a opção prioritária do historiador, por outro lado, não deixou de postular *pré-conceitos* indemonstráveis (como, por exemplo, o *Volksgeist* herderiano), ou princípios político-ideológicos que acabavam por se projectar nas suas descrições. Com efeito, na hermenêutica do "corpus" da historiografia romântica, detecta-se uma das componentes nucleares de todo o historicismo: a força dos valores do presente que, em última análise, condicionavam as interpretações do passado.

No apêndice à sua obra *Zur Kritik neuerer Geschichtschreiber*, Ranke – contra os excessos do racionalismo das Luzes, ou, talvez melhor, contra a nova pretensão da razão filosófica, como a de Hegel, de identificar, no próprio movimento dos povos e das épocas, uma racionalidade providencial absoluta – considerava falsas as teorias expressas através de construções conceptuais tipificadoras. Por isso, o preceito *wie es eigentlich gewesen* parecia convidar os historiadores a aterem-se aos próprios factos, a usarem a metodologia adequada ao ponto de partida da investigação – os documentos – e a interpretarem-nos na sua univocidade, bem como a determinarem as ligações que existiriam entre si, tendo em vista compreendê-las (J. Lozano, 1994).

Este antagonismo encobria uma base compartilhada: o pensamento de Ranke, tal como o de Hegel, concebia a reflexão histórica sob a forma de uma pesquisa da obra de Deus no desenvolvimento da história. Desta maneira, ainda que por um caminho inverso, o historiador acabava por perfilhar uma teodiceia próxima da de tipo hegeliano, já que ambos definiam a superioridade histórica de um dado povo em função, não de um qualquer privilégio particular, mas da sua capacidade para encarnar uma verdade universal de ordem superior. Só que, na óptica de Ranke e de seus seguidores, "c'est parce ce que la raison philosophique se montre incapable d'établir une vérité absolue qu'il est nécessaire de procéder à une recherche limitée e des incarnations historiques de la vérité en tant que traces d'une vérité plus complète" (J. A. Barash, 2004).

Ranke rebelava-se, assim, contra todas as reduções das particularidades a meras ilustrações de uma verdade absoluta que se limitaria a atravessá-las, mas também propunha uma analítica interessada, sobretudo, em dar factualidade ao entendimento hermenêutico dos vestígios do passado, pelo que só por anacronismo poderá ser qualificado, como comummente acontece, como um protopositivista à francesa.

Tanto ou mais significativas do que as teses dispersas e não tematizadas de Ranke, são as ideias que W. Humboldt – o fundador da Universidade de Berlim, centro pioneiro na institucionalização da investigação e do ensino da história – defendeu na conferência *A tarefa do historiador* (1821). Aí, sustentou ser missão da historiografia "expor o que ocorreu". Todavia, esta profissão de fé, de aparente sabor empirista, sublinhava que, ontologicamente, a história, como um todo, não seria mais do que a realização de uma Ideia ínsita ao seu próprio evoluir. Este ponto de partida ajuda a perceber por que é o papel que atribuía ao conhecimento do ocorrido entroncava na convicção de que a história tem um sentido, embora este nunca se manifeste, plenamente, no domínio empírico dos fenómenos. Porém, e na linha de Herder, o seu universalismo só se realizaria em seres concretos, ou melhor, em "individualidades nacionais".

Quer isto dizer que também em Humboldt a enfatização do valor da individualidade humana se inscrevia na denúncia de uma política inspirada na razão abstracta, modo de ver que bloquearia o desenvolvimento das capacidades do indivíduo nas suas variedades (J. A. Barash, 2004). E esta abertura ao concreto obrigaria o historiador a percorrer dois caminhos simultâneos: o da investigação rigorosa e crítica do que aconteceu, e o da síntese do campo explorado, apreendida através da *intuição* de tudo o que não pudesse ser alcançado por outros meios.

Apelava-se para a força criadora da "imaginação histórica", modo de dizer que o conhecimento do passado também é uma *poética*. Humboldt abria, assim, as portas à perspectiva hermenêutica – que, entre outros, Droysen, Dilthey, Windelband, Rickert e Max Weber irão desenvolver –, mormente ao defender que o historiador cumpre tanto melhor a sua tarefa quanto mais profundamente *com-preende* – isto é, quanto mais, mediante o seu génio e através do estudo, se *prender* aos outros, à humanidade. E a circunstância de o objecto indiciar a presença (ausente) da acção humana torna-o inteligível, perspectiva que Vico, ao criticar o modelo cartesiano de conhecimento, já havia antevisto. É que, recorde-se, para o pensador italiano dos inícios de Setecentos, *verum et factum convertuntur*.

Se a busca da objectividade e da imparcialidade se casava bem com a apologia da compreensão, o certo é que as representações do passado, particularmente na historiografia francesa e nas por ela influenciadas, vão sendo crescentemente feitas em nome de um ideal "positivo" de conhecimento. Ao considerarem-se discípulos de Ranke, os animadores da chamada "história positiva" ou "história metódica" das três últimas décadas do século XIX actuaram como se o grande historiador alemão tivesse sido, "avant la lettre", um adepto do cientismo, esquecendo-se de que, segundo ele, a verdadeira teoria científica tem de explicar o real por meio de um conjunto de conceitos e de regras, e de captar o *sentido*, ou melhor, a significação profunda e individual dos acontecimentos. Daí a sua rejeição do teleologismo universalista das filosofias da história (Ranke era um anti-Hegel) e as suas críticas aos exageros universalistas destas últimas, tendo em vista garantir-se um lugar autónomo para o relativo e particular. De qualquer maneira, ainda que no seu registo próprio, esta atitude acabava por prolongar algo que as filosofias da história também afirmavam: *compreender* (*Verstehen*) e/ou *explicar* (*Erklären*) o passado será sempre introduzir sentidos (retrospectivos) na manifestação caótica dos acontecimentos.

O desenvolvimento posterior da pretensão objectivista secundarizou esta abertura à compreensão, tendência que atingirá a sua plenitude – pelo menos nas áreas da cultura francófona – quando, sob a influência do modelo rankiano, misturada com a crescente hegemonia do paradigma das ciências da natureza (que os vários positivismos e cientismos teorizavam), a historiografia francesa tentou remar contra o prestígio da versão mais subjectivista do romantismo historiográfico (encarnada na obra gigantesca e sedutora de Jules Michelet). Para se caracterizar esta corrente, será inevitável referir *La Revue Historique* (1876), de Gabriel Monod, cujo manifesto, em conjunto com a posterior obra de Charles-Victor Langlois e Charles Seignobos, *Introduction aux études historiques* (1898), constitui uma das principais declarações de princípios da corrente designada por "história positiva" ou, mais recentemente, por "história metódica".

Como esta adjectivação é passível de gerar equívocos, ter-se-á de distinguir o positivismo, enquanto concepção filosófica (Augusto Comte) e sociológica (Comte, Durkheim), do chamado *positivismo historiográfico*. É que este não tinha por objectivo teórico formular leis ou juízos teleológicos universais (o positivismo de Comte é um finalismo, logo uma "filosofia da história" envolvida no prestígio da ciência). O seu âmbito cognitivo restringia-se ao estudo dos factos do passado, definidos como eventos únicos, individuais e irrepetíveis. A historiografia seria, assim, um discurso narrativo em que os acontecimentos (tidos por sinónimos de "factos") aparecem ordenados de acordo com o princípio da causalidade eficiente e escalonados, cronologicamente, numa suposição das *res gestae* como um processo irreversível.

Perante este modelo, são excessivas as caracterizações que confundem a chamada da "ciência positiva" a este terreiro com o propósito de fazer da historiografia uma ciência nomotética, pois, ao trabalhar com uma noção de acontecimento que pretendia denotar uma realidade singular, irreversível e, de certa maneira, contingente, o saber historiográfico teria de incidir sobre o particular e o não directamente comprovável, limitações que se opunham ao ideal oitocentista de lei – universal e demonstrável – teorizado pelo então hegemónico paradigma clássico das ciências da natureza.

A finalidade de se evitar o equívoco assinalado e de se destacar a função da crítica interna e externa dos documentos conduziu alguns autores (Guy Bourdé e Hervé Martin, 1983) a chamarem a esta corrente "escola metódica", orientação canonicamente exposta por Langlois e Seignobos em 1898. A analogia com o trabalho de Descartes é óbvia, embora esta terminologia também possa ser equívoca: o cartesianismo baseava-se numa ontologia dualista (separação entre a *res cogitans* e a *res extensa*), na dúvida metódica e nas regras para pensar bem através de ideias claras e distintas. Contudo, estas tinham uma génese apriorística, e o critério de verdade dos juízos residia na sua coerência interna, em consonância com um paradigma matemático-geométrico, ou melhor, com uma concepção racionalista do conhecimento.

Apesar das suas posições contra as filosofias da história, a "história metódica" parecia perfilhar, na prática, uma difusa e não assumida filosofia empirista, cujas consequências mais visíveis podiam conduzir à confusão entre os conceitos de *evento* e de *facto histórico*, bem como à sugestão da existência de uma similitude entre a leitura do documento, feita pelo historiador, e a observação dos fenómenos, realizada pelo cientista, acabando-se por supor que a realidade da narração *espelhava* a realidade narrada, o que caía nos antípodas da gnosiologia racionalista de Descartes. No fundo, e segundo Peter Burke, tais propostas podiam ser resumidas nesta fórmula: *um sítio para cada facto, e um facto para cada sítio*. Como recordou Braudel, acreditava-se, sem mais, que a verdade estava na autenticidade documental, convencimento alicerçado nesta geminação, denunciada, nos anos de 1960, por Carr: "o fetichismo oitocentista dos factos vinha completado e justificado por um fetichismo dos documentos" (E. H. Carr, s.d.).

Mas a circunstância de esta historiografia se estribar numa concepção cronológica de tempo (tempo irreversível) e de ordenar os acontecimentos segundo as suas relações de antecedência e de consequência leva a perguntar: não obstante a recusa das filosofias da história, ela não acabaria por veicular, objectivamente, uma ideia de história que, afinal, não quebrava com os quadros do evolucionismo progressivo sistematizado pelas suas adversárias? Pendemos a responder que sim. E, para o provar, atente-se na maneira como a chamada "escola metódica" concebia o progresso, quer da história, quer da historiografia.

Em primeiro lugar, ela partia da convicção de que os documentos – materializações escritas e conscientes das acções do homem – eram esgotáveis. E, se reconhecia que o seu estudo ainda era diminuto, também acreditava que as gerações futuras poderiam exauri-los, como se de um edifício de andares em sucessiva construção se tratasse. Em segundo lugar – mostra-o a história da historiografia –, por entre os interstícios da sua proclamada objectividade projectavam-se juízos de valor filhos de uma ideia iluminista-republicana de história, pois se, ao nível da intenção manifesta, se perseguia a verdade, o historiador "metódico" também trabalhava – consciente ou inconscientemente, pouco importa – "d'une manière secrète et sûre à la grandeur de la Patrie en même temps qu'au progrès du genre humain" (Gabriel Monod, 1876).

Como se verifica, a análise dos escritos desta corrente permite desconstruir a ilusão da "neutralidade" das suas obras, não obstante o esforço para se recalcar a presença do *sujeito* que as elaborou. Segundo Guy Bourdé e Hervé Martin, elas acabam, explícita ou implicitamente, por fazer a apologia de valores, sejam os de um regime (República), da Mãe-Pátria (França), do sonho de um império colonial (Argélia) ou de um universalismo republicano que, no entanto, era mediado por uma visão francocêntrica e eurocêntrica do mundo, esse pecado original das filosofias modernas da história.

Além do mais, a estruturação das suas narrativas não deixou de pôr em cena uma linguagem que é tributária da reflexão filosófica. Conceitos como *método*, *acontecimento*, *documento* foram instrumentos que os historiadores da primeira metade do século XIX não dispensaram na estruturação dos seus discursos, aos quais juntaram um pequeno grupo de categorias (*espaço*, *tempo*, *caos*, *processo*), presenças que aconselham a problematizar-se com mais cautelas o seu proclamado "positivismo" (J. C. Bermejo, 1987).

Recorde-se que, em Portugal, Sílvio Lima, já nos anos de 1940 e 1950, destacava o facto de Seignobos considerar a história como uma "ciência de raciocínios". E sublinhava que este, ao escrever no seu ensaio *La Méthode historique appliquée aux sciences sociales*, que "toute connaissance historique étant *indirecte*, l'histoire est essentiellement une science de raisonnement" (1901, 5; os itálicos são nossos), se tinha distanciado da concepção imediatista do conhecimento histórico. Daí que seja natural perguntar se não foram redutoras e excessivas as caracterizações que, por razões polémicas e de afirmação geracional, as historiografias posteriores e, em especial os *Annales*, fizeram acerca das diferenças que existiriam entre a "velha história" e a "nova história", como se a primeira se resumisse a uma mera arte de "cola e tesoura" e a uma epistemologia ingenuamente empirista. É que, entre o seu discurso manifesto e o trabalho de investigação (e de divulgação) que produziram, existem *nuances* que ultrapassam as definições mais maniqueias.

Conquanto a chamada historiografia "positivista" seja fruto da hegemonia que o cientismo ganhou na vida cultural europeia nas últimas décadas do século XIX, os seus cultores sempre tiveram consciência dos limites da plena e total aplicação do método clássico das ciências da natureza ao estudo da realidade histórica. Mostram-no as suas cautelas no que concerne à demonstração de leis e à capacidade de previsão (Bourdeau foi uma excepção). No fundo, quando reconstruíram representações sobre o passado, não lhes faltou uma certa inquietação teórica que, porém, os seus anatematizadores mais radicais silenciaram. Como defende Elena Hernández Sandoica, Langlois e Seignobos, por exemplo, ao escreverem que "a história, sob pena de se perder na confusão dos seus materiais, tem de obedecer estritamente à necessidade de proceder sempre por questões, como as outras ciências", não negavam o papel hermenêutico do historiador em relação aos documentos, bem como o comércio que a historiografia teria de manter com as outras ciências sociais. O equívoco acerca do seu posicionamento talvez tenha nascido da circunstância de eles não terem aprofundado a reflexão sobre este intercâmbio, em parte devido ao atraso das ciências do homem em relação às da natureza (Elena Hernández Sandoica, 1995). No entanto, tem de se reconhecer que a sua teoria não pode ser confundida com a adesão a um enlaçamento mecânico da narrativa histórica com os factos narrados. Como explicitamente foi frisado por Seignobos, o discurso historiográfico devia "représenter les choses" e "comprendre leurs rapports" (Ch. Seignobos, 1906).

Em conclusão: nos finais do século XIX, tentou-se consolidar a autonomia da historiografia face à filosofia (e à teologia) e afirmar o seu cariz científico, através de um método crítico – inspirada, em boa parte, na tradição do método histórico-filológico –, apto para estabelecer a objectividade dos factos e para tornar o autor "ausente" da sua narração. Mas os protagonistas eram demasiadamente historiadores para conseguirem dissimular a subjectividade em acção no seu próprio discurso e nem mesmo o papel da *imaginação* no conhecimento ousaram negar. Por exemplo, Seignobos aceitava-o, tanto para a história como para o conjunto das ciências humanas, porque todas as ciências sociais trabalhariam, "não sobre objectos reais, mas sobre as representações que se fazem dos objectos". Lembrava assim que a sua "matéria-prima" já é semiótica e que estudar os factos exteriores "sans connaître les états psychologiques qui les motivent, ce serait vouloir comprendre les mouvements d'un danseur sans entendre la musique sur laquelle il danse" (Seignobos, 1901). E, como se sabe, não podia haver compreensão sem apreensão do sentido objectivamente inscrito em toda a acção humana, como, na época e num outro registo, o afirmava, sem rebuços, a hermenêutica alemã.

Pensando bem, muitas das verrinas lançadas contra o "documentalismo" e o cientismo da historiografia metódica talvez somente sejam aplicáveis às teses do Fustel de Coulanges na sua última fase, sobretudo quando defendeu o cariz dominantemente analítico da investigação histórica e incentivou o historiador a colocar-se perante os documentos como um químico age no seu laboratório, já que, a seu ver, "la vérité historique ne se trouve que dans les documents", tese que ressuscitava a valorização do carácter perceptivo do conhecimento do passado e que confinava a investigação, quase exclusivamente, à análise filológica dos textos escritos (François Hartog, 1988). Sendo assim, não será descabido defender que o cânone do experimentalismo – sintetizado por Claude Bernard, na sua *Introduction à l'étude de la médicine expérimentale* (1865) – não teve a aplicação comummente atribuída aos historiadores "metódicos" ou "positivistas".

CAPÍTULO IV
Uma historiografia sem rostos

Apesar dos propósitos teóricos de alguns (Bourdeau), o saber histórico que se desejava constituir como "ciência positiva" acaba por se restringir a um relacionamento explicativo de acontecimentos singulares e irrepetíveis. Por isso, ele jamais poderia alcançar leis universais e competir com as aspirações de cientificidade que a sociologia, com Comte e Durkheim, e, num outro registo, com o marxismo, começou a reivindicar. Numa dada acepção, o novo positivismo sociológico francês dos finais do século XIX e princípios do século XX esforçou-se por "sociologicizar" o velho conceito de totalidade – que, como se verá, igualmente estruturava as filosofias da história –, despindo-o, aparentemente, de fundamentos metafísicos. Ganha assim sentido que um dos seus primeiros postulados epistemológicos respeitasse não só à defesa do distanciamento que teria de existir entre o sujeito e o objecto, mas também ao entendimento deste como uma "coisa" exterior, holística e, coactivamente, a impor-se aos indivíduos, não obstante o cariz social e humano das duas componentes (o sujeito e o objecto) que entravam na produção do conhecimento.

Reificados os fenómenos sociais, a sociologia seria, contudo – e como já Comte havia defendido –, uma ciência cuja metodologia não podia aplicar, em absoluto, o método das ciências da natureza, porque as dificuldades de se recorrer à experimentação artificial teriam de ser compensadas por um maior uso da *comparação* e da *filiação*. Mas, se o autor do *Cours de philosophie positive* ainda recusava reduzir a explicação científico-social à matemática (porque os fenómenos sociais seriam menos gerais e mais complexos do que os da natureza), Durkheim recorreu à estatística para comprovar a sua tese acerca da objectividade do social. E fê-lo através da análise da escolha mais subjectiva que um ser humano pode fazer – o suicídio –, a fim de captar a existência de constantes e de repetições na sua determinação (Durkheim, *Le Suicide*, 1898). Assim se reactualizava o velho pressuposto da *episteme* ocidental segundo o qual só existe ciência do geral. Tendo por objecto a narração do particular, a historiografia não poderia ascender ao estatuto de saber nomotético, ficando, por conseguinte, sob o jugo servil da sociologia, preconceito que passará para Halbawchs. Quando muito, a sua utilidade limitar-se-ia ao auxílio do trabalho sociológico, pelo que o seu paradigma de ciência era também o que negava ser possível a sua extensão plena à historiografia.

Embora estas teorias pretendessem superar a influência das filosofias da história, as suas apreciações acerca do valor epistémico do saber histórico não eram estruturalmente diferentes das emitidas por aquelas narrativas. Como se procurará mostrar, também para Hegel, por exemplo, só o filósofo (agora transformado, cientistamente, em sociólogo) poderia ultrapassar a óptica parcelar e empírica com que o historiador interpretava os acontecimentos e deduzir a verdadeira retrospectiva totalizadora do devir da humanidade. Mas há que saber se tal semelhança não radicava nesta outra analogia: é que tanto o discurso filosófico-histórico (em nome da metafísica) como o discurso da nova sociologia (em nome da ciência) consideravam a sociedade (diacrónica e sincronicamente) em termos holísticos, totalidade em cujo seio os indivíduos actuavam como figurantes de uma peça que não escreveram (apesar de pensarem o contrário) e que os perpassava, para os ultrapassar.

Por outro lado, o objectivismo da nova sociologia tentava libertar-se de quaisquer fundamentos de raiz metafísica, em ordem a não cair, sequer, nos quadros teleológicos da *lei dos três estados* de Comte. Todavia, indo ao fundo das coisas, perceber-se-á que as suas concepções sobre a dinâmica da sociedade não punham em causa a visão continuísta e evolutiva do tempo histórico teorizada pelas filosofias da história da época, já que, à sua maneira, também apontavam para um ideal de *consumação* que, em última análise, projectava ideias e valores que os seus autores defendiam para o seu presente (Fernando Catroga, 2003).

Seja porque a sociedade, desde os seus primórdios, terá evoluído da máxima homogeneidade para a mínima heterogeneidade (Herbert Spencer), seja porque esse trajecto se objectivava num trânsito que ia da solidariedade mecânica à solidariedade orgânica (Durkheim), é um facto que se está perante interpretações que só uma leitura ingénua acreditará possuírem o cariz científico que para si mesmas conclamavam. Não se tem visto na proposta spenceriana uma justificação do seu individualismo liberal, de tradição anglo-sáxonica? E a solidariedade orgânica, que Durkheim apresentava como o termo do dinamismo social no Ocidente, não terá nada a ver com o seu solidarismo, espécie de uma terceira via (entre o individualismo demoliberal e o colectivismo marxista) que medrou no republicanismo francês dos finais do século XIX e inícios do século XX?

Morte e ressurreição dos *idola*

Todo este movimento teve fortes repercussões. Os seus ataques ao narrativismo historiográfico, o intento de encontrar novas explicações sobre a sociedade assentes em causas exclusivamente sociais, bem como o entendimento dos factos sociais como "coisas" e como realidades (os célebres "factos sociais totais", teorizados por Marcel Mauss), obrigaram os historiadores a uma posição defensiva. E, para alguns destes, os perigos não vinham somente da sociologia, mas das diversas ciências sociais, cujos objectos pareciam estar a eleger temas que, igualmente, deviam ser património da historiografia. Referimo-nos ao que se passava em domínios como a geografia humana (Vidal de la Blache), a psicologia (Maurice Blondel, Henri Wallon), a economia (F. Simiand), etc.

Numa perspectiva epistemológica, a crescente aceitação (intelectual e institucional) das ciências sociais prolongava a rejeição do particular e do concreto, em nome da velha ideia de que só há conhecimento do geral. E, ao recomendar-se que os eventos fossem lidos como factos sociais totais, a historiografia só sobreviveria se procurasse explicações sociais do social, de molde a que a aventura dos homens no tempo e no espaço pudesse ganhar um análogo enfoque estrutural.

Na mesma conjuntura se inscrevem algumas das posições teóricas defendidas, a partir de 1903, pela *Revue de Synthèse* (dirigida por Henri Berr) e, particularmente, por um dos seus colaboradores, o economista François Simiand. Com efeito, no ensaio *Méthode historique et sciences sociales* (1903), este criticou os vários *idola* que, consciente ou inconscientemente, sobredeterminariam o trabalho do historiador, a saber: os *idola políticos* (preocupação permanente com os factos políticos, as guerras, etc.); os *idola individuais* (hábito de conceber a história como uma história dos indivíduos, orientação patente no florescimento do estudo das biografias, em detrimento da análise das instituições ou dos fenómenos sociais); e os *idola cronológicos* (expressos na obsessão com o estudo das origens) (F. Simiand, 1987).

Também nesta crítica se surpreende a presença do mesmo programa epistemológico: o historiador teria de se transformar em sociólogo. Contudo, não será descabido perguntar se este intuito de fazer erradicar os *idola* tradicionais não escondia o surgimento de novos *idola*, particularmente o da explicação por causas sociais e estruturais, ou melhor, o da (impossível, sabemo-lo hoje) *história total*.

É conhecido o impacto que estas propostas tiveram nos historiadores que, em 1929, deram origem à revista *Annales* (Marc Bloch, Lucien Febvre). Por outro lado, a crise do modelo atomista e liberal, bem como a índole mais dramática e espectacular das crises económicas (o seu momento máximo dar-se-á, precisamente, em 1929), vinham ao encontro das valorizações do social. Entende-se, assim, que o projecto que a animava também elegesse a historiografia narrativa e historizante como alvo a abater e aquela se subtitulasse "Économie, Société". E não foi por acaso que os seus principais impulsionadores se rodearam de colaboradores oriundos de outras ciências sociais, com as quais a nova história teria de dialogar (sociólogos, economistas, geógrafos, psicólogos).

Como primeira nota, destaque-se a intenção polémica face ao que consideravam ser o modo dominante de interpretar o passado, atitude que fez do chamado positivismo historiográfico, personalizado nos pensamentos e nas obras de Langlois e Seignobos, o seu principal adversário. Mas, perante o camartelo "analista", pergunta-se: terão sido todas as suas críticas justas? E a "novidade" de que se proclamavam arautos ser-lhes-ia exclusiva? Ou tratar-se-ia, antes, de uma táctica argumentativa, comum a todas as estratégias que, desde os meados do século XIX (como as do vanguardismo em arte), procuravam conquistar o poder intelectual nos respectivos domínios?

Na verdade, além da "nova" história dos *Annales*, a história da historiografia detecta outros casos que proclamavam um estatuto análogo. Com Peter Burke, pode mesmo afirmar-se que, apesar de a "nova história" estar ligada a Lucien Febvre, Marc Bloch e, na geração seguinte da revista, a Fernand Braudel, não se deve esquecer que esta rebelião contra o modelo "rankiano-positivista" não lhes foi exclusiva. Já no princípio do século, Karl Lamprecht ganhou fama com os seus ataques ao paradigma tradicional; e a expressão depreciativa *histoire événementielle* foi criada, nesta época, por um grupo de estudiosos ligados a Émile Durkheim e aos seus *Années Sociologiques*. Por outro lado, a própria designação "nova história" parece datar de 1912, altura em que James Harvey Robinson publicou, em Nova Iorque, uma obra com este título (*The hew History*, 1912) e onde se aproxima do ideal de "história total", ao defender que a historiografia teria de recorrer a todas as descobertas sobre o género humano, principalmente as feitas por geógrafos, antropólogos, economistas, psicólogos, sociólogos. E se, naquela conjuntura, o movimento a favor de uma "nova história" não teve êxito, o posterior entusiasmo norte-americano pelos *Annales* será melhor compreendido, segundo Burke, se também se tiverem presentes, a par do pano de fundo francês, essas primícias.

Hoje, porém, a questão da "nova" e da "velha" história não pode ser posta, nem em termos de radical "ruptura", nem de uma exclusiva sucessão cronológica, como se o que vem depois tivesse a prévia garantia da sua superioridade. Manda uma não-dogmática epistemologia perceber que cabe ao futuro decidir o que é que há, em última análise, de "novo" na "velha" história e de "velho" na que se autodeclara como "nova".

Uma hermenêutica não assumida?

A pedra de toque do programa "analista" residiu, sobretudo, no modo mais consequente como propugnou pela abertura da historiografia às ciências sociais e pela importância que deu ao "problema" na investigação do passado. Por outras palavras: os efeitos tanto das obras de investigação de Marc Bloch e de Lucien Febvre, como dos seus ensaios mais teóricos, foram sobremaneira marcantes no que concerne a estas vertentes: uma maior explicitação – que a tradição neokantiana e hermenêutica sempre fez – do papel do *questionário* na operação historiográfica; a ultrapassagem dos limites da "história historizante"; o renovamento dos conceitos de acontecimento, facto e documento; a defesa de práticas interdisciplinares; a valorização da causalidade estrutural; e a ênfase posta no cariz construtivista das categorias temporais (e espaciais) com que o historiador trabalha, aspecto posteriormente desenvolvido por Fernand Braudel.

O relevo dado à problematização vinha reforçar a ideia de que o conhecimento histórico é um saber *mediato*, devendo a teoria, enquanto teoria social, desempenhar um papel motor na "construção" e interpretação dos *traços*, em ordem a transformá-los em documentos históricos. Como aquela devia estar liberta de quaisquer pressupostos de índole filosófica, os *Annales* também davam continuidade às prevenções antifilosóficas, que já se encontraram em Ranke e na chamada historiografia positivista. Em alternativa, a realidade social devia ser socialmente explicada, único caminho que poderia elevar a historiografia a "ciência do homem no tempo". Em síntese, ter-se-ia de superar os limites da "histoire événementielle" e respectivas bases epistemológicas e discursivas, isto é, o seu presumido empirismo e o narrativismo.

Nem sempre se sublinha que esta posição epistémica não representava uma novidade nos debates epistemológicos então em curso, em particular os decorrentes da crise do paradigma clássico das ciências da natureza. Mais especificamente, desde os finais do século XIX, um sector forte do pensamento europeu começou a pugnar – contra os vários cientismos – pela necessidade de se "regressar" a Kant, em ordem a repensar-se as questões da origem, limites e critérios do conhecimento a partir dos novos desafios provocados pelo aparecimento das ciências sociais, pelas transformações havidas nos domínios da nova física, particularmente no da física quântica e no da teoria da relatividade.

Ao primeiro desafio procurou responder a chamada corrente hermenêutica (Humboldt, Droysen, Windelband, Rickert, Simmel, Dilthey, Max Weber, etc.). Desenvolvendo premissas subjacentes ao método histórico--filológico, ao pensamento de Vico (*verum et factum convertuntur*) e à própria escola histórica alemã, este movimento pretendeu contrapor à *explicação* – que seria típica do mundo externo estudado pelas ciências da natureza – a *compreensão*, via aberta pela existência de uma incontornável homologia entre o sujeito e o objecto nas ciências do espírito. Mais: se a *explicação* implicaria uma relação de exterioridade, *com-preender* equivaleria, quando se trata de fenómenos sociais ou históricos, a inscrever o objecto no que Dilthey chamou um *conjunto finalístico* (*Zweckzusammenhang*) que expressa a vida como sentido, pelo que a história não podia ser outra coisa que o "reino da vida", a sua "objectivação no curso do tempo" (Manuel Benavides Lucas, 1994). E a impossível cesura entre o sujeito cognoscente e o objecto que se pretende conhecer suscitaria uma intuitiva *simpatia*, horizonte de pré-compreensão que constitui o primeiro nível mediador da interpretação daquilo que, consciente ou inconscientemente, o homem deixou como *pegadas* inscritas no tempo que já não é.

O segundo desafio diz respeito às revisões provocadas pela emergência de novos problemas e de novas escalas de observação (nova física), bem como pelos seus efeitos na descredibilização do paradigma clássico das ciências da natureza, devido ao maior realce que passou a ser dado à interferência do sujeito-observador na definição do objecto e à revisão do estatuto determinístico da lei, cada vez mais caracterizada como uma probabilidade coexistente com margens de indeterminismo (Heisenberg) condicionadas pelo campo interior da observação.

Por mais exteriores que tenham sido estas discussões científico-filosóficas aos projectos da renovação da historiografia, estes irromperam na mesma conjuntura em que, contra os excessos do cientismo, outras propostas começavam a destacar o papel activo do *sujeito epistémico* na produção de conhecimentos. No entanto, como o primeiro programa "analista", tendente a articular a historiografia com a geografia e com a sociologia, tinha uma forte inspiração durkheimiana, importa indagar se ele conseguiu emancipar-se por completo do seu selo de nascença, interrogação aparentemente despropositada, já que a "besta negra" do seu "combate" foi, de facto, a "história positivista", ou melhor, a chamada "história historizante", posta no pelourinho por se limitar a fazer relatos a partir de "acontecimentos-origem". A "histoire événementielle" seria, portanto, uma história teleológica, dado que só a partir do fim, retrospectivamente, se poderia seleccionar e compreender os acontecimentos, embora a conceptualização que este trabalho implicava fosse recalcada, ou reduzida a um mínimo.

A "história-problema" teria mudado as coisas. O historiador renunciava à indeterminação do seu saber – o tempo – e "fabricava" o seu próprio objecto de estudo, através de uma operação que delimitava o espaço, o período, o conjunto de acontecimentos a analisar e os problemas a investigar. Por outro lado, para *explicar*, ele tinha igualmente de romper com a narração e com os pressupostos ontológicos em que radicaria a "história historizante": a unicidade e a irreversibilidade dos acontecimentos. É que, se estes fossem únicos em si mesmos, estava impossibilitada a tessitura de relações. Portanto, o historiador precisava de conceptualizar o seu questionário, para os integrar em redes de significação, a fim de os tornar, se não idênticos, pelo menos comparáveis dentro de uma dada selecção temporal. Ele tinha, ainda, de "inventar" a base documental adequada à sua problemática. Só a partir desta os *vestígios* ou *traços* se poderiam transformar em documentos e em fontes de informações aptas a serem sintetizáveis num outro constructo da investigação historiográfica: o facto histórico.

Mesmo que não a tenha imediatamente reflectido em profundidade, a proposta "analista" implicava a existência de reciprocidades epistemológicas entre as hipóteses (problemas), os métodos, o objecto, os documentos e os critérios de temporalização. É certo que, quanto ao método (descontados os exageros polémicos), não se renegava a herança da crítica documental que tinha sido iniciada em Mabillon e que a historiografia oitocentista sistematizou. Como escrevia Marc Bloch em 1941, com Mabillon "la critique des documents d'archive fut définitivement fondée" (Marc Bloch, 1960;

Jacques Le Goff, 2006). Todavia, se esta era a metodologia específica da historiografia, ela não só não chegava, como era insuficiente continuar a trabalhar-se com a ideia tradicional de documento, porque reduzida ao seu suporte escrito (diplomático).

Tudo o que fosse *traço* do passado era passível de transformação em documento, e os métodos usados nas diversas ciências poderiam coadjuvar a retrospectiva do historiador, desde que se revelassem caminho correcto para responder, de uma maneira proficiente, aos problemas colocados. De onde não surpreender o permanente diálogo que os *Annales* mantiveram com os restantes domínios do saber (na sua primeira fase, valorizavam a geografia e a economia e, a partir dos finais dos anos de 1960, a antropologia), atitude que terá em Fernand Braudel o seu melhor teorizador, principalmente quando, contra os novos imperialismos epistémicos (que vinham de outras ciências sociais), reivindicou, para a historiografia, o papel de instância federadora de todas elas.

O tempo quase eleático da totalidade impossível

Com isso, também respondia à depreciação da historiografia, feita por autores como Durkheim e F. Simiand. E, ainda que num contexto diferente do da *Poética* de Aristóteles, Lévi-Strauss retomou-a, para demonstrar que da singularidade e da irrepetibilidade, que caracterizariam a noção de facto histórico, não poderia resultar qualquer saber universal. Com efeito, o nível empírico em que o olhar do historiador se situaria impedi-lo-ia de captar invariáveis e, por isso, de recorrer a modelos que a sociologia (e a economia) utilizavam e que a nova antropologia cultural estaria a levar às últimas consequências, ao supor a omnipresença de estruturas sincrónicas na diacronia social, ao mesmo tempo que denunciava a concepção continuísta do tempo, tida por um modo fraudulento de tecer o fio da história (Claude Lévi-Strauss, 1962).

Coube a Braudel, grande continuador do magistério de Marc Bloch e Lucien Febvre, contra-atacar. Irá fazê-lo, porém, através de uma argumentação apostada em provar que a historiografia também se podia constituir como um conhecimento estrutural, desde que privilegiasse as problemáticas situadas na longa duração e as tratasse de um modo interdisciplinar. Como bem frisa François Dosse, "la réponse de Braudel à Lévi-Strauss et aux sciences sociales en général ne se limite à leur opposer la longue durée comme structure, mais consiste à pluraliser la dimension temporelle. Le temps se décompose en plusieurs rythmes hétérogènes qui cassent l'unité de la durée" (F. Dosse, 2000).

Indo ao fundo das coisas, verifica-se que *a ideia de estrutura reactualizava a de totalidade,* característica nuclear do pensamento histórico e sociológico de cariz holístico. As variações incidiam na definição dos seus determinantes, nos elos internos dos elementos apresentados como seus constituintes e na maneira como aquela era articulada (ou não) com a duração e com a mudança, posição que também encerrava numa crítica às filosofias da história. Mais concretamente, ela opunha a ideia de *estrutura* à de *substância*, fundamento da coerência interna das narrativas daquelas últimas, ao suporem a *substância* sempre idêntica a si própria, mesmo quando se objectivava como tempo. Ao contrário, a estrutura seria inseparável da multiplicidade interna e relacional que a constituía, podendo ser pensada sem a remissão para qualquer sujeito (substrato) nela omnipresente, o que não acontecia com o princípio metafísico que ancorava a totalidade das filosofias da história. Não sendo socialmente explicável, ele teria de postular uma raiz essencialista de vocação potencial (K. Pomian, 1984). Compreende-se: num universo que subsistisse por si, as mudanças só podiam ser entendidas em termos de potência e de acto, ou de substância e acidente, liame igualmente invocado para se inteligir a sucessão do tempo histórico. Isto é, tal como não podiam existir fenómenos sem as *coisas em si* que os sustentavam (Kant), também a fenomenologia dos acontecimentos exigia um fundo numenal que a sua manifestação no tempo e no espaço não esgotava.

Ao arrepio do seu intento explícito, o certo é que a cientificação recobria uma metafísica muito próxima da cultivada pelas filosofias da história. Como mais à frente se mostrará, estas acreditavam ser possível dar transparência racional aos fundamentos do dinamismo histórico, pressupondo um sujeito imanente ao devir – "primeiro motor" –, de que os eventos seriam sinais exteriores e transitórios. Mas daí, também, que o "estruturalismo", não obstante prometer a ruptura com esta maneira de explicar as relações entre a finitude histórica e a imanência, acabasse por entificar a "estrutura" e por cair numa espécie de novo "eleatismo".

Todavia, algumas diferenças têm de ser sublinhadas. Nesta última perspectiva, o objecto a investigar devia ser abordado, não como uma série de acontecimentos unidos por um sujeito, mas como um *sistema*, comummente definido por um conjunto de relações, racionais e interdependentes (*causalidade estrutural*), cuja realidade seria demonstrável por uma teoria. Portanto, mais do que como uma concepção ontológica, o "estruturalismo" afirmava-se, sobretudo, como uma epistemologia movida por um objectivo mais regional do que a das teses substancialistas. É que a "estutura" seria sempre estrutura de alguma coisa (K. Pomian, 1984).

Afirmar que o mesmo se realiza através do diferente e do mutável, ou sustentar que ele se mantém sempre idêntico a si próprio na auto-suficiência interna das suas relações, será dizer, em última análise, algo que, no seu aparente antagonismo, conduz a um resultado parecido: a explicação do individual e do concreto e, logo, do histórico como uma espécie de epifenómeno emanado de um fundo imutável. Mas os esforços de Braudel para ultrapassar o "eleatismo" dos antropólogos, antepondo-lhe o papel da duração, terão conseguido mudar as coisas? A sua resposta às "sciences humaines impérialistes" (F. Braudel, 1969) encontra-se, na prática, nos pressupostos que alicerçaram a sua obra magna, *La Méditerranée et le monde méditerranéen à l'époque de Philippe II* (1949), assim como no ensaio "La longue durée", de 1958.

Enfatizando, contra as concepções continuístas, lineares e progressivas da história, o carácter "construído" das temporalizações com que o historiador opera, Braudel – tal como já antes o havia feito Georges Gurvitch, um discípulo de Durkheim, Marx e Proudhon – fragmentou o tempo (tempo longo, conjuntura e acontecimento) numa descontinuidade em que, porém, valorizou a primeira perspectiva, por ser a mais ajustada a uma interpretação estrutural do passado. Em suma: "Braudel, comme Lévi-Strauss, renverse la conception linéaire du temps qui progresse vers un perfectionnement continu, il lui substitue un temps quasi stationnaire où passé, présent et avenir ne diffèrent plus [...] Seul l'ordre de répétition est possible, il privilégie les invariants et rend illusoire la notion d'événement" (F. Dosse, 2000).

A direcção do tempo histórico deixava de ser comandada por uma origem e por uma finalidade potencial e imanente, cuja consumação se daria num estado ideal situado fora dele, ou no seu termo, e para o qual, assimptoticamente, se estaria sempre a caminhar. Como alternativa, recorria-se a indicadores mensuráveis, tais como a densidade populacional, a produção agrícola ou industrial, a área cultivada, as taxas de urbanização e de alfabetização, etc. De onde a necessidade de se recorrer a métodos quantitativos e de se enriquecer a análise com a diversificação das escalas de tempo: se os elementos da sequência serial fossem constantes, estar-se-ia perante um tempo estacionário; se revelassem recorrências, a temporalidade seria cíclica; e, se mostrassem crescimento ou decorressem de um modo monótono, aquela seria linear e cumulativa. Por conseguinte, o sentido do histórico não possuiria bases apriorísticas, mas teria de ser verificado, pelo que se menosprezavam as periodizações de cariz cronológico, para se privilegiar a *distinção*, a *demarcação* e o *relacionamento* da pluralidade de tempos (K. Pomian, 1984).

O valor atribuído à longa duração e ao estudo das relações materiais não era fruto, porém, de qualquer filosofia materialista da história. Esta padeceria dos mesmos pecados das filosofias idealistas. No entanto, a sobrevalorização da análise do *primeiro nível* (económico-social) influenciou muitos dos historiadores que, com maior ou menor ortodoxia, navegavam nas águas do marxismo, como se só faltasse ao "paradigma dos *Annales*" a inserção da luta de classes. E, para isso, muito contribuiu o renovamento dos estudos marxistas nos conturbados anos de 1960.

Recorde-se que autores com Louis Althusser (1969; 1971), Étienne Balibar, Jacques Rancière e outros tentaram rever o pensamento de Marx, pondo-o em diálogo com os "estruturalismos" então em voga. A seu ver, o pensador alemão teria feito uma *ruptura epistemológica* (conceito de origem bachelardiana) a partir de 1845, porque os seus escritos de juventude seriam ainda tributários da problemática da filosofia política de Kant e Fichte, assim como da inversão antropológica (homem genérico) que Feuerbach havia feito da teoria hegeliana da alienação. Em suma: polarizado à volta de conceitos metafísicos como "liberdade", "alienação", "emancipação", "essência da humanidade", o ideário do jovem Marx ainda se moveria dentro da agenda teórica do demoliberalismo setecentista e das filosofias à luz das quais a história aparecia como um percurso que, de uma maneira alienada, objectivava a essência do homem de acordo com um *telos* que apontava para a superação das contradições, até se alcançar o estádio terminal onde o homem, finalmente emancipado, se realizaria como homem total.

Após 1845, Marx teria passado a aplicar novos conceitos, num trabalho teórico que desaguará na sua obra maior, *O Capital*. O conceito-chave do materialismo histórico encontrar-se-ia no "modo de produção", caracterizado – contra a redução economicista – como uma totalidade complexa, tensional e hierárquica, em que à infra-estrutura era atribuída a constante função de determinar, em última instância, a posição das superestruturas (política, ideológica), embora tal determinação pudesse exigir ao económico o desempenho do papel dominante na reprodução das relações sociais de produção (como aconteceria no capitalismo). Aqui, a "separação" entre o controlo político-social e técnico dos meios de produção e o destino do produto obrigava os trabalhadores a venderem, "livremente", a sua força de trabalho, pelo que a reprodução do sistema dispensava a acção coactiva directa das instâncias político-ideológicas.

Para se explicar a complexidade, a tensão e a hierarquia que estruturavam, internamente, o modo de produção, Marx recorreu a novos conceitos, a saber: "formação social", "infra" e "superstrutura", "força de trabalho", "meios de produção", "forças produtivas", etc. Da sua articulação – que ele, porém, nunca chegou a sistematizar – teria nascido um novo continente científico, o materialismo histórico. No entanto, este, enquanto teoria, não podia ser confundido com uma leitura empírica e de senso comum do real (modalidade de discurso ideológico), porque constituía um nível abstracto-formal de explicação das relações sociais.

Perante o exposto, não se enganam os que têm visto nesta releitura mais uma das versões cientistas do marxismo, agora metamorfoseada numa espécie de *logomaquia*, ou melhor, num conceptualismo extremo, que acabava por reproduzir o panlogismo hegeliano, que criticava, despindo-o, porém, da sua metafísica. Pretendia-se, em suma, que a lógica interna entre conceitos descontextualizasse e des-historicizasse a teoria, campo que, porém, devia ser mais particularizado quando se descesse ao estudo específico das sociedades concretas, isto é, quando se passasse do nível abstracto-formal para a análise das "formações sociais". Dir-se-ia que só na correlação entre todos estes planos (empírico, abstracto-formal, abstracto-concreto) o materialismo histórico seria uma ciência ao serviço da revolução.

O *requiem* da história como finalidade imanente

Já ficou identificado um dos alvos críticos desta proposta: a interpretação economicista do materialismo histórico. Fosse na sua versão reformista e social-democrata – que colocava, não as relações sociais, mas o desenvolvimento das forças produtivas como "motor" da história –, fosse na sua vertente estalinista (com a sua redução da superestrutura a epifenómeno da infra-estutura), Althusser contestava todas as teses que viam a economia como uma espécie de nova essência, potência que ditaria, mecanicamente, o sentido do devir. Simultaneamente, alvejou outras leituras: o historicismo e o humanismo. Para tal, reivindicou a autonomia das instâncias dentro da totalidade social, ao mesmo tempo que sublinhou o seu relacionamento recíproco e irredutível a uma causalidade linear, substituindo esta última pela de índole estrutural, decorrente do jogo da *determinação* e da *dominância*.

Contra o estruturalismo de Lévi-Strauss e de Michel Foucault, inscrevia a tensão social e classista no seio da própria estrutura, em ordem a que o modelo teórico pudesse explicar a descontinuidade, isto é, pudesse abrir-se ao conceito de revolução. E, contra as interpretações humanistas, lembrava que a posição dos indivíduos na sociedade era fixada pelas relações sociais de produção e, como estas eram antitéticas, o conceito de "luta de classes" – "motor da história", segundo o *Manifesto comunista* (1848) – devia ser colocado no posto de comando do dinamismo histórico.

Para esta corrente, seria atropelar a epistemologia marxista definir os seus conceitos em termos antropológicos e psicológicos (como tinham feito, por exemplo, algumas leituras historicistas-hegelianas de Marx, como a de Lukács, em *História e consciência de classe*). Para Althusser, o marxismo não era nem um historicismo nem um humanismo. Antes, teria antecipado, de um modo mais consequente e sólido, a exigência de Durkheim – os conceitos sociais só socialmente podem ser definidos – e mostrado que as relações objectivas e estruturais obrigavam a que os indivíduos, independentemente da sua vontade subjectiva, se distribuíssem por classes e respectivas "facções" e "camadas" sociais, cabendo à ideologia, com a sua função representativa e interpelativa, transformá-los em *sujeitos livres* e em crentes na ilusão da autotransparência do seu *eu*. Na esteira de Nietzsche, e como Foucault, Althusser também se fez profeta de uma visão do mundo que anunciava a "morte" do homem. O antropocentrismo, nas ciências sociais, não seria mais do que uma herança, invertida, da "morte" de Deus, ou melhor, de uma contraditória teologia do homem. O mito do "homem genérico", mesmo tendo como seu épico e universal encarnador o proletariado, constituía uma mistificação inoculada pela ideologia burguesa dominante.

As relações entre os indivíduos não deviam ser encaradas como um campo aberto à mobilidade social – ao contrário do que defendia o funcionalismo sociológico – e, se a estrutura denotava alguma coesão, isso devia-se ao papel cimentador da ideologia. Produto social, a esta se reconhecia uma actuação autónoma, embora atravessada por contradições. Cada classe, fracção e camada social produziam a sua ideologia (e subideologias) própria. Mas, no terreno mais amplo da luta de classes, a da classe dominante detinha igualmente poder para se transformar em ideologia socialmente dominante (através do que Althusser denominou "aparelhos ideológicos de Estado"), subsumindo, subalternizando e adulterando a da classe dominada. De acordo com estas premissas, entende-se que, na linha de Lenine, só a teoria, enquanto prática crítica, pudesse ser instrumento conceptual capaz de iluminar as práticas tendentes a revolucionar a ordem estabelecida.

Partindo de Marx (*A Ideologia alemã*), Athusser caracterizou a ideologia (enquanto conceito abstracto-formal) como uma configuração de ideias, valores, atitudes e comportamentos que, ao criarem representações ilusórias e mistificantes, tornavam opaca a explicação do real. E, diferentemente do que afirmavam os anunciadores da sua "morte", bem como os marxistas que anteviam o "homem total" como uma personalidade liberta da mistificação ideológica, a sua génese seria uma necessidade estrutural. Só as ideologias concretas (as das classes sociais historicamente consideradas) desapareceriam.

O antropocentrismo e a crença na auto-transparência do sujeito seriam, portanto, criações ideológicas, exemplarmente expressas nas filosofias do *cogito* (desde Descartes), nas teorias jurídico-políticas de base contratualista e nas filosofias da história. De certa maneira, a ideologia burguesa contrapunha-se à lição das ciências, já que todas as grandes revoluções epistemológicas modernas (Copérnico, Darwin, Freud) se estribavam na descentração do sujeito. E Marx teria dado à luz um novo continente científico — o materialismo histórico —, pertencendo ao materialismo dialéctico, enquanto prática teórica, o papel de vigia das suas deturpações economicistas, humanistas e historicistas.

Compreende-se, deste modo, que Althusser tenha descrito a história como um processo *sem sujeito* e sem *teleologia,* isto é, sem qualquer fundamento, e não como um percurso onde o tempo histórico seria uma contínua caminhada que só terminaria com a consumação total da sua essência. A necessidade de se pensar a autonomia das instâncias, assim como a complexidade das formações sociais, invalidava o uso de qualquer critério estritamente linear e requeria que fossem levadas em conta as dessincronias, pois, nas sociedades concretas, os indivíduos nunca são, em termos de estádios de desenvolvimento social, contemporâneos uns dos outros. Quer isto dizer que também aqui se reconhecia a existência de temporalidades diferenciadas.

Distinto era o modelo apresentado pela vulgata estalinista. A história universal aparecia narrada de acordo com uma sucessão de modos de produção que, finalisticamente, ia desde o comunismo primitivo, o escravismo, até ao modo de produção capitalista, do seio do qual brotaria a revolução e a instauração da sociedade socialista, período de transição que, tarde ou cedo, desaguaria no estádio terminal: o modo de produção comunista. E este era apresentado como a síntese definitiva de todas as contradições anteriores, como já estaria a acontecer na União Soviética. Nesta leitura, o marxismo reivindicava a historicidade, mas para decretar, à sua maneira, o início do *fim da história*.

Não por acaso, os althusserianos procuraram demolir esta concepção, apresentando um itinerário descontínuo do caminho percorrido pelos modos de produção e rejeitando as explicações inspiradas na causalidade unívoca e teleológica (Étienne Balibar, 1976). Mesmo em nome do materialismo, o esquema anterior não ultrapassaria a tradição metafísica das filosofias da história, reproduzindo a ideologia burguesa do homem genérico e do seu corolário maior: o mito da história universal. Althusser, porém, também atacava o historicismo para se demarcar do "eleatismo" que caracterizaria os outros estruturalismos.

Alertava, ainda, para os efeitos reformistas que decorriam da leitura humanista e economicista do dinamismo social, pois, como o Marx do *Manifesto comunista* (1848), gostava de lembrar que o "motor" da história nem era o mecânico desenvolvimento das forças produtivas, nem o homem (abstractamente considerado), mas a luta de classes. As qualificações antropológicas seriam uma construção da ideologia que actuava sobre os indivíduos com uma espécie de *génio maligno da desrazão*, porque em permanente combate contra a força revolucionária da teoria, única arma capaz de apontar o caminho da verdade, conquanto a sua vitória não estivesse garantida de antemão. Tudo se jogava no complexo campo da luta de classes, o que exigia – como em Marx e em Lenine – a aliança do materialismo histórico com a classe operária politicamente organizada.

Foi forte o impacto da leitura althusseriana durante a década de 1970 no interior do pensamento marxista. Explica-se. Ela vinha ao encontro dos apelos para o "renovamento de Marx", a fim de o compaginar com as transformações ocorridas na sociedade ocidental e no campo dos debates filosóficos e científicos em curso, ao mesmo tempo que procurava responder a propostas inovadoras oriundas de outras experiências históricas – sobretudo dos efeitos do maoísmo e da teorização de Gramsci – no sentido de se valorizar as superestruturas. Mas o seu sucesso também teve a ver com o impacto das polémicas que suscitou, mormente em França e em Inglaterra. Neste último país, um grupo de filósofos (John Lewis) e de historiadores contestou, em nome do marxismo, o anti-humanismo de Louis Althusser, invocando a tradição antieconomicista e a valorização do papel das superestruturas há muito existente no marxismo britânico e exemplarmente expressa em obras como as de Ed. P. Thompson, E. Hobsbawm, Ch. Hill, Rodney Hilton, Raphael Hill, M. Dobb, Perry Anderson (J. K. Harvey, 1989).

É verdade que a sua voga – em correlação com a onda estruturalista – também contribuiu para o bloqueamento, nos países mais sujeitos à influência da cultura francesa, do eco de outras propostas, como a teoria crítica da Escola de Frankfurt, o pensamento de Walter Benjamin, ou o utopismo de um Ernst Bloch. E, concomitantemente, secundarizou o estruturalismo genético de Lucien Goldman, assim como as problematizações sobre o estatuto das ciências sociais vindas do campo hermenêutico. No domínio das ciências sociais francesas, prova-o o modesto acolhimento, durante décadas, de reflexões tão importantes como as de Max Weber e, no caso mais concreto da teoria crítica da história, de Raymond Aron, de Henri Marrou e do próprio Paul Ricœur.

Sintetizando os alvos comuns aos vários estruturalismos, poder-se-á então dizer que todos eles não só anatematizaram o humanismo e o historicismo, como partiram de uma concepção descontinuísta do tempo histórico (mesmo quando a negavam) e entificaram a estrutura, o que, dentro da tradição holística, incitou a considerar o individual e o concreto como meros mediadores de totalidades sociais. Dir-se-ia que se está perante formas diferentes do velho convencimento ocidental de que só pode haver conhecimento do geral. Mas este ideário teoricista, construído em nome da história, não acabava por secundarizar a historicidade do homem? E o que foi aceite, por muitos, como o modelo definitivo, não aparecerá, décadas depois, com o seu valor relativizado e, portanto, como um testemunho da própria época em que se acreditou na sua validade definitiva?

A saturação do cânone

No que à historiografia concerne, há que perguntar se esta, independentemente dos cânones em que se assentava, não transportava consigo – como prática de exorcização da morte que é – o desejo de "dar sepultura" ao acontecido. Mesmo a chamada "história de cola-e-tesoura" – caricatura da história factual – era selectiva e punha em acção um certo ordenamento narrativo dos factos históricos, prática discursiva que, à sua maneira, também anulava a singularidade *événementielle*, ao inscrevê-la numa sucessão tida por homogénea e universal. Dito de outro modo: sendo, inevitavelmente, uma construção retrospectiva, todo o discurso historiográfico enclausura os acontecimentos no "museu da história". Em certo sentido, algo de parecido ocorria com a análise estrutural. A diferença estaria, tão-somente, na circunstância de, nesta, a neutralização da unicidade do evento ocorrer através de compensações *homeostáticas* resultantes da procura de um equilíbrio entre a multiplicidade dos factores, provocada por temporalidade diferentes, embora com nexos entre si (G. Marramao, 1989).

Não se deve pôr em dúvida que a sobrevalorização da estrutura contribuiu para o renovamento da historiografia. As leituras do passado, feitas na perspectiva da longa duração, permitiram apreender relações nas quais os acontecimentos estariam para a estrutura como a espuma das ondas está para o movimento do mar que as arrasta (F. Braudel). Mas, em polémica com algumas sugestões estimuladas pelos problemas do tempo presente (emergências de novos actores sociais – mulheres, estudantes, marginais –, guerras de libertação nacional, guerra do Vietname), e ecoando o debate em curso nos vários campos científicos (linguística estrutural, psicanálise lacaniana, antropologia cultural), a historiografia dos finais do século XX teve de levantar questões que ultrapassavam o campo restrito da história económica e social. Sintomaticamente, o próprio subtítulo da revista *Annales* foi alterado, passando a designar-se "Économie, Société, Civilisations".

Surgiu uma maior sensibilidade em relação a problemas anteriormente tratados por outros historiadores (Michelet, Huizinga e, aqui e ali, Lucien Febvre). E, sob o efeito do estruturalismo, assistiu-se a um deslocamento paradigmático e a um alargamento do questionário. Contudo, se, nas décadas de 1930 e 1960, a economia e a geografia constituíram os saberes que a interdisciplinaridade da nova historiografia mais utilizou, nos finais dos anos de 1960 e, com mais força, nos anos de 1970 e 1980, esse lugar foi ocupado pela antropologia cultural. Por sua vez, no terreno dos marxismos, o efeito althusseriano, ao sublinhar – contra as interpretações economicistas – quer o valor autónomo das superestruturas, quer a existência de temporalidades desfasadas dentro de uma mesma formação social, apontou, objectivamente, para uma direcção parecida. Assim, todo este clima impulsionou os historiadores a, sem abandonarem o *primeiro nível* (o económico-social), subirem, sem complexos, aos andares superiores do político e do ideológico, ou melhor, na terminologia anglo-saxónica, ao cultural e, na francesa, ao campo da cultura e das mentalidades, isto é, ao chamado *terceiro nível*, terreno em que, sem muitos dos preconceitos franceses, há muito se encontrava o melhor da historiografia britânica e, em breve, da italiana.

Dentro do movimento "analista", esta mutação – reveladora de uma grande capacidade táctica de sobrevivência – foi oficializada pelo grupo que, em 1969, sucedeu a Braudel na direcção da revista: André Burguière, Marc Ferro, Jacques Le Goff, Emmanuel Le Roy Ladurie e Jacques Revel. A sua tradução programática encontra-se no número especial que saiu em Maio-Agosto de 1971, dedicado ao tema "Histoire et structure", onde se defende a compatibilização da análise histórica com as exigências estruturais, agora também aplicadas ao estudo da cultura material das sociedades. Para isso, o historiador, tal como o antropólogo, poderia eleger, como seu objecto, estruturas invariáveis, como as que enformam o inconsciente das práticas colectivas, orientação que propunha uma maior antropologicização do discurso historiográfico. O que não espanta, porque essa também foi a conjuntura em que "les historiens se plongent dans les délices d'une histoire des permanences, et l'historiographie privilégie à son tour la figure de l'Autre par rapport à l'image rassurante du Même. L'Autre, la différence, qui étaient recherchés, jusque-là sous les tropiques par les anthropologues deviennent objets de la quête historienne, cette fois sous l'épaisseur du passé à l'intérieur de la civilisation occidentale" (F. Dosse, 2000).

Abriu-se, com sucesso, a vasta problemática da história da cultura e das mentalidades, o que consolidará o poder institucional e paradigmático do "movimento analista". E obras colectivas como *Faire l'histoire* (2 vols., 1974) e *La Nouvelle histoire* (1978) foram publicadas para consagrar novas gerações, fixar heranças e definir novos programas e metodologias, mas tendo por fito cumprir o núcleo básico da lição braudeliana: federar o plural espaço epistémico das ciências sociais.

A mutação assinalada não foi a última na história recente daquela revista. A contestação contemporânea das hegemonias paradigmáticas e os efeitos político-sociais dos modelos totalizadores e das suas pretensões cientistas estiveram na base de novas revisões, atitude acicatada pelo mais recente reconhecimento do papel, não só da narrativa, mas também do sujeito e dos acontecimentos na operação historiográfica.

A hora dos "regressos"

Foi Lawrence Stone (1979) que lançou a polémica sobre a narratividade, abrindo um debate que envolveu outros intervenientes. Segundo ele, importava perceber que a narrativa não é uma componente gratuita da "escrita da história", já que ordena os factos históricos de acordo com uma sequência cronológica, enquadrando o conteúdo numa narração singular e coerente, através do uso de subargumentos ou intrigas secundárias, perspectiva bem diferente da estruturalista. É que o seu *arrangement* é mais descritivo que analítico, elegendo para seu objecto central, sobretudo, o homem concreto e as suas circunstâncias. Daí, a necessidade de o historiador se virar para o específico e o particular, com o consequente doseamento do colectivo e do estatístico.

Como causa primeira deste "regresso", Stone assinalou o crescente descontentamento com os excessos do factor económico, assim como o relativo fracasso da quantificação, que terá dito muito acerca do *quê*, mas pouco trouxe ao *mundo dos porquês*. Por sua vez, as mudanças paradigmáticas no campo das ciências, incluindo as da natureza, desencadearam revisões no princípio de causalidade e no determinismo que as credibilizavam. E os historiadores também começaram a considerar a indeterminação e a reconhecer que, na vida social, devido à existência de múltiplas variáveis, somente se podem fazer generalizações de alcance médio, o que enfraquece a pretensão prognóstica.

Outras transformações, entretanto ocorridas no campo epistémico, não foram de menor importância para a historiografia, porque fizeram diminuir o valor paradigmático da sociologia, da economia e da geografia, a favor da antropologia (em particular, a representada por obras como as de Clifford Geertz, Evans Pitchard, Mary Douglas, Victor Turner, etc.) E tudo isto conspirou para a existência de uma curiosidade intelectual para com as problemáticas da história das mentalidades e para um mais assumido e ousado *jogo de escalas*.

Estas críticas, interligadas à desmontagem das repercussões políticas e sociais provocadas pelas interpretações cientistas e totalizadoras do social, acentuaram, de facto, a crise do paradigma "analista". E a longevidade do movimento transformou-o mesmo em objecto da história da historiografia contemporânea (P. Burke, 1996), ponto de vista que não deixou de relativizar o seu significado e de desmontar as suas estratégias teóricas (e de poder). E alguns destes balanços não foram exclusivamente positivos.

A par dos contributos indiscutíveis que a aventura iniciada por Marc Bloch e Lucien Febvre deu à historiografia, a sua gradual adopção como "cânone" dominante gerou, igualmente, efeitos negativos, mormente: a desvalorização excessiva da historiografia imediatamente anterior, numa táctica polémica que visava afirmar a sua novidade; o bloqueamento da história política e cultural durante muitas décadas, bem como de outros géneros historiográficos (como a história política, a biografia); a definição da realidade social em termos que são ainda uma herança do cientismo e, logo, do positivismo, apesar de a terem combatido; a "massificação" e a anulação do papel dos indivíduos no devir histórico, subsumidos no auto--funcionamento de estruturas sem rosto; o economicismo e o determinismo subjacentes a algumas das interpretações económico-sociais e geográficas; a ideia de "história total", cada vez mais apresentada como uma espécie de ideal epistémico, e não tanto como um programa passível de ser plenamente concretizado. E também provocou efeitos significativos o facto de, crescentemente, o movimento ter conseguido conquistar posições de poder (universitário, político, editorial, *mass media*), colocando-o bem longe da atitude contestatária e inovadora dos fundadores.

No entanto, faltar-se-ia à verdade se não se reconhecesse aos continuadores algum bom senso autocrítico. Eles, depois dos excessos da renovada miragem cientista – que, apesar do seu declarado antipositivismo, o modelo estruturalista prolongou –, não ficaram indiferentes ao que se passava em seu redor. Isto é, após o domínio da história económico-social e do "paradigma braudeliano", ganharam nova actualidade – embora com outras perspectivas epistemológicas – as questões políticas, culturais, religiosas, e foram lançados novos olhares sobre o conceito de acontecimento (K. Pomian, 1999), mudanças que, como ficou assinalado, se vieram a repercutir no interior da própria revista.

São bons barómetros destas alterações – que indiciam a existência de um certo distanciamento no que concerne a alguns excessos anteriores – os seus números temáticos sobre "Histoire et sciences sociales. Un tournant critique" (*Annales ESC*, n.º 2, mars-avril, 1988) e "Histoire et sciences sociales" (*Ibidem*, n.º 6, novembre-décembre, 1989). Aí se discutiu a relação entre a *estrutura* e o *acontecimento*, conceitos que deixaram de ser considerados como estando dicotomicamente associados a duas ordens distintas ou hierarquizadas de fenómenos: a económico-social e a política, cabendo à primeira a posição mais importante. Nesta revisão, o último passou a denotar tudo o que surge, tudo o que muda, qualquer que seja a sua ordem de realidade e escala temporal. Ele é construído pela própria narração e, em última análise, visa responder a este problema decisivo: "O que é que se passou?" Por sua vez, voltou-se a sublinhar que a estrutura é um constructo do questionário que é avançado para se responder a este quesito: "Como eram as coisas?". Pelo que, de acordo com a *intriga* escolhida, um mesmo dado tanto pode ser reconstruído pelo historiador segundo uma perspectiva de *estrutura*, como de *acontecimento* (Antoine Prost, 1996), modo de aceitar que a problemática historiográfica — como, aliás, a de todas as ciências sociais – se situa entre o *porquê* e o *como*, indeterminação que é inerente às características epistemológicas que há muito a sensibilidade hermenêutica lhe assinalava (F. Dosse, 2000).

Diga-se que alguns historiadores já tinham procurado combinar o valor do *événement* e da curta duração com as análises quantitativas e seriais, mas com o objectivo de explicarem o processo de desconstrução das estruturas. Por exemplo, Michel Vovelle, ao pôr em diálogo o marxismo com as teses dos *Annales*, distinguiu entre a dimensão "fria" da longa duração e a irrupção, em certas conjunturas, de "tempos quentes" e acelerados, dimensão que não podia ser negligenciada, pois, muitas vezes, ela constitui um sintoma de tendências mais longas e que, por isso, só posteriormente se tornarão dominantes, como foi o caso das mutações havidas nas atitudes e nos comportamentos em relação à morte, ainda débeis no século XVIII, mas que atingirão uma maior visibilidade em meados de Oitocentos.

Num outro registo, o estruturalismo de Michel Foucault – ao invés do modelo de Lévi-Strauss – não subsumia o valor da história, mormente nos escritos que saíram a partir dos inícios dos anos de 1970, quando deu uma orientação menos arqueológica e mais genealógica às suas investigações. Com efeito, ao estudo das relações entre o *discurso* e o *poder*, acrescentou as do *corpo*, superfície de inscrição dos acontecimentos que convidava a fazer as devidas articulações entre discurso, poder, história e corpo, em ordem a patentear melhor as formas de sujeição, isto é, os mecanismos de *disciplinaridade* e de *governabilidade* produzidos pelas sociedades modernas. Não surpreende, assim, que o seu trabalho – particularmente *L'Histoire de la folie* e a *Histoire de la sexualité* – tenha sido utilizado por alguns historiadores de ofício, nomeadamente, e de um modo pioneiro, por Michelle Perrot (1980) e Arlette Farge, estudiosas da história das mulheres e dos excluídos e marginais.

Independentemente destas influências, deve salientar-se que Foucault sempre protestou contra essa apropriação. O seu propósito era diferente do dos historiadores, dado que tinha por objecto, não as estruturas sociais, "mais le discours vrai/faux". Dir-se-ia que manteve em todas as suas obras a mesma preocupação central: demonstrar que as irrupções de "marginalidade" e de "anormalidade" mais não são que expressões confirmadoras da ordem disciplinar. Tem assim razão François Dosse quando conclui que o diálogo dos historiadores com o último Foucault continuou a ser um diálogo de surdos, porque ele "ne fait que traverser quelques chantiers d'histoire en philosophe, dont l'objet premier est de montrer que l'instance globale du réel, chère aux historiens, est un leurre qu'il faut démystifier" (F. Dosse, 2000). Não obstante isto, o eco das suas obras contribuiu, fortemente, para um certo "regresso" à "événementisation" das leituras do passado, bem como para a valorização de novas problemáticas, como a dos fenómenos marginais e a dos *micropoderes* – mormente para o estudo das biologias do poder –, e para a desconstrução, no próprio terreno historiográfico, das concepções de tempo histórico.

O caminho plural da historiografia contemporânea

Tem-se colocado todo este processo sob o signo do "regresso" e da multipolaridade. Fala-se em "regresso", porque a contestação aos excessos da história estrutural e holística e ao determinismo (mecânico ou "em última análise") conduziu à reentrada do *sujeito* como agente da história e como mediador na produção do conhecimento, o que arrastou o reaparecimento da dimensão política e institucional das relações sociais. Mas também se utiliza essa expressão para qualificar as críticas às leituras excessivamente abstractas e quantitativistas, as quais, devido à mutação de interesses e de expectativas nascidas da própria historicidade dos problemas historiográficos, viram diminuídas as suas capacidades de convencimento. Como, há anos, alguns historiadores – sobretudo de origem italiana – procuraram demonstrar, o deslocamento de "escalas" também permite micro-análises cognitivamente ricas. Por outro lado, o aumento da suspeita sobre a validade de teses alicerçadas numa visão excessivamente racionalista do homem renovou esta convicção: no discurso histórico, as relações entre o *significante*, o *significado* e o *referente* são indissociáveis. A esta posição se tem chamado o *linguistic turn*, ou, talvez melhor, o "regresso da narrativa".

Por sua vez, a multipolaridade brotou da descredibilização do universalismo abstracto e do eurocentrismo, centrações típicas da perspectiva à luz da qual a modernidade ocidental se pensou a si mesma e projectou um sentido universal-abstracto na história. E as exigências de descentração e de complementaridade, que se encontram em outros domínios da investigação social (em particular, na antropologia), também se reflectiram no campo historiográfico, o que deu azo a uma maior pulverização temática e metodológica, na qual a escolha dos problemas já não pretende ilustrar uma (pretensa) verdade fixada abstractamente por qualquer filosofia da história ou teoria tida por científica e definitiva. Por conseguinte, não se estranha que tenham crescido as resistências à definição do particular como um mero momento a ser subsumido na totalidade evoluente, pois cada parte passou a ser analisada e compreendida como o todo de si mesma.

Esta nova atitude surgiu em Itália com a *micro-história* (G. Ginzburg, G. Levi) e estava alicerçada na redução da escala de observação, na reinvenção do material utilizado e na lição da nova antropologia cultural (Clifford Geertz). Contra os exageros da visão estruturalista e das leituras quantitativas, ela propunha-se analisar os fenómenos socioantropológicos na sua vertente histórica, situando-os, porém, na pequena escala, a fim de melhor se poder captar relações (balizadas no espaço e no tempo) e, portanto, processos mais gerais e típicos. São bons exemplos os resultados obtidos no estudo de temas como a introdução do tear, o artista como receptor do mundo, as estratégias matrimoniais, as mundividências, etc. Daí que esta posição também se aproximasse muito da "história do quotidiano", sobretudo a cultivada na Alemanha, na mesma conjuntura.

Em suma: a *micro-história*, embora não tivesse um corpo teórico rígido, produziu interpretações ricas de significado, a saber: a redução da escala; o debate sobre a racionalidade que comandava as escolhas dos indivíduos; a elevação do *indício* a documento; o destaque dado ao papel do particular (sem se opor, contudo, ao social); a atenção conferida à recepção e à narração; a definição específica do contexto e a rejeição do relativismo. Só assim se poderia fazer a história *dei piccoli e degli esclusi*, captando momentos, situações, pessoas que, indagadas com um "olho analítico", e inseridas num âmbito circunscrito, recuperavam peso, visibilidade e personalidade dentro das estratégias relacionais que tinham construído o seu próprio "mundo". E esta perspectiva possibilitou a emergência de novas categorias interpretativas, de novas intrigas causais, de novos terrenos de investigação (Ginzburg e Poni, 1981), o que, ao ser, não só teorizado, mas também praticado, fez da *micro-história* uma das mais fortes tentativas para se repovoar de homens concretos a narrativa historiográfica (Henrique Espada Lima, 2006).

Para os críticos, este movimento não seria mais do que uma forma de narrativa antropológica, filha, como os estados pós-coloniais, do "pensamento débil" da pós-modernidade, embora muitos concordassem que o relevo do particular e do local tinha trazido efeitos positivos à investigação.

A revalorização da realidade cultural (mental), não como um simples epifenómeno, mas como *instância estruturadora* da própria sociedade, traduziu-se, ainda, em propostas teóricas e de estudo que vinham ao encontro da tendência para se "antropologicizar" a história e para se valorizar o papel das produções simbólicas e das *representações* na constituição e reprodução das sociabilidades. Referimo-nos a correntes que alguns designam por "nova história cultural" e que se encontram inovadoramente plasmadas em obras como as de Robert Darnton, Lynn Hunt, Gabrielle M. Spiegel e Roger Chartier, etc.

Será limitado pensar, porém, que esta diversificação subsumiu a história económico-social. Recorde-se que, mesmo quando foi hegemónica, esta sempre coexistiu com as modalidades mais tradicionais de se fazer historiografia. Porém, é um facto que as mudanças ocorridas nos finais de Novecentos também incentivaram a transformação interna de ramos historiográficos mais consolidados. Foi o caso da nova história económica (Alfred Conrad, John Mayor, Robert Fogel), corrente que levou às últimas consequências a aplicação de modelos matemáticos, recorrendo, para isso, à construção de hipóteses contrafactuais. Mas será esta última prática uma novidade radical?

Se pensamos bem, poder-se-á dizer que ela, na esfera própria do seu objecto, usa algo que é inerente a todo o trabalho do historiador. Este, para *compreender* e *explicar*, tem de se *transportar* para o passado através da *imaginação* (mas não da *fantasia*) e interrogar-se se o desenvolvimento de um dado acontecimento seria o mesmo, caso alguns dos factores que o condicionaram tivessem sido diferentes (A. Prost, 1996). É que o *contrafactual*, mesmo quando não directamente explicitado, é irmão gémeo de todo o problema historiográfico. Se não o for, isso significa que o historiador está a condenar o passado a um determinismo que ele, enquanto ser humano, recusa aos seus projectos de futuro, como se aquele, quando foi presente, não tivesse sido, igualmente, um mundo de possibilidades.

CAPÍTULO V

Uma poliédrica coluna de mármore

Em face de tudo o que ficou exposto, não será erro afirmar que a historiografia moderna escolheu como seu interlocutor privilegiado o campo das ciências (naturais e, depois, sociais), em detrimento da teologia e das filosofias da história, criticando-lhes a pretensão de deduzirem a totalidade do percurso da história universal e o desejo de serem a voz do *universal abstracto*, no seio do qual o *particular* e o *concreto* não passariam de *momentos* ou *mediações* (ontológicas) da realização de um princípio-fundamento (um *alfa*), potência primordial que exigia o tempo para explicitar a plenitude da sua vocação. Neste horizonte, o historiador estava condenado a ser o servidor da empiria de que elas necessitavam para ilustrar as suas certezas, já que, incidindo o seu ofício sobre o factual e o mutável, ele não poderia nem ascender ao geral, nem compreender o sentido último do devir.

Será neste pano de fundo que se têm de situar as críticas que os historiadores – desde Ranke e Alexandre Herculano, até Lucien Febvre – avançaram contra o império destas grandes narrativas. Em certa medida, eles propunham-se seguir o exemplo das demais ciências, cuja emancipação também se deu contra as filosofias que, antes, recobriam o seu objecto. Mas a força do fascínio pelo paradigma então mais credível (o das ciências da natureza), por parte da historiografia, aconselha a sublinhar-se uma outra evidência: a existência, nos historiadores, de um complexo de "inferioridade", cuja análise passa pela necessidade de se contextualizar a historicidade dos esforços para se autonomizar o seu campo epistémico, desiderato que, salvo honrosas excepções, não os tem preocupado muito.

Ora, ao aderir-se ao princípio segundo o qual não há prática historiográfica sem teoria da história, também se terá de perceber que esta só será proficiente se os seus cultores ousarem problematizar *o que* e *para que* fazem, inquietação que nunca será gratuita, porque, "para um historiador, pensar a relação entre as duas disciplinas [a filosofia e a história] é, antes de mais, colocar uma questão inteiramente prática e útil: em quê e como a reflexão filosófica permite elaborar melhor os problemas para os quais aponta, nos nossos dias, todo o trabalho histórico concreto e empírico?" (Roger Chartier, 1988).

Responder cabalmente a este desafio equivale a mostrar a inadequação dos discursos *normativos* (enunciação externa daquilo que a historiografia deve ou não ser), ou exclusivamente *explicativos* (como se deve proceder tecnicamente com os documentos), e a indicar que continua em aberto todo um conjunto de temas (a delimitação dos objectos historiográficos, a narratividade, os critérios de validação) que tem de ser pensado, sob pena de a historiografia se confundir com o mais acéfalo (e mentiroso) dos empirismos. E, para que sejam abaladas muitas certezas – a maior parte das vezes aceites sem crítica, ou presunçosamente escudadas na ilusão de que o saber histórico se confunde com a erudição –, convocam-se os historiadores para um convívio proveitoso com a filosofia – não estamos a escrever com a filosofia da história –, sugestão esta que incita a discutir-se a densidade cognitiva e a pertinência das técnicas historiográficas, dentro de um questionamento epistemológico mais amplo sobre as "relações existentes entre o discurso historiográfico e o referente que ele pretende reconstituir". Contudo, este objectivo só será cumprido se houver disponibilidade intelectual para elaborar, "filosoficamente, as dificuldades da prática histórica" (Roger Chartier, 1988), bem como abertura para historicizar as da própria filosofia. E, no que à sua quota-parte diz respeito, se os historiadores o não fizerem, outros o farão por eles.

O historiador-epistemólogo

Esta consequência será ainda mais nefasta se eles não se derem conta de que o seu saber está sempre em debate, pelo que não lhes basta pôr em acção uma "preguiçosa", insciente (e inconsciente) "filosofia espontânea" da historiografia. E a pior das filosofias é a dos que proclamam a desnecessidade da atitude filosófica, como se a indagação do passado assentasse somente no *fetiche do documento* e no *fetiche do método*, e como se as suas conclusões fossem a *mimesis* do real ou uma mera racionalização do senso comum. No entanto, a saudável rejeição da filosofia da história por parte dos historiadores deixa um vazio que deve ser colmatado, não pelos seus sucedâneos ideológicos, mas por uma reflexão epistemológica que ajude a consciencializar o seu próprio trabalho e a inevitável historicidade deste, objectivo que, porém, não pode ser confundido com o da velha gnosiologia. E porquê?

É conhecido que esta tinha por função estudar a *origem*, a *estrutura* e os *limites* de todas as formas de conhecimento. Dir-se-á que tal âmbito é comum ao que também se designa por filosofia da ciência, disciplina que, como registou Lalande (1968) no seu célebre *Vocabulário filosófico*, procede ao "estudo crítico dos princípios, das hipóteses e dos resultados das diversas ciências, com o fim de determinar a sua origem, a sua lógica, o seu valor e o seu grau de objectividade". Os limites desta caracterização são traçados pelo facto de ela referenciar mais a *ciência feita* do que a *ciência em operação*, o que pode manter a reflexão na *exterioridade* da prática do seu objecto, depositando nas mãos dos *filósofos-epistemólogos*, em exclusivo, o direito a declararem, *de fora*, o que é que deve ser a historiografia. Ora, o historiador deve sentir que tem alguma coisa a dizer sobre todas as matérias que mais directamente lhe dizem respeito.

Sublinhe-se que correntes filosóficas marcantes, mormente as de inspiração neokantiana e hermenêutica, também puseram em causa as filosofias da história. Todavia, por maior que tenha sido a utilidade das suas críticas, a sua perspectiva focou, sobretudo, a analítica dos processos *lógicos* subjacentes ao conhecimento e menos as suas implicações *crono-lógicas*. E deve lembrar-se que, quando a *reflexão é muito externa, ela chega sempre demasiadamente tarde à prática que quer fundamentar*. Por conseguinte, aconselha-se a epistemologia do historiador a estar em sintonia com a própria operação historiográfica e não ser uma espécie de *prova póstuma da sua consciência teórica*.

O cumprimento deste desiderato não pode significar, porém, surdez perante os juízos normativos de origem externa. Bem pelo contrário. Ele tem de ser confrontado com uma permanente abertura às controvérsias sobre o conhecimento e as ciências em geral, em ordem a que a historiografia, no seu terreno próprio, possa compartilhar algo que é comum a todas elas: o incentivo à problematização. Esta atitude, para ser criadora, terá de estar enraizada numa cultura crítica (e autocrítica) que possibilite a análise das sobredeterminações *exteriores* e *interiores* que se juntam no *métier* do historiador, embora este também deva saber que, em última instância, será o juízo dos *outros* (o leitor e, depois, o da história da historiografia) que melhor poderá surpreender aquilo de que ele se esqueceu, ou não conseguiu controlar através da razão, ou que, conscientemente, quis mesmo esconder.

Nesta ordem de ideias, terá de dialogar, quer com as teorias (explícitas ou implícitas) dos outros historiadores, quer com a vasta literatura de orientação epistemológica, em particular com a respeitante às ciências sociais. Só assim poderá lançar um "olhar" simultaneamente *externo* e *interno* (Gaston Bachelard, s.d.) sobre o seu trabalho e assumir algo que algumas reflexões sobre as ciências (Canguilhem, Thomas Khun e outros) há muito destacaram: a historiografia, tal como as outras produções de conhecimento científico (Hanson, Toulmin, Feyerband), são construções inscritas em "sistemas culturais" mais amplos (P. Rossi, 1986; Y. Elkana, 1979). Isto, transportado para o seu terreno específico, ajudará a demarcar o que é próprio da "operação historiográfica" (qualificação avançada por Michel de Certeau e que Paul Ricœur virá a recuperar).

Será abusivo deduzir-se, contudo, que só será um óptimo historiador o que, ao mesmo tempo, for um competente epistemólogo. Mas é igualmente verdade que toda a boa historiografia – a que provocou influências renovadoras no seu domínio – contém, nas obras que lhe dão corpo (de um modo assumido, ou, tão-só, praticado) uma epistemologia que, não raro, os seus autores explicitam no próprio texto, ou em ensaios teóricos que, muitas vezes *a posteriori*, ajudam a inteligir os seus fundamentos. Logo, não será por acaso que se encontram grandes historiadores a escrever sobre teoria da história, incluindo a que praticam. Daí o crescimento recente de reflexões sobre a "historiografia" e o da tendência para se articular, ou quase fundir, a história da história com a epistemologia. No entanto, também surgiram significativas reacções que importa sintetizar (François Hartog, 2005).

Comece-se por uma das mais antigas: a de Pierre Chaunu. Em 1960, entusiasmado com a cientificidade que o uso do método quantitativo traria à historiografia, atacou as preocupações teóricas que começavam a manifestar-se no seio dos seus pares, críticas que não deixavam de pôr em prática, igualmente, uma dada posição epistémica. E sintoma de que este tipo de atitude não se extinguiu foi o mais recente diagnóstico de G. Noiriel (1996), ao acusar os historiadores de estarem a agarrar-se à teoria como uma espécie de "fuga para a frente", a fim de escamotearem a "crise" da própria historiografia. Dando conta destas indagações, Antoine Prost, nas suas *Douze lections sur l'histoire* (1996), registou que "uma das evoluções recentes mais significativa da disciplina em França foi o interesse crescente pela reflexão epistemológica", e, ultimamente, François Hartog perguntou se, "depois do historiador como artesão", não se teria entrado na época do "historiador como epistemólogo" (F. Hartog, 2005).

Tem de se reconhecer, contudo, e como avisou Max Weber, que as preocupações exclusivamente epistemológicas e metodológicas não são decisivas, só por si, para se desbloquear o progresso das ciências, embora a pertinência do seu uso pareça aumentar nos períodos em que crescem as dúvidas acerca da natureza e da função daquelas. A sua necessidade e importância serão tanto maiores quanto mais significativos forem os sinais de *crise*, os quais, porém, também são, como já os gregos sabiam, momentos de suscitação da *crítica* (R. Koselleck, 1999). E esta atitude deve convidar o historiador à reflexão, de molde a consolidar a identidade mínima do seu do campo historiográfico, terreno com fronteiras mutantes e sempre ameaçadas pela absorção e invasão de outros e, em particular, daqueles com quem ele mantém mais afinidades. Com efeito, tem-se por certo que a prática teórica da historiografia ficará mais rica se souber mesclar a epistemologia com a operação que visa explicar/compreender o passado (François Hartog, 2005), e não separá-las, como algum pós-modernismo pretende, com a redução da historiografia à questão exclusivamente formal da sua escrita.

Será anacrónico, portanto, confundir este género de problematização com o praticado por aqueles a que, de um modo depreciativo, Lucien Febvre chamou "metodologistas impenitentes". Estes nunca compreenderão que o *método* é, literalmente, *caminho*, itinerário indissociável da "operação historiográfica" que o dita e que, por isso, o cola ao problema e ao resultado da própria investigação. E tanto a sobrevalorização como a separação dos vários componentes que entram no historiar podem contribuir, ainda que involuntariamente, para o enfraquecimento da sua sustentabilidade epistémica. Por isso, o *método* tem de ser pensado como um todo em acção, cujas partes só por razões analíticas e descritivas poderão ser cindidas.

A lição epistémica da história da historiografia

Num outro registo, o intercâmbio da vigilância epistemológica *externa* com a *interna* aconselha a fazer-se a retrospectiva crítica (e autocrítica) do resultado do trabalho dos historiadores, elegendo-o como o objecto de um ramo historiográfico próprio. No fundo, põe-se em prática esta evidência: se toda a acção humana é histórica (e historiável), porque não o serão os tentames cognitivos para se apreender essa condicionalidade?

Todo o trabalho historiográfico tem de ser pensado como uma actividade *epocal*, desencadeada a partir de horizontes de pré-compreensão, húmus de onde emergem os problemas a historiografar propriamente ditos. E estes, como os de todas as outras formas de saber, só podem nascer de inquietações intelectuais traduzíveis em questionários investigáveis, isto é, em perguntas conducentes a respostas capazes de alcançarem um mínimo de comprovação.

Esta posição também não está desligada da dos outros discursos com objectivos científicos e, em primeiro lugar, dos que ocupam ou encobrem o objecto da historiografia. E, por mais desnecessário que possa parecer, será útil frisar que só os historiadores (profissionais ou não, pouco importa) põem problemas historiográficos, tanto mais que nem os factos são marcos do tempo com uma génese espontânea, nem os vestígios dos antepassados são inquiridos por mentes vazias como tábuas rasas. É que, como revela a história da historiografia, pôr questões e fazer interpretações arrastam consigo a problematização do já investigado nas áreas afins ao que se visa estudar, pelo que não será excessivo concluir-se que o historiar implica fazer *interpretações de interpretações*, característica plasmada no carácter decisivo das fontes e na bibliografia activa e passiva consultada.

Atrás, já se registou esta convicção: se, tradicionalmente, a utilidade da história residia no seu magistério (*historia magistra vitae*), ou, em termos mais modernos, decorria da certeza de que o conhecimento do passado ajudava a compreender o presente, a fim de melhor se realizar o futuro, comummente se olvida que o contrário também é verdadeiro, pois, sendo a leitura do já ocorrido uma *re-presentificação*, porque edificada a partir do "presente", isso equivale a confessar que, afinal, *a vida também é a grande mestra da história*. Para isso, ela não pode ser confundida com o tempo real e, muito menos, com a sua banalização como eterno presente.

Sabe-se que o movimento intelectual que liga o renovamento das indagações às experiências do tempo que as provoca, e que tem denunciado a sobrevalorização do *tempo real* (ilusão de um presente eterno), em detrimento do *presente real*, aplicou o crivo da sua crítica à ideia segundo a qual será sempre o mesmo presente (assim postulado como um *eterno presente*, isto é, como um *fim da história*) a renovar as hermenêuticas do passado. É certo que, hoje, estas já não podem ser feitas à luz do que se julgava ser o desfecho inexorável do sentido do tempo histórico. Contudo, como poderá um eterno presente distinguir-se do passado, que reifica, sem simultaneamente se posicionar como futuro (definitivo) desse passado, prova evidente da sua insuficiência como realidade eterna?

Dito de outro modo: só o presente (ou melhor, o presente-passado e o presente-futuro) pode interrogar os vestígios do que está morto e espoletar os problemas historiográficos. Por outro lado, como se reivindica que tudo o que, consciente ou inconscientemente, foi deixado pelo homem interessa ao historiador, será uma contradição silenciar a historicidade das representações construídas a partir dos sinais deixados pelo passado, já que, ao contrário da ilusão hegeliana, seria ilógico que o historiador se julgasse situado num *não-lugar* e num *não-tempo*. A raiz ôntico-existencial da história da historiografia radica, precisamente, no facto de a existência humana ser o "trespassamento do tempo", pelo que, e como sublinhou Paul Ricœur, o homem faz e narra histórias, porque "nós somos históricos" (Paul Ricœur, 2000), tese bem captada por esta asserção de Umberto Eco: "ser um animal político é ser, para o homem, um modo de ajustar contas como a sua própria morte". Como poderia a historiografia fugir à sua historicidade? Mesmo afirmar que ela é "a ciência do homem no tempo" (Marc Bloch, 1960), obriga a reconhecer-se que esta última categoria da definição sobredetermina, desde logo, não só a historicidade dos conceitos de "ciência" e de "homem" (ou de "homens"), mas também de "tempo", pois também existe uma história das representações do tempo histórico.

"Ver" para além do "olhar"

Vários termos têm sido avançados para definir o processo do conhecimento do passado: "ofício", "trabalho", "operação", entre outros. Sublinhar-se-á esta última designação, pois as teorizações de Michel de Certeau, aprofundadas por Paul Ricœur, contêm achegas que podem ajudar a inteligir melhor as múltiplas facetas do trabalho do historiador, ainda que, para isso, se separe, o que, na prática, constitui um processo em que todas as partes reciprocamente se requerem. Com tal objectivo, seguir-se-á este conselho de Michel de Certeau (1975): "perspectivar a história como uma operação será tentar, de um modo necessariamente limitado, compreender como é que se dá a relação entre um lugar (um recrutamento, um meio, um ofício), os processos de análise (uma disciplina) e a construção de um texto". De facto, a produção de conhecimentos sobre o passado impõe a presença: de um *sujeito epistémico*, histórica e socialmente situado no espaço e no tempo; de um *texto* (toda a investigação culmina numa narração); e de destinatários deste (os *receptores*). E todas as características se vão realizando a partir de uma problemática que vai sendo posta à prova em três níveis fundamentais: o *documental*, o *explicativo/compreensivo* (ou *interpretativo*) e o da *escrita,* porque a realidade do discurso também faz parte do discurso sobre a realidade.

A *mediatez do conhecimento histórico*

Tudo isto ajuda a perceber, mais cabalmente, por que é que o conhecimento historiográfico é um saber *mediato*, expressão aqui usada como contraposição às ilusões perceptivistas e miméticas, tanto mais que, como se assinalou, mesmo Heródoto não só inquiria e investigava, mas também, como o aedo, anunciava e revelava, mormente quando a realidade referenciada se afastava do visto pelo historiador.

As transformações ocorridas no modo ocidental de se entender o mundo e a vida fizeram com que as narrações sobre o próprio passado se fossem distanciando, cada vez mais, da tutela da *percepção*. Em termos muito sintéticos, poder-se-á afirmar que se consolidou a não-confusão entre a *res gestae* (plano ontológico) e a *historia rerum gestarum* (plano epistemológico) e que, no último século, se caminhou para o entendimento do objecto a historiar como um constructo da própria operação historiográfica, inconfundível com o "real". Isto é: compreendeu-se, de uma maneira mais inequívoca, que o "objecto" é um conceito epistemológico indissociável do processo que, activado pelo "questionário", o vai definindo em referência a acontecimentos indirectamente inferíveis a partir dos *traços*, vindos do *esquecimento de reserva* do passado e que remetem para quando este foi um presente-passado e um presente-futuro. Em tal horizonte, a chamada imaginação histórica (Collingwood) é voo que se despede do peso da imagem.

Como o historiador trabalha sobre *sinais* – que, como sublinhou Lévinas, implicam sempre um lugar histórico –, o *fetiche do documento* ficará mais desconstruído se, quer os conceitos de *traço* e de *documento*, quer os de *acontecimento* e *facto histórico* não forem definidos como sinónimos, pois, quando tal se dá, não se faz a devida distinção entre o plano ontológico e o epistémico. E este último coloca o *documento* e o *facto histórico* como produtos da própria *operação historiográfica,* ou melhor, da instância que a põe em movimento, a saber: o *problema*. Esta óptica também nos ensina que, *se todo o documento é um traço, nem todo o traço é, só por si, um documento*, mormente quando, como *esquecimento irreversível*, é nada. O traço só será documento quando for interrogado em termos historiográficos. Antes disso, pode ser "olhado", mas não "visto", como um testemunho do passado (provam-no, por exemplo, as gravuras de Foz Côa, vestígios que, durante séculos, foram encarados por muitos, mas somente lidos como documentos quando perguntados na linguagem adequada: a dos arqueólogos). De certo modo, poder-se-á mesmo avançar com esta ideia: na sua acepção epistemológica, é o questionário (ou melhor, a operação historiográfica no seu todo) que "inventa" as fontes.

Sendo assim, tem de se concordar com a posição dos que têm denunciado os malefícios da *fetichização dos documentos*. Se é indiscutível que não haverá historiografia sem estes, é igualmente certo que eles nem são a realidade histórica (limitam-se a indiciá-la), nem falam se não forem interrogados. E a primeira condição para serem credíveis sustentáculos de um trabalho veritativo é *resistirem à prova popperiana da falsificabilidade*, afinal, na analítica Ricœur-Michel de Certeau, o fundamental nível "arquivístico" da operação historiográfica. E nele se pode encontrar a condensação da longa herança que vem desde a *autopsia* de Tucídides, do comparativismo crítico do método histórico-filológico dos humanistas, das regras codificadas por Mabillon e por todos os bolandistas, até se chegar à sua recepção na historiografia alemã do século XIX e à sistematização "cartesiana" em Langlois e Seignobos.

Por outro lado, se nem todo o *traço ascende a documento*, *também nem toda a historiografia se faz somente com documentos*. Porém, ela não pode ser feita sem eles, desde que estejam fiabilizados pela crítica interna e externa, preceito metodológico antigo, mas ainda válido como arte da suspeita, quando adaptado às novas tecnologias da certificação, assim como ao correlato alargamento do seu próprio conceito. E, por mais autónomas que estas operações possam parecer, elas têm muito a ver com o papel matricial do questionamento na investigação, pois só por ele a fonte deixará de ser uma espécie de matéria inerte, ou arquivista, e passará a responder como uma "voz" que vem do passado.

O novo historiador, lendo o explícito ou implícito, o declarado ou silenciado, o afirmado ou o proibido, o incluído ou o excluído, o objectivado ou o lacunar, define, no interior do corpo documental, unidades, conjuntos, séries, relações, cuja construção, porém, não lhe é somente acessível através da heurística e da hermenêutica tradicionais. Por exemplo, se continua a ser necessário distinguir um documento "verdadeiro" de um "falso", é também importante tratar o "falso" como documento acreditado como "verdadeiro" no período que o produziu (Jorge Lozano, 1994). E certas correntes historiográficas como a *micro-história*, na linha do que Humboldt já tinha alvitrado, reivindicam mesmo a utilidade de se recorrer a *métodos indiciários* e à *abdução* para ultrapassar as insuficiências documentais. É que, se a imaginação historiográfica é instância criadora de problemas comprováveis – necessidade que, depois de Collingwood (1935) e outros, historiadores "analistas" como Georges Duby (1991) enfatizaram –, ela tem de imediatamente estar presente na formulação de hipóteses plausíveis em função do que indubitavelmente se conhece, outra maneira de afirmar que, logo no início da investigação, a imaginação historiográfica brota como atitude crítica da *mimesis* da representação.

Pode dizer-se que o *traço* passa a *documento* quando começa a ser historiograficamente inquirido. Logo, ele é inseparável da problemática que, numa permanente negociação, norteia a operação historiográfica, interrogatório que, mediado pela finalidade de explicar e compreender, o põe a fornecer informações passíveis de serem comparadas. De certo modo, funciona como a "matéria-prima" – e não como "matéria bruta" – da interpretação. E é no processo de elevação do *traço* a *documento* que o *acontecido* (nível ontológico) se transmuda, em termos epistemológicos, em *facto histórico*.

Facilmente se aceita que nem todos os acontecimentos ascendem ao estatuto de "históricos", mormente aqueles sobre os quais existe uma ignorância total. Dir-se-ia que eles são o irreversível, ou, então, os cadáveres insepultos da história. Mas também se percebe que, no plano epistémico, um *facto* pode ser uma síntese que referencia milhares de *acontecimentos*. Assim, quantos destes não são convocados quando se ouve ou lê a expressão "Revolução Francesa de 1789"? Pelo que não será arrojado avançar-se com esta outra hipótese: um facto histórico (não confundir com o seu referente) só existe dentro da operação historiográfica, cabendo à base documental dar-lhe o suporte de referencialidade, de rectificação e de prova, requisitos deontológicos não exigíveis para as obras de ficção, incluindo as que parasitam o discurso historiográfico (como é o caso do chamado romance histórico, cujos efeitos de verosimilhança podem chegar até à citação de fontes credíveis). Como quem diz: a imaginação do historiador põe em funcionamento um processo criativo, mas aceita o controlo da crítica e da comprovação.

Não por acaso, é no patamar mais arquivístico e mais explicativo da operação que reside o nível cognitivo com maior capacidade para gerar consensos. Percebe-se. Assente na fiabilidade do documento e da consequente inferição e correlação (dominantemente "cronológica") dos "factos", e ainda sendo mínima a carga interpretativa, nesse degrau, o conhecimento está marcado por uma objectividade que não só possibilita pensar-se que a historiografia só progride por *acumulação*, como parece dispensar o papel activo do *sujeito-historiador*, não obstante se saiba que já está presente na escolha, explícita ou implícita, do tema em análise.

Em concomitância, o reconhecimento da geminação do *problema* com o *documento* abre as portas à revisitação de uma outra ideia, de origem "positivista", mas durante muito tempo acreditada: a crença na *esgotabilidade das fontes*. Diga-se que ela medrou quando estas se cingiam, sobretudo, à sua faceta escrita e se escamoteavam vários condicionantes "presentistas" do trabalho do historiador, particularmente a influência do questionário na metamorfose de *vestígios* em *documentos*, e a possibilidade de aquele ser movido pelo renovamento da imaginação historiográfica, mesmo nos casos em que a sua "matéria-prima" seja formada por "documentos" já conhecidos. *Provar interpretações novas a partir de documentos conhecidos é tão difícil como trazer novidades suscitadas por vestígios até aí desconhecidos.*

Aceita-se que a mera interligação dos vários níveis do trabalho a que Certeau chamou "operação historiográfica", ao tornar dependentes do *problema* tanto o *documento* como o *facto histórico*, é igualmente incompatível com a *fetichização do método*. E frisou-se que Lucien Febvre, alvejando directamente a historiografia "positivista", se distanciava daqueles para quem as questões teóricas da historiografia se reduziam à questão metodológica, comummente limitada à crítica documental. Mas esse anátema não põe em causa a necessidade de se recorrer, para a credibilização do conhecimento histórico, às velhas "heurística" e "hermenêutica", embora se reconheça que elas terão de ser reactualizadas devido ao hodierno alargamento do conceito de documento e da capacidade tecnológica para se ratificar – prática tão necessária à investigação – a sua fiabilidade.

Ao dar-se peso ao *problema*, deseja-se frisar que o debate contém outras implicações (e aplicações), porque a sua sobredeterminação impõe a variedade dos "caminhos" que terão de ser trilhados para se demonstrar a sua pertinência. De onde os métodos correctos serem aqueles que mais convincentemente conseguirem levar a bom porto a comprovação do que se pretende demonstrar. Por outras palavras: a sua escolha não pode ser uma exclusiva opção apriorística, nem ser comparada ao uso de uma mera ferramenta, isto é, a algo exterior, como se se tratasse de uma ida a um pronto-a-vestir, ou de um casaco comprado em loja de roupa usada, sem se cuidar do corpo a que ela vai dar forma e conteúdo. Lá bem no fundo, também na historiografia o caminho se faz caminhando, e a justeza do rumo escolhido só no fim do percurso poderá ser cabalmente avaliada.

Quer isto significar que o método não é de senda única e universal, quando muito bifurcado pelas distintas onticidades do referente (natureza; sociedade) que marcariam um intransponível dualismo entre o *explicar* e o *compreender*. Para além do trabalho metodológico inerente à certificação documental e à consequente extracção dos factos, as escolhas, porque condicionadas pela índole do questionário, não podem estar metafisicamente predeterminadas, sendo insensíveis às questões concretas de espaço e de tempo, isto é, de conteúdo. Deve haver liberdade de se deitar mãos a todos os "métodos", qualquer que seja a sua proveniência original, desde que eles possam servir para se testificar a validade das hipóteses. É que só o cariz dominantemente retrospectivo da análise distingue a historiografia das demais ciências sociais. E todas são ciências do homem, pois, como se sabe, nem as chamadas ciências exactas escapam às condicionalidades históricas da sua produção, pelo que as asas do historiador, tal como as desse pássaro sem eira nem beira, o cuco, devem ser livres para o levarem a chocar os ovos dos ninhos que possam trazer futuros ao passado.

Explicar/compreender

Quanto à existência de um dualismo cognitivo, há muito que uma corrente forte tinha procurado, pelo menos desde Vico, Droysen e Dilthey, fundamentar uma via autónoma para as ciências do espírito (*Gemeinschaften*), demarcando-a do nomotetismo universalista subjacente à exaltação do paradigma clássico das ciências da natureza. E o tratamento mais teorético deste debate também passa pela contextualização do aparecimento das teses hermenêuticas, considerando-a fundamental para o entendimento de todas as facetas da polémica acerca dos liames que existem entre *explicação* e *compreensão*, vertente que conduz a um outro problema básico na reflexão epistemológica e sem o qual não se poderá tomar posição no tocante aos limites da verdade historiográfica. Referimo-nos à maneira como têm sido pensadas as relações com as ciências da natureza e com as demais ciências sociais, o que, traduzido em termos epistémicos, consente o seu agrupamento em três atitudes nucleares (Elena Hernández Sandoica, 1995; 2004).

A primeira, protagonizada pelo historicismo hermenêutico, definiu-se em competição com as ciências da natureza e reivindicou, para a historiografia, um método autónomo (qualitativo). Por isso, negou a possibilidade de serem formuladas leis e defendeu a inevitável presença da mediação de "valores" na interpretação, contrapondo à universalidade daquelas a singularidade e a fluxibilidade irredutível da realidade humana.

A segunda pode ser designada por *ciência-paradigma*, porque enfatiza um modelo aplicável a todas as áreas do conhecimento. Este foi, durante muito tempo, o das ciências da natureza. Porém, em épocas mais recentes, são detectáveis "ondas" (para alguns, autênticas modas intelectuais) em que certas ciências humanas e sociais foram invocadas como sendo o "paradigma" das ciências do homem no seu conjunto. Depois do *naturalismo*, o *psicologismo*, o *sociologismo* e o *etnologismo* têm sido, com tempos e com intensidades diferentes, algumas das expressões da história recente desta tendência.

Finalmente, a terceira corrente caracteriza-se por propor o fomento de práticas *inter* e *transdisciplinares* aconselhadas pela existência da *circularidade epistemológica*, ao mostrar que as ciências humanas fazem parte de um sistema de saberes em que, ao contrário da unilinear e fechada taxinomia comtiana, são fundamentais, constantes e inerentes ao próprio processo de conhecimento as interacções e interdependências entre as várias ciências e respectivos métodos.

Como projecto, esta última tem provocado efeitos renovadores e com capacidade de resposta aos desafios do presente sempre em aberto, pois situa a historiografia num cruzamento epistemológico, sem correr riscos de diluição. Valorizar esta atitude equivale a acolher os ensinamentos dos que, como Fernand Braudel, a puseram no lugar de "placa giratória" entre as várias ciências sociais, a fim de a demarcar das suas interpretações autárcicas e de a pôr a recato da influência negativa dos vários imperialismos epistemológicos, coisa bem distinta da aconselhável prática interdisciplinar.

A sua inserção na "espiral sem fim" destas relações desdramatiza a opção segundo a qual toda a ciência só poderá considerar-se definitivamente constituída quando tiver alcançado uma irredutível autonomia de conceitos, de métodos e de objectos. Mas as "recepções" conceptuais e metodológicas só serão legítimas quando não se abdica do que especifica um dado projecto científico. Na matéria em apreço, isso obriga a que a perspectiva histórica não seja negligenciada, dado que ainda tem valor programático a velha definição, há muito avançada por Marc Bloch, segundo a qual a história é "a ciência do homem no tempo".

Pensando-se deste modo, não tem muito sentido andar-se, debalde, à procura de um exclusivo método, embora se reconheça, como se assinalou, que, a nível técnico, os velhos preceitos de crítica documental, quando reactualizados, mantêm uma utilidade que a retrospectiva do historiador não pode pôr em causa, sob pena de começar a confundir a historiografia com a ficção. Num plano mais epistemológico, também se tem de relativizar a excessiva dicotomia entre *compreensão* e *explicação*, pois, se é o *problema* a definir o *objecto* e a "inventar" o *documento*, também deve ser ele, no próprio processo da sua comprovação, a condicionar o uso de métodos que possam tornar mais convincentes os seus resultados. *Explicar por causas* e/ou *compreender intenções* são atitudes que decorrem do jaez das perguntas feitas às informações retiradas da massa documental que o processo foi seleccionando. Como afirmou Paul Ricœur (1955), "la compréhension n'est donc pas l'opposé de l'explication, elle en est au plus le complément et la contrepartie". E, sem a obsessão do causalismo nomotético ou do dualismo à Dilthey, quem decide acerca do grau das suas correlações é a *problemática*.

Não se ignoram as propostas que foram avançadas por certos sectores da filosofia analítica, tendentes a demonstrar que o conhecimento histórico se aproxima das explicações nomotéticas, porque também opera com *deduções causais* (C. G. Hempel, 1979). Mas os distanciamentos críticos tomados no seu próprio interior (como os de Arthur C. Danto, 1989) não podem ser esquecidos, nem se deve menosprezar o debate acerca da intrínseca dimensão narrativa da historiografia, tanto mais que as lições vindas da corrente hermenêutica (Droysen, Windelband, Dilthey, Rickert, Simmel, Weber, Croce, Ortega y Gasset, Aron, Gadamer, etc.) solidificaram as prevenções face aos monismos metodológicos e ao império das explicações quantitativas.

Na verdade, os anos 1950 e 1960 foram o período da euforia da redução do histórico ao reino da *res extensa*. A nova história económica provocou a reformulação dos conceitos de documento e da própria ideia de irreversibilidade e singularidade do facto histórico. E os ciclos económicos mostravam que podia ler-se o passado a partir de "repetições" e similitudes, enquanto o seu ordenamento em séries lhes dava um valor informativo indesmentível que se compaginava bem com o uso da quantificação. A revolução informática reforçou ainda mais a ideia de que a historiografia só seria uma ciência se conseguisse alcançar explicações de tradução mensurável. E já se viu nesse entusiasmo a presença de um novo "complexo galileano", porque se teria descoberto que a sociedade, tal como a natureza, estava *escrita* em caracteres matemáticos.

Rejeitar, liminarmente, esta via será cometer num erro parecido, ainda que de sinal contrário. A riqueza patenteada pelo renovamento historiográfico revela que não existe explicação sem compreensão, embora a combinatória entre a *exterioridade* e a *interioridade intencional*, que a compreensão exige, esteja dependente da natureza do questionário, premissa que determina o objecto a investigar, o corpo documental mais adequado para a indagação do verdadeiro e, por conseguinte, os métodos mais ajustados ao sucesso desse desiderato. Ora, se existem temas que consentem uma relação de maior "exterioridade" entre o sujeito cognoscente e o objecto, isto é, que permitem *ex-plicar*, outros só poderão gerar conhecimento se aquele *prender* o *sentido* que, consciente ou inconscientemente, tem nos vestígios uma materialização sígnica cuja semântica, porém, só se desvelará desde que interrogada em termos qualitativos.

A hermenêutica introduz-nos no âmago da alternativa compreensivista e na busca do sentido das acções humanas, explícita ou implicitamente insinuado em todos os documentos históricos. E pressupor o *círculo hermenêutico* (relação parte ↔ todo) e a *empatia* (*Erlebnis*) constitui uma atitude metodológica fundamental, o que concita à prática de *raciocínios analógicos*, pois as intenções que terão presidido às acções passadas só serão compreendidas se forem vividas na interioridade do historiador. Sem esta abertura não existe, de facto, *com-preensão*. Para que não se peque por anacronismo, a precariedade que advém desta condicionalidade não pode ser negligenciada: a compreensão do *outro ausente*, que possibilita a chegada do passado ao presente, só pode ser feita através de *mediações semióticas*. Mas, se basta a audição de um grito, por exemplo, para se despertar a *analogia* com a dor, ela não pode ser confundida com a experiência da própria dor, tanto mais que muitos sinais sugerem ser o que não são. Mesmo nas relações entre indivíduos vivos, um *eu* só entraria na compreensão plena de um *outro* se deixasse de ser ele mesmo, passando a ser o *outro* que nele se compreende, o que constitui, por dissolução e não-distanciamento, uma impossibilidade ontológica e epistémica. Por outro lado, a busca exclusiva da intencionalidade deixa sem resposta os chamados "efeitos perversos" e inconscientes da acção e tende a transformar toda a história em história das ideias, exagero praticado, entre outros, por Collingwood.

Seja como for, aceitar-se que são os problemas que definem os métodos possibilita uma atitude aberta perante todas estas questões, sem que isso signifique, contudo, a apologia de qualquer eclectismo, ou a busca de sínteses artificiais. A experiência mostra existirem interpretações históricas que extraem dos documentos a máxima explicabilidade através do uso de métodos quantitativos ou da utilização de "leis" de outras ciências. Mas, por outro lado, a pluralidade e a renovação da historiografia actual também indicam que outras só serão comprovadas com o recurso a análises qualitativas, enquanto outras, ainda, aconselham a fazer-se combinatórias metodológicas. Em resumo: os debates epistemológicos contemporâneos invalidam uma concepção unicitária de ciência, pondo em causa o dualismo clássico entre ciências da natureza e ciências do espírito e, até, entre racionalidade e irracionalidade (Prigogine e Lakatos). Dir-se-ia que se chegou a um tempo da superação dos "complexos de inferioridade" e do divórcio entre as chamadas "ciências duras" e "ciências moles".

A hora será de intercâmbio e de colaboração, pois se, no século XIX, os conhecimentos sobre o homem se "travestiam" com a roupagem das ciências da natureza – criando problemas desfocados e irrespondíveis –, actualmente o diálogo é diferente: a realidade humana e social necessita das explicações sobre a realidade física e biológica; mas estas também incorporam modelos e conceitos das ciências humanas e estão imbuídas da ideia de que não existe um vazio entre *valores* e *conhecimento*, porque, como Edgar Morin (1982) tem defendido, todo o saber, para estar ao serviço do homem, tem de produzir uma *ciência com consciência*.

Neste quadro, será justo defender que a historiografia é uma ciência do homem, ou, talvez melhor, uma *sagesse* que *compreende explicando* o passado, pois comparticipa numa *circularidade epistemológica* posta em movimento dialéctico pelo facto de todas as ciências serem, em última análise, ciências do homem e de os seus relacionamentos dependerem mais da natureza dos problemas que postulam do que das afinidades ônticas da realidade que referenciam. Concorda-se, assim, com os esforços feitos para se superar a disjunção histórica entre "natureza" e "cultura". A ciência actual tem de jogar com categorias como as de *caos* e *complexidade* e com a ideia de que representa, tão-só, uma leitura parcial e provisória de uma realidade incerta e com fronteiras imprecisas ou móveis. Por conseguinte, se, não há muito, se acreditava que a sua missão quase sagrada consistia em eliminar a indeterminação e a imprecisão, hoje já não se duvida que a diversificação das ciências e dos seus efeitos – tidos, por alguns, como perversos – foram descredibilizando este convencimento. Dir-se-ia que, mesmo nas chamadas "ciências duras", se assiste ao "regresso" do seu matricial cariz hipotético-dedutivo, humildade que se tem traduzido na maior relevância dada ao "princípio da incerteza" e ao inevitável papel da correlação entre o sujeito e o objecto na génese de todos os campos científicos.

O historiador como sujeito *pré-ocupado*

Em historiografia, a narração explicativa/compreensiva de uma problemática significa o ordenamento dos factos – retirados dos documentos (heurística e hermeneuticamente tratados) – numa estrutura que organiza temporalmente o cumprimento de uma estratégia gizada para produzir efeitos cognitivos. É o mesmo que dizer que, na linha dos alertas lançados pelo pensamento hermenêutico alemão e pela filosofia crítica de inspiração kantiana, se está perante a valorização do papel do *sujeito- -historiador*. Daí que o projecto dos *Annales*, sintetizado no programa da "história-problema", só seja novidade dentro de uma cultura onde imperava um exagerado cientismo, e por ter sido formulado, não de fora, mas de dentro da própria prática historiográfica. No entanto, este pano de fundo comum leva a que se pergunte: quais são as características do *sujeito-mediador* que fazem com que, agora de uma maneira mais assumida, o conhecimento do passado seja, também, um conhecimento feito a partir do presente-futuro?

Sabe-se que a interpretação estreita do paradigma da ciência da natureza pressupunha a existência de uma ruptura ôntica e epistémica entre o sujeito e o objecto, condição tida por necessária para se alcançarem leis universais e, portanto, despidas de qualquer projecção subjectivista. Como se viu, a versão historiográfica deste apriorismo ganhou um curso relativo nas correntes que acreditavam ser possível, com a utilização da metodologia adequada, reconstituir o passado "tal qual ele aconteceu". Recorde-se que a lição anticartesiana de Vico já tinha sugerido um posicionamento diferente: o passado pode ser conhecido, precisamente porque os seus vestígios são "sinais" de acções do homem.

Em certo sentido, o mesmo se afirmava no idealismo objectivo alemão – ao pressupor-se que todo o racional é real – e, embora num outro registo, em Jules Michelet, quando, no seu célebre prefácio à *Histoire de France* (1869), não recalcou a "presença" do historiador, com as suas paixões e as suas emoções, na sua obra: somente uma relação amorosa com o objecto permitiria apreender o passado com verdade (G. Bourdé e H. Martin, 1983). E as correntes hermenêuticas procuraram fundamentar essa inevitável relação *dialógica* que existe entre o presente-futuro e o presente--passado. Por sua vez, ainda que com outros argumentos, as novas historiografias do século XX, ao destacarem a importância da *hipótese* ou dos *problemas* na produção do conhecimento, deram uma valorização análoga ao cariz mediado e, até certo ponto, "presentista", da historiografia.

Para se caracterizar tal mediação, bastará salientar, sem mais, o "papel activo do sujeito"? Afinal, de que *sujeito* se trata? O *je* cartesiano? O *eu transcendental* de Kant, como pretendia a filosofia crítica da história brilhantemente praticada, entre outros, por Raymond Aron (1948, 1965, 1974, 1984)? Ou a palavra *sujeito* somente se refere à *sujeição* dos indivíduos a estruturas que os atravessam e ultrapassam?

Na perspectiva que tenta explicar historicamente as questões historiográficas, esse sujeito só pode ser o historiador, pois a componente subjectiva é influenciada pela própria historicidade que o trespassa, bem como pelo *lugar* – o *locus* – de onde ele interroga os sinais do passado. E é neste contexto que se acham limitadas as posições das filosofias críticas que destemporalizam o *sujeito* e se reconhece maior utilidade a propostas como a expressa no conceito de "operação historiográfica" que tanto seduziu Paul Ricœur, nomeadamente em *La Mémoire, l'histoire et l'oubli* (2000), conjuntura em que, em carta, terá confessado a Bertrand Müller: "J'ai été heureux de me retrouver dans le voisinage de Michel de Certeau" (*in* F. Dosse, 2006).

É um facto que, ao não se recalcar a mediação presentista, o historiador emerge num mundo *pré-ocupado* (Merleau-Ponty) de memórias, ideias, valores, interesses sociais, em função do qual se *pre-ocupa*. Mas só o pode fazer no seio de uma preexistente linguagem que transmuda a inquietação em problema. E como a *res gestae*, ontologicamente falando, é o não-ser (o reino dos mortos), o passado só será "reinventado" se o presente interpelar os seus vestígios, a fim de os descodificar. E, ao pôr em funcionamento o questionário, o historiador começa a romper com a memória e a condicionar, de uma maneira mais crítica e racional, a escolha do objecto a investigar.

Esta filtragem subjectiva não pode degenerar, porém, em subjectivismo. Daí a necessidade que ele tem de adoptar uma atitude crítico-argumentativa em face dos discursos que pretendem chegar a conhecimentos objectivos. Sabe-se que H. I. Marrou o convidou a fazer a sua *epochê*, atitude metódica que, quando erradamente interpretada, parece defender que o sujeito cognoscente pode pôr a sua *época* entre parêntesis, essa ilusão maior das filosofias críticas da história. Convirá lembrar, todavia, que as práticas científicas ocorrem sempre num espaço e num tempo que não lhes são exteriores. Acolhendo o velho anátema de Nietzsche contra o historicismo, dir-se-ia que a história só será útil como *história viva*. E este conselho só será cumprido se o *diá-logo* entre o presente e o passado não for mumificado pela erudição ou pelo antiquarismo, ou, o que é o mesmo, pela a-historicização do sujeito epistémico que o anima.

Ora, para se compreender a historicidade que atravessa o trabalho historiográfico, relembre-se que todo o historiador trabalha a partir de um *locus*, situação que terá de ser equacionada porque se projecta no interior do seu resultado. Com efeito, ele não é uma abstracção, mas alguém (ou um colectivo) imbuído de formação histórica e que, com a sua crescente "profissionalização" a partir do século XIX, problematiza e interpreta dentro de um "local" que, antes de tudo, age como *instituição*. E é esta instância que, em última análise, credibiliza e garante as bases de produção da linguagem científica, ao mesmo tempo que socializa, como uma espécie de lei, o cânone do grupo. Com estas chamadas de atenção, também se pretende afirmar que o *topos* impossibilita desligar-se a análise das representações historiográficas da sociologia da sua produção, porque, se aquele, por um lado, impulsiona e enforma o trabalho historiográfico, por outro lado, também age como instância censória, já que, se estimula certas pesquisas, secundariza e recalca outras.

Em síntese: o *locus*, enquanto *instituição*, tende a excluir do seu campo problematizador tudo o que respeita à explicitação da sua própria condição de instância sobredeterminadora da produção dos saberes (Michel de Certeau). Dir-se-ia que ele é o "não-dito" da operação, porque, voluntária ou involuntariamente, a sua mediação escamoteia algo que – não obstante os votos mais puristas de Paul Veyne, de Raymond Aron e mesmo de um Paul Ricœur até à publicação de *La Mémoire, l'histoire et l'oubli* (2000) – lhe é intrínseco: o vínculo que existe entre os textos historiográficos e as sociedades concretas que os produzem.

Reconhecida a impossibilidade de a historiografia criar um saber imediato, fruto do ver, e reafirmado o seu cariz *mediato* e *mediado*, ter-se-á de contar com o activismo do *sujeito-historiador* no resultado final. Desde logo: no *trabalho selectivo* que está a montante da operação, mas que, como na recordação, ao dar *representância* a algo, muito deixa esquecido; na subida da *fase arquivística* para o nível *explicativo-compreensivo*, ao pôr em acção escalas espaciotemporais e ordenamentos de causalidade que só ele pode projectar no caos das informações recolhidas; no plano da interpretação, já que este implica o distanciamento entre o sujeito e o *outro* (ausente), cabendo ao primeiro proceder a uma hermenêutica não anacrónica e, portanto, dita na linguagem de quem interroga o que está mudo, abrindo janelas à imaginação historiográfica; por fim, na busca da objectividade, porque esta é indissociável de uma inevitável relação intersubjectiva.

Em suma: o trabalho dos historiadores tem a ver, directa ou indirectamente, com a vida dos homens no tempo. Daí a especificidade da *representância*, que ele constrói entre a narrativa e a realidade referenciada, pressuposto ôntico que só através da mediação do questionamento pode "falar" como objecto epistémico (F. Dosse, 2006). Assim se convida a que não se confunda este último com a mecânica *mimesis* da *res gestae* e a que se compreenda por que é que a imaginação historiográfica impulsiona uma *poética* que, não obstante todos os seus condicionantes, sobrepõe a *interpretação* à ilusão verista veiculada pela imagem.

Um referente também ausente

Como se viu, a mediação do *sujeito-historiador* está em toda a operação historiográfica e esta culmina numa narrativa que almeja suscitar, no leitor, efeitos cognitivos, para além dos de índole estética que também pode provocar. Pensando bem, toda ela é guiada por uma *estratégia de convencimento* que postula a existência de um prévio, mas permanente, *contrato de veridicção* entre o historiador e o receptor, premissa omnipresente em todos os níveis do processo e que acaba por ser o fio condutor da estrutura lógica da sua trama.

Facilmente se intui que não se trata só de imaginação e que basta a auto-análise do funcionamento da memória para se detectar, na recordação, uma referencialidade que, apesar de ausente, se sabe exterior ao evocador.

E, quando do passado só existem *vestígios* (e não *memórias vivas*), também se pode fiar no testemunho, desde que este seja devidamente ratificado e credibilizado. Assim, se a narrativa memorial, com a sua carga de verosimilhança, é prova de que se pode sair da zona dos puros enunciados para se referenciar o domínio do não discursivo, como não reconhecer análoga capacidade à historiografia?

Por outras palavras: se a historiografia é impossível sem a existência da imaginação – desencadeada por inquietações insatisfeitas e requerida pelo seu cariz mediato, pela necessidade de se porem problemas aos *vestígios*, e pelo teor fragmentário dos "restos" deixado pelo passado –, será erro, porém, confundi-la com a imaginação estética. Esta não está selada por qualquer *pacto cognitivo*, nem tem que prestar contas da "realidade" que ficciona, mesmo quando recorre a "factos" tidos por históricos, porque o contrato do *escritor-ficcionista* com o seu leitor não é de índole cognitiva, mas de matiz estético.

A imaginação historiográfica também não pode ser identificada com aquela outra, que move o recordar, não obstante uma análoga convocação da *ausência* e uma comum reivindicação do verosímil. Como experiência vivida, a imaginação anamnésica tem dificuldade em se libertar do império da imagem, enquanto que a da historiografia está sujeita a um saber mais racional e controlado. Por isso, este tem de convencer pela prova, sabendo, contudo, que não pode apelar para experimentos directos, nem defender que o narrado é a adequação do intelecto à "coisa" (*adæquatio rei et intellectus*). Isto é, tal como a recordação no seu âmbito próprio (e particularmente no culto dos mortos), também a historiografia é uma poética de ausência, pois *re-presentifica* o que já não existe. Fá-lo, contudo, num contexto em que a sua *imaginação interpretativa* (que *cria* as hipóteses e as interpretações) não pode dispensar o suporte documental e uma ordem diegética de cariz mais demonstrativo.

A ultrapassagem da ideia empirista de verdade foi igualmente perfilhada por todas as concepções que defenderam ser possível conceptualizar e explicar o acontecido segundo regras que, mesmo sendo incapazes de demonstrar leis por via experimental, se aproximam do conhecimento nomotético. Porém, Roland Barthes (1967) reduziu os factos à linguagem, e algum pós-modernismo mais radical apostolou que já não existem dados e factos, mas tão-somente interpretações, pelo que as clássicas divisões entre o verdadeiro e o falso, a verdade e a ficção teriam perdido o seu significado (Gianni Vattimo, 1987). Sem irem tão longe, outros, como Paul

Veyne (1979), afirmaram que os homens não produzem nem o verdadeiro nem o falso, mas somente *o existente*. Na expressão de Elena Sandoica (1995) – cuja síntese estamos a seguir –, nesta época de crise, a verdade estala, dispersa-se num movimento que a metamorfoseia numa espécie de *verdade vagabunda*.

A questão da veracidade terá que ser debatida, não só no quadro das relações entre o discurso histórico e a realidade que, embora "ausente", aquele *referencia*, mas também em função da sua capacidade de convencer, a começar pelos próprios historiadores. Chamando à colação o conceito kuhniano de paradigma, segundo o qual as realizações científicas mais universalmente reconhecidas, durante um certo tempo, fornecem modelos à comunidade científica, poder-se-á esclarecer melhor o cariz não-metafísico, não-absoluto e, portanto, não-fechado do saber histórico: uma dada interpretação (sobretudo se for controversa) terá uma base de convencimento tanto mais ampla quanto mais durável for o *reconhecimento* do seu maior poder explicativo/compreensivo, em confronto com outras sobre o mesmo objecto.

Não se pense, porém, que aquele *leitor-receptor* está exclusivamente no *exterior* da própria escrita. A sua omnipresença data do início da operação, seja como "autoridade" positiva, seja como horizonte de polémica e de contestação, seja como leitor interiorizado como juiz. Sendo assim, no que se escreve e no como se escreve perpassa e ecoa, como um ausente--presente, o "olhar" vigilante daquele para quem se escreve, nem que seja, antes de tudo, para o próprio *sujeito-historiador* quando ele se desdobra em crítico de si mesmo.

Feita a distinção entre o *objecto* (conceito epistemológico, *criado* pelo sujeito) e a *realidade* (conceito ontológico), a historiografia poderá construir um saber objectivo, pois a intuição analógica (desde logo, com a nossa própria recordação) dá credibilidade à suposição de que existiu uma realidade que, através da certificação, testificação e interpretação dos seus vestígios, pode ser *representificada* como um produto não exclusivo da imaginação subjectiva. E esta experiência vivida, desde que escorada em normas consensuais acerca das técnicas de investigação e no *contrato cognitivo* que põe em movimento a operação, faz com que a imaginação historiográfica não possa ser confundida com a ficção, mesmo que se reconheça que a veracidade que procura alcançar só existe no próprio discurso historiográfico, ou, segundo outros, na correlação dialéctica entre o discurso e a sua recepção.

Foi precisamente para cortar com as ilusões vindas quer da crença no mimetismo imediato da representação, quer, no pólo oposto, da redução desta à pura ficcionalidade que Paul Ricœur preferiu falar, já em *Temps et Récit* e, depois, em *La Mémoire, l'Histoire et l'Oubli*, em *representância*. Com este conceito, procurou enfatizar o cariz do pacto inerente à investigação histórica, à luz do qual "l'historien se donne pour objet des personnages, des situations ayant existé avant qu'il n'en soit fait récit". E visou distingui-lo do conceito de *representação*, porque este é incapaz de denotar o que Ricœur qualificou como "*lieutenance* du texte historique". Ouçamo-lo em *Temps et récit*: "daremos o nome de representância (ou de lugar-tenência) à relação entre as construções da história e os seus *vis-à-vis*, a saber, um passado ao mesmo tempo abolido e preservado nos seus rastros". Isso também possibilita dialogar-se dialecticamente com os contributos dos que, depois do *linguistic turn*, haviam justamente apontado para a inevitável índole narrativa da escrita da história, mas para se distanciarem das suas teses extremas. Para isso, "contre l'indistinction épistémologique entre fiction et histoire", ele defendia "l'exigence véritative du discours historique" (François Dosse, 2006). Com propósito idêntico, mas com o intuito de explorar as analogias que surpreendemos entre a historiografia e a memória, aqui se usa a palavra *re-presentificação* (Collingwood utilizou o conceito de *re-presentação*) para expressar os esforços cognitivos do homem para se situar na ordem do tempo.

A história como escrita; a escrita como história

Não restam dúvidas: todo o trabalho historiográfico finda num "texto", o que levou a transformar-se num lugar-comum caracterizá-lo como uma escrita: a escrita da história. Todavia, quem o faz só raramente destaca a outra face que o qualificativo encobre: a escrita não é um instrumento neutro, pois também é um produto histórico, como exemplarmente tem demonstrado, nas últimas décadas, a *Begriffsgeschichte* desenvolvida pela escola de Reinhart Koselleck e seus seguidores (Antonio Gómez Ramos, 2004). Salientar este aspecto será outra maneira de clarificar um pouco melhor algo que comummente surge confundido: afinal de contas, *a vida de cada indivíduo não se esgota na sua narração, e a narração também faz parte da vida*.

Por outro lado, como a historiografia estuda o passado que já foi vida, a sua linguagem, por mais que tenha (e deva) recorrer a conceitos

(Paul Veyne, 1979), não pode ser uma *metalinguagem*, porque dificilmente poderá dizer o que reconstrói, a partir do presente-futuro, sem recorrer a símiles, metáforas, alegorias, etc. Ela nunca poderá ser, em suma, uma *nomenclatura* e, desde a psicanálise, sabe-se que um indivíduo, ao falar, também é falado, e as palavras e os conceitos são igualmente criações históricas, cujo uso carreia conotações nem sempre racionalmente controláveis. Daqui deriva o grande e incontornável paradoxo da escrita da história: se ela pretende narrar o "tal como" aconteceu, só o poderá fazer na linguagem do tempo de quem interroga os restos sígnicos do que passou.

Estas considerações obrigam a que se chamem a terreiro alguns dos temas mais debatidos nas últimas décadas, em boa parte devido à saturação e à descredibilização dos modelos cientistas, o que, como se viu, gerou movimentos de *ruptura* ou de *revisão* que têm sido colocados sob o lema do "regresso": "regresso" da narrativa, "regresso" do sujeito, "regresso" do acontecimento, "regresso" do político, "regresso" da própria historiografia ao seu antigo estatuto de um saber que, afinal, estará mais próximo da literatura do que dos paradigmas de qualquer ciência. E, como é sobejamente conhecido, esta última questão deu azo a escritos decisivos de Paul Veyne, Roland Barthes, Paul Ricœur e Hayden White, pelo que, hoje, os historiadores já não podem pensar que a sua escrita é um mero veículo extrínseco à verdade descritiva: como em todos os domínios, o pensamento sobre o passado é uma linguagem, e historiar é "contar uma história", é construir uma ordem narrativa em que a *forma* também é *conteúdo*.

Isto não significa que não se deva estar atento à confusão dos campos, como acontece com as interpretações mais formalistas e estruturais (H. White) que tendem a esquecer que são um produto histórico da conjuntura em que o estruturalismo foi hegemónico no domínio das ciências humanas, bem como do facto de o historiador construir textos que não se esgotam na sua coerência interna, ou num arquetípico-estrutural de reprodução de tropos que, afinal, parece somente estar adequado aos *exempla* eleitos para se ilustrar a sua verdade: as ideias históricas e a historiografia do século XIX europeu e, particularmente, a francesa. Porém, aceita-se a *trama* como mediação entre os acontecimentos e certas experiências humanas da temporalidade, ordenando-as num conjunto inteligível que lhes incute sentido. Mas também se considera improfícua a adesão acrítica a algumas teses narrativistas, particularmente: às que não reconhecem autonomia (não escrevemos independência) às especificidades dos temários historiográficos; às que apontam para a existência de uma analogia demasiadamente estrita entre a narração histórica e a narração ficcionada; e às que desvalorizam o que a historiografia não pode alienar: a sua escrita é sempre a *forma de um "conteúdo de verdade"*, cujo estatuto só pode ser julgado pela capacidade de convencimento de uma diegese comandada por uma finalidade veritativa.

Como esta não é dominantemente estética, ter-se-á de perceber que os seus propósitos de objectividade criam, em relação à ficção, problemas acrescentados: o da *veridicidade* e o da *referencialidade* (Julio Aróstegui, 1995), exigências que não poderão ser menorizadas, sob pena de ela, depois de se ter emancipado do império cientista, se deixar diluir no campo da literatura, perdendo, assim, a possibilidade de reforçar a sua vocação medianeira dentro da constelação plural de todos os saberes. Se o fizer, estará a demitir-se das suas pretensões cognitivas e a esquecer-se da função anamnética e, de certo modo, justiceira que também a fez nascer. No entanto, uma mentira acreditada como verdade só será desconstruída como mentira à luz dos critérios que possibilitam demonstrar a sua falsidade. Questão importante, mas de somenos para todos aqueles que reduzem a história à auto-suficiência da sua representação escrita.

Um conhecimento sem fim da história do conhecimento

Este longo excurso sobre a historiografia enquanto saber *mediato* e *mediado* teve por finalidade última fazer ressaltar as características, não do progresso histórico, mas do progresso dos conhecimentos históricos nos vários níveis que o foram materializando, em função dos "regimes de historicidade" que eles pressupunham. E a reflexão mais epistémica, combinada com os ensinamentos extraídos da história da historiografia, indica que se acreditou no seu perfil acumulativo, sobretudo quando foi dominante a concepção evolutiva da diacronia social, alicerçada na crença na capacidade perfectível do homem, optimismo que configurou o progresso historiográfico (ilustração do progresso que ocorria ao nível da *res gestae*) como um "edifício" em crescimento, ao qual, desde os seus caboucos, cada geração iria sucessivamente levantando mais andares até se chegar a um telhado que iria ser posto, algum dia, logo que se esgotassem os documentos. Esse seria o momento em que, depois de séculos de análise, se faria a síntese definitiva da história universal.

Pode sustentar-se que, descontadas as especificidades das várias correntes, essa expectativa dominou a historiografia oitocentista. Recorde-se que, entre outros, a imagem do "edifício" foi igualmente a preferida por Alexandre Herculano, numa espécie de protopositivismo que a "escola metódica" francesa, inspirada na lição alemã de Niebuhr e Ranke, explicitará nos finais de Oitocentos. Não deve surpreender este casamento, já que a visão acumulativa, decorrente do evolucionismo histórico, se compaginava bem com uma ideia de tempo pautada pela sua irreversibilidade cronológica e progressiva. Mas, conquanto se acenasse com a promessa de um progresso na história (*res gestae*), a busca desse ideal sintético, ainda que de concretização longínqua, não implicaria reconhecer-se um *fim da história do conhecimento histórico*?

Não se nega que, no primeiro nível da operação historiográfica, da fiabilidade dos documentos e do apuramento sólido dos factos e respectiva ordenação cronológica se extraem informações muito consensuais. Porém, não se pode esquecer que a explicação/compreensão e a escrita introduzem patamares de mediação e de relações de alteridade que não consentem que a metáfora do edifício em construção ilustre, adequadamente, o caminhar da historiografia, pois, quanto mais se ousa na interpretação, mais aumentam as possibilidades de controvérsia.

Em termos muito genéricos, diz-se, amiúde, que toda a historiografia é história contemporânea (Croce), não por ter como objecto o "tempo presente", mas devido à circunstância de ser o "presente" o foco das retrospectivas, incluindo aquele que ainda não há muito era só futuro, característica que se acentuou com o presentismo contemporâneo. No entanto, reconhece-se que, hoje, também se pluralizaram e se tornaram mais complexas as visões do mundo. Logo, como estranhar que esse horizonte se projecte na hermenêutica histórica? Só o negará quem se julgar instalado num eterno e monolítico tempo real.

Por outro lado, actualmente, também se diz que se vive num "tempo de incertezas". E só os mais dogmáticos terão dificuldades em não aceitar que este diagnóstico acaba por desconstruir a auto-suficiência da visão punctiforme do tempo, tanto no plano da *res gestae*, como no da *historia rerum gestarum*. Vendo bem as coisas, aquela sensação decorre do que se julgava vir a acontecer, ou melhor, das previsões do passado quando ele foi presente, já que não pode ser fruto do que *ainda não é*, horizonte que constitui somente um mundo de possibilidades. Dito de outra maneira: como o não-

-certo é o seu modo de ser, a incerteza não deriva do futuro em si, mas dos fracassos do presente, incluindo o da ilusão na sua definitiva permanência.

No campo aqui em causa, tem-se por certo que a historiografia é renovada, sobretudo, pela aptidão para se perguntar (e provar) o *novo*. É que, mais do que somar andares a um prédio há muito planificado e em construção, a mediação do *sujeito-historiador* remodela-o e, principalmente, ergue novas construções cujo perfil arquitectónico não deve ser traçado como se de uma sucessão de casas em banda se tratasse. Dito de outro modo: já não se pode regressar ao sonho do saber definitivo, pois o conhecimento não pode esgotar os enigmas do mundo. A própria incerteza instala a insatisfação e a curiosidade, e as condicionalidades apontadas vedam-lhe o escopo universalista, pois minam a fé no próprio conceito evolucionista do progresso das ciências e, particularmente, das ciências históricas. E solucionar problemas não é fechar o mundo, mas acrescentar novos mundos aos mundos conhecidos.

Com efeito, a história da historiografia tem mostrado que esta não progride somente por *acumulação*, mas também por *reformulação, deslocamentos* e *irrupção de novas problemáticas*. Explica-se: a joeira do *sujeito*, com todas as suas *pré-ocupações* (epistemológicas, culturais, sociais, psicanalíticas, linguísticas), faz com que a historiografia seja um trabalho sempre em aberto, tanto mais que a sua capacidade de dar translucidez ao passado a partir de *traços* – que, se *revelam*, também *escondem* –, nunca conseguirá captar aquilo que, no *outro* e no *diferente*, sempre escapará à perscrutação do presente-futuro. Nas palavras do velho Herculano, escritas meio século antes dos fundadores dos *Annales*, "a História pode comparar-se a uma coluna polígona de mármore. Quem quiser examiná-la deve andar ao redor dela, contemplá-la em todas as suas faces". A frase é sábia, mas esquece-se desta outra perspectiva: os textos que lhe dão visibilidade também são, com as suas *re-presentificações* cognitivas, escultores desse mármore, ao darem voz aos apelos que, vindos do passado, solicitam futuros que só o presente, ou melhor, o cruzamento entre memória e expectativa poderá esculpir. Deste modo, não será descabido defender que a representância historiográfica é uma poética da ausência, pois, no muito que dá a conhecer, sempre existirão passos do homem que ficarão no esquecimento (ir)reversível.

Terceira Parte

A ACTIVA ESPERA DA ESPERANÇA

CAPÍTULO VI

O tempo peregrino

Para se explicar melhor o que ficou escrito, parte-se desta evidência: todas as expressões (ritualizadas ou racionalizadas) que procuraram apreender a história enquanto *res gestae* assentavam numa dada concepção acerca do tempo. Mas, aqui, importa sobretudo sublinhar que, se toda a experiência temporal radica em factores psicológicos (a sua dimensão subjectiva já foi sublinhada por Santo Agostinho, no século V) e fisiológicos (que ultrapassam a subjectividade), o certo é que ela também depende de influências sociais e culturais. Como sublinhou Whitrow, existe "uma relação recíproca entre o tempo e a história. Pois, assim como a nossa ideia da história se baseia no tempo, assim o tempo, tal como o concebemos, é consequência da nossa história" (Whitrow, 1990). Se se fizer uma síntese das várias formas que foram avançadas para descrever os seus ritmos, elas podem ser reduzidas a três modelos de representação: o estacionário, o cíclico e o linear, este com tendências progressivas e regressivas. E se, nos seus primórdios, o mito foi a linguagem adequada a essa experiência, a racionalização fomentada pela escrita irá fazer com que as narrações historiográficas venham a coexistir com as de teor mais totalizador, mas igualmente doadoras de um sentido para o lugar do homem no cosmos. Referimo-nos às teologias e às filosofias da história. Analisá-las, será a intenção do que se segue.

O círculo e a linha

Em qualquer das assinaladas modalidades de tempo atrás tipificadas, o homem está sempre confrontado com o passado, o presente e o futuro, em atitudes de esperança, de nostalgia ou de angústia. Num tempo estacionário, o passado, o presente e o futuro são vividos com indiferença; se o tempo é supostamente linear, desenha-se como uma progressão a caminho da perfeição futura, ou como um regresso a uma fase idealizada do pretérito; se o tempo é considerado como cíclico, o futuro será uma representação mais ou menos exacta do acontecido, e o presente terá o valor que resulta da sua inserção dentro do ciclo – numa fase ascendente, o tempo é localmente progressivo e, numa fase descendente, regressivo (Krzystof Pomian, 1984). Daí que, pelo menos nas civilizações arcaicas, a distância da origem tenha sido vivida como um estado de empobrecimento onto-lógico, precariedade que a revolução provocada pelo impacto da religião judaico-cristã ajudou a romper. Com isso, abriram-se horizontes, na cultura ocidental, para o predomínio de uma representação vectorial do tempo, que os momentos de retrocesso ou de decadência não punham em causa, desde que ela fosse construída por uma perspectiva totalizadora e futurante.

Sugere-se, assim, que a génese da moderna consciência histórica exige o prévio esclarecimento da sua matriz judaico-cristã, em ordem a apreender-se como é que os pensadores cristãos – e, de entre todos, Santo Agostinho – justificaram a história humana em diálogo crítico com as visões cíclicas do tempo e da natureza, herança greco-romana em que mui-tos se haviam formado (Santo Agostinho, 2001). Só deste modo se poderá inteligir a dicotomia que se instalou entre a vida terrena e as promessas soteriológicas e escatológicas semeadas pela nova religião, e perguntar em que medida é que as filosofias da história, que virão a ser sistematizadas a partir dos séculos XVIII e XIX (mesmo quando em rebelião directa contra a religião instituída), as secularizaram, racionalizaram e imanenticizaram. Mais especificamente, ter-se-á de frisar a sua novidade em face das visões anteriores, mormente as das primeiras grandes obras sobre o tema – *De Civitate Dei* (412-426) e *Confissões* (397), de Santo Agostinho –, e das ideias originais que elas explicitaram a partir do *Livro*, como foram as de *criação*, *queda*, *encarnação*, *progresso*, *juízo final*, *providência*, *liberdade* (Pedro Laín Entralgo, 1958).

Em oposição às cosmogonias antigas, o criacionismo judaico-cristão, ao implicar a fé num Deus criador *ex nihilo*, exigia a crença na transcen-dência divina e a radical separação, não só entre o criador e a criatura, mas também entre a eternidade e o tempo. Anterior a todo o passado e futuro, Deus está sempre presente. Contra a visão de um cosmos sujeito a reno-vações cíclicas, infinitas e necessárias, a nova religião afirmava-O como a origem primacial de tudo o que não tem em si mesmo a sua razão de ser. Isto é, em nome da fé (e não da razão), opunha-se à ideia de *falsus circu-lus* (Karl Löwith, 1990) e à consequente representação de um universo sem falhas, contribuindo, assim, para minar o "tenaz sentido a-histórico" (Nietzsche, 1999) do pensamento grego e romano, pois transcendentalizou o divino e, simultaneamente, reivindicou para o novo Deus a possibilidade de agir no mundo.

Jeová é uma divindade geograficamente móvel, que intervém de fora através de acções específicas e cuja aliança com um *povo eleito* não foi um ditado, mas um acto gracioso decorrente da Sua infinita liberdade. Ainda mais do que o judaísmo, o cristianismo acentuou a potencialidade de historicização do absoluto. E, se tal vocação se manteve secundarizada, isso deveu-se às leituras da novidade bíblica feitas sob a influência da filosofia essencialista e a-histórica greco-helenística, logo desvalorizadoras de algo que é, como recentemente tem sido salientado, o tema "específico", definitivo, da religião judaico-cristã: a *história* (J. B. Metz, 2002).

O entendimento da ideia de criação – que não pode ser confundida com a *processão* e o *necessitarismo* das cosmogonias míticas ou filosóficas, dominantes no mundo grego e romano – e o modo como Deus se manifestava ao homem só seriam pensáveis como novidade, acontecimento, escatologia, ideias que o cristianismo, com a Encarnação enquanto Acontecimento único e paradigmático, periodizou, assinalando a irrupção de um "tempo novo" e a oferta do nascimento de um "homem novo". Se os judeus contam o tempo histórico a partir da criação do mundo, fazem-no do ponto de vista de um *éschaton*, o que significa que o evento central só será no futuro; ao invés, com o cristianismo, a demarcação foi centrada num *perfectum praesens*, concretizado no advento de Cristo, evento dos eventos que passou a balizar o sentido da aventura humana na terra.

Por outras palavras: o princípio que condenou o homem à história, mas que, a partir dela, oferecia sinais de possível salvação, foi o facto de ele ter pecado contra a vontade de Deus. Quer isto dizer que, sem o pecado original e a redenção final, o intervalo entre o *alfa* e o *ómega*, que preenche a finitude do tempo ditada pelo seu estatuto de *criatura*, revelar-se-ia desnecessário. Daí a não-substancialidade do tempo (Mircea Eliade, 1981). No entanto, a religião judaico-cristã, e particularmente o cristianismo – essa "religion d'historiens" (Marc Bloch) –, potenciavam a paulatina autonomização do entendimento da natureza, da política (a César o que é de César) e do homem perante a religião (algo que não aconteceu no islamismo). Quanto a este último aspecto, pode mesmo sustentar-se que a sua primitiva visão do mundo já foi consequência de uma "razão anamnética", porque a racionalidade própria das tradições bíblicas implicava uma indissolúvel unidade com uma *memória* de fundo escatológico (J. B. Metz, 2002), o que, mais tarde, no contexto da secularização, veio a possibilitar o desenvolvimento da ideia de tempo irreversível e da sua continuidade progressiva, expressão real e directa da vontade divina. Neste conjunto orgânico e único, mesmo no horizonte da história da salvação, cada acontecimento ganhou lugar e sentido no seio de uma cadeia soldada pela solidariedade entre antecedentes e consequentes. É que o tempo constituiria uma "dispensação" divina, ou melhor, "uma *oikonomia,* palavra que designa, simultaneamente, o desenvolvimento providencial da história de acordo com os desígnios de Deus e, em sentido restrito, a Encarnação, centro desse desenvolvimento, em função do qual tudo se ordena e explica" (Henri-Charles Peuch, 1978).

Este transcendentismo retirou Deus do *espaço* e do *tempo* (Suas criações), e o homem, feito à Sua imagem e semelhança, ficou responsável pelo uso da sua liberdade própria, dom que o poderá salvar de uma existência dolorosa, *porque debilitada pelo pecado original, origem teo-ontológica da história.* É que esta diminuição trazia consigo a possibilidade de ele, reivindicando o seu estatuto de criatura feita à imagem e semelhança de Deus, se lançar na construção autónoma do seu destino. Como há muito salientaram Karl Barth e Karl Löwith, no Ocidente cristão, a raiz e o fundamento oculto da ideia moderna de história (assim como de ciência) podem ser encontrados, de facto, não só no distanciamento entre o Deus judaico--cristão e o mundo, mas também na promessa salvífica, anelo que, uma vez secularizado, se virá a traduzir nas características plasmáticas atribuídas à realidade histórica. Por isso, aquela já não é *um em si* objectivo, corruptível e eterno (como, de certo modo, o era para o mundo greco-romano), mas *um para nós* (somente existe para ser ininterruptamente transformado). E a contagem do tempo, que procurará qualificar as etapas do percurso da humanidade, deixará de partir da hipotética data da criação do mundo, adoptando, cada vez mais, uma mediação cristocêntrica (Giacomo Marramao, 1989).

Diga-se que, no tocante à ideia de futuro, nas religiões do *Livro* – judaísmo, cristianismo, islamismo –, as expectativas messiânicas e apocalípticas, comuns às três, ganharam proeminência na que foi fundada por Cristo. Com efeito, ao contrário das que assentam em concepções cíclicas (o hinduísmo, o budismo), aquelas professam uma visão vectorial de tempo e apontam para o inevitável *fim da história*, previsto como a consequência lógica da finitude do espaço e do tempo. E, ao que parece, a origem desta ruptura – uma excepção face às ideias cíclicas então dominantes – partiu do Irão, com Zaratustra, que profetizou a vitória do bem sobre o mal, da luz sobre as trevas, da ordem sobre o caos, desfecho que daria início a um período de mil anos. Terá nascido, aí, a contagem por milénios, época na qual a humanidade viveria sem contradições, dores e privações. Esta escala terá passado, depois, para certos grupos judaicos, sendo incorporada na sua literatura apocalíptica (particularmente o *Livro de Daniel*); encontra-se, ainda, nos manuscritos pertencentes à comunidade dos essénios de Quamran, no *Apocalipse* de João, e foi esperada por alguns seguidores de Jesus Cristo (Miguel Baptista Pereira, 2002; N. Cohn, 1986). A Encarnação e esta componente quiliástica, ligadas à dicotomia que a leitura metafísica da nova religião instalou entre a "cidade de Deus" e a "cidade dos homens", fizeram com que o cristianismo – mais do que o judaísmo – tenha gerado uma tensão rica de consequências para o desenvolvimento da ideia de historicidade nas culturas por ele influenciadas.

Ligar a ontologia da história à ideia de queda (e de pecado) não deixa de soar a velhas explicações cosmogónicas, nas quais o tempo é sempre degradação quando comparado com a plenitude da *origem*. Só que, na religião judaico-cristã, o empobrecimento ôntico não é destino que regressa ciclicamente, mas memória de um decaimento que não invalida a redenção futura. Em termos de Santo Agostinho, esta diferença foi assim traduzida: a liberdade pecadora dos anjos rebeldes deu à "cidade dos homens" o seu primeiro fundamento, e a liberdade pecadora de Adão e de Caim, a sua raiz histórica; sem elas, a história não existiria, isto é, não existiria a relação platónica, agora dramatizada pela consciência de pecado e pela promessa de salvação, entre a "cidade de Deus" e a "cidade" terrena. Devido ao mau uso da liberdade – contra os maniqueus, Agostinho não dava qualquer estatuto ontológico ao mal –, a humanidade passou a ser massa pecadora e peregrina, e a esperança salvífica, doação graciosa de Deus. Portanto, Deus não é somente o Criador do universo – logo, do espaço e do tempo – e substância transcendente da sua ordem natural finita; Ele intervém no tempo para emitir sinais de que a remissão é possível, promessa, porém, só definitivamente alcançável fora da história.

Daí que os cristãos antigos e medievais fizessem uma leitura dominantemente "semiótica" do mundo e da história profana. A "cidade de Deus" – fundada na terra e governada por Ele através da fé (*ex fide vivimus*) – está em trânsito entre os ímpios (*inter impios peregrinatur*), num percurso cujo epílogo é metafísico. Santo Agostinho legou, assim, o ideal de superioridade do *poder espiritual* sobre o *temporal*, ao defender uma concepção de sociedade religiosa, de essência sobrenatural, formada pelos que, sob a direcção da Igreja, tinham escolhido viver para a salvação. Deste modo, enquanto seu habitante, o cristão, embora devesse coexistir com o Estado, não podia deixar-se seduzir pelo sonho pagão e cívico de felicidade terrena; esta será sempre transitória, porque obtida por meios naturais e exclusivamente iluminados pela razão (Jules Chaix-Ruy, 1956).

O novo Deus manifesta-se num tempo irreversível mediante sinais que só revelam o seu sentido profundo à luz da fé. E o cristianismo, mais do que a religião judaica, reforçou o pendor histórico desta tendência, ao anunciar que a Encarnação é o Acontecimento dos acontecimentos; e este, enquanto *factum* histórico, representa a mais importante via de comunicação entre a eternidade e o tempo (Deus fez-se homem), dividindo a história em duas eras qualitativamente diferentes e acenando, a todos os que se dispusessem a ouvir a mensagem de Cristo, com a esperança de redimir a queda, ou melhor, o sofrimento e a culpa. Por obra da redenção, os homens poderão ser integralmente fiéis à sua natural condição de "imagem e semelhança" de Deus; todavia, só "fora" do tempo essa promessa podia ser consumada.

Neste quadro, a história não é a substância de si mesma, nem condição ontológica necessária à salvação, pois o tempo, enquanto criatura, em nada poderá contribuir para um destino que decorre da fé e da graça. E a invocação da analogia (já sugerida por Tucídides e Séneca) entre o percurso da humanidade, caracterizada como um todo, e o da vida dos indivíduos era símile de periodização, mas ainda não servia para fundamentar qualquer dialéctica entre o infinito e a finitude; era metáfora a que se recorria para ilustrar a condição mortal do homem, tanto individual como colectivamente considerado, pelo que se cairá num anacronismo se não se contemplar a sobredeterminação escatológica e transcendente da ideia de futuro. Como sublinha Mircea Eliade, os intelectuais cristãos elaboraram uma teologia, e não uma filosofia da história; logo, não se deve esquecer que as intervenções de Deus (providencialismo) e a encarnação de Cristo apontam para uma finalidade trans-histórica: sem o pecado original, a temporalização e infelicidade do homem seriam desnecessárias (Mircea Eliade, 1981).

Em síntese: o cristianismo, ao romper com as visões cíclicas do tempo, abriu portas para o peso da historicidade no modo ocidental (quando a cristandade se tornou sinónimo de Ocidente) de conceber o mundo e a vida (Hakim Karki e Edgar Radelet, 2001). O amor de Deus exigia a negação do *falsus circulus* dos filósofos pagãos (Santo Agostinho, *De Civitate Dei*,

XII, 18, 21) e apelava para a assunção do *rectum iter*, da recta via, escolha que levou o bispo de Hipona a defender que a superioridade da nova religião perante as doutrinas do eterno retorno (bem patentes, no seu tempo, no neo-estoicismo) não derivava tanto de argumentos racionalmente demonstráveis, mas, sobretudo, das suas diferentes consequências morais: a libertação do sofrimento nunca seria possível sob o império da repetição cíclica; só a fé num futuro transcendente de bem-aventurança a poderia garantir (Étienne Gilson, 1952). Por isso, o homem cristão era um *homo dolens* e um *homo viator*, tensionalmente situado numa "espera" imbuída de "esperança" (Pedro Laín Entralgo, 1958).

Esta crença deu coerência à analogia do itinerário da vida individual e da vivência psicológica do tempo com o percurso da humanidade. Se, em termos subjectivos, a alma é, para Santo Agostinho, a medida do tempo (vivência espiritual ininterrupta, que actualiza a da tensão entre o passado--presente e o presente-futuro), a compreensão da experiência colectiva foi feita em termos comparativos. Esta similitude seria impossível se, tal como acontecia no interior de cada indivíduo, a humanidade não fosse pensada como uma entidade dotada de um espírito que também espera, aprende e recorda. Tal capacidade estaria patente no "homem espiritual", isto é, nos que já habitam, no seio da "cidade dos homens", a "cidade de Deus", constituindo-se como Igreja (K. Pomian, 1984). E esta, ao afirmar-se como herdeira ecuménica da ideia de *povo eleito* e portadora do saber revelado sobre o passado e o futuro, foi elevada a depositária da memória da humanidade e das suas esperanças de redenção. E, pese a sua sobredeterminação religiosa, se o percurso da vida humana era um *excursus – éschaton* último, de cariz transcendente, e, portanto, jamais realizável na ímpia *vanitas* da cidade terrena –, a verdade é que, como história universal, o seu caminho também rasgava ao homem um "horizonte temporal de um fim temporal" (G. Marramao, 1989).

Consequência deste ordenamento do tempo será a sua periodização por eras e por idades, segundo uma lógica em que o passado surgia como *preparação*, o presente como *revelação* e o futuro como *consumação* (Karl Löwith, 1990). E é indiscutível que a história, enquanto teofania, pôs em cena uma certa racionalização do trajecto da "cidade dos homens". Porém, a sua sustentação era externa, pois tudo ocorria de acordo com a vontade divina, tese que teve o seu momento teórico maior em Santo Agostinho, embora pensadores como Eusébio de Cesareia o houvessem preparado. Posteriormente, Paulo Orósio e uma vasta galeria de continuadores do

142   *A Activa Espera da Esperança*

modelo, durante toda a Idade Média e os primórdios da modernidade, farão dele o *Deus ex machina* da aparente caoticidade dos acontecimentos históricos, conferindo um sentido, ainda que transcendente, ao transcurso do tempo (Étienne Gilson, 1952; Henri-Irénée Marrou, 1950).

A nova cronosofia

Como se assinalou no lugar próprio, também no plano historiográfico a certeza greco-romana, segundo a qual o não-esquecimento dos grandes acontecimentos passados tinha uma finalidade pragmática e cívica, recebia, agora, uma justificação dominantemente metafísico-religiosa. Naturalmente, este deslocamento também teve efeitos cronosóficos. O critério pré-bíblico de ordenação cosmológica do tempo, ou melhor, cosmo-antropológico (enraizado na umbilical relação do homem com os ciclos da natureza), deu lugar, gradualmente, a outros inspirados no *Livro*. É certo que se continuará a invocar a existência de uma analogia entre as etapas da vida dos indivíduos e as da humanidade. Porém, devido às influências do criacionismo judaico-cristão e, portanto, da nova consciência acerca da finitude do tempo, o símile irá sofrer mudanças.

De facto, para Agostinho, a história da humanidade na terra, isto é, a *civitas peregrinans*, aparece como o desenvolvimento ou o *excursus* das duas cidades, através de seis épocas, respeitando cada uma a um dia da criação e a uma fase da vida do indivíduo. Depois delas, prometia-se a libertação da condição carnal (e histórica) e a entrada no eterno Domingo. Assim, à primeira, que tinha decorrido de Adão a Noé, ele fez corresponder a da infância (*infantia*), equivalente à puerícia do homem individual; à segunda, de Noé a Abraão, a da meninice; à terceira, estendendo-se de Abraão até David, a da adolescência; à quarta, que ia de David ao cativeiro da Babilónia, a da maturidade; à quinta, que decorreu entre aquele último acontecimento e o nascimento de Cristo, a do envelhecimento; por fim, a sexta, iniciada com o nascimento de Cristo, duraria até aos finais dos tempos, isto é, até ao segundo advento de Cristo e do Domingo, e seria o tempo da graça, ou melhor – e contra os excessos milenaristas –, o princípio do milénio anunciado por João.

É verdade que se recorreu, igualmente, à teoria das "quatro monarquias", em consonância com as profecias do "quinto império" de David, Isaías e, sobretudo, do *Apocalipse* de Daniel. Contudo, o modelo de Santo

Agostinho – divulgado, com pequenas alterações, por Paulo Orósio, Santo Isidoro de Sevilha e Beda – será o que mais se popularizará na Idade Média (particularmente entre os séculos VII e XIV). Compreende-se. Com o autor das *Confissões*, a história surgia suspensa da vontade divina e ganhava um significado mais teocêntrico, ou melhor, cristocêntrico. Daí as suas críticas aos que continuavam à espera do Messias, ou aos que ainda aguardavam a chegada do milénio, antevisto como o futuro reino da paz e da felicidade na terra. Como se sabe, para ele, essa profecia devia ser interpretada simbolicamente. Afinal, o milénio tinha começado a ser cumprido com a Encarnação, leitura imediatamente apropriada pela Igreja oficial, pois possibilitava tanto a enfatização da transcendência, como o recalcamento da força socialmente explosiva – que podia arrastar a própria Igreja como instituição –, contida na esperança do advento de um milenar reino de Deus na terra.

Tal orientação marginalizou os defensores desta prospectiva, mesmo que ela tenha perpassado por escritos e pregações de figuras como S. Justino (século II), Santo Irineu, Tertuliano (século III) Lactâncio. E as ideias compartilhadas por algumas comunidades dos primeiros tempos do cristianismo deram origem a inúmeros textos apocalípticos, reunidos, no século VII, sob o título de *Sibilinas cristãs*, e que irão circular, manuscritos, no decurso da Idade Média, sendo impressos logo no século XV. Como se vê, esta literatura prolongou o sonho milenarista, crente em que, antes do Juízo Final, "haveria uma idade de ouro cristã, cujo esperançoso reino em Jerusalém já fora alvo de cruzadas e o seu soberano dos últimos dias seria muito provavelmente o 'grande monarca de Nostradamus'" (Miguel Baptista Pereira, 2002).

Se algo desta atitude foi transferido para as fundamentações racionais e progressivas da história, será a centração cristológica – fundamentada pela Igreja oficial – que, na cultura ocidental, se imporá como o eixo ordenador do antes e do depois. Na verdade, tudo se conjugava para este tipo de unificação. Mas este trabalho, que tinha em vista fazer corresponder a periodização à cronologia, foi lento, cabendo a Dionísio-o-Pequeno (século VI) a fixação da data do nascimento de Jesus em 25 de Dezembro de 753, dia calculado a partir da presumida fundação de Roma (*ab urbe condita*). Todavia, ele não previu o ano zero – o nada era um conceito inaplicável ao mundo criado – e, por isso, os acontecimentos posteriores ao nascimento de Cristo foram contados a partir do ano I. Quanto aos critérios anteriores, eles tinham-se baseado em várias conjecturas acerca da fundação da cidade, do início de um reinado e, sobretudo, da criação do mundo, cujos cálculos, feitos à luz da narração bíblica, variavam entre 3928 e 4051 a.C. (Miguel Baptista Pereira, 1999).

Adoptada pela primeira vez em Itália pelos cronistas, a proposta de Donísio, aperfeiçoada por Beda, passou a ser utilizada, desde o século VII, nos documentos privados e, a partir do século IX, nas actas reais de francos e ingleses; no seguinte, terá sido conhecida em toda a Europa. Porém, só após Seiscentos o cristocentrismo ganhou, no Ocidente, uma generalização quase completa, não obstante a sua plena vitória só ter ocorrido nos finais do século XVIII, em concomitância, aliás, com a entificação (iniciada no século XVII) do próprio conceito de "século", entendido não só em termos cronológicos e quantitativos (período de cem anos), mas também qualitativos – começa-se a falar de "espírito" ou de "alma" do século (Daniel Milo, 1991).

No decurso da história ocidental, a centralidade da vida de Cristo transformou-se num meridiano em função do qual, para a frente ou para trás, os acontecimentos foram integrados numa sucessão cronológica. E é importante relembrar a síntese que Benveniste apresentou acerca da fixação da ideia de "tempo cronológico", ou do "tiers temps" (P. Ricœur, 1983): este formou-se com a remissão de todos os eventos ao Acontecimento, ponto de referência que ofereceu a possibilidade de percorrer a sua sucessão em duas direcções opostas (anterioridade e posteridade), balizadas pela data fundacional, e de se ir construindo um repertório de unidades para denominar os intervalos recorrentes: dia, mês, ano, século, etc. (P. Ricœur, 2000), convenção que teve inevitáveis consequências ônticas e epistemológicas, pois carreava um escalonamento qualitativo do tempo. Com efeito, mesmo que extraído do seu núcleo religioso, este trânsito virá a impulsionar o crescimento da consciência histórica, bem como o seu projecto de se ler racionalmente a sequência dos acontecimentos, de acordo com uma ordenação em "idades", "reinos", "eras", designações estas que, no Ocidente, em coexistência com a cronologia cristocêntrica, irão perdurar na linguagem das filosofias e teorias sobre o devir humano.

Mais concretamente, se a noção de *aeternitas* somente era aplicável ao ser carecido de origem, de fim e de toda a mudança (*tempo estacionário*), a de *tempus* recobria todas as modificações, fossem elas *lineares* ou *cíclicas*. Contudo, a partir do século XII, os processos vectoriais tornaram-se distintos de *tempus*, sendo designados por *aevum*, palavra que passou a conotar não só o que tem um princípio e um fim e sofre mudanças, mas também o que se corrompe sem afectar a substância dos entes que devêm, porque estes não passariam de suas variações. Seja como for, viver no *aevum* – ao invés do que sugeriam as esperanças milenaristas – não implicava que o presente fosse superior ao passado, próximo ou longínquo, mesmo quando o futuro acrescentava algo ao pretérito. É que os efeitos das acções humanas seriam meros acidentes, pois não teriam capacidade para provocar modificações no mundo sobrenatural (*"Omnis forma artis est accidens et accidentalis"*) (K. Pomian, 1984).

Não pondo em causa estas inferências, convém lembrar que *aevum* tenderá a ser recoberto por *era*, marco decisivo no entendimento da diacronia como o resultado da vontade divina explicitada, ideia que, uma vez secularizada e subordinada ao *princípio da razão suficiente*, se transmutará em razão da história. É que situar os acontecimentos entre um antes e um depois – como acontecerá com a "invenção" moderna da Idade Média – foi prática rica de consequências, pois possibilitou uma melhor orientação no transcurso do tempo. De facto, a datação a partir de referências históricas concretas, reais ou míticas (a fundação da cidade, o início de um reinado, etc.) facilitou o trabalho da memória e, sobretudo com o cristianismo, contribuiu para a unificação, neutralização e maior generalização do objecto narrado (com a "desregionalização" das cronologias, devido ao seu ecumenismo). Contudo, sem a ideia de *era,* a lisibilidade do passado limitar-se-ia a ser aditiva (a + b + c); através dela, ao contrário, a relação dos eventos entre si ganhou sequencialidade (a→b→c), convidando a aceitar-se o seu cariz irreversível e a recorrer-se a explicações causais para explicar/compreender a ordem do tempo.

Recorde-se que a chave da cadeia ainda não estava na razão humana. Só a fé nos insondáveis desígnios divinos podia convencer que, para além da caoticidade, imprevisibilidade e aparente injustiça das acções que geravam as misérias e os sofrimentos da "cidade terrestre", estava a vontade de Deus. Mas este fundo teológico, ainda bem patente em Bossuet, não deixou de preparar o terreno para a presunção da existência de uma racionalidade inscrita na própria história. Para o autor do *Discours sur l'Histoire Universelle* (1681), esta, desde que se acreditasse na permanente intervenção divina, revelaria "o fio de todos os assuntos do universo", isto é, surgiria como uma sucessão movida pela Providência. Ora, se se ligar tal posição com o que, poucos anos depois, G. B. Vico escreverá acerca da ideia de *história ideal* – que definiu como uma espécie de "teologia civil racional da Providência divina" subjacente à empiricidade e ao aparente sem-sentido dos acontecimentos –, ganhará pertinência esta hipótese de trabalho: com a secularização, deu-se uma *inversão*, na qual a Providência – desligada do seu transcendente intervencionismo divino – passou a ser equivalente a um princípio ínsito no curso dos eventos e apreensível pela razão humana.

Quando a terra começou a tocar o céu

Tudo isto é sintoma de que o filósofo se preparava para ocupar o lugar do teólogo, em nome da promessa de que, finalmente, e num plano exclusivamente humano, estava encontrada a resposta para o enigma do sentido do tempo histórico. Todavia, tal conclusão arrastava consigo uma outra hipótese, já sugerida, que pode ser assim formulada: se, na cultura ocidental, a vida de Cristo se impôs como o eixo da datação, a escolha não foi só uma convenção, mas também fruto de uma experiência do tempo cujos horizontes não subsumiram, por inteiro, o fundo messiânico, milenarista e apocalíptico da religião judaico-cristã, como se verificará, quer nos movimentos religiosos e sociais que nela se inspiraram, quer nas filosofias da história (e utopias) da modernidade, onde, de uma maneira explícita ou implícita, essas expectativas surgirão projectadas num tempo indefinido.

Se passos mais rápidos não foram dados nesta última direcção, isso deveu-se à influência de interpretações metafísicas acerca do significado do *Livro* e à constante vigilância da Igreja contra as visões prognósticas concretas (exemplo: a datação do advento da "idade do Espírito", ou a do fim do mundo). Por conseguinte, não foi por acaso que a valorização do futuro histórico brotou, com mais força e clareza, nas leituras que a Igreja oficial apelidou de heresias e que não deixou de perseguir, como aconteceu com os joaquimitas. Esta corrente inspirava-se nos escritos do monge cisterciense Gioacchino da Fiori (*Concordia* e *Liber introductoris*) e no *Evangelho eterno*, obra anónima, escrita em 1254, e que lhe foi logo atribuída (porém, o seu autor terá sido o franciscano Gerardo da Borgo San Donnino).

Como ficou assinalado, em Santo Agostinho, a salvação, dádiva de Deus, não estava dependente da maturação do tempo histórico, ao contrário do que acontecia no pensamento de Joaquim. Sob o paradigma da Santíssima Trindade, este descreveu a peregrinação da humanidade sob o modelo triádico (presente nos *Evangelhos*, mas, segundo alguns, de origem egípcia, ou mesmo indo-europeia), à luz do qual a cada "idade" ou "reino" correspondiam determinadas formas mentais e de organização social, numa crescente espiritualização da vida do homem na terra.

Mais concretamente, designava-se: a fase primordial, por idade do Pai, a qual, iniciada por Adão, se tinha baseado no medo, foi governada sob o signo da Lei e socialmente organizada como uma ordem de casados; a segunda, por idade do Filho, que decorreu entre Jesus Cristo até à época do próprio Joaquim (1130-1202), terá sido inspirada nos *Evangelhos*, assentava na fé e na humildade, e, em termos sociais, constituiu uma ordem de clérigos, porque coincidia com a formação da Igreja; a terceira, por idade do Espírito Santo, em curso desde S. Bento, e caracterizada como sendo uma ordem de monges que iniciou o "reino do Espírito", tempo da explosão amorosa e da alegria na inteligência, e período que só terminaria com o reaparecimento de Elias no fim do mundo. A esta progressão, fez-se equivaler uma atitude mental hegemónica em cada fase. Assim: na primeira, teria predominado a *scientia*; na segunda, a *sapientia ex parte*; na terceira, como momento de consumação, ou melhor, de integração e superação das anteriores, a *plenitudo intellectus* (Karl Löwith, 1990; Henri Mottu, 1977).

Percebe-se agora melhor por que é que este tipo de periodização – que se dizia fruto de uma iluminação divina –, ao delinear uma sequência qualitativa, representava uma ameaça para a Igreja oficial. É que ele relativizava o seu papel (sublinhe-se que, à ordem dos clérigos, devia suceder a ordem dos monges) e, simultaneamente, anunciava que, nos dois ou três anos anteriores ao início da terceira idade, reinaria o Anticristo, rei secular que iria castigar a Igreja corrupta e mundana e destruí-la na sua forma presente (Norman Cohn, 1981). Além do mais, o ordenamento das "idades" sugeria a existência de uma evolução qualitativa na história dos homens, tendo em vista a redenção, pois cada fase posterior incorporava e superava a anterior.

Tal como acontecerá com as utopias, a representação do último "reino" na terra alimentava esperanças que teriam de se contrapor à realidade existente, potencial revolucionário que explodirá em revoltas milenaristas, conferindo sentido a insatisfações de cunho religioso-político e religioso-social. Foi o caso dos anúncios messiânicos de Frederico II e do movimento liderado, em Itália, por Cola di Rienzo (1349-1350), que se considerava a si mesmo como um *novus dux*, bem como o dos "fanáticos do Apocalipse" (apostados em acelerar a redenção) e o dos checos em 1420. No mesmo registo se encontram: as profecias franciscanas de Livin de Wirsberg e de seu irmão Janko, ao anteverem, por volta de 1460, a promulgação próxima de um *Terceiro Evangelho*; ou as revoltas dos camponeses da Turíngia, em 1525, chefiados por Thomas Müntzer (Ernst Bloch, 1964; Norman Cohn, 1981), ou a dos anabaptistas (1534-1535), esperando que Müntzer se tornasse na nova Jerusalém (Miguel Baptista Pereira, 2002). Muitos outros exemplos (como o que ficou expresso numa obra teológica de 1773, escrita por William Worthington) poderiam ser invocados para ilustrar esta esperança comum. Todos acreditavam que estaria iminente (antes do Juízo Final e do fim do mundo) a instauração de uma Idade de Ouro na terra.

Assim, esta, que nas representações cíclicas do tempo histórico (Hesíodo) era colocada na origem – *alfa* que a religião judaico-cristã transformará em paraíso a-histórico, porque anterior ao *pecado* e, por conseguinte, à *queda* –, será recuperada pelas filosofias da história que procurarão dar credibilidade racional e terrena a essas promessas e escatologias. E tem-se visto nas intenções prognósticas destas últimas, bem como no seu desejo de solucionar as contradições, uma espécie de reactualização secular das esperanças messiânicas e milenaristas. De facto, com as necessárias adaptações – exigidas pelo matiz imanente e infinito da nova perspectiva histórica –, nelas se encontram as características essenciais que, segundo Cohn, definem o fenómeno messiânico, a saber: o seu cariz colectivo, terreal, iminente e total (dado que a vida na terra seria completamente transformada, em ordem a que o novo não fosse somente um aperfeiçoamento do que existe, mas também consubstanciasse a própria perfeição), assim como a sua índole miraculosa, pois ele implicaria (por acção de um agente sobrenatural) a irrupção, acelerada e intensiva, de descontinuidades qualitativas no tempo histórico (Norman Cohn, 1981). Em termos mais concretos, a concepção messiânica do tempo humano, em coexistência com o recurso à cronologia e, em muitos casos, com critérios inspirados na velha comparação (devidamente sujeita à infinitização do espaço e do tempo criada pela modernidade ocidental) entre o ciclo da vida individual (finito) e o da vida colectiva, irreversivelmente indefinido, sobreviverá no modelo triádico que, regra geral, estruturará as várias teorias modernas sobre a diacronia das sociedades.

Entende-se agora melhor o que atrás ficou escrito: a qualificação das etapas da história universal em "Idade Antiga", "Idade Média", "Idade Moderna" não foi indiferente à periodização cristocêntrica. Todavia, a sua mais funda versão encontra-se na sequência em "idades", "épocas", "estados", "estádios", lógica em que é possível surpreender a lição cristã que ensinava a compreender o passado como *preparação*, o presente como *revelação* e o futuro como *consumação*. Num certo sentido, pode mesmo afirmar-se que o cristianismo incubava o modo dialéctico de pensar, já que, ao justificar-se como religião última, universal e verdadeira, procurava integrar, mas para os superar, o judaísmo e a visão da história do mundo narrada pelo Antigo Testamento. Simultaneamente, apesar de o Messias já ter chegado, a nova religião continuará a acenar com um tempo aberto à redenção, ainda que de cariz transcendente.

Imanenticizado, o paradigma trinitário irá receber, de facto, várias aplicações, desde a sucessão (cíclica) das "idades" em Vico (*corsi* e *ricorsi*) às propostas comummente dialecticizadas, que prometiam o advento da "idade" ou do "reino do Espírito". Estão neste caso – não obstante as suas diferenças – pensadores como Lessing, Herder, Fichte, Hegel, Schelling, Comte, Marx, Cieszkowski, Cournot e intelectuais do século XIX como o polaco Krasiński (*O Terceiro reino do Espírito Santo*) e o russo Merejkowski (*Terceiro testamento do cristianismo*) (Karl Löwith, 1990; Henri de Lubac, 1979-1981). Também Kant, com o seu ideal regulador de uma sociedade ético-racional, capaz de instaurar o "reino" da paz perpétua, não foi estranho a um certo "quiliasmo filosófico", expressão racionalista de velhos sonhos milenaristas (Leonel Ribeiro dos Santos, 2002). E algo de parecido se detecta nas doutrinas que, em nome do progresso, queriam extinguir as contradições sociais, como exemplarmente se depara em Saint-Simon e em muitos dos seus discípulos.

Por outro lado, é sabido que uma aliança análoga entre a ideia de progresso e as esperanças messiânicas se encontra em algumas das seitas evangélicas que iniciaram a colonização americana, com o seu anúncio do iminente advento do milénio, no qual, sob a égide de Jesus Cristo, os homens seriam libertos dos seus eternos constrangimentos naturais, como a carência, a doença e mesmo a mortalidade (Leo Marx, 2001). E esta expectativa, acasalada com a eleição da América como a nova terra prometida (e dos americanos como o novo povo eleito), não deixará de marcar, até aos dias de hoje, a religiosidade cívica dos Estados Unidos (Fernando Catroga, 2006).

Por mais distintas que tenham sido as interpretações acerca da direcção da história, não se errará muito se se defender que todas elas situavam a sua apoteose numa fase terminal (já começada, ou ainda *por vir*), "idade" ou "estado" em que a humanidade, finalmente, iria erguer-se do jugo do "reino da natureza" – onde estava sob o domínio do egoísmo, da luta, da imoralidade, da guerra, da injustiça, da "necessidade" –, para dar o definitivo salto para o "reino da liberdade".

O modelo triádico também serviu para justificar "utopias negativas", como aconteceu com o impacto do título do livro *Das dritte Reich* (1923), escrito pelo publicista russo-alemão A. Moeller van den Bruck, cujo ideário tinha afinidades com o de Merejkowski, mas que será aproveitado para conotar a "nova ordem" nazi (Miguel Baptista Pereira, 2002). Porém, importa reconhecer que ele foi sobretudo posto ao serviço de ideais emancipadores, como são, por exemplo, os da teologia da esperança e da liberdade (R. Bultman), bem como os teorizados por Ernst Bloch, filósofo do "ainda-não-ser" (*Noch-Nicht-Sein*), da esperança e da utopia (1977, 1982, 1991), embora o pensamento utópico, enquanto programação concreta e planificada do futuro, quando aplicado, acabe por ter sempre consequências que ultrapassam as intenções dos seus prognosticadores. Pelo que ser-se núncio do que inevitavelmente irá ocorrer não garante que o *novo* esteja colado, como o pó, aos sapatos do devir histórico.

CAPÍTULO VII

A história: o livro ainda por acabar

Tem-se por certo que uma religião que prometia a verdade de um Deus definido como *Logos* e exterior à obra criada, incluindo ao próprio homem (embora feito à Sua imagem e semelhança), também deitou à terra sementes para que este se lançasse na aventura da conquista da racionalidade que estaria inscrita no mundo natural e histórico. Sugere-se assim que, se, enquanto criatura, o tempo não podia ser entendido como um atributo divino (nesse caso, Deus estaria *no tempo* e, portanto, sujeito à corrupção e à finitude), também seria contraditório que Ele estivesse *no espaço*. E, se a primeira autonomização abriu portas para a assunção da historicidade humana e para o desejo de a decifrar, a segunda, ao dessacralizar a natureza, possibilitou que a criatura, à imagem de Deus, a procurasse controlar, quer para dela se defender, quer para a pôr ao seu serviço. E o nascimento da ciência moderna não foi estranho a tais premissas e objectivos.

Ora, se a religião judaico-cristã apelava para a história, o conhecimento posto em prática pelas novas ciências físico-matemáticas nos alvores da modernidade parecia dispensá-la. Não se pode esquecer, porém, que a hegemonia da nova *episteme* ocorreu nos séculos que consolidaram (até ao seu "triunfo" pleno no século XVIII) a concepção tridimensional do tempo e a crença na perfectibilidade humana, assim como a consequente ideia de progresso irreversível e indefinido (John Bury, 1971; Norbert Nisbet, 1991; Leo Marx e Bruce Mazlish, 2001), pelo que importa saber como é que aquelas duas tendências, aparentemente antagónicas, convergiram num ideal de conhecimento que, ao parecer prescindir do tempo histórico, desaguava numa representação infinita do espaço. Este problema é inseparável desta outra pergunta, já levantada por Nietzsche e que Karl Löwith aprofundou: as filosofias da história da modernidade não serão, em última análise, "uma teologia encoberta"?

A a-historicidade das ciências da natureza

De acordo com as exigências metodológicas da nova ciência física, o relacionamento dos fenómenos da natureza entre si reduzia-se à causalidade eficiente, o que implicava a separação ôntica e epistémica entre o homem e as coisas (e entre o sujeito e o objecto) e requeria o entendimento do universo como um novo *Livro* (escrito em linguagem matemática), bem como a elevação do seu paradigma a modelo exclusivo de conhecimento. E tais factores, se liquidavam a visão fechada, hierarquizada e finita do cosmos, pareciam conspirar contra a assunção do homem como um ser histórico, pois convidavam mais à *espacialização do tempo*, lido *more geometrico*, do que à *temporalização do espaço*, "olhar" que originou uma concepção unificada e dessacralizada da natureza, pois o seu questionamento devia limitar-se a explicar como é que as coisas acontecem e não procurar as essências (*hypotheses non fingo*: Newton) que estariam subjacentes aos fenómenos.

Destarte, não admira que, nas taxinomias das ciências – como na "árvore" cartesiana, por exemplo –, continuasse a não haver lugar para a história. Por outro lado, a nova astronomia e a nova física começavam a ser utilizadas para dar credibilidade à concepção mecanicista, onde só interessava o tempo físico. De facto, com a modernidade, a "razão mágica" ou "estética" do Renascimento foi sendo desvalorizada, dando lugar ao enaltecimento da "razão técnica" e a perguntas que prescindiam da indagação das causalidades formais e finais da velha metafísica aristotélico-tomista, geralmente ilustradas através da analogia com o modelo do animal ou do organismo (João Maria André, 1996). Como alternativa, ganhou curso, sobretudo a partir de Kepler, o uso frequente de metáforas de conotação mecânica (Heikki Kirkinen, 1960). Por exemplo, para Descartes, no seu *Traité de l'homme*, o ser humano é imaginado como uma máquina, ou melhor, como um relógio; o padre Mersenne entendeu a fisiologia, igualmente, sob o mesmo modelo, logo como uma sequência de causas e de efeitos necessários; no século XVIII, La Mettrie explicitou estas representações no seu livro *L'Homme-machine*, comparando-o aos autómatos construídos por Vaucanson. Sintetizando todas estas propostas, dir-se-ia que elas tinham por fio condutor expurgar o finalismo inerente às explicações da vida biológica e social e do comportamento humano (Fernando Catroga, 1998).

Logicamente, a crescente adesão a um paradigma que, a partir de observações e de demonstrações, pretendia alcançar leis – caracterizadas, contudo, como meras relações causais entre fenómenos demonstráveis –

não era favorável ao reconhecimento da ideia de história como um devir imanente e portador de sentido. Como se registou, o distanciamento entre o sujeito e o objecto, a formulação de problemas que fossem passíveis de comprovação, o abandono da invocação de princípios metafísicos, a tradução matemática das relações fenomenológicas e a definição do universo como um processo mecânico passaram a ser as premissas nucleares de um ideal de conhecimento que desejava ser objectivo, imparcial, neutro, universal e mensurável, programa que se considerava irrealizável quando o seu alvo coincidisse com a realidade humana, sempre em mutação.

A temporalização da utopia

Viu-se que, com o Humanismo e o Renascimento, se esboçou uma atitude comparativa entre épocas. No entanto, as alterações ainda não assentavam na entificação da história, nem se escoravam, plenamente, no conceito de tempo irreversível. O renovamento humanista e renascentista só dizia respeito à realidade anterior imediata, já que o seu ideal de ruptura era, igualmente, desejo de fuga ao presente, através da "renascença" do que arquetipicamente teria existido. Portanto, esta alternativa constituía mais um imaginário ético-estético – coerente com exigências de harmonização geométrica – do que uma consequência da plena perfilhação de um sentido irreversível e auto-suficiente para o tempo histórico. E o uso que se fazia da comparação e do método histórico-filológico fez aumentar a certeza de que o caos dos acontecimentos teria de ser interpretado com olhares retrospectivos, de molde a conseguir-se hierarquizar a sua evolução e a demonstrar-se – contra a nostalgia regressiva à Idade do Ouro – que o presente (e, por consequência, o futuro) era qualitativamente superior ao passado. Por outro lado, alguma historiografia moderna começou a não estar dependente da tradicional ligação dos *ritmos da história* aos *ritmos da natureza*, ao mesmo tempo que se esboçava a possibilidade de a prática do homem poder domar a fortuna (Maquiavel). Mas a reflexão sobre o sentido da sua aventura no tempo estava ainda muito pautada pelo peso da grande metanarrativa edificada por Santo Agostinho e que tão profundamente marcou a cristianização do mundo ocidental. Na verdade, apesar do sugerido em algumas obras historiográficas, a afirmação da autonomia não foi imediata. Dir-se-ia que a *episteme* moderna convidava mais à *espacialização* dos problemas do que à sua *temporalização*.

Todavia, o aparecimento de uma literatura de cariz utópico é sinal de mudança. Por ela se começava a contrastar não só o presente com o passado, mas sobretudo o que existe com o não-existente, mesmo que, para isso, se historicizasse a própria interpretação do *Livro*. E, quanto a este último aspecto, realce-se que a crença na realidade histórica do Paraíso, de acordo como o *Génesis*, não foi contestada durante séculos e que o debate acerca da sua localização ganhou particular ênfase nos séculos XVI e XVII. Por outro lado, foi igualmente duradoura a convicção de que, algures a Oriente, se localizava um reino sobrevivente do Éden bíblico que importava descobrir e cuja versão mais apelativa se condensou no mito do Prestes João (Miguel Baptista Pereira, 2002). E o impacto da expansão marítima (feita por portugueses e espanhóis), bem como a influência de uma cultura mais terrena, racional e antropocêntrica, transformaram os sonhos edénicos em representações que se corporizaram em críticas à sociedade existente, fosse através de revoltas de tipo messiânico e apocalíptico, fosse mediante a idealização de utopias (K. Pomian, 1984). No Renascimento, o mito platónico da *Atlântida* (*Crítias*, *Timeu*) e a sua proposta de cidade ideal (*República*), assim como as *Ilhas do Sol*, de Jâmbulo, foram relidos. E deste diálogo nasceram, entre outras, a *Utopia*, de Moro (1516), a *Cidade do Sol* (1602), de Campanela, a *Oceana* (1658), de Harrington, e a *Severambia* (1675), de Vairasse d'Allais.

Na linha de Ernst Bloch, Horkheimer e Baczko, pode dizer-se que este imaginário ainda era antevisto como uma espécie de "utopia geográfica". Daí que o desejo de um mundo melhor fosse representado como uma "viagem" para um *espaço* idealizado como belo, harmonioso e justo, em consequência da verdade que o inspirava, numa evidente síntese dos ideais estéticos, éticos e cognitivos que a humanidade foi criando para responder aos desequilíbrios e aos males das sociedades concretas. Devido a esta aspiração, cada utopia foi edificada como um cosmos, devidamente fechado e demarcado do caos, isto é, das regiões do informe e do mal (simbolizados pela água, pelo fogo, pelo desconhecido), através de uma fronteira inequívoca (muralha, istmo, mar, etc.). Mas, simultaneamente, o seu "algures" ainda não estaria tanto no futuro – como acontecerá em L.-S. Mercier, com o seu livro *L'An deux mille quatre cent quarante* (1771), e com as utopias sociais de Oitocentos –, mas, como em Thomas Moro, num lugar geograficamente outro, embora contemporâneo do tempo da sua enunciação (Bronislaw Baczko, 1978), sintoma de que não se tinha imposto a conotação dominantemente temporal da expectativa utópica.

Quando tal vier a acontecer (século XIX), isso constituirá um dos sinais mais fortes acerca do alargamento do papel da historicidade na modelação da mundividência ocidental moderna.

Na conjuntura em análise, uma excepção significativa encontra-se na *New Atlantis*, de Francis Bacon, obra que já esboçava o padrão de utopismo que se desenvolverá no contexto da nova consciência histórica e cientista do homem europeu de Oitocentos (Giacomo Marramao, 1989), incluindo a reivindicação – como acontecerá com o seu prolongamento positivista – do poder das ciências e do papel dos cientistas na edificação de um novo consenso e da definitiva reorganização da sociedade. E esta exaltação do futuro, ao funcionar, objectivamente, como uma alternativa crítica à realidade contemporânea, alentava igualmente a crença no *poder prognóstico* da nova *episteme*. Qual o caminho que tais promessas deviam seguir para se tornarem convincentes, sobretudo quando, nos meios da nova "república mundial das letras", as explicações teológicas da história estavam em crise?

A teologia civil racional da Providência divina

Como se sabe, Vico (*Scienza Nueva*, 1725) foi um dos primeiros a rebelar-se contra o universalismo do método físico-matemático (tal como Descartes o havia teorizado), ao contestar a validade da aplicação da via dedutiva à explicação dos fenómenos humanos e ao defender a necessidade de, no interior da *ordem ideal* que enformaria os acontecimentos, se respeitar o relativismo e a singularidade de cada período histórico, posição que será retomada por Herder e Ranke, entre outros (Isaiah Berlin, 1976). A seu ver, a verdadeira "ciência nova" não era a física ou a astronomia, dado que a natureza, criada por Deus, só por Ele poderia ser explicada, em nome do princípio segundo o qual *verum et factum convertuntur*. Mas a história constituía uma realidade co-criada pelo homem. Logo, aquilo que foi (e é) feito pela humanidade – de que a linguagem e a cultura são vestígios passíveis de serem estudados – possibilitava, mediante a análise da *sucessão*, *comparação* e *tipificação* das "idades", surpreender permanências e constantes, captando a *ordem ideal* que lhes estaria subjacente. Por palavras de Vico, seleccionadas por Jules Michelet, o novo saber "esboça o círculo eterno de uma história ideal, no qual giram no tempo as histórias de todas as nações, com o seu nascimento, o seu progresso, a sua decadência e o seu fim […] Aquele que estuda a Ciência Nova está a contar a si próprio esta história ideal" (Vico, s.d.).

A aparente ilogicidade dos acontecimentos encerraria um ordenamento imanente e inteligível que determinava a subdivisão do percurso em três "idades", submetidas a ciclos ascendentes (*corsi*) e descendentes (*ricorsi*). O facto de Vico lhe ter chamado "teologia civil racional da Providência divina", ou idealidade, e de ter recorrido, pelo menos aparentemente, a um modelo cíclico – nos alvores de um século que fará crescer a secularização e a crença no progresso indefinido –, faz das suas ideias algo de aparentemente anacrónico. Porém, ao procurar conciliar a ideia de Providência com a existência de um sentido na história, lisível pelo homem, ele explicitou o fundo historicista da ideia judaico-cristã do tempo, conquanto lhe dê uma interpretação menos optimista do que a que será feita pelo Iluminismo.

A sua concepção cíclica, ao contrário das cosmogonias míticas e greco-romanas, não estava enraizada numa cosmogonia correspondente, pois a extinção de um curso não significava, em termos ônticos, o regresso ao ponto de partida anterior; os cursos seguintes (*ricorsi*) iniciar-se-iam num estádio histórico que pressupunha os antecedentes, embora repetissem, em sentido inverso, as características formais inerentes à evolução interna de cada ciclo, a saber: a passagem da *idade dos deuses* (sociedade caracterizada pela compreensão mítico-poética, criadora e divina, teocraticamente governada e agrupada em termos patriarcais) para a *idade dos heróis* (período aristocrático, digno dos filhos de Júpiter) e, por fim, para a *idade dos homens* (o presente), fase da natureza humana, moderada, afável e racional, isto é, período da plenitude, da ciência, da filosofia e da racionalidade. Consequentemente, o governo (popular, ou monárquico), nesta última, teria de se pautar pela igualdade e pela liberdade naturais; mas, como isso exigia debate e discussão, a última idade, tanto era a do apogeu, como a do início da decadência e da dissolução do ciclo.

O esboço desta sociologia histórica do conhecimento talvez explique por que é que algumas das suas propostas continham algo de precursor, como bem o entendeu Jules Michelet. A postulação de uma *ordem ideal*, imanente à empiricidade dos acontecimentos e apreendida a partir de comparações históricas, foi elevada – uma vez despida da sua "ganga" providencialista – a princípio de racionalidade, premissa que se encontra nas filosofias da história, na historiografia moderna e nos projectos de criação de ciências da sociedade (desenvolvidos a partir de meados do século

XIX). Em simultâneo, a asserção *verum et factum convertuntur*, para além da releitura que será feita pelo pensamento hermenêutico (Dilthey), também foi ajustada a interpretações antropocêntricas e prometeicas – o homem como "fazedor" da história (Georgio Tagliacozzo *et al.*, 1990) –, entusiasmo que, com argumentos e objectivos diversos, pode ser encontrado em pensadores posteriores tão diferentes como August von Cieszkowski, Comte, Marx ou Jules Michelet. Por sua vez, como cristão, é um facto que Vico também pensou a história como o resultado de uma *queda*, embora o seu modelo cíclico possibilitasse fugir à nostalgia de qualquer Idade do Ouro.

Todas estas ideias ajudam a perceber por que é que, depois da euforia iluminista, o seu ideário foi relido, quer pelos que queriam corrigir o excesso da ideia rectilínea de progresso – será o caso de românticos como Michelet –, quer pelos que procuravam criar uma sociologia histórica do conhecimento (Comte), quer, ainda, por todos os que opunham a alternativa hermenêutica ao monismo epistémico das ciências da natureza no campo das ciências humanas, incluindo o da historiografia (Cecilia Miller, 1993).

Historicidade e progresso das ciências

Apesar de Vico ter sido um caso isolado – as tendências culturais dominantes, em particular as científicas, pareciam dispensar a diacronia para se legitimarem –, uma questão tem de ser posta: a aplicação aos fenómenos históricos dos princípios epistémicos que presidiam à ciência moderna, nomeadamente a suposição da inteligibilidade do universo, não seria inevitável? Por outras palavras: o projecto da razão moderna (*cogito*) poderia atingir a sua máxima "vontade de poder" sem se estender ao mundo histórico? Inclinamo-nos a responder que não, tanto mais que o desejo de conquista, que os caracterizava, é fruto da mesma matriz judaico-cristã que, secularizada, alimentará o optimismo antropológico da modernidade (R. Hooykaas, 1971).

Recorde-se o já escrito: as novas ideias de ciência e de história só podiam ter nascido no seio de uma cultura enformada por uma religião que, ao separar o Criador do mundo criado, ao aceitar (sobretudo com o deísmo e o panteísmo) que ao universo foi doada uma ordem implícita (ainda que não auto-suficiente), ao definir o homem como um ente feito à imagem e semelhança de Deus, e ao apontar para um futuro (ainda que meta-histórico), potenciou a separação do sagrado e do profano, dessacralizou o mundo e enraizou uma concepção não-fechada de tempo, porque, supletivamente, conduziu à gradual "divinização" do homem, cada vez mais caracterizado como um sujeito racionalmente autónomo e com capacidade para se emancipar, elevando-se a construtor do seu próprio destino.

É verdade que esta potencialidade não encontrou um terreno propício para se desenvolver com a gradual institucionalização do cristianismo como Igreja oficial e como religião interpretada à luz de uma metafísica a-histórica, devido à influência greco-helenística. Concomitantemente, o seu comprometimento com os interesses profanos estabelecidos – visível a partir de Justiniano, Teodósio e Constantino, o Grande – reforçou ainda mais a domesticação da força messiânica e profética, vertente explicitada, contudo, por interpretações e por movimentos apelidados de hereges, como foi assinalado.

Explorando a não-confusão do sagrado com o século, bem como as possíveis apropriações decorrentes da definição de Deus como *Logos* criador do homem e do mundo, a moderna epistemologia pôs a divindade entre parêntesis, suscitando um paulatino "desencantamento" do mundo (Max Weber) e o aumento da crença na existência de uma racionalidade que lhe seria imanente. Deste modo se cavou a separação entre a *res cogitans* e a *res extensa*. E esta brecha foi decisiva para o aparecimento de uma ideia irreversível e progressiva do tempo, já que, num quadro em que a natureza ainda continuará a ser representada em termos cíclicos praticamente até aos meados do século XIX, outro não seria o percurso da humanidade se, entretanto, o antropocentrismo não tivesse cortado o cordão umbilical que, há milénios, a ligava à *physis*.

Por sua vez, a íntima ligação que existia entre a ciência e as artes (a técnica) fez crescer a convicção de que, pelo menos neste campo, *o presente era qualitativamente superior ao passado* (Paolo Rossi, 1970). E, mediante a comparação, também neste domínio se fomentou a perspectiva histórica, não obstante o novo paradigma científico-técnico, de cariz físico-matemático, a omitir.

Como prova desta nova sensibilidade, aduzem-se, frequentemente, a depreciação do passado recente (que se detecta no Humanismo e no Renascimento) e a célebre *Querelle des anciens et des modernes*, ocorrida em França, mas também em Itália e Inglaterra (Marc Fumaroli, 2001), entre, pelo menos, o debate lançado por Charles Perrault (1687) e os princípios do século XVIII, que teve o seu momento alto nas últimas décadas de Seiscentos (AA.VV., *La Querelle des anciens et des modernes*, 2001). Esta discussão – coeva, em termos historiográficos, do aparecimento de uma atitude mais crítica em relação aos documentos do passado e do surgimento de visões totalizadoras, mas secularizadas, sobre o devir humano – constitui um importante sintoma do modo como, na "república das letras", se começava a conceber não só a história e os saberes sobre ela, mas também a própria ideia de progresso.

Se, para os que defendiam a superioridade dos tempos "antigos", a qualidade das produções artísticas, literárias e científicas, bem como da moralidade, não tinha sido ultrapassada, para os "modernos" – embora ainda não questionassem a imutabilidade da natureza humana –, teria havido avanços, sobretudo no terreno das ciências e das técnicas. Em qualquer dos casos, porém, "le temps n'ouvre pas encore sur un futur d'où viendrait la lumière. La perfection est presque atteinte avec le siècle de Louis XIV" (François Hartog, 2003; Levent Yilmaz, 2004). Mas o encómio do moderno e do novo, mesmo que ainda restringido a certos aspectos da produção humana, teve como imediato efeito colateral a reactualização da leitura agostiniana do presente como a época do envelhecimento do mundo (*mundus senescens*), contraste agora feito com intuitos regeneradores da vida terrena (Jean-Robert Armogathe, 2001).

Estes juízos de valor revelam que a cronosofia do tempo linear ia sendo aplicada, a pouco e pouco, a todos os campos da acção humana. De facto, com Vasari (na história da arte), Bodin e outros, já ocorria a simultânea invocação do tempo cíclico e do tempo linear (K. Pomian, 1984). E é indiscutível que aquela polémica só foi possível porque tinha aumentado o sentimento, nos meios mais intelectualizados, de que o presente poderia ser, pelo menos em algumas das suas facetas, qualitativamente superior ao passado, certeza que as próprias ciências, ou melhor, os seus efeitos sociais, assim como a autolegitimação do seu progresso interno, estavam a reforçar.

Tal ilação continuava a merecer reservas em alguns domínios – por exemplo, nos da moral e da estética, devido ao peso do neoplatonismo e dos modelos de Antiguidade – e a sua comprovação escudava-se, quase em exclusivo, nos avanços verificados no terreno do conhecimento científico e técnico, apresentados, cada vez mais, em termos de uma sequência taxinomicamente ordenada que exprimiria o progresso acumulativo dos saberes. Recorde-se que, precursoramente, já Roger Bacon (1214-1294), na sua *Opus Majus*, havia detectado a existência, nas ciências (matemática, física, química), de uma solidariedade interna e de uma capacidade decisiva para se estudar a teologia e reformar intelectualmente a sociedade, fornecendo-lhe um poder necessário para combater os seus fantasmas (o aparecimento do Anticristo). No novo clima da cultura moderna, a crença nesta potencialidade reforçou-se, tendo ganho ímpeto a ideia de que os conhecimentos científicos estariam a evoluir, na imagem de Fontenelle, segundo "um esquema espacial", isto é, como se de "um lugar vazio a preencher" se tratasse (Michel Fichant, 1971).

Por mais exterior que a legitimação histórica fosse às ciências físico--matemáticas, estas interrogavam o universo para obterem respostas capazes de *previsão* e de fazerem aumentar o domínio do homem sobre a natureza, propósito bem explicitado por Francis Bacon no *Novum Organum* (1620) e na *Nova Atlântida* (1627). E a credibilização dos efeitos sociais das ciências, alimentada pela comparação com o estado dos conhecimentos anteriores, incitava à emissão de juízos de valor de cunho retrospectivo. Mas o convencimento da sua superioridade perante os saberes tradicionais não seria reconhecido se, em paralelo, não estivesse em curso uma maior valorização da ideia de futuro, pois, sem esta, não haveria desejos de previsão. De onde se possa dizer que, em antítese à religião judaico-cristã – que é, como narração e rito, *anamnética* –, a nova ciência era constitutivamente futurista, mesmo quando ainda actuava dentro de uma visão mecânica da natureza (a historicização desta é uma hipótese recente).

Na verdade, os que a praticavam sentiam-se investidos da missão de criarem novos conhecimentos e de enriquecerem a panóplia de meios para os adquirirem. E, enquanto a religião desenhava uma ordem do mundo transcendentemente suportada e racionalmente ininteligível, e, como criações de um Deus transcendente, dava ao espaço e ao tempo um *começo* e um *fim*, a ciência moderna (e secular) só seria coerente com os seus projectos acumulativos se o seu optimismo epistémico fosse alargado dos fenómenos naturais (caracterizados como coisa extensa e infinita) aos fenómenos históricos.

Tudo pode ser resumido no destino do *Livro* como metáfora do mundo. Com efeito, foi a partir dele que o cristianismo inferiu a sua visão da natureza e da história, bem como o lugar do homem no cosmos. Com a modernidade, porém, a situação inverter-se-á, porque o novo *Livro* (escrito em linguagem matemática) passou a ser a própria natureza. E o mesmo ocorre com o tempo colectivo, ou melhor, com a história (Lessing, Herder), embora com esta diferença: as páginas já escritas seriam uma ínfima parte em relação às que ainda estavam em branco, à espera que o futuro nelas imprimisse as marcas do seu infinito percurso.

A vontade de se construir um saber que tivesse *poder para prever e para prover* impôs-se como uma espécie de reactualização do velho sonho de roubar o fogo aos deuses. Só que a sua tradução historicista veio completar e reforçar aquele outro, que impulsionava a nova ciência e o seu prolongamento técnico, pelo que a intenção de controlar (e transformar) o espaço teria de ser acompanhada por um similar desígnio no que respeita ao tempo (Jean Brun, 1990). Mais especificamente, a *infinitização do universo* – já antevista por Nicolau de Cusa e por Giordano Bruno, e depois matematicamente fundamentada pelo cálculo infinitesimal desenvolvido por Leibniz e Newton – implicará uma idêntica necessidade de se *infinitizar o tempo histórico*, não o confundindo com o tempo físico e libertando-o da sua sujeição modelar aos ciclos da natureza e, em primeiro lugar, ao ciclo de vida biológica dos indivíduos.

Foi também a partir desta época que se modificou o sentido original da velha comparação entre as etapas da vida individual e as da humanidade, prova evidente de que as dificuldades humanas para se definir o tempo continuavam a necessitar do recurso à *analogia*. Porém, na nova mundividência, a semelhança só se manterá válida porque a humanidade, em vez de finita, será concebida como uma *totalidade deveniente, amortal e infinitamente perfectível*, alteração que exigiu correcções em relação à índole finita do criado. O envelhecimento do mundo era cada vez menos sintoma da iminência da sua apocalíptica extinção, mas prova de maturação espiritual conducente ao início da verdadeira vida histórica. E se, na visão judaico-cristã, não havia dúvidas – tanto os homens (individual ou colectivamente considerados) como o tempo seriam finitos –, agora sugeria-se que a humanidade, ao realizar a sua vocação natural num tempo indefinido, seria uma entidade amortal (Condorcet), ou idealizada como "imortal" (Kant), com uma capacidade infinita de aprendizagem e de retenção do aprendido, capacidade plástica que iria permitir a conquista de privilégios até aí somente atribuídos aos anjos que povoavam os céus (K. Pomian, 1984).

Esta nova antropologia dava coerência à ideia de tempo acumulativo, permanentemente actualizado por um "sujeito", ou por um "princípio" imanente, e afiançava as premissas nucleares que estarão na base das filosofias da história, a saber: a postulação do princípio da inteligibilidade do real, da perfectibilidade e do progresso indefinido, metas alcançáveis desde que mediadas por uma *praxis* racionalmente orientada. E foi neste contexto que se consolidou a experiência moderna de tempo, com a correlata substantivação do homem como *humanidade* e da lei do *progresso*, e com a elevação do *tempo infinitizado* a horizonte para onde se moveriam os protagonistas concretos da história. Para isso, esta também deixou de privilegiar a sua pluralidade (*die Geschichten*) para se condensar neste universal: *die Geschichte* (Reinhart Koselleck, 2004; François Hartog, 2003), entidade mestra e aluna de si mesma e que, qual teo-antropodiceia, estaria dotada de uma plasticidade infinita, logo apta para, através do saber e do obrar, inteligir o sentido do seu autodinamismo e de fazer nascer, do seu seio, demiurgos com capacidade e vocação para tornarem mais temporã a chegada do futuro.

As filosofias da história

Em simultâneo com a génese de uma atitude mais crítica no campo historiográfico, a reflexão sobre o sentido do devir encontrou a sua maturidade no Iluminismo, conjuntura em que os ideais de perfectibilidade e de progresso receberam as suas mais consistentes fundamentações filosóficas (Miguel Baptista Pereira, 1990). O presente e o futuro foram qualificados como épocas de autonomização e emancipação racional (Kant), funcionando o passado como uma espécie de *preparação* (com avanços e recuos) de um itinerário que, todavia, só no *por vir* (agora secularizado e imanenticizado) realizaria, plenamente, a essência perfectível da natureza humana (Iselin, Turgot, Condorcet, Priestley, Pain, Jefferson, Franklin, etc.). Tratou-se, em suma, de um trabalho de divinização da história, que só podia ser feito desde que se relevasse o ponto de vista cosmopolita, e que, por isso, continuou a lidar mal, na senda da metafísica clássica, com as suas objectivações particulares.

Mas foi Voltaire, particularmente em *Le Siècle de Louis XIV* (1751), no *Essai sur les mœurs et l'esprit des nations* (1756) e, sobretudo, em *La Philosophie de l'histoire, par feu M. l'abbé Bazin* (1765), quem lançou os alicerces de uma narrativa que procura descrever, de um modo autónomo e auto-suficiente, todo o itinerário da humanidade. Chamou-lhe, como se sabe, "filosofia da história", para designar uma progressão qualitativa (do Oriente para o Ocidente) apreensível desde que fosse equacionada num plano universal. Esta tópica originou a desvalorização das explicações que encaravam o ocorrido como se este fosse um simples somatório de eventos, contrapondo-lhes uma sequência temporal que almejava justificar um dos pressupostos nucleares da nova concepção de história: dentro do caminho ascensional do tempo infinito, o presente da humanidade constituía, em últimas instâncias, uma etapa mais elevada do que as anteriores e cujo advento podia ser acelerado.

No entanto, Voltaire (assim como outros autores de meados do século XVIII) ainda não inseria a ideia de progresso – como, pouco depois, o irão fazer Condorcet e Kant – dentro de uma teoria que explicasse as razões que suscitavam a insatisfação humana e a luta pelo constante aperfeiçoamento, ao mesmo tempo que instaurava uma espécie de "despotismo esclarecido" do presente no que respeita à apreciação do valor das etapas do passado. Faltava-lhe uma ideia de tempo que soubesse casar a irreversibilidade do devir com a emergência de tensões, dentro de uma dialéctica que demonstrasse a inevitabilidade do sentido da história e que relativizasse o valor das forças históricas. Dir-se-ia que a sua depreciação da Idade Média, que acusava de ser a época "das mais cobardes e absurdas superstições", obstou a que isso tivesse acontecido (Voltaire, 1963).

Como se vê, também por ele passou a corrente de pensamento que afirmará o género humano como o "sujeito" ou o "motor" da diacronia que se cumpre no tempo e no espaço como uma totalidade. Para isso, o novo demiurgo receberá os atributos de Deus, ou melhor, será caracterizado como a encarnação de um Deus imanente, mas que muda, mantendo na mudança uma identidade substancial, e que, mudando e atravessando estádios necessários – que correspondem a períodos da história humana –, age com uma finalidade que faz do tempo o teatro da sua actualização permanente (K. Pomian 1984). Chamou-se-lhe "espírito" (da humanidade, do mundo, dos povos, consciência de classe), e o universalismo seria o único tópico que, secularizando o providencialismo, garantiria a racionalização da história (José Ferrater Mora, 1988).

Esta foi a conjuntura em que o "motor invisível da história", isto é, o "sujeito" (o agente que lhe confere sentido), deixou de se situar no seu exterior e passou a ser a força motriz de uma teleologia imanente que, se fundava a história, também nela se actualizava, maneira de dizer que o papel da transcendência foi entregue aos novos obreiros da história: a humanidade, *transfer* que Kant explicitamente reconheceu, em particular no ensaio *O Conflito das faculdades*. Em resumo: à luz de fundamentos ôntico-teo-antropológicos (Heidegger), ou, na expressão de Jacques Derrida, teleológicos, a velha *teodiceia* transvestiu-se de *antropodiceia*, o que transformou a *res gestae* na terra natal da humanidade deificada e no actor visível da objectivação temporal da verdade.

A entificação da história e da humanidade

A primeira grande exposição filosófica destas ideias encontra-se no ensaio de Kant, *Idee zu einer allgemeinen Geschichte in weltbürgerlicher Absicht* (1784). À boa maneira iluminista, o filósofo alemão sustentava que, nos acontecimentos, podem ser encontradas ordem e regularidade, desde que eles sejam retrospectivados como um percurso histórico-universal; só este "ponto de vista" permitiria colocar a reflexão no plano transcendental e responder não só à questão da origem e dos limites do conhecimento e da razão prática, mas também à da finalidade do devir, isto é, ao que o homem *deve fazer* e *pode esperar*. O que exigia esta demarcação: a história (*Geschichte*), enquanto sentido, não podia ser identificada com a mera narração dos factos (*Historie*), manifestação fenomenológica das acções do homem no tempo e no espaço e, portanto, reino, não do *porquê*, mas do *como* (A. Philonenko, 1986; Viriato Soromenho Marques, 1998).

Para se ir mais longe, ter-se-ia de partir deste princípio: no seu grau zero, o homem é um nada, ou melhor, um mundo aberto de possibilidades. Mas, como Kant procurou mostrar, ele teria de agir em consequência da sua natureza contraditória, pois se, pela racionalidade, tende a relacionar-se com o seu semelhante, pelo corpo é um ser social insociável, porque está submetido a instintos animais que, permanentemente, o põem em guerra com o outro (Hobbes). E foi a necessidade de evitar o auto-aniquilamento que o impulsionou a ser membro de uma sociedade civil, procurando espiritualizar a sua sociabilidade natural (Grotius).

Dir-se-ia que, em Kant, existe uma espécie de "elogio do mal" (Philonenko), realidade sucedânea da ideia religiosa de *queda* e instrumento necessário à gradual concretização da história como caminho para o Bem. Mas, como este viático é um incessante combate entre as duas tendências – qual "ardil da razão" (Hegel) –, a aparente irracionalidade dos conflitos e a sociabilidade insociável do homem (Manuel Benavides Lucas, 1994) impelem-no para a fuga ao determinismo biológico, de modo a transformar as paixões e os vícios em virtudes, isto é, a colocar a natureza (que, ao contrário do que pensava Rousseau, não é boa em si mesma) sob os imperativos da razão e da liberdade e a organizar a sociedade, interna e internacionalmente, de acordo com os seus ditames. E só a interpretação transcendental poderia sobredeterminar (embora respeitando-as) as particularidades espaciotemporais, pondo-as, porém, ao serviço de uma movência universal e teleológica, na qual, contra a animalidade do homem (fonte das paixões insaciavéis), se afirmavam a liberdade e o direito. Por consequência, e como Kant escreveu em *Ideia de uma história universal do ponto de vista cosmopolita*, a função da filosofia só podia ser esta: "tentar descobrir um desígnio da natureza nesta marcha absurda" (Kant, 1991).

Em síntese: a história teria sentido se fosse compreendida como um produto da *acção*, não tanto dos indivíduos empiricamente considerados – esse era o limite em que se situava a historiografia –, mas da "espécie", entidade postulada como um ser "imortal". Contudo, este posicionamento – tal como o da floresta em relação às árvores que a compõem – não deve ser interpretado em termos naturalistas (e biologistas). Isso significaria cair-se numa concepção metafísica tradicional, ou, então, num anacrónico cientismo mecanicista. Como Kant especificou na sua *Antropologia em sentido pragmático* (II Parte, E), a "espécie" é um conjunto de pessoas existentes, sucessiva e simultaneamente, que não pode prescindir da convivência pacífica, nem evitar os seus constantes antagonismos, dialéctica que incentivava os indivíduos a formarem, através da recíproca e obrigatória submissão a normas emanadas da autonomia da sua razão, uma coligação sociabilitária, sempre em progresso, embora constantemente ameaçada pelo dissídio (Kant, 1991).

Só numa leitura transcendental a fenomenologia dos eventos apareceria finalisticamente ordenada pela luta da razão contra a natureza insociável do homem; só enformando o tempo como uma sucessão progressiva e teleológica, o presente poderia ser pensado e vivido como um incessante produto de escolhas, nas quais se joga tanto a possibilidade de o homem continuar a progredir, como a de inverter essa marcha, embora as comparações com épocas passadas e a tendência dos acontecimentos coevos fundamentais – como a Revolução Francesa – mostrassem que a sociabilidade estava, crescentemente, a domesticar o homem lobo do homem (Hobbes) que também habita no interior da natureza humana.

CAPÍTULO VIII
O canto do galo do novo amanhecer

Na verdade, a comparação de pensadores como Voltaire, Lessing, Turgot, Condorcet, Kant, Schiller, Hegel e seus continuadores possibilita captar, nas suas diferenças, a existência de um conjunto de ideias estruturantes das filosofias da história. A este respeito, poder-se-á mesmo falar da presença de uma "gramática" redutível a algumas características comuns: a suposição de que a história só terá sentido se a humanidade for retrospectivada como um todo e do ponto de vista cosmopolita; a crença na inteligibilidade do real e na faculdade autónoma da razão para a tornar transparente, conhecimento que permitiria iluminar e acelerar a perfectibilidade humana; o princípio segundo o qual o devir das sociedades é fruto da contradição que se explicita como o motor imanente que a faz mover; a fé na vocação perfectível e progressiva da humanidade; a convicção, particularmente salientada por Kant, de que, em termos políticos e de luta pela construção de um Estado de direito, se deve agir, tanto no interior dos Estados, como no campo das suas relações recíprocas, como se fosse possível edificar uma *res publica* numenal, com a sua "constituição ideal" postulada como meta reguladora da acção e tendo como sua finalidade última formar uma sociedade de nações e implantar a paz perpétua. E estas propostas, precursoramente anunciadas pelo abade de Saint-Pierre, atravessarão o pensamento de Comte e, no fundo, o de todos os que visavam encontrar a resolução, a harmonização ou o balanceamento final das contradições.

A "gramática" das filosofias da história

Perante o exposto, compreende-se que os novos filósofos da história procurassem ultrapassar as explicações mecanicistas, não obstante compartilharem, com os cientistas, uma análoga convicção acerca da inteligibilidade do mundo. Recorde-se que a leitura *sub specie machinae* só funcionava nos quadros de uma natureza sujeita à repetição e com explicações baseadas na causalidade material e eficiente, logo despidas de quaisquer teleologismos. A natureza (física, animal, humana) ainda não aparecia como o resultado de um processo evolutivo (como o será para Lamarck e Darwin), mas era caracterizada em termos de imutabilidade, eternidade e constância.

Diferentemente, a história (*res gestae*) começava a ser vista como o produto da vitória da liberdade contra esse "ordenamento mecânico", e o homem definido como um ser racional, livre e eminentemente prático. E esta antropologia era fruto da expropriação imanentista do *Logos* divino inscrito pelo Criador em cada indivíduo, operação bem patente, desde Descartes, nas filosofias do *cogito* e em todo o antropocentrismo moderno. Assim sendo, entende-se que, para o pensador de Königsberg (tal como para Voltaire, Lessing, Turgot, Schiller, Condorcet, Hegel, Marx, Comte, etc.), a história fosse um processo, não só evolutivo, mas também finalístico, verificação que confirma esta hipótese: a historicidade só pôde ser pensada no quadro de uma *episteme* assente no divórcio entre o sujeito e o mundo físico (iniciado por Descartes e praticado pela ciência moderna) e na sobredeterminação da natureza pela experiência histórica do homem.

Tanto uma posição como outra ajudaram a romper com as representações cíclicas, passando o presente a ser vivido como uma permanente actividade de preenchimento do *tempo*, *praxis* em que o homem devia agir "como se" a finalidade ético-racional – que *a priori* ele possuiria quando se elevasse a uma posição transcendental – fosse imanente à ordem natural das coisas. Mas tal atitude também convidava a que este tipo de finalismo sofresse uma maior ontologicização, linha já visível na lição de Schiller, subordinada ao tema *O que significa e com que fim se estuda história universal* (1785), e que o idealismo objectivo alemão e as suas posteriores inversões materialistas acentuarão (J. Ch. Friedrich von Schiller, 1991; Rudolf Malter, 1991).

Explica-se agora melhor por que é que a substantivação da humanidade e da história caminhou a par com a entificação da ideia de progresso. Esta última tendeu mesmo a confundir-se com o grande rio do devir, juntando no seu leito correntes distintas, mas que nele convergiam, a saber: a secularização do milenarismo de matriz judaico-cristã; o optimismo epistemológico e histórico alimentado pelas novas ciências e pelos seus efeitos sociais; a secularização dos fundamentos da sociedade e do poder expressa nas diversas teorias do contrato (Hobbes, Locke, Rousseau, Kant), as quais, ao proporem um modelo de inteligibilidade, fixavam, igualmente, um *antes* (estado da natureza) e um *depois*, definido como um campo criado pela determinação da vontade dos homens. E todos estes factores, conjugados com a velha ideia de que só é possível conhecer o geral, não deixaram de reforçar o fundo prometeico que insuflava o optimismo da mundividência moderna.

É assim lógico que as núpcias da ideia de humanidade com a de progresso se tenham celebrado no reconhecimento da história como uma realidade dinâmica que arrastava não uma sua parte ou uma sua faceta, mas o espírito humano como um todo evoluente, devido à sua infinita potencialidade de aperfeiçoamento. E tal capacidade explicitaria um tempo acumulativo e contínuo, em que o passado, sem a retrospectiva, estaria condenado a ser o mundo silencioso da eterna e imutável irreversibilidade que indicava uma direcção única para o futuro (G. Marramao, 1989; Stéphane Mosès, 1992).

Destarte, entende-se que a extensão do optimismo epistémico à história fosse, em última análise, o produto de uma projecção teleológica invertida (Herder denunciou imediatamente este modo de pensar "à Voltaire"). Só um totalizador olhar para trás poderia ver para além da fenomenologia caótica dos acontecimentos, leitura que o idealismo objectivo, ao transformar a história na estrada da razão à procura da compreensão de si mesma, levou às últimas consequências. Como escreveu Gadamer, esta "posição central da autoconsciência foi, sem dúvida, reforçada pelo Idealismo alemão e pela sua pretensão de construir toda a verdade a partir dessa autoconsciência, ao converter a caracterização, feita por Descartes, da substância pensante e sua preeminência de certeza em princípio supremo" (Hans-Georg Gadamer, 1983). E Henri Lefebvre sublinhou, correctamente, que a racionalidade e a finalidade históricas caminhavam de mãos dadas.

De facto, a racionalidade implicava a ligação e o encadeamento dos factos, segundo uma causalidade, formal ou eficiente, comandada por um causalismo final. E este não pressupunha que o fim fosse fixo e actualmente representado, mas que o devir tivesse um desígnio, uma determinação a caminho de um termo (Henri Lefebvre, 1970). Nessa óptica, como a causa eficiente teria necessariamente de funcionar como um mero *meio*, explica-se que a sequência narrativa do percurso orgânico da humanidade representasse – numa agora mais evidente secularização do messianismo judaico-cristão – o passado como uma *preparação,* o presente como o momento da *anunciação* da verdade, e o futuro como a promessa da sua *consumação*, aliás, aqui e ali tida por já iniciada.

Uma história profética da humanidade

Pode objectar-se que este propósito recebeu várias e até opostas fundamentações (idealistas, materialistas). Mas o essencial do assinalado optimismo, que, exemplarmente, a lição kantiana fixou, manter-se-á. O activismo que caracterizava o novo *Logos*, ao enformar finalisticamente o sem-sentido dos acontecimentos quando interpretados em termos atomistas, pretendia vencer o determinismo mecânico – típico da mundividência que não ultrapassava os limites da sensibilidade empírica e do próprio entendimento – e evitar que a história ficasse reduzida a passado, ou que, ao contrário, fosse projectada como um futuro sem raízes. A vitória da racionalidade teria de ser acumulativa e permanente – a razão moderna não é, à maneira platónica, um *intellectus archetypus* –, isto é, teria de ser actividade crítica, que só seria livre e responsável desde que pautada por postulados ético-racionais de vocação universal e exercitada como razão política. Por conseguinte, se a história podia caminhar para um objectivo final (*Endzweck*), esse fito nunca devia ser pensado como um fim ontológico, ideia que mereceu a ironia de Kant no ensaio *Das Ende aller Dinge* (1795), pois isso impediria o transcendentalismo, ou melhor, a assunção da própria eticidade da vida humana (Kant, 1999; Perry Anderson, 1992).

Segundo Kant, a mediação racional (prático-teórica) superava as representações sem nexo resultantes do predomínio dos instintos e aspirava à realização do "soberano bem", objectivo que convidava à decisão prática, propulsionando a luta da *cultura* contra a *natureza*, do *bem* contra *o mal*. Contudo, essa vitória não extinguiria a inquietação, nem se saldaria numa positividade satisfeita. Dada a índole não só espiritual mas também corpórea do homem, a sociabilidade nunca subsumirá, definitivamente, a insociabilidade, estigma que faz da concretização histórica da humanidade do homem uma tarefa aberta e assimptótica. Como escreveu o filósofo na sua *Antropologia em sentido pragmático* (II Parte, E) e no *Conflito das faculdades* (2.ª Secção), o desejo de construir uma sociedade civil perfeita devia actuar como um princípio regulador, uma possibilidade, e não como uma certeza antecipada (Manuel Benavides Lucas, 1994). Em síntese: em Kant, "a concretização é prometida, mas não garantida: ela constitui uma tendência, isto é, o resultado da conjugação de uma disposição e de uma liberdade".

No entanto, com Schiller, e sobretudo com Hegel, "doravante, ela realiza-se no ser universal da história do mundo que se autoproduz enquanto tal"; o que significa tanto o que do absoluto ainda está para vir, como a presença da totalidade deste advento "num saber efectivo" (Gérard Bensussan, 2001). Mas, em Kant, ainda não se tratava de dar uma base ôntico-metafísica e sistémica ao sentido do devir. Só a prática ético--racional podia desenhar "horizontes de esperança", ou, por palavras suas, delinear uma "história profética da humanidade", subordinando as explicações causais e mecânicas a juízos de índole teleológica. Nesse ponto de vista, ultrapassavam-se as meras leituras mecanicistas (causa → efeito), pois a causa (material, eficiente) seria sempre um meio condicionado pela ideia de finalidade.

Porém, algumas representações da história também receberam desenvolvimentos que fechavam a história e em que o conhecimento perdia a sua dimensão crítica, para se tornar num *re-conhecimento*. Acreditava-se que a filosofia estaria a demonstrar que todo o real é racional e todo o racional é real, princípio que, segundo alguns dos seus continuadores, terá levado Hegel a anunciar uma espécie de *eternização do presente*, garantida pela consumada coincidência entre o ser e o conceito. Dir-se-ia que, ao atingir a consciência de si, só restaria ao espírito recordar a sua própria peregrinação no tempo.

De uma maneira explícita, este desejo de reconhecimento teve a sua versão mais cientista em A. Comte, com a sua célebre *lei dos três estados* e com a redução do objecto da filosofia à sistematização taxinómica dos resultados das ciências. Segundo ele, a dinâmica social tinha entrado na sua fase terminal – o estado positivo –, previsão que reivindicava bases científicas, conquanto, no fundo, constituísse uma tradução sociologista do finalismo típico das filosofias metafísicas da história, aqui apresentado com intuitos conservadores, ainda que inspirados nas mesmas premissas, a saber: a inteligibilidade do mundo natural e social; a maturação histórica do espírito, finalmente apto para explicar as leis da evolução espontânea da humanidade; a crença na capacidade do homem para prever e planificar o presente e o futuro, de acordo com uma periodização assim descrita. A primeira fase foi "o ponto de partida [estado teológico] necessário da inteligência humana; a terceira [estado positivo] é o seu estado fixo e definitivo; a segunda [estado metafísico] é unicamente destinada a servir de transição".

Como se verifica, esta estrutura, apesar de falar em nome da ciência, não se diferenciava muito da das filosofias da história assumidamente metafísicas. O necessitarismo do devir também era de cariz triádico e culminava num estádio (a sociedade científico-industrial e capitalista) que, ao superar a *crise*, iria instalar o consenso social e orgânico definitivo. De onde se pode concluir que o positivismo de Comte foi, de facto, a primeira grande sistematização de um de *fim da história presentista*, enunciado em nome da ciência social, já que seria possível planificar um futuro que se limitaria a efectuar o progresso na ordem.

Por mais ambíguos que sejam os passos em que Hegel se referiu à questão do fim da história, a verdade é que, aceitando-a (Rudolfo Haym), ou rejeitando-a, muitos dos seus seguidores não deixaram de pensar que tal ilação era uma consequência natural do seu próprio sistema. Para o demonstrar, relevaram, sobretudo, a sua filosofia do direito, enquanto os críticos lembraram o cariz dialéctico do seu pensamento para assinalarem a existência, com aquela conclusão, de uma antítese que teria de ser superada. Com efeito, invertendo o seu idealismo (Feuerbach, Marx), ou sublinhando a convicção de que o presente continuava a ser "idade", "etapa", "estado", "estádio" de transição para um patamar qualitativamente superior, muitos dos filósofos que, na expressão de David Strauss, formavam a "esquerda hegeliana" (Strauss, Ruge, Bruno Bauer, Moses Hess, Feuerbach, Cieszkowski, Max Stirner, Marx) irão recusar o modo meramente especulativo de pensar a historicidade, assim como a ideia de que o presente já estaria a materializar a reconciliação do pensamento com a realidade. Faltaria à filosofia e, em primeiro lugar, à filosofia da história consubstanciar-se em filosofia da *praxis*.

"Ao princípio era a acção"

Tais propostas prolongaram, portanto, a tradução do *Logos* como actividade (Kant, Goethe) e, em particular, o magistério de Fichte, para quem "a razão prática é a raiz de toda a razão". Tal apelo à *acção*, despido dos limites do idealismo subjectivo, compaginava-se bem com o entendimento da história como um mundo não só construído pelo homem, mas ainda em construção, por mais díspares que fossem as fundamentações e os objectivos sociais e políticos perseguidos pelas suas teorias. Para estas, a filosofia já não podia ser figurada pela ave de Minerva que só levanta voo ao anoitecer (Hegel); ela teria de ser comparada ao "galo de um novo amanhecer" (K. L. Michelet). E, aos que definiam a contemporaneidade como a época da coincidência entre o ser e o pensar, replicava-se – como o fez Moses Hess, na sua *Triarquia europeia* – com esta outra asserção: "tudo o que é real é racional; muito bem, mas o que será também o é" (*in* Gérard Bensussan, 2001).

Por sua vez, uma análoga apologia de fusão da teoria crítica com a prática encontra-se no pensamento social – comummente de cariz anti--metafísico – que nasceu, sob o efeito da revolução industrial, para contestar o individualismo a-histórico da economia clássica (Adam Smith, Ricardo, Bastiat) e as suas promessas (também tidas por científicas) de harmonização e de equilíbrio social, alcançáveis mediante o livre jogo das forças económicas. Desde Saint-Simon e seus discípulos, passando por Buchez, Cabet, Fourier, Proudhon e Marx, várias foram as alternativas que, partindo da sociedade como um todo dinâmico (e conflituoso), também qualificaram o presente como um momento de *crise* (que a *questão social* havia intensificado). E avançaram com soluções (utópicas, para os conservadores, ou para os socialistas que se julgavam mais científicos) de incitamento à transformação (por reforma, evolução, revolução, pouco importa) da ordem estabelecida, como as agitações de 1848 e, depois, a Comuna de Paris (1871) o irão revelar.

Estas ideias tinham de ser referências (muitas vezes polémicas) para muitos dos que situavam os seus anátemas no campo da reflexão filosófica, como acontecia na Alemanha, região onde mais se teria pensado a revolução devido à impossibilidade material de a fazer. Pode mesmo defender-se que, se a economia política tinha a Inglaterra por pátria, a do socialismo encontrar-se-ia, sobretudo, em França. Mas o eco dos acontecimentos internacionais e os intercâmbios, muitas vezes resultantes de exílios forçados, permitiram influências e cruzamentos entre as várias propostas apostadas em mudar o mundo, como se pode ver na síntese criadora, feita por Marx, entre a filosofia alemã, o socialismo francês e a economia política inglesa.

Diga-se, porém, que, antes de Marx, Hess ou Bruno Bauer, mas com intenções menos revolucionárias, Cieszkowski (filósofo polaco que escrevia em alemão e era amigo de K. L. Michelet) contestou os limites do hegelianismo no que concerne à justificação do presente como culminação da história, na qual, finalmente, a realidade estaria em consonância com o pensamento. Para ele, a humanidade, em vez de ter alcançado o seu fim, estaria, tão-somente, a entrar na sua fase *pós-teórica*, momento em que se iria concretizar esta intuição de Fausto:

"Certo é: 'Ao princípio era a Energia!
Mas agora que esta versão escrevi,
Algo me avisa já para não parar aí.
Vale-me o Espírito, já vejo a solução,
E escrevo, confiante: 'Ao princípio era a Acção!'".

(Goethe, *Fausto*, 1233-1237)

Às épocas passadas (o mundo antigo, onde predominava a arte) e ao presente (o mundo germânico-cristão, em que dominava a filosofia), juntar-se-ia a época futura, síntese das anteriores e em relação à qual ainda só se podia conhecer o seu princípio geral – a realização do Bem no reino da *Sittlichkeit* (Christophe Bouton, 1998). Contudo, este prognóstico também queria significar que a teoria, se estava a "morrer" como filosofia especulativa, iria ressuscitar como filosofia da *praxis*; só assim ela poderia influenciar a vida e a realidade social, ou melhor, ser "o desenvolvimento da verdade na actividade concreta" (August von Cieszkowski, 2002).

Estas palavras, escritas em 1838, não andavam longe da "filosofia da acção" defendida, em 1842, por Moses Hess, ou das ideias de Bruno Bauer (com a sua proclamação do "terrorismo da verdade teórica"), ou mesmo das intenções do jovem Marx consignadas nas suas célebres *Teses sobre Feuerbach* (1845), texto em que os visados foram tanto Hegel e o autor da *Essência do cristianismo*, como todos os recobertos por esta denúncia: "os filósofos até agora limitaram-se a interpretar o mundo; de agora em diante é preciso, pelo contrário, transformá-lo". Estaria a bater a hora de a filosofia se fundir com a *praxis* revolucionária (Marx, *Teses sobre Feuerbach*, II, III).

Não obstante estas teorias rasgarem expectativas e recusarem o imediato encerramento da história, ter-se-á de perguntar, porém, se mesmo a indicação de uma meta futura, caracterizada como "idade", "estádio" ou como "reino" (*Reich*) – numa reapropriação secularizada da tradição messiânica – também não supunha, aprioristicamente, um *focus imaginarius*, projecção feita a partir do presente, ou melhor, de um "algures" que, ao envolver tanto o que já aconteceu como o que virá a acontecer, colocava a retrospectiva como precursora de um inexistente que já tinha sido anunciado. E, se o sistema de Hegel só era lógico em função da sua circularidade (que a dialéctica subsumia) – dado que, em última análise, o *fim* seria a explicitação (e a explicação) da *origem* –, duvida-se que as concepções mais prospectivas (que não rompiam com o quadro do historicismo, ao contrário, por exemplo, do que acontecia com as críticas feitas, entre outros, por Herbart, Adolfo Trendelenburg e, sobretudo, por Kierkegaard e Nietzsche) fossem capazes de reconhecer o *novo*, isto é, algo que não se cingisse a confirmar aquilo que elas mesmas prognosticavam. É que, bem vistas as coisas, esta insensibilidade era inerente a todo o modo necessitarista e teleológico de conceber o devir histórico, forma de raciocinar que acabava por projectar, no futuro que estaria para vir, um desejo de reconciliação análogo ao prometido por aqueles para quem a história já teria começado a terminar.

Fosse a superação definitiva dos contrários (Karl Marx), fosse a harmonização sem absorção das antíteses alcançada pelo seu balanceamento (Proudhon), ou pelo livre jogo dos interesses (economia política liberal), fosse a síntese sonhada por Ciezskowski, ou a terceira fase de Cournot (em que a necessidade histórica iria subsumir, finalmente, o acaso), várias foram as previsões que, à sua maneira, determinaram o *fim da história* e, por conseguinte, o início de uma *fase pós-histórica*.

Para a caracterizar, uns representaram-na como um ideal estético (Schiller, Schelling); outros – como os vários socialismos – sustentaram, porém, que a superação do sofrimento só se conseguiria com a liquidação da exploração social (estádio que traria a desalienação, a passagem do "reino da necessidade" para o "reino da liberdade", a realização do homem como "homem total", essa grande esperança do jovem Marx); para outros, ainda, a instauração da justiça social seria consequente à síntese das ideias que, cronológica e separadamente, a humanidade havia perseguido nas suas várias fases civilizacionais: o Belo, a Verdade e o Bem (Cieszkowski), lá onde a ética iria sobredeterminar, definitivamente, a estética e a ciência. E muitos outros exemplos podiam ser evocados para, num jogo contrafactual, se desmontar o desenvolvimento da sociedade "tal qual ele não foi" e "tal qual ele poderia ter sido", tendência que levou a que a utopia passasse a ser cada vez mais configurada como uma espécie de *idade do tempo sem tempo*, isto é, como uma *ucronia* (Charles Renouvier, 1876).

Como escreveu Gérard Bensussan (2001), o realce dado aos dilaceramentos e aos conflitos, independentemente das suas formas, propunha-se demonstrar que a existência de "um fim imanente ao conjunto das suas mediações" acabava, como também salientou Adorno, "por as concretizar com boas finalidades". Por conseguinte, o *fim* não seria mais do que o remate da essência potencialmente colocada a partir da *origem*. E as concepções fundamentadoras da reconciliação, da harmonia ou da síntese também não escapavam a esta circularidade encoberta, porque a teleologia que as estruturava lhes imprimia um sentido, em desenvolução desde a idade prístina da história, dissimulando, assim, que *o efeito era o pai do que se invocava como sua causa*. Entende-se. Sem a implicação recíproca entre *o alfa* e o *ómega* seria difícil credibilizar a coerência interna do percurso, pelo que Kojève tinha razão quando concluía, na sua *Introduction à la lecture de Hegel*, que "a filosofia da história [e mais ainda a filosofia hegeliana, o 'sistema'] só seria possível se a história tivesse terminado" (Kojève, 1947). Ora, se esta asserção é válida quando se acredita que o fim já começou, também o será quando ele é situado num *por vir* que se supõe planificável.

Em toda esta lógica, a sucessão é dita por um discurso manifesto baseado na relação causa → efeito, ou melhor, antecedente → consequente, mas na qual é o segundo elemento que – ao contrário do que acontece com a causalidade mecânica – comanda o primeiro. Daí que esta interpretação não dê lugar ao *acaso*. De facto, as filosofias da história não só contestavam a insondável intervenção de Deus – elas ajustavam-se melhor ao deísmo e ao panteísmo –, como também rejeitavam o papel nuclear da contingência na determinação dos acontecimentos (Sílvio Lima, 1958). Se, para o providencialismo, aquela não passava de um disfarce da vontade divina, para os pensadores modernos (David Hume, Laplace, por exemplo), o acaso consistia numa simples designação que era usada para encobrir a ignorância (mas que o progresso dos conhecimentos iria ultrapassar), ou, então, representava uma manifestação fenomenológica que seria inteligível logo que estivesse integrada na necessidade que presidiria à evolução global da humanidade. E um pensador como Cournot, que destacou o papel do acaso (na explicação dos fenómenos naturais e sociais), recorreu a argumentos epistemológicos (cálculo das probabilidades) e históricos, para mostrar que, depois de ter partido de uma fase a ele subordinado, e de ter passado por um período intermédio (em que a necessidade e o acaso se conciliaram), o devir estaria a entrar no seu estádio terminal, no qual a primeira subsumiria o segundo.

Nesta maneira de ver, em que os elos entre antecedentes e consequentes se restringiam ao causalismo material e eficiente, devido ao cariz retrospectivo e universalista das filosofias da história, tudo o que havia ocorrido era transformado em *meio* posto ao serviço da consumação do *fim*, meta que, não obstante surgir como a consequência derradeira dos passos da humanidade, representava a instância que dava coerência à previsão, ou melhor, à retrodicção que a teleologia pretendia escamotear, pondo *o efeito como causa de suas causas*. Sendo assim, pode dizer-se, com Schlegel, que os seus prognósticos constituíam, em última análise, uma espécie de "previsão ao contrário".

O velho preceito ciceroniano *historia magistra vitae*, mesmo quando se afirmava o inverso, estava a ser objectivamente revisto, pois se ele se adequava a mentalidades imbuídas de uma visão cíclica do tempo, ou crentes no cariz a-histórico da natureza humana, tal não ocorreria com a aceitação da irreversibilidade do tempo. Se nada se repete, que utilidade poderiam ter as lições do passado? Ora, a resposta não pode ser negativa pelas razões apontadas: a diacromia continuou a ser invocada, porque as estratégias de convencimento das narrativas históricas, estruturadas segundo o liame antecedente → consequente, explicavam a sequência do eixo temporal a partir do efeito, tanto mais que este era o verdadeiro *locus* da demonstração, lógica que olhava para trás, a fim de convencer que o melhor do passado já conteria, em potência, aquilo que, em plenitude, o futuro iria concretizar. Com isto, punha o adágio *historia magistra vitae* ao serviço de uma supletiva legitimação do optimismo das filosofias da história.

Como se vê, estas estavam animadas por uma "vontade de poder" análoga à das ciências da natureza; o que, só por si, já era impulso transformador, porque se, em alguns casos, a previsão justificava a ordem existente – apresentada como o final inevitável e feliz do devir –, noutros, porém, era arma de crítica e de contestação. E poder-se-á defender (como o têm feito muitos autores) que esta obsessão com a história e esta ânsia de a controlar, tendo em vista domesticar as suas surpresas através da previsão e da planificação do seu acontecer, assimilavam o sonho messiânico da última "idade" como reino do Espírito, transferindo a Jerusalém celeste para a terra. Quais novos anunciadores da Verdade, os filósofos apareciam como reactualizados *profetas do tempo*, mesmo que, para isso, tivessem de recalcar o facto de serem eles que, retrospectivamente, dispunham os eventos numa sucessão que tinha por objectivo legitimar o *telos* que estaria a libertar a humanidade da cegueira da sua errância (Miguel Baptista Pereira, 1999). E o aumento do peso do argumento histórico na iluminação do lugar do homem no mundo talvez explique o laço estreito que uniu esta maneira de pensar ao agir prognóstico (e profético) reivindicado pelo intelectual moderno (Pierre Bénichou, 1977).

A convicção de que a história tinha um sentido, a que a sua razão dava translucidez, autolegitimava esse papel (G. Marramao, 1989). Mas como, no seu momento inaugural, tal tarefa era inseparável do exercício da *crítica*, o filósofo (o novo intelectual por excelência) devia afirmar as suas ideias no *espaço público*, derramando as luzes, a fim de se formar uma opinião colectiva que fosse capaz de mobilizar os espíritos para a construção de um mundo melhor (Kant, *O Conflito das faculdades*, 2.ª Secção, 8). No entanto, se esta missão, crítica e aberta, se manteve em muitas filosofias da *praxis*, ela também virá a sofrer desenvolvimentos que colocarão a teoria a fundamentar a realidade existente.

Quanto ao poder prognóstico, convém lembrar, porém, que Kant hesitou no que respeita ao matiz necessitarista e inelutável da ideia de progresso, tese em revisão depois do terramoto de Lisboa (1755). É certo que os acontecimentos (a história empírica), desde que fossem lidos no horizonte de uma "história profética do género humano", isto é, *"non singularum, sed universorum"* (Kant, *O Conflito das faculdades*, 2.ª Secção, 7), deviam ser interpretados como indícios do destino da humanidade. Todavia, a sua previsibilidade não podia aspirar a ser mais do que um possível, no fundo análogo ao da aplicação do cálculo de probabilidades aos diferentes lances pensados pelo jogador de xadrez. Isto é, o olhar filosófico podia ditar, tão--somente, normas ético-racionais e universais, passíveis de serem (ou não) postas em prática; mas, por causa da liberdade e da percentagem de mal que existe na natureza humana, ele não teria capacidade para prever se aquelas seriam (ou não) efectivamente cumpridas. Sublinhe-se que mesmo Condorcet, ao fazer, no seu *Esquisse d'un tableau historique des progrès de l'esprit humain* (1793), "um retrato das nossas esperanças", procurou calcular as "chances" do progresso, sem se esquecer dos obstáculos e das regressões que sempre surgem no ascendente percurso de aperfeiçoamento (Condorcet, 1933). Pode concluir-se que a mediação racional das expectativas prometia ao homem, como sucedânea da esperança "consolante", a esperança "matemática"; porém, esta possuiria algo de aleatório e, consequentemente, de probabilístico (Gérard Bensussan, 2001).

Este desejo de se "fazer", manipular e controlar o tempo histórico ganhou posteriormente uma tonalidade em que os fracassos – como o próprio acaso – foram encarados como manifestações "ardilosas" do sentido universal do devir. Um bom exemplo encontra-se em muitas das interpretações da filosofia de Hegel, sendo lógico que um dos seus discípulos, Cieszkowski, nos seus *Prolegomena zur Historiosophie* (1838), sustentasse que a objectivação do espírito universal teria chegado a um grau de consciência de si em que, finalmente, podia compreender as leis universais do progresso, conhecer as suas concretizações, bem como a periodização e a ordenação sequencial dos anéis ascendentes que formaram (e formarão) a cadeia do tempo.

Em síntese: a evolução histórica estaria numa "idade" que permitia distinguir o verdadeiro "conhecimento especulativo do futuro" das previsões parcelares e particulares. Frise-se que, se Kant, na sua *Antropologia em sentido pragmático* (§ 35), separou o pressentimento (*praesensio*) da presunção (*praesagitio*), também Schelling, nas várias versões (1811, 1813, 1815) da introdução ao inacabado ensaio *Die Weltalter*, alertou para o facto de as três dimensões do tempo implicarem formas diferentes de apreensão e de linguagem (Schelling, 2002). Assim: o passado pode ser sabido e narrado; o presente, conhecido e exposto; mas, o futuro, somente pressentido [*geahndet*] e profetizado [*geweissagt*]. Cieszkowski foi mais longe, ao defender a necessidade de se não confundir o "deciframento do futuro" (*praesagium*) com o seu saber prévio (*praescientia*) (August von Cieszkowski, 2002). Entende-se. Em função do princípio de que só pode haver conhecimento do geral, também à historiosofia não interessava planificar este ou aquele aspecto particular, mas inteligir a verdadeira natureza humana, de molde a iluminar a lei do seu progresso, quer na sua efectuação no passado, quer no que respeita às suas relações com o futuro.

Século XIX adentro, as alternativas cientistas ao modo metafísico de justificar o sentido do tempo – teorizadas pelo pensamento social do século XIX – estarão eivadas de uma mais forte presciência e terão a vantagem de dar uma ainda maior visibilidade à "vontade de poder" da *episteme* moderna já sintetizada por Francis Bacon no célebre aforismo: *saber para prever, prever para prover*. Montesquieu (*De l'Esprit des lois*, 1748) já tinha andado perto deste objectivo, mormente quando recorreu a modelos físicos e ao causalismo usado nas ciências da natureza para tentar explicar, em termos deterministas, a relação (a lei) entre os fenómenos sociais, visando a previsão. Todavia, antes de A. Comte, foi Condorcet quem melhor expressou o programa de unificação da metodologia das ciências naturais com a das ciências sociais, base fundamental para que estas conquistassem a previsibilidade que havia granjeado o prestígio das primeiras. Para ele, "se o homem pode predizer, com segurança quase total, os fenómenos cujas leis conhece; se, mesmo quando as desconhece, pode, com base na experiência do passado, prever, com uma grande probabilidade, os acontecimentos do futuro; porquê encarar como uma empresa quimérica traçar, com alguma verosimilhança, o quadro dos destinos futuros da espécie humana, segundo os resultados da sua história? O único fundamento da crença nas ciências naturais é a ideia de que as leis gerais, conhecidas ou não, que regem os fenómenos do universo, são necessárias e constantes; e por que razão este princípio havia de ser menos verdadeiro para o desenvolvimento das faculdades intelectuais e morais do homem do que para as outras operações da natureza?" (Condorcet, 1933).

A busca de similares "fundamentos de crença" é detectável nas várias propostas que, no século XIX, darão vida aos imaginários de inspiração socialista, assim como às múltiplas tentativas para se provar a iminente emergência da ciência social: a "fisiologia social" em Saint-Simon; a "sociologia" em Comte; o "materialismo histórico" em Marx. Não se nega que elas se distinguiam entre si e que as de teor antimetafísico acusavam as restantes de serem utópicas. Todavia, a todas é aplicável o programa formulado por Buchez: fazer da história uma ciência apta para – em analogia, aliás, com a capacidade das filosofias da história – prever o futuro social da espécie humana, na sua livre actividade (Ph. J. Buchez, 1833). E a finalidade de A. Comte – numa versão mais conservadora – é semelhante, pois a sua sociologia (a derradeira, por ser a mais geral de todas as ciências) tinha por meta concretizar a máxima baconiana.

Ora, a "engenharia social" carismada por estes projectos, se podia servir para reproduzir o mundo histórico tal qual ele existia (era essa a intenção de Comte), também foi usada para criticá-lo, a fim de o transformar. Deste modo, será lícito concluir-se que, dominantemente, o optimismo histórico moderno se baseava num optimismo epistemológico de cariz prometeico e fáustico. O que dá lógica ao facto de a sua proclamada presciência não se ter limitado ao papel de um ideal norteador, pois também conduziu a um necessitarismo que só não se confundia com o determinismo absoluto porque apelava à *praxis*. Porém, o fatalismo só seria vencido desde que aquela fosse iluminada pelo saber verdadeiro.

Como salientou Rosenzweig, a ideia de causalidade (usada tanto pelas filosofias da história, como pela historiografia) só podia ser convincente e operativa se narrasse o passado como quem desenrola um fio temporal contínuo, em que o antes (a causa) determina o depois (o efeito), ordenação que, confessadamente ou não, escondia a retrospectiva teleológica que a estruturava, como se o futuro fosse só um efeito do passado, sendo impossível o contrário. E o optimismo antropológico e epistémico que entusiasmava a nova ideia de ciência alargou-se, no século XVIII, à racionalidade que o tempo histórico estaria a explicitar. Já não se tratava de convocar causas externas: a velha "providência" transmudou-se em "lei", ou em "tendência objectiva", e o princípio da razão suficiente neste outro: todo o real é racional, e todo o racional é real. E, se foi a linguagem filosófico--metafísica que, pioneira e sistemicamente, melhor tematizou este último, a verdade é que ele continuará subjacente às diversas traduções cientistas que, sobretudo após as primeiras décadas do século XIX, manterão o afã de se domesticar os acontecimentos e de, consequentemente, se planificar o futuro.

A aceleração do tempo histórico

O sonho prometeico das filosofias da história alçou a consciência a instância superadora da fractura existente entre a razão e o tempo. Através do saber, o finalismo histórico – campo de aplicação de desígnios racionais, ou melhor, de formas produzidas pelo pensamento ocidental – seria transparente, abrindo janelas à possibilidade da definitiva coincidência do pensar com o ser, pelo que o laço invisível que prende o homem ao tempo – tal como acontecia nas suas relações com a natureza – passou a constituir um prolongamento do campo de acção do *homo faber*. Pode mesmo dizer--se que a projectividade e o super-humanismo da modernidade – concretizados no mito da ciência e na imanenticização do "sujeito" da história (o *nós* colectivo, próprio da *humanitas* secularizada) – tiveram a sua expressão suprema na promessa de que, tal como acontecia com as ciências naturais face ao seu objecto, as tendências do futuro também seriam prognosticáveis (Giacomo Marramao, 1991), embora, como se assinalou, se tratasse do contrário: eram as expectativas, apresentadas como probabilidades, ou mesmo como certezas, que mediavam a interpretação do passado. E se, nas ciências da natureza, o poder dimanado do conhecimento se saldava em técnica, ou melhor, em acção transformadora e manipuladora – a técnica é o prolongamento da mão –, os saberes sobre o sentido do tempo teriam de desaguar numa *praxis* futurante. De sorte que o desafio kantiano – *Sapere aude* – é prova de que o homem se preparava para desempenhar, mais do que nunca, o seu papel de *Werkmeister* (Hegel), isto é, de "capataz" da história, missão que, conquanto num outro enquadramento, já tinha sido anunciada por Vico.

O prometeísmo historicista cresceu na segunda metade do século XVIII e durante boa parte de Oitocentos, conjuntura em que se julgou que o homem se iria libertar do trágico e obscuro jugo do devir, defrontando-o, qual "engenheiro do tempo" e "piloto da história" (Jean Brun, 1990), como uma produção sua. Compreende-se. A radicação da ideia de progresso, assumida como uma temporalidade construída, representa a dimensão própria do processo moderno de secularização (no seio do qual também se insere o novo paradigma de ciência) que convidava a viver-se o tempo como mutação e transformação constantes, ou seja, como *uma original experiência de aceleração*. Este pano de fundo, já visível em Voltaire (Lothar Baier, 2002), tinha de gerar uma comutabilidade recíproca entre a história e a *praxis*, decorrente da consolidação da crença no aperfeiçoamento humano, condição necessária para afiançar aquela geminação (Fabio Merlini, 1998). Daqui o paradoxo: por um lado, defendia-se que é o homem quem "faz" a história, mas, simultaneamente, tentava-se demonstrar que o contrário também é verdadeiro: os indivíduos não podem ultrapassar a época em que vivem.

Em suma: conquanto se reconhecesse que a natureza humana ainda não era perfeita, teorizava-se a infinita capacidade para poder vir a sê-lo, ductilidade que ajuda a perceber por que é que boa parte do pensamento iluminista se consubstanciou numa *paideia* (Lessing, Condorcet, Comte) e num novo ideal de *praxis* que tinha por objecto a "formação" (*Bildung*) da humanidade, não em qualquer das suas facetas parcelares, mas no seu todo. O conhecimento seria o verdadeiro municiador da *aceleração do acelerador da história*, potência exemplarmente invocada por Condorcet, no seu *Esquisse d'un tableau historique des progrès de l'esprit humain*, ao propor que aquele devia ser construído a partir de observações "sobre aquilo que o homem foi", a fim "de assegurar e *acelerar* os novos progressos que a natureza ainda lhe permite esperar", tanto mais que esta não havia posto nenhum termo às esperanças humanas. Tal certeza deu um perfil utópico a este ideário: "caminhando de passo firme e seguro no sentido da verdade, da virtude e da felicidade", o homem alcançaria – como, optimisticamente, ele assinala no fim da sua obra – *"um eliseu que a sua razão soube criar* e que o seu amor pela humanidade embeleza dos mais puros prazeres" (Condorcet, 1933; os itálicos são nossos).

Tudo isto mostra que, desde meados do século XVIII, ganhou força, nos meios intelectuais europeus, a convicção de que haveria *saber* e *poder* suficientes para diminuir a distância entre o presente e o futuro. O medo apocalíptico, anunciado pela religião, foi substituído por uma activa espera da esperança terrena, deslocamento e inversão que a Revolução Francesa – prometendo a irrupção de um "homem novo" e de um "tempo novo" – converteu em experiência histórica de ruptura e em manifestação visível do poder que os homens teriam para tornar mais precoce a ultimação do sentido histórico. Como sublinhava Robespierre em 1793, "chegou o tempo de chamar cada um para a sua verdadeira missão. O progresso da razão humana preparou esta grande Revolução e vós, vós sois aqueles a quem foi confiada a tarefa particular de *acelerar* o seu curso" (Robespierre, 1958; os itálicos são nossos).

Nos séculos XIX e XX – a "era das revoluções" por excelência –, cresceu ainda mais o sentimento de que a humanidade tinha intensificado a sua aventura em consequência do agir, ideia particularmente cantada por todos os que perfilhavam uma visão mais progressiva e aberta da história. Foi o caso, entre outros, de poetas como Victor Hugo, ou de historiadores como Jules Michelet. Se o primeiro gostava de desenhar o tempo como uma linha assimptótica, este último – mergulhado na "ressurreição" do passado, mas igualmente comprometido com os problemas da sua época – exprimia, em 1872, a sua própria experiência biográfica da historicidade nestes termos: "um dos factos mais graves, e dos menos notados, é que *a velocidade do tempo mudou profundamente. Duplicou o seu andamento de forma estranha.* Numa simples vida de homem (de setenta e dois anos), assisti a duas grandes revoluções, que antigamente teriam sido espaçadas de dois mil anos entre si"; e rematava: "nasci em plena revolução territorial; e, nestes dias, antes que eu morra, vi nascer a revolução industrial. Nascido na época do terror de Babeuf, vejo, antes da minha morte, a da Internacional" (Jules Michelet, 1872; Daniel Halévy, 2001; os itálicos são nossos).

"Revolução" e "revolucionários"

Pensam correctamente os que têm defendido que o alargamento do campo semântico da palavra "revolução" é sintoma do enraizamento desta vivência moderna de tempo histórico e, por conseguinte, dos novos nexos existentes entre o campo da experiência (feita de memórias) e a valorização do horizonte de expectativas (R. Koselleck, 1993). Com efeito, a antiga significação do vocábulo remetia para uma visão cíclica da natureza (mesmo na obra fundamental da ciência moderna – a *De revolutionibus orbium cœlestium libri*, de Copérnico) e sabe-se que, quando aplicada aos fenómenos históricos, se acreditava que estes, por terem as mesmas qualidades (estavam encerrados em si mesmos), seriam igualmente repetíveis (Hobbes, referindo-se à revolução inglesa de 1688, ainda a entendeu em termos cíclicos). Mas esta antiga acepção passou a coexistir com uma nova, de sinal contrário. Por exemplo, na língua alemã, uma das primeiras utilizações do neologismo *Revolution*, no campo sociopolítico, encontra--se num documento do burgomestre da cidade de Zurique, onde, a propósito de uma revolta de camponeses, se caracteriza o movimento como uma "revolução [que] atravessa a maior parte da Confederação". Posteriormente, o termo voltou a aparecer no contexto da guerra dos camponeses, ocorrida entre 1705 e 1706, na Baviera, embora a dicionarização do seu alargamento semântico só se tenha dado depois da Revolução Francesa (R. Koselleck, 1993; Andreas Suter, 1997).

Não por acaso, ao cariz crítico e alternativo das representações utópicas – tal como foram surgindo desde Thomas Moro –, juntou-se a afirmação da prática humana como poder de mudança do *statu quo*, condição prévia e necessária para a edificação do *novo* (Miguel Baptista Pereira, 2002). E esta confluência levou a ideia vectorial de tempo a irmanar a temporalização da utopia com a nova semântica de "revolução". Reivindica-o, expressamente, L.-S. Mercier, no seu livro *L'An deux mille quatre cent quarante*, ao apresentar-se como o "verdadeiro profeta da revolução". Portanto, não espanta que, em 1798, Kant tivesse interpretado a Revolução Francesa como o signo maior da "história profética do género humano", desde que ela fosse compreendida do ponto de vista de uma totalidade evoluente, com memória e com expectativa, isto é, como um "*signum rememorativum, demonstrativum, prognosticum*" (Kant, *O Conflito das faculdades*, 2.ª Secção, 5), e que o jovem Hegel – com dezanove anos em 1789 – a tivesse saudado como o início da era em que, finalmente, a razão iria governar o mundo.

De facto, foi principalmente após o impacto deste "grande acontecimento" que o significado de "revolução" envolveu não só a ideia de futuro, mas também uma releitura do passado, ajustada à inteligibilidade do devir progressivo da humanidade. Como tem sido correctamente assinalado, essa foi também a época em que a experiência antiga do tempo não só coexistiu, como foi sobredeterminada pela sua concepção moderna. Relembre-se que a divisa *historia magistra vitae* tinha funcionado durante séculos, porque se supunha um tempo cíclico ou a imutabilidade da natureza humana. Mas a enfatização da ideia de futuro não minaria a sua crença? Não por inteiro, ainda que a escolha dos *exempla* estivesse ainda mais condicionada pela ideia de *por vir* que, em última análise, os elegia (F. Hartog, 2003). Significa isto que o preceito mantinha algum valor, pois, para se legitimar, o futuro teria de aparecer como a consequência lógica exigida pela cadeia do tempo. E não se pode esquecer que os revolucionários do século XVIII e inícios do século XIX ainda convocavam, entre outros, os heróis cívicos da Grécia e de Roma. E nem todas essas evocações são redutíveis à mera retórica. Algumas também foram feitas por quem não tinha dúvidas acerca do lugar onde ficava a foz da história, sinal evidente de que a *linha* tinha definitivamente feito esquecer o milenário império cosmogónico e histórico do *círculo*.

Desta certeza promanou a crença ocidental no poder que o homem teria para programar e planificar o destino da humanidade. E não será descabido presumir que o prognosticado acabava por funcionar como motor da confirmação daquilo que ele mesmo previa, premissa que teve a sua melhor encarnação moderna na personagem do "revolucionário", alguém que parecia ter vindo do futuro para o tornar presente. Como outrora o cristianismo no seu registo religioso, dir-se-ia que a história se acelerou para que rapidamente chegasse a hora de um "tempo novo" e de um "homem novo", epopeia que, a par das suas concretizações específicas, teria de abranger toda a humanidade (e a humanidade como um todo), qualquer que fosse a palavra que significasse essa dimensão (*cosmopolitismo*, *internacionalismo*, *universalismo*), ou o meio a que se recorresse para a pôr em prática (*reforma*, *evolução*, *revolução violenta*).

Produto de um tempo aberto, a "revolução" já realizada, ou a que ainda estava por vir, teria de ser permanente (ela não era o *fim*, mas tão-somente *o início do fim da história*), logo sempre inconclusa, mesmo que esta limitação não fosse percebida pelos seus protagonistas. É que, apesar do voluntarismo que as movia, todas elas, uma vez eclodidas, mostrarão dificuldades para reconhecer, no futuro do seu futuro, o *novo* que para si mesmas reivindicaram quando antepuseram a luminosidade da sua irrupção à escuridão do passado que vinham substituir. Em certo sentido, toda a "revolução" começava a envelhecer no dia do seu próprio nascimento; daí, também, a sua simultânea dimensão épica, utópica e trágica, faceta bem sintetizada na lição que mostra – pelo menos desde a Revolução Francesa – que todas elas, tarde ou cedo, acabam por devorar os seus próprios filhos.

186 *A Activa Espera da Esperança*

Parece indubitável que a experiência do tempo histórico como "revolução" só pôde medrar com a auto-elevação do homem a obreiro da história e com a simultânea hegemonia de um ideal epistémico em que, como nos liames existentes entre a ciência e a técnica, se reivindicava a posse de um saber que faria aumentar o poder sobre as coisas e o de homens face a outros homens. Mas, por outro lado, tudo isto também constitui um sintoma do papel desempenhado pela entificação da história. E não deixa de ser um sinal da sua importância o facto de os princípios "revolucionários", não obstante se afirmarem como os agentes da ruptura, a ela recorrerem para autolegitimarem a sua prática, seja colocando-se como herdeiros de períodos paradigmáticos do passado, seja denunciando, através da *crítica*, a *crise* e a decadência do (seu) presente, seja invocando a exigência de o futuro vir a cumprir o sentido objectivo do devir, seja ainda misturando muitos destes argumentos. Em nome de uma essência, de um programa, de um plano, a doutrinação revolucionária mobilizou a história para se credibilizar como novidade, revendo, para isso, o passado em função dos seus projectos de futuro. E só dentro desta medida a história continuava a ser mestra da vida.

Contra o aceleramento do tempo histórico se rebelaram o pensamento "contra-revolucionário" e as várias alternativas conservadoras. Todavia, tanto a "contra-revolução" como a "conservação" têm de ser compreendidas a partir da força traumática e impositiva da nova ideia de "revolução" (e das suas consequências sociais e políticas). Fosse para reagir à mudança – elegendo um momento do passado como se ele pudesse voltar a ser um *presente eterno* (como muito do pensamento contra-revolucionário defendia) –, fosse para combinar a *ordem* e o *progresso* (ideário conservador), todas estas propostas tentavam bloquear, ou fazer regredir, a fulguração que irradiava da nova experiência do tempo e contestar o poder demiúrgico e auto--suficiente da razão teórica e prática do homem. Por conseguinte, não foi por acaso que os primeiros anátemas contra o optimismo histórico irromperam logo em 1790, numa obra que se tornará um marco do pensamento conservador: as *Reflections on the French Revolution*, de Edmund Burke. E a esta se seguirão outras de análoga temática: *Considérations sur la marche de la Révolution de France* (1793), de Jacques Mallet du Pan; *Considérations sur la France* (1796), de Joseph de Maîstre; *Théorie du pouvoir politique et religieux dans la société civile* (1796), de Louis De Bonald.

Em conclusão: o novo saber sobre a história apostava na conquista do poder definitivo do homem sobre a sociedade (que é sempre poder de alguns homens sobre outros homens), objectivo que ilumina o papel que, implícita ou explicitamente, a si mesmo se atribuíam os que se proclamavam como reveladores da verdade. Viu-se que o "revolucionário" foi a sua encarnação suprema. Na verdade, nenhuma outra sintetizou, de uma maneira tão eloquente, a crença moderna de que o homem é o único construtor da história, mesmo quando se esquecia – como a rápida evolução ideológica de personalidades como Marat e Robespierre bem demonstra – que as revoluções também fazem os seus revolucionários (Daniel Halévy, 2001).

O desfecho trágico da vida do "grande homem"

Nesses momentos de abrupta e intensa aceleração do tempo, os "revolucionários" surgem como "grandes homens", epifania que parece mostrar que os indivíduos, enquanto tais, são os grandes artífices do devir. Porém, não se deve esquecer que, nas filosofias da história, a justificação desse estatuto os punha como mediadores do colectivo, isto é, como se fossem emanações subjectivas da consciência de um povo, de uma nação, de uma classe, de uma civilização, da própria humanidade. Como conciliar esta aparente contradição, afinal um dos lados desta outra, ainda mais profunda: a que existia entre o *universal* e o *particular*, entre a *necessidade* e a *liberdade*?

A resposta teve várias versões, mas todas elas, directa ou indirectamente, remetem para Hegel, que atribuiu o papel de vanguarda às individualidades que, melhor do que os seus contemporâneos – ainda que sem pleno controlo sobre os efeitos das suas acções –, souberam dar voz e prática às exigências do devir. Segundo ele, "tais indivíduos não tinham consciência da Ideia geral que desdobravam enquanto perseguiam os objectivos deles [...] Mas, ao mesmo tempo, eram homens de pensamento, com apreensão das necessidades da época – o que estava maduro para a colheita. Esta era a verdade autêntica para a sua época e para o seu mundo: a forma que devia seguir-se, por assim dizer, e que já estava engendrada no ventre do tempo [...] As individualidades histórico-mundiais – os heróis de uma época – devem portanto ser reconhecidos como os seus filhos de mais ampla visão: as suas acções, as suas palavras são as melhores desse momento" (Hegel, 1965; Patrick Gardiner, 1984).

Sob o impacto desta caracterização hegeliana, o século XIX ocidental definirá o "grande homem" como o representante da ideia geral de história.

188 *A Activa Espera da Esperança*

Mas – e numa recuperação dos ensinamentos de Herder – ele também será cada vez mais particularizado como o revelador do carácter específico do seu povo e do seu tempo. Nele se encontrariam concentrados, personificados e prototipificados, tanto o *geral* como o *particular*, embora este nível pudesse criar a ilusão de que a história era um produto da subjectividade e da liberdade absoluta do indivíduo. Não era assim. Dentro do necessitarismo totalizador característico das filosofias da história, ele não passaria de um "representative man" que arrastava consigo o passado e o futuro: o passado, porque já antes se teria pressentido, como espera, a necessidade da sua chegada; e o futuro, porque, uma vez cumprido o seu papel e o finalismo histórico o ter obrigado a sair de cena, os efeitos da sua actividade continuariam a repercutir-se como *exempla virtutis*, seja como *fama* (August von Cieszkowski, 2002), seja como *condenação*, prova evidente de que o princípio *historia magistra vitae* ainda não tinha morrido.

Esta idealização-tipo – que o historiador Justus Möser já havia antevisto – foi acolhida por outros discípulos de Hegel (Victor Cousin) e, miscigenada com a influência de Herder, por românticos como Gorim, Goerres, Niebhur, entre outros. Todavia, a sua mais acabada sistematização – ainda que com fundamentos que pretendiam ser antimetafísicos – encontra-se no pensamento de Comte e de seus seguidores. Aqui, sem sofismas no que toca à idolatria do novo Deus – a humanidade –, ele surge ainda mais condicionado pelo império da necessidade. E, descontadas as diferenças, tem de se concluir que todas estas concepções viram o "grande homem" como uma espécie de *sujeito não subjectivo*, pelo que, e ao invés da tese voluntarista e individualista de Carlyle (2000), ele seria, não tanto um agente, mas mais um agido, ou melhor, uma personagem-símbolo do espírito colectivo (Sílvio Lima, 1958). Por palavras de Alexandre Herculano: "o indivíduo que vai à frente da sua época é a ideia predominante dela, encarnada no homem"; por isso, os génios são, tão-somente, "o verbo da ideia, são os intérpretes do género humano – e mais nada" (Herculano, 1986).

Esta leitura parece contraditar o apelo à "fabricação" do tempo histórico contido no optimismo que alentava a mundividência moderna, ilação que deve ser completada por esta outra: a certeza acerca da sua verdade compelia à acção, atitude que era reforçada quando a *teoria* (ou o *programa* ou o *plano*) era tida por científica (como acontecerá nas várias sociologias e, sobretudo, nos vários marxismos). E seria nesta experiência, tonificada pela crença na translucidez da razão histórica, que a liberdade se fundiria com a necessidade. De onde a situação paradoxal do "grande homem" enquanto *mediador*: ele actualizava os mais avançados imperativos da história, mas estes ultrapassavam-no, dada a índole objectiva, universal e futurante do devir. Destarte, o protagonista não sabia – como mostravam os casos de César e de Napoleão, invocados por Hegel – que os efeitos da sua própria *praxis* também o cegavam, obscuridade que, para ser alumiada, impunha, como paga, um desfecho trágico para o particular, de molde a que o espectáculo épico da humanidade no grande teatro do mundo pudesse continuar.

CAPÍTULO IX

Uma viagem no expresso do Ocidente

Como consequência do peso do raciocínio analógico na explicação do percurso da humanidade, é compreensível que a teoria sobre o "grande homem" fosse a expressão mais individuada de "sujeitos colectivos" gerais. Civilizações, povos, nações, classes, raças foram hipostasiados como heróis histórico-mundiais de um dado momento do processo, embora o desempenho de tal função também os condenasse a uma futura estagnação, decadência ou definhamento. Percebe-se assim que este tipo de retrospectiva fosse indissociável da ideia de vanguarda colectiva, parte da humanidade (ou da sociedade) que, numa dada fase do devir, teria por missão fazer coincidir o sentido da história com a sua efectiva existência. Para isso, a narrativa indicava uma geografia do seu desfecho que, regra geral, era esta: o lugar da definitiva revelação da verdade representava, igualmente, o foco de onde irradiaria o seu remate final como universalidade. E esse lugar seria o Ocidente, ou, talvez melhor, a Europa.

As dessintonias da história

Desde os finais do século XVIII e, principalmente, no decurso de Oitocentos, as filosofias e teorias da história (mesmo quando admitiam recuos conjunturais) conceberam o tempo em termos lineares – as excepções serão raras (Jacob Burckhardt, Nietzsche, Spengler) – e de irreversibilidade acumulativa. Cresceu, em simultâneo, o frenesi pelo seu aceleramento, velocidade que fez supor que outras sociedades, com outros ritmos e valores, estariam paradas no tempo, isto é, não teriam história. E citava-se a China como exemplo supremo desses povos *não-históricos* (*Natürvolker*).

Ora, facilmente se entende que se está perante um acrítico pré-conceito, apesar de, quando se falava em nome da Europa (ou do Ocidente), ou de uma civilização, de uma nação, de uma classe, de uma raça, ele convocar a objectividade, porque queria ser a voz do universal. E isto explica que a época da entificação da *humanidade*, da *história* e do *progresso* também tenha sido a da substantivação da ideia de *civilização* (como posteriormente o será da de classe, nação, raça, etc.).

No que ao termo "civilização" diz respeito, frise-se que ele tem a mesma raiz de palavras como "civil", "civilidade", "civilizar", sendo, a par de "cosmopolitismo", um dos vocábulos que melhor caracterizaram a visão da história que estava a estruturar-se na segunda metade do século XVIII (Georges Gusdorf, 1971). E parece ter sido utilizado, pela primeira vez, em inglês, por Ferguson (1752), e, em francês, por Mirabeau (1756). Mas, ainda em 1743, o *Dictionnaire universel* (de Trévoux) ainda somente o referia a actos jurídicos que convertiam a matéria criminal em processo civil. O seu alargamento semântico deu-se, num primeiro registo (Mirabeau), para reabilitar a influência da religião e surge ligado à expansão europeia; depois, com a incorporação de conotações histórico-culturais (que sintetizavam hábitos, costumes, civilidades) e, no início do século XIX, etnológicas, tornou-se igualmente sinónimo de "comunidade cultural" (Lucien Febvre *et al.*, 1930; Starobinski, 1989; Juan R. Goberna Falque, 1999).

O seu uso, que incitava à acção, terá uma função dominantemente hierarquizadora. Mas esta, se foi sobretudo autojustificadora do papel de vanguarda, aqui e ali também ofereceu uma arma crítica (exemplo: quando confrontou a Europa com a mitificação do "bom selvagem"). Seja como for, a sua génese e voga derivaram da lógica identitária posta em prática pelas relações de alteridade, agora condicionadas pela visão ocidental moderna do tempo histórico. Para esta, no Ocidente, os tempos coevos seriam mais civilizados do que os mais "primitivos" ou "bárbaros" e, após a Revolução Francesa, a palavra "civilização" passou a estar colada às ideias de progresso e de vanguarda, processo que transformou a sua semântica num substituto secularizado da religião e numa espécie de "parúsia da razão" (Starobinski, 1989).

Indo ao fundo das coisas, o seu aparecimento, no decurso do século XVIII, é sintoma de que o apetite omnívoro da progressão do universal tinha de reconhecer o particular, nem que fosse como seu alimento, ou como o *outro* que, tido por parado no tempo, confirmava o seu narcisismo. No fundo, o termo vinha ao encontro da justificação que presidia ao relacionamento, no presente, dos povos entre si: eles estariam numa *simultaneidade de histórias diferentes, conquanto coexistentes num tempo cronologicamente contemporâneo* (R. Koselleck, 1993). Nesta ordenação, os "povos sem história", e mesmo os que já haviam desempenhado o seu papel timoneiro (estando inertes, decadentes, ou extintos), apareciam como meros *meios*, *degraus* ou *andaimes* que a história usou, mas para os ultrapassar, obrigando-os a entregar o seu "facho" (Hegel) a novas vanguardas e assim, sucessivamente, até ao *fim da história*.

A humanidade como polifonia

Universalidade ainda não queria dizer nem sincronia nem homogeneidade, e o reconhecimento da existência de várias velocidades era uma das faces do dilema mais geral que resulta do facto de aquela exigir uma objectivação espaciotemporal. E, se a tendência dominante apontava para o inevitável advento da *universalidade universal*, vozes houve que, na mesma conjuntura, não deixaram de esboçar a possibilidade de se procurar outras combinatórias. Foi o caso de La Popelinière e de Montesquieu (com a sua teoria sobre o clima e sobre as diferenças entre os vários sistemas jurídico-políticos), bem como de Rousseau (atente-se nos conselhos que deu aos polacos acerca da sua futura constituição política) e de Voltaire. Este, particularmente em *Le Siècle de Louis XIV* (1751) e, sobretudo, no *Essai sur les mœurs* (1756), não deixou de salientar as especificidades a que chamou "espírito das nações". E, no seu registo próprio, não as esqueceu Edmund Burke nas suas críticas à Revolução Francesa (Peter Coulmas, 1995; J. A. Barash, 2004).

A preocupação comum a respeito do "espírito dos povos e do tempo" recebeu, porém, respostas distintas devido ao valor que o universal lhe dava. E, se este condenava o particular a ser degrau da sua ascensão ao homogéneo, também o reduzia à fenomenologia do seu fundamento, como acontecia na maior parte das metanarrativas modernas sobre a história. Todavia, houve excepções que conceberam esta última em termos de conexão de diferenças. Encontra-se nessa situação o pensamento de Herder.

Na verdade, para o autor do ensaio *Também uma outra filosofia da história para a formação da humanidade* (1774), o âmago da historicidade residia numa força vital, pampsíquica, a qual, num eco de Leibniz e Espinosa, seria potência que se actualizava em espaços e tempos específicos (Gadamer, 1941). E a humanidade podia ser comparada a um *Livro* – metáfora igualmente usada pelo seu amigo Lessing, no qual os séculos representam as sílabas, e as nações as letras ou os sinais de pontuação de um texto escrito, em última análise, pela Providência.

Ele também não admitia que a razão humana pudesse ascender à autotransparência de um saber absoluto, capaz de abarcar a totalidade (do universo e da história). Esse seria o principal "pré-juízo" da sua época e equivaleria a pôr o homem no lugar de Deus, ideia impensável para um teólogo que achava estulto tentar apreender a "quintessência de todas as épocas e povos", pois o criador "é o único que pode pensar a unidade global de uma ou de todas as nações em toda a multiplicidade que lhes pertence e sem que ao fazê-lo se desvaneça a unidade" (Herder, 1995). Como o filósofo da história queria colocar-se no lugar de Deus, o antigo aluno de Kant, contra o racionalismo frio e universalizante à Voltaire ou à Iselin, a par da razão, destacava, igualmente, o valor da sensibilidade e da experiência histórica (objectivada como linguagem), óptica que lhe oferecia a possibilidade de relevar as diferenças e de, numa antecipação da atitude hermenêutica, empaticamente procurar compreendê-las, numa abertura compartilhada pelas críticas feitas pelo movimento *Sturm und Drang* aos exageros iluministas.

Dir-se-ia que ele perfilhava uma concepção polípode, ou melhor, policêntrica da história, dentro de um "horizonte móvel" (Gadamer, 1941). Como sublinhou E. Cassirer (1991), essa totalidade perseguida não estaria atrás (como uma essência), mas à frente, e teria de ser recomposta a partir do diverso. Daí que nenhuma "nação" estivesse subordinada; todas eram, nas suas especificidades próprias, simultaneamente *meios e fins em si e para si mesmas*. E como, em termos absolutos, não haveria nem um "centro", nem um "antes", nem um "depois", a história seria irredutível a uma mera sucessão de acontecimentos, em que uns substituíam, destruíam ou absorviam outros, segundo uma ordem sequencial de tempo. Por conseguinte, o seu sentido não estava em nenhum dos seus momentos tomado isoladamente (ainda que ele se encontrasse intacto e inteiro em cada um deles) e escapava ao determinismo de uma teleologia universal e homogeneizadora, bem como a qualquer etnocentrismo anacrónico, à luz do qual o passado, em vez de ser compreendido, fosse julgado por um "despotismo" do presente que hierarquizava, como, no parecer de Herder, acontecia em Voltaire. Como se viu, este relativismo foi historiograficamente bem aproveitado por Ranke.

A natureza do espírito nem predeterminava nem traçava adiantadamente um movimento impelido pela mão invisível da necessidade e em que o *fim* seria o resultado da desenvolução da essência do *princípio*. Isto é, ele não procurou representar o curso da vida histórica de acordo com o pensamento essencialista e metafísico (Ernst Cassirer, 1991; Pierre Pénisson, 1992). Cada "nação", ou melhor, cada povo (*Volk*), constituiria uma totalidade espiritual autónoma, uma comunidade com a sua etnicidade, a sua história, a sua cultura, a sua crença, a sua língua própria, realidades interiorizadas pelos indivíduos como pré-conceitos que condicionavam as suas visões do mundo. E estas "fronteiras interiores" ditavam os limites epocais de toda a compreensão humana, de onde o povo fosse "o lugar a partir do qual se fala e para quem se fala: uma dada comunidade histórica e linguística, cuja unidade política possivelmente realizada se chamaria nação, para a qual o filósofo alemão usa o adjectivo 'national', num sentido que não apresenta conotações racistas, como o adjectivo *völkisch* e o seu lúgubre destino no final do século seguinte" (Pierre Pénisson, 1992).

O desenvolvimento palingenético destas pequenas totalidades espirituais autónomas realizar-se-ia assim: cada "nação" seria uma espécie de *organismo-planta* (imagem que Jules Michelet retomará) sujeita, em consonância com o velho pensamento analógico-organicista, ao ciclo da juventude, maturidade e envelhecimento, o que, trazendo ruína, invalidava a descrição meramente rectilínea do processo (Herder gostava de simbolizar a aventura humana através da invocação do mito de Proteu). E de tudo isto extraía outra lição: ao contrário do que defenderam Voltaire e outros iluministas, cada época (como, mais tarde, Ranke repetirá) possuiria o seu valor próprio, isto é, *"cada nação traz em si o centro da sua felicidade, como uma esfera traz em si o seu centro de gravidade"* (Herder, 1995; os itálicos são nossos).

Nesta perspectiva, cada uma não podia limitar-se a ser um simples *meio* de um percurso que as atravessava e transcendia, mas *"meio para milhões de fins e fins para milhões de meios"* (itálicos nossos), prova evidente de que o pensamento de Herder não era de tipo *hierárquico*, mas *relacional*. Daí que as diversidades não fossem autarcias absolutas, ou hegemónicas umas em relação a outras, como acontecerá com algumas futuras interpretações nacionalistas do seu ideário. Ao contrário, a sua *filosofia da relação* compaginava-se bem com o ideal que sempre defendeu: a tolerância entre todos os povos.

Cada "nação" era compreendida como uma espécie de mónade de Leibniz, pelo que uma correcta filosofia da história devia ensinar a inteligir "o particular no universal e o universal no particular". Mais do que "um sentido histórico" (Gadamer, 1941), encontra-se em Herder uma reactualização do *logos* heraclitiano, e este, ao unir, numa síntese, os indivíduos e o todo, possibilitava que o particular pudesse alcançar "uma existência universal" (E. Cassirer, 1991). Mas, com isso, também se propiciava que o ideal racional e ético de autonomia e de emancipação do indivíduo (como em Kant) se alargasse aos *sujeitos colectivos* chamados "nações" (Fichte) e à necessidade de o direito à diversidade se afirmar através da luta (Elie Kedourie, 1985), base teórica a que, descontextualizando-a, os nacionalismos oitocentistas, de cariz essencialista e orgânico, recorrerão no seu combate para se realizarem como Estado.

Independentemente das várias leituras a que o seu pensamento dará origem, não será descabido compará-lo à execução de uma peça de música polifónica. Na imagem de Heine, ele "não se apresentava como um grande inquisidor no acto de julgar as diversas nações, para as condenar ou absolver consoante a intensidade da sua fé. Não, Herder considerava a humanidade como uma harpa nas mãos do grande mestre, parecia-lhe que cada povo era uma corda afinada dessa harpa gigante, e ouvia a harmonia universal das suas várias sonoridades" (*in* Pierre Pénisson, 1992). E a mesma imagem pode ser ainda surpreendida no frequente uso que fez de metáforas inspiradas no mundo do teatro. É que a sua hermenêutica convidava a ver-se a história, não à luz da sequência que Aristóteles e o teatro clássico francês estipularam para o ritmo temporal da tragédia, mas a partir da diegese que cerzia o drama moderno, o que explica o seu interesse por Shakespeare, bem como a elevação da estrutura dramatúrgica das peças do escritor inglês a paradigma de leitura da própria história, porque aquela teria "capacidade de entrever na multiplicidade envolvente a possibilidade de uma unificação, de uma ordenação que não é aplicação de nenhum ideal abstracto, mas inversamente descoberta de uma 'perspectiva', de um 'olhar' ('*Blick*')" (José M. Justo, 1995).

E se, do ensaio *Também outra filosofia da história para a formação da humanidade* (1774) às *Ideias para uma filosofia da história da humanidade* (1788-1794), o seu ideário sofreu alterações, tal não significou, porém, qualquer ruptura quanto ao essencial (Jeffrey Andrew Barash, 1997). Ele continuará a reivindicar a especificidade do particular, teorizando-a, na sequência de Montesquieu e do Kant "geógrafo" e "antropólogo natural", em função do que, mais tarde, se chamará condições mesológicas. Compreende-se. Como escreveu naquela última obra, a lei fundamental da história seria esta: em todo o lado, na terra, se desenvolveria tudo o que nela se podia desenvolver, em parte de acordo com a situação geográfica do lugar e suas necessidades, em parte de acordo com as circunstâncias e ocasiões do tempo, em parte, ainda, em função do carácter inato ou em formação dos povos (Livro XII, VI).

Se, em algumas filosofias da história, esta sensibilidade perante o particular acabava por ser subsumida pelo ponto de vista da universalidade, que o transformava num simples meio (como, de certo modo, acontece em Kant ou, mesmo, em Hegel), diferentemente, Herder aspirava fazer da *cosmopolis* o resultado, sempre aberto, da progressiva autonomização e correlação entre as partes. Por isso, a história da humanidade não podia ficar limitada ao cumprimento de um plano de homogeneização e de progresso irreversíveis; teria de ser uma história natural das forças, das "nações" e das tendências humanas, todas condicionadas pelos respectivos lugares e épocas (*Livro* XIII, VII). Cada povo possuiria uma idiossincrasia própria, expressão do espírito do tempo (*Zeitgeist*) que se concretizaria como *Volksgeist*. E, devido ao elo existente entre a etnicidade e a linguagem – consubstanciação da "alma do povo" –, o cume da existência de cada uma seria alcançado quando aqueles condicionantes atingissem uma situação de equilíbrio, à qual, porém, se seguiria um ciclo de decadência.

Em síntese: só tendo como horizonte este mundo palingenesíaco e proteico se podia afirmar que "a civilização de um povo é a flor da sua existência, pela qual ele se manifesta de uma maneira sem dúvida agradável, mas efémera" (*Livro* XIII, VII, 3). Por outro lado, como o homem não é Deus, mas uma criatura, o seu entendimento, sempre condicionado por um ponto de vista (*Sehepunkt*), somente poderia ascender a uma visão finita do devir.

Tempo e espaços geográficos distintos criavam heranças e índoles diferentes. Mas este respeito pelo cariz plural da humanidade não consente que dele se faça – como alguns pretendem – um dos grandes precursores do relativismo cultural absoluto, porque não se pode olvidar que Herder indicou um caminho para a compreensão do devir – um processo que teve a sua Idade de Ouro a Oriente – e supôs (como em Kant, apesar de todas as suas divergências) a existência de uma espécie de "plano da natureza", ideal regulador (José M. Justo, 1995) que o homem podia assumir como acto livre de criação do *novo*, fazendo aumentar a riqueza espiritual do mundo. O saber aproximá-lo-ia, tanto quanto lhe fosse possível, do modo simultaneamente uno e diverso como Deus concebeu o universo e a história.

Esta posição, no contexto da cultura alemã, nada tem a ver com os desenvolvimentos nacionalistas do pensamento histórico posterior a 1871 – onde foi marcante a influência de Heinrich von Treitschke –, mas que possui evidentes afinidades electivas com os ideários de Friedrich von Gentz, Humboldt e Ranke, à luz das quais o reconhecimento da existência das diversidades históricas nacionais não era incompatível com a conciliação do horizonte cosmopolita (Jeffrey Andrew Barash, 2004). E esta base também convencia – contra o cepticismo e o dogmatismo absolutos – que não seria ilusória a esperança de que, no futuro, por toda a parte em que houver homens, as diferenças pudessem ser hermeneuticamente percebidas como elementos comparticipantes de uma expansão qualitativa, realizada por "homens racionais, justos e felizes", estado que resultaria não tanto da razão individual, mas do império da "razão comum" (Herder, *Ideias*, *Livro* XV, V).

Sendo assim, e não obstante as suas críticas aos frios e abstractos excessos racionalistas de algum Iluminismo, Herder também foi um homem do século XVIII, para quem "o humanismo é finalidade da natureza", o que mostra que, em última análise, ele não abdicou de "mettre la pensée de l'historicité sur la voie d'une cohésion de l'histoire" (J. A. Barash, 2004), porque, como teólogo protestante, postulava a omnipresença da Providência divina na conjugação da música polifónica tocada pela pluralidade histórica. E é por tudo isto que o seu relativismo só por ignorância ou propositada descontextualização poderá ser eleito como antecedente do relativismo absoluto.

Não por acaso, o "pluralismo histórico" herderiano também recebeu várias apropriações de teor político. Entende-se. Adaptava-se bem às aspirações dos movimentos posteriores que, contra imperialismos ou despotismos vários, procurarão transformar a preexistência de uma "nação orgânica" em "nação política", sinal de que, nestes casos, o seu legado recebeu reinterpretações de porte emancipatório. No entanto, é igualmente conhecido que aquela mesma ideia, retirada das suas demais implicações, serviu aos ideólogos nazis (Alfred Rosenberg e Alfred Bäumler) para, contra a suposição de uma universalidade de valores fundamentais, explorarem, até às suas últimas consequências, o princípio da sua validade relativa, em ordem a darem exclusivamente lugar à relação e à luta entre amigo/ /inimigo, elevando-a a único critério de inteligibilidade histórica (Pierre Pénisson, 1992; J. A. Barash, 2004).

Regressando ao que aqui mais interessa, é um facto que o ideário de Herder, qualquer que seja a sua fase, lidou mal com o pré-conceito iluminista que alimentava a crença na omnisciência da razão e, por conseguinte, na sua capacidade de abarcar o universalismo abstracto da totalidade histórica. Em simultâneo, também não jogava bem com a lógica a que aquela teve de recorrer para narrar a maneira como, no espaço e no tempo, se procedia à efectuação da universalidade. E não deve surpreender que ele estivesse em contracorrente face à forte hegemonia das filosofias da história de vocação mais unificadora.

A bélica biologia das palavras

Sabe-se que todo o acto de conhecimento é abertura à alteridade, tanto mais que, se é através dele que se constroem as identidades sempre em devir, o processo também traz consigo reciprocidades que oscilam entre o diálogo e a hostilidade, dialéctica que implica a assunção de diferenças e de lógicas de poder indissociáveis de fundamentações de índole qualitativa. E, no que ao Ocidente e à modernidade concerne, o já antigo modo bipolar de posicionamento do estranho, que foi sucessivamente representando o *outro* como "bárbaro", "infiel", "selvagem", "primitivo actual", preparava-se para receber os novos argumentos provindos da intensificação dos contactos com outros povos e outros mundos, incluindo um *mundo novo*, o que, se levou o pensamento ocidental a olhar os *outros* como objecto, também provocou que estes, por analogia e autodefesa, reagissem com as suas identidades e os seus estranhamentos.

Este alargamento de horizontes – hoje conhecido, com alguma má consciência, por "encontro de civilizações" – conduziu a que, mormente após o crescimento das relações com o Oriente, "a velha *orbis terrarum* da Antiguidade Clássica e do Cristianismo" se tivesse transformado em "objecto de uma comparação incisiva". Pela primeira vez, os padrões da Europa eram avaliados pelas conquistas de uma civilização não-cristã, e a Europa teve de aprender a ver-se pelo lado de fora" (Karl Löwith, 1991), judicatura feita, quer à luz da religião dominante e daquilo a que, como se sabe, se designou por "civilização", quer a partir da linguagem do corpo. E, no que tange a esta última faceta, "a construção do 'outro' na Europa através de sinais externos como a cor da pele, o vestuário, as práticas religiosas, a cultura, os nomes próprios linguisticamente estranhos, o deficiente conhecimento da língua do país de acolhimento, etc., é a interpretação interessada do sujeito moderno, que objectiva e distancia no estranho tudo o que repugna à secularização e à racionalidade europeias e, com esta 'capitis diminutio', o constrange a servir os modelos culturais, sociais e económicos do Ocidente" (Miguel Baptista Pereira, 1993). Pormenorize--se, então, o que se expôs.

Pelo menos desde o século XVI, a palavra "raça" significava a pertença a uma "raça nobre" e, no seguinte, ela ainda era traduzida em latim por *"domus, familia, gentilitas, genus propago, sanguis, soboles, stirps, progenies"*. E, nestas acepções – que, em coexistência, se prolongarão nos séculos seguintes –, o termo ainda não estava necessariamente vinculado a características físicas e hereditárias. Todavia, em 1684, no livro *Nouvelle division de la terre par les différentes espèces ou races d'hommes*, o médico e investigador francês F. Bernier já tinha proposto uma divisão da humanidade em cinco espécies ou raças, definíveis segundo os critérios externos do corpo (rosto, nariz, lábios, dentes e cabelos) e geograficamente distribuídas por três grandes regiões do mundo, com "relevância para a raça da Europa, a que chamou 'espécie particular'" (M. B. Pereira, 1993).

O eco dos Descobrimentos era evidente. No entanto, as variedades étnicas ainda eram explicadas à luz da *monogenia* bíblica. Como escrevia Leibniz, a pluralidade não impedia que os homens que habitam o globo fossem todos de uma só raça, que foi alterada pelos diferentes climas (M. B. Pereira, 1993). Entretanto, tinha aumentado a sensibilidade para com o papel do meio na determinação dessas diferenças, vertente que se reflectiu em Montesquieu e que será apropriada por Lineu. Este último, no seu *Systema Naturae* (1735), dividiu a "species homo" em *Europaeus albescens, Americanus rubescens, Asiaticus fuscus* e *Africanus niger*, atribuindo--lhes, contudo, uma origem comum. A mesma ideia se detecta na *Histoire naturelle, générale et particulière*, em 36 volumes (1749-1804), de Buffon, bem como em J. F. Blumenbach (*De generis humani varietate nativa liber*, 1795) e em Kant (*Von den verschiedenen Racen der Menschen*, 1775), para quem a diversidade de raças também não contradiria a unidade da espécie.

Se este é o tom dominante, são igualmente detectáveis sinais que tanto o evolucionismo e o transformismo, como a consolidação do eurocentrismo, irão acentuar no século XIX. Já em 1665, Isaac de Peyrère sugeria a existência dos pré-adamistas, partindo de uma interpretação da *Epístola de S. Paulo aos Romanos* (V: 12-14). E, nos anos de 1820, alvitrou-se (J. Atkins) que a raça preta e a raça branca, *ab origine*, teriam protoparentes distintos e de cor diferente. E o próprio Kant não deixou de ser sensível à possibilidade e pensabilidade da existência de uma *poligenia original* (M. B. Pereira, 1993).

Em simultâneo, é significativo que, dentro da monogenia comummente aceite e da crença na unidade da espécie humana, as novas taxinomias étnicas apresentassem hierarquizações qualitativas em que, de um modo directo ou indirecto, a supremacia branca e europeia aparecia justificada. Por exemplo, Lineu caracterizava o americano como bilioso e colérico; o asiático, como melancólico, altivo, amante do luxo e do dinheiro; o africano, como de má índole, preguiçoso, negligente e arbitrário; ao invés, distinguia o europeu pelo seu activismo e pelo seu culto da lei. Por sua vez, Buffon exaltou este último, por ser "o mais belo, o mais branco, o melhor plasmado de toda a terra" (M. B. Pereira, 1993), enquanto Blumenbach – um dos primeiros introdutores de critérios antropométricos – dividia a humanidade em cinco variedades (caucasiana, mongólica, etíope, americana e malaia), valorando, em primeiro lugar, o ramo caucasiano, por ser o mais belo, e a raça branca, por ser a mais originária e autêntica. E, para Kant, os efeitos positivos do clima temperado, existente na Europa, teriam possibilitado que os homens dessa região viessem a dominar, pelas armas, todos os outros.

Embora não fosse prática exclusiva do europeu o recurso a critérios físicos na discriminação de povos, reconhece-se que estas enumerações não eram neutras e que elas acabavam por explicitar o horizonte cultural que pautava as relações do europeu com o *outro*. No entanto, seria precipitado afirmar que já se colocava a raça como "motor" do devir, conquanto essa proposta apareça em Chr. Meiners, no seu *Grundriss Geschichte der Menschheit* (1783). Com efeito, esta obra visava transformar aquele conceito em "conceito-chave" da história universal, passo que as teses anti-fixistas ajudarão a credibilizar. Não espanta. O empolamento das comparações biotipológicas vinha ao encontro da estratégia de comprovação da superioridade dos europeus de "raça caucasiana". E este desiderato foi-se robustecendo com as teorias poligénicas (puras, ou em coexistência com um monogenismo original, de onde teriam saído, contudo, troncos independentes), em particular com a ideia de uma génese processada a partir de dos dois troncos separados – o caucasiano e o mongólico –, em que este era qualificado como geneticamente inferior. Ao mesmo tempo, a própria raça caucasiana europeia aparecia subdividida em ramos – o celta e o eslavo – e destacava-se o primeiro por ser espiritualmente mais rico, capacidade que teria sido transmitida aos germanos, aos romanos e, em doses maiores ou menores, às nações modernas deles provenientes.

Se a pensadores como Herder e Goethe repugnava o uso da palavra "raça" – não obstante o primeiro ter sido sensível à influência dos caracteres natos e do meio na fixação do "espírito do povo" (*Volksgeist*) –, a filosofia da natureza do Romantismo enfatizará ainda mais a definição naturalista das idiossincrasias nacionais. E, em muitos círculos intelectuais europeus – com destaque para médicos e biólogos –, cresceu o preconceito, tido por cientificamente demonstrável, de que "é na desigualdade natural da raça que radica a liberdade, o Iluminismo, o poder criador e a capacidade de trabalho do europeu e, por consequência, diferença de raça e desigualdade social e política implicam-se mutuamente" (M. B. Pereira, 1993).

Depara-se com um bom exemplo desta interpretação na obra do médico alemão C. G. Carus, *Sistema de fisiologia* (1838). Aqui, as raças de Blumenbach ficaram resumidas a quatro (caucasiana, etíope, mongólica e americana) e o dinamismo histórico, à luta entre dois tipos antitéticos: "o *diurno*, que representava a superioridade dos povos caucasianos-europeus"; e o *nocturno*, que expressava "a inferioridade dos pretos, jazendo no intervalo as outras duas grandes raças". Com isto, Carus "traçou os estádios do desenvolvimento humano, cujo cume supremo é ocupado pelos povos indo-germânicos, a quem assiste o direito de se considerarem a florescência autêntica da humanidade, concretizada nos alemães, ingleses e franceses" (M. B. Pereira, 1993).

A diáspora ariana nos arcanos da Europa

Este percurso não foi indiferente ao entusiasmo que, nos finais do século XVIII, a descoberta da filiação das línguas ocidentais no sânscrito desencadeou (recorde-se os irmãos Schlegel e Franz Bopp) e ao desenvolvimento da filologia comparada. Porém, ter-se-á de frisar que este novo campo do saber foi imediatamente conexionado com as representações mais globais sobre a história e a sociedade, o que provocou não só o reforço da relação íntima entre língua e raça, mas também o endeusamento da antiga cultura indiana e do povo que a havia criado: os árias (ária = nobre). E foi neste contexto que se assistiu "à inevitável convergência da ideia de ariano e do conceito de raça caucasiana, donde se decidiu eliminar a componente semítica. Em meados do século XIX, estava já consolidada a antítese ariano-semita, pois a condução do mundo passara dos caucasianos para as mãos dos arianos" (M. B. Pereira, 1993).

O arianismo foi-se revestindo de argumentos antropológicos – e, em alguns casos, antropométricos – e encontrou, a partir de Fr. Schlegel e de

Schopenhauer, um numeroso grupo de adeptos na Alemanha, em Inglaterra e em França, onde se destacou Victor Courtet, tido por alguns como o pioneiro da hierarquização das raças (Jean Boissel, 1972). Assim sendo, ter-se-á de concluir que a célebre obra de Gobineau, *Essai sur l'inégalité des races humaines* (4 vols., 1853-1855), é mais um ponto de chegada – aliás pessimista no que respeita à degenerescência dos povos indo-europeus, que o seu cruzamento com outras raças inferiores estaria a provocar – do que uma originalidade radical (AA.VV., 1981; Maurice Olender *et al.*, 1981). E o pendor para a fusão da língua com a raça (e com a história), acompanhado pela depreciação das raças semitas, detecta-se mesmo em autores como Renan, um orientalista não inteiramente imune à influência de Gobineau, conquanto não perfilhasse o seu pessimismo.

Para aquele, seria mesmo pertinente falar-se de "raças linguísticas", demarcáveis pelas recíprocas implicações biológicas e linguísticas na enformação do carácter dos povos. E, embora fosse especialista em línguas semitas, Renan considerava-as historicamente "inagónicas" e "teratológicas", logo inferiores às de matriz ariana, pois, a seu ver, a "raça que fala sânscrito, [é] uma raça aristocrática e conquistadora, distinta pela cor branca de tez colorida dos antigos habitantes da [Índia]" (*in* M. B. Pereira, 1993). E, com os anos, o alargamento da adesão às teses evolucionistas (Lamarck) e transformistas (Darwin) trará uma força acrescida a esta interpretação do devir histórico, premissa que possibilitou que, em algumas correntes político-ideológicas em ascensão nos finais de Oitocentos e primeiras décadas do século XX, o eurocentrismo fosse equivalente a indo--eurocentrismo, ou, talvez melhor, a indo-germanocentrismo.

Daqui se infere que as teorias da história que se foram racializando não só incorporaram práticas antigas de hierarquização qualitativa de alteridades, como lhes deram um complemento de pretensa racionalidade científica, argumentação que, no século XX, irá atingir o seu clímax com as teorias eugenistas e, depois, com o nazismo. Para esse renovamento, não foi de somenos importância o impacto do diálogo do Ocidente com o Oriente, no trajecto de uma mundialização imperial em que aquele encontrou pela frente povos portadores de culturas ancestrais e cuja profundidade metafísica e religiosa concitou a repensar-se o lugar e o valor das culturas de que os ocidentais eram portadores. E, para melhor concretizarem os seus projectos de domínio e de reconhecimento, estes procurarão estudá-las, fazendo florescer um ramo do saber a que se deu o nome de orientalismo.

Comandado, em última análise, pelos objectivos políticos, o interesse epistemológico do Ocidente em relação ao Oriente desenvolveu-se a partir dos séculos XVII e XVIII, vindo a atingir a sua plenitude na centúria seguinte. E o seu âmbito inicial teve um cariz dominantemente linguístico. Cedo, porém, este foi articulado com preocupações religiosas, filosóficas, estéticas, etnológicas e antropológicas. E, se havia um propósito cognitivo, a compreensão dos motivos desta abertura será limitada se não forem equacionados os seus condicionantes ideológicos. É que ela foi movida não só pelo intuito de conhecer, de se conhecer e de dominar, mas também para se legitimar uma dada concepção sobre a *origem* e o *fim da história*.

Defende-se, assim, que o orientalismo estava igualmente imbuído de um desejo de autognose acicatado pelo contacto com outras culturas. E esta inquietação não nasceu de qualquer tendência niilista, como parece sugerir A. Giddens (J. J. Clarke, 1997), mas de um jogo especular em que o *outro* e o *diferente* se encararam como objectos de conhecimento e como momentos necessários à afirmação de *sujeitos-outros* e de *outros-sujeitos*. E se, na óptica ocidental, foi o seu *logos* que se proclamou como mediador e como consciência do tempo, também é verdade que o criticismo com que justificou a sua auto-suficiência produziu idealizações positivas do *outro* que funcionaram como armas de crítica no Ocidente ao próprio Ocidente, ou, então, serviram para se desnudar o não cumprimento dos valores que anunciava, nomeadamente o universalismo, a autonomia e a emancipação.

Em síntese: o confronto desta relação deu corpo a uma representação secularizada e eurocêntrica da história, tópico que as filosofias da história estruturaram como um processo necessário e irreversível, comandado por uma vanguarda (o centro da "civilização"), de onde se anunciava a verdade e, portanto, se convencionavam os padrões que demarcavam e valoravam o lugar relativo ocupado pelos povos.

Este pensamento taxinómico, ou melhor, esta *filiação*, *ordenação* e consequente *hierarquização*, estribava-se na concomitante entificação e relacionação dos conceitos de *humanidade*, *história*, *progresso* e *civilização*, cuja concretização estaria a cargo da vanguarda europeia. E tais desfasamentos seriam consequência da pressuposição de *histórias diferentes*, *embora cronologicamente simultâneas* (K. Koselleck, 1993), que só o cumprimento do sentido da história poderia unificar, homogeneidade que tanto podia resultar da gradual subida dos atrasados ao nível civilizacional atingido pelos que declaravam ir à frente, como advir da expansão destes a todas as zonas do mundo. E era ainda em função da velocidade imprimida pelos que agiam como tivessem nas suas mãos o "facho" da história que se avaliava a estagnação dos demais povos e civilizações.

Se a mediação eurocêntrica é indiscutível, o mesmo já não pode ser afirmado no que toca à leitura dualista do seu significado, pois nem o Ocidente nem o Oriente constituíam entidades homogéneas, e a sua relação dialógica repercutiu-se, igualmente, quer na ideia que os orientais passaram a fazer de si mesmos, quer, para o bem ou para o mal, na própria auto--compreensão do Ocidente. E, se esta atitude já se encontra em pensadores do século XVIII – por exemplo, em Goethe –, será o romantismo oitocentista, com a sua convocação mítica dos tempos primordiais, a transportá-la, igualmente, para o interior da Europa e para a discussão acerca do peso relativo das várias componentes étnicas que aqui coabitavam, numa tensão, diga-se, raramente pacífica. No entanto, esse diálogo foi dando mobilidade à eleição do Oriente como referência.

As viagens dos séculos XVI e XVII, os relatos dos jesuítas e a importância do estudo das línguas vivas dos povos orientais para a política colonizadora do Ocidente colocaram a China (e o confucionismo) e, depois, a Índia como núcleos que suscitavam uma curiosidade comparativa, atitude que, pioneiramente, se encontra em Voltaire e nos esboços das filosofias modernas da história. Contudo, com as mutações políticas das grandes potências e alguns avanços nos domínios da arqueologia, deu-se a secundarização (não a anulação) do interesse pelo império chinês, substituído, em França, pela valorização do Egipto (e da Palestina), evolução já prenunciada, em termos estéticos, pelo relevo dado à figura da pirâmide no geometrismo iluminista – como se pode ver nos desenhos de J. B. Fischer von Erlach (1721) e de Charles Michel-Ange Challe (1747), bem como nos cemitérios utópicos projectados por Boullée (1785), numa antecipação do que virá a ser a "egiptomania" na arte funerária das primeiras décadas do século XIX (Richard A. Etlin, 1987). Por sua vez, os britânicos, os alemães e os russos interessar-se-ão mais pelo Médio Oriente e, sobretudo, pela Índia.

É conhecido que a aventura francesa no Norte de África e a expedição napoleónica ao Egipto, com a consequente decifração dos hieróglifos, gerou um grande entusiasmo pelo estudo das línguas e culturas semitas, campo de onde virão a destacar-se figuras como A. I. Silvestre de Sacy, Quatremère, Jean-Pierre Rémusat e E. Renan. E esta atenção erudita foi acompanhada por viagens de dezenas de europeus cultos, principalmente ao Egipto e à Palestina (recorde-se que, em 1869, o jovem Eça de Queirós esteve na inauguração do Canal de Suez), o que deu origem a múltiplos testemunhos literários, onde a peregrinação existencial surge frequentemente mesclada com o exotismo e com a finalidade política.

Tudo isto ajudou a configurar uma imagem sensual e feminina do Oriente, em confronto com a presumida índole masculina e activa do temperamento ocidental. As viagens mais retumbantes (por terem ganho relevância literária), na primeira metade de Oitocentos, foram as de Chateaubriand, Lamartine, Flaubert e Nerval. Por sua vez, outros escolheram o caminho da ficção, muitas vezes criada a partir de imagens preexistentes do Oriente – comummente fruto de *peregrinações mentais* por parte de quem nunca lá foi – e expressaram opções filosóficas e estéticas ricas de significado ideológico (Raymond Schwab, 1950).

Neste clima, não foi por acaso que, na década de 1830, se começou a utilizar, em França, o substantivo "orientalisme" e que escritores como Victor Hugo, Michelet, Heine e principalmente Edgar Quinet – todos mestres dos jovens intelectuais que, em Portugal, irão dar corpo à Geração de 70 – defendiam, como fez Hugo no seu prefácio ao poema "Les Orientales" (Janeiro de 1829), que "l'Orient, soit comme image, soit comme pensée, est devenu, pour les intelligences autant que pour les imaginations, une sorte de préoccupation générale" (Victor Hugo, 1964; Álvaro Manuel Machado, 1983). Dir-se-ia, como Quinet – autor do *Génie des religions* (1832) e discípulo confesso de um continuador de Herder (Creutzer) –, que, se "l'Asie a les prophètes, l'Europe a les docteurs" (Edgar Quinet, 1857).

O caminhar mais para Oriente não foi indiferente ao facto de o maior império da época ter na Índia a jóia da coroa. E deve notar-se que, em competição com outros países europeus, a Grã-Bretanha foi edificando, desde os finais do século XVI, um modelo de colonização que, para além das suas especificidades político-administrativas, punha em acção, igualmente, uma epistemologia. Com efeito, de acordo com o racional-empirismo da sua tradição cultural, os seus agentes procuraram não só estudar o espaço (cartografia), a economia e os homens (já no século XVIII levarão a cabo inquéritos sociais e demográficos), mas também as línguas vivas e mortas (Bernard S. Cohn, 1996).

Quanto a este último nível, valorizaram: o árabe, por ser importante para as trocas comerciais (nos finais do século XVII, já funcionava uma cadeira daquela língua em Oxford); o persa, que se mostrava necessário para se dialogar com alguma elite política indiana (em 1765, Warren Hastings – o primeiro governador-geral da Índia – pressionou, sem sucesso, para que ele fosse ensinado na mesma Universidade), assim como as línguas "vulgares" do Indostão, como o "moore", por serem decisivas para as relações do quotidiano e para a transmissão directa da cadeia de comando – o intérprete fazia diminuir o valor simbólico da personalização do poder. Tal propósito incentivou os estudos etnológicos e o das línguas, particularmente do sânscrito. E deste movimento também saiu reforçada a ideia – sobretudo após os trabalhos pioneiros de William Jones (foi o primeiro que, em 1786, fez a ligação daquela escrita com o grego e com o latim), de Anquetil-Duperron e das publicações impulsionadas pela Asiatic Society of Bengala (fundada em 1784) – de que, com o sânscrito, se tinha atingido a *matriz arcaica da cultura ocidental*.

Todos estes trabalhos de investigação e de recolha tinham muito a ver com o cumprimento da divisa baconiana "knowledge is power", em três concomitantes vertentes: compreender melhor os hábitos, costumes e preconceitos dos povos indianos, tendo em vista captar a informação necessária para os conciliar e controlar; dar grande importância às línguas e apoio aos especialistas nas tradições (institucionais, religiosas, literárias) dos povos a colonizar, de molde a que os dominadores pudessem mostrar respeito e interesse pela sua manutenção e transmissão; transformar as analogias entre o sânscrito e as línguas ocidentais, vincadas pela análise *comparativa*, *classificatória* e *filiadora,* em fonte da Europa, modo de insinuar que o processo civilizacional tinha uma herança progressiva (a europeia) e uma outra decadente (a dos povos indianos actuais).

Em certo sentido, a cultura indiana foi analisada como uma espécie de "museu vivo" onde, a par das lições úteis para o poder, os intelectuais europeus encontram sinais de que o Ocidente seria o fim de um *fieri* no qual a Índia antiga tinha sido momento inaugural de apogeu, enquanto a actual estaria em retrocesso. No entanto, também é verdade que o orientalismo trouxe conhecimentos objectivos e compartilháveis, e não raramente os seus cultores mostraram uma confessada empatia para com o seu objecto, tendo alguns, como Anquetil-Duperron, ousado mesmo atacar o uso imperialista do orientalismo, numa atitude que, para Robert Irwin (2008), antecipa em dois séculos muitas das críticas de E. Said.

Este fascínio pelo Oriente ficou ainda mais forte quando foram dadas à estampa as traduções dos mais importantes livros sagrados indianos, muitas delas aparecidas nos anos de 1840 e 1850. E, em correlação com o avanço do domínio europeu na Ásia (Inglaterra, França), ele terá uma maior centração indiana, prova de que houve deslocamentos para o Oriente dos Orientes sobre os quais, antes, mais se tinha concentrado o olhar europeu (Norte de África, Médio Oriente). De facto, depois dos trabalhos pioneiros de William Jones, da institucionalização universitária do ensino do sânscrito na Universidade de Berlim, em 1812, e em outras instituições públicas e privadas, bem como dos estudos e traduções de orientalistas tão fundamentais como os de Friedrich Max Müller, Horace Hayman Wilson, Louis Mathieu Longlès, Eugène Burnouf, Barthélemy de Saint-Hilaire, J.-J. Ampère, Jacolliot, etc., a Índia, a contemporânea mas sobretudo a clássica, assim como o budismo e outras religiões orientais, passaram a estar na moda.

Deixando de lado a institucionalização e a visibilidade dos estudos orientalistas durante o século XIX, pode concluir-se que o seu incremento não pode ser desligado do empenho em se dar uma formação mais científico-técnica aos futuros colonos e administradores. Dir-se-ia que o empirismo cientista, o relativismo e o historicismo mostravam que, em vez da repressão directa, o exercício do domínio seria facilitado com o respeito das tradições indígenas, fosse para se construir um poder simbólico e administrativo sem miscigenação, fosse para, tacticamente, se europeizar e modernizar, gradualmente, o que era visto como sobrevivência anacrónica de outras épocas. Mas será excessivo esgotar todo este investimento intelectual nas suas finalidades políticas.

Basta avocar o caso da Alemanha – região, nos primórdios de Oitocentos, sem colónias, mas onde a indiologia mais precoce e extensamente se desenvolveu – para se ter de relativizar essa conexão. Defende-se, assim, que aquela motivação geral tem de consentir a existência de outros efeitos para além do exclusivo matrimónio do orientalismo com o imperialismo, como o impacto científico do sânscrito bem revela (Robert Irwin, 2008). Na verdade, muitas vezes a pressa do ensaísmo não pode esperar pelos ensinamentos da história. E estes mostram, pelo menos desde a Grécia, várias coisas, a saber: que existiram vários "Orientes" e vários "Ocidentes"; que imperialismos ocidentais se impuseram a regiões orientais; que imperialismos orientais dominaram regiões ocidentais; que ocorreram imperialismos de partes do Ocidente sobre outras partes do Ocidente; e que alguns impérios do Oriente dominaram outras regiões orientais.

Nunca se deve perder de vista esta complexidade, mesmo na narrativa em que o Ocidente (ou os seus intelectuais por ele) dá um lugar matricial ao Oriente, ainda que para lhe negar protagonismo na definitiva universalização da história, porque, nessa epopeia, o momento inaugural é evocado e enaltecido para colocar o elocutor como o seu único e legítimo herdeiro.

E se, no seu primeiro registo mais erudito, o orientalismo estava animado pela questão da origem e da genealogia das línguas, a sensibilidade romântica rapidamente a integrou num finalismo histórico e em argumentos de índole etnológica e antropológica. Isto levou à mancebia da língua com a raça e com a história, amálgama em que a origem caucasiana do homem europeu, teorizada no século XVIII, ficará crescentemente substituída pelo "mito ariano", em detrimento de outras origens imaginárias, mais mediterrânicas e semitas, que foram dominantes quando o significado da peregrinação humana era interpretado a partir da *Bíblia*. E, se o ária era apresentado como o antepassado comum, a quantificação das afinidades linguísticas e a invocação de perfis étnicos mitificados farão uns europeus mais arianos de que outros.

A polémica acerca da definição de "indo-europeu" indicia o que se afirma. Por exemplo, na Alemanha, nos primórdios do século XIX, a única dicotomia que culturalmente traçava fronteiras, dentro do espaço continental, era a que o opunha à cultura católico-romana. Com a agudização da *questão judaica*, bem como com a racialização crescente da herança ariana, ganhou ênfase o movimento tendente a fundir o conceito de "indo-europeu" com o de "indo-germanismo" (Sheldon Pollock, 1994). E, já em 1823, Klaproth defendia a existência de uma filiação mais directa da língua alemã no sânscrito, extrapolando essa presumida superioridade para os domínios do sangue e da raça. Com isto, ele abria caminho à futura *teutonização do conceito*, política que será promovida com o fito de menorizar outros povos e, em primeiro lugar, os semitas e os que, na Europa, seriam os seus mais directos descendentes, estando, por isso, mais longe da excelência ariana – os povos do Sul do Continente.

Orientalistas e pensadores como Humboldt, Franz Bopp, Fr. Schlegel e mesmo Schopenhauer contestaram este reducionismo. Porém, aquela tese mereceu o aval de outros intelectuais alemães, sendo depois propagandeada por britânicos a partir de meados do século. Entende-se. Não se estava no terreno da filologia ou da arqueologia, mas no do uso de uma arma etnolinguística, cuja cientificidade dependia, principalmente, da força política do sujeito que a proclamava. Ora, o composto "indo-germanismo", na sua extensão denotativa plena, dava cobertura tanto à hegemonia britânica (interna e externa), como aos sonhos de um *reich imaginário,* com as suas reivindicações de alargamento do "espaço vital" (europeu e colonial) formuladas, nas últimas décadas de Oitocentos, em influentes círculos políticos e intelectuais alemães em ascensão. E, em termos concretos, citava-se a capacidade e a propensão vanguardistas da cultura dominante nessa região, para se convencer que a miscigenada e sensual Europa do Sul estava irreversivelmente decadente.

Este tipo de diagnóstico queria enlaçar, ainda mais, a língua e a raça, a antropologia física e a história, como se encontra bem patenteado no darwinismo social e nas taxinomias daquele período, nomeadamente as influenciadas por Haeckel e seus discípulos. Aí, são descritas genealogias em que, subordinados aos mecanismos da selecção, da luta e da adaptação, os povos europeus entroncam nas migrações e miscigenações da raça ariana, o que, mediado pela selecção eurocêntrica, funcionava, na lógica cientista do debate sobre o Oriente, como prova de um direito de herança e como juízo de valor negativo sobre os arianos que teriam ficado na Índia, isto é, num meio físico menos propício para o desenvolvimento das suas potencialidades naturais.

Tiveram sorte diferente os trânsfugas que rumaram para Ocidente, região onde encontraram a condicionalidade compatível com o desenvolvimento do que lá somente tinha sido iniciado. E a dedução desta tese desembocou nas explícitas teorias da história que punham a luta das raças como o motor universal da história. Referimo-nos, entre outras, às obras de G. Klemm (*História da civilização da humanidade*, 1843), de Gobineau, de L. Gumplowicz (*A Luta de raças, investigações sociológicas*, 1883) e de H. S. Chamberlain (*Fundamentos do século XIX*, 1899), textos que eram, simultaneamente, causa e efeito da racialização do discurso político-ideológico.

Ora, esta argumentação não foi somente aplicada ao *outro*, mas também à hierarquização qualitativa dos próprios povos europeus entre si e dentro de si, segundo uma escala descendente em relação ao património étnico e linguístico que teriam recebido da *origem*. Por conseguinte, tal desigualdade de fortuna não consente que o problema da vanguarda seja visto em termos de homogeneidade, como se o Ocidente fosse um "sujeito" sem divisões e lutas internas. Também aqui existiam povos contemporâneos que viviam em temporalidades históricas diferentes, desfasamento justificado a partir de razões religioso-culturais, de argumentos étnicos, ou da sua mistura.

Relembre-se, na Europa: Hegel punha à frente a civilização germânico-cristã, porque a natureza ter-lhe-ia concedido a suprema missão de ser a nova guardiã do fogo sagrado da filosofia, tal como, outrora, o *Weltgeist* tinha reservado "à nação judaica a consciência suprema para que ele saísse dela como um espírito novo" (Hegel, 1955); Comte colocava o francocentrismo na dianteira, enquanto outros entregavam a árdua tarefa de "fazer" o universal a uma classe social (o proletariado), a uma raça (o arianismo), a uma nação. Em qualquer dos casos, todas estas concepções se estribavam numa certa ideia de vanguarda, sujeito colectivo a quem o sentido da história – como outrora Deus o fez ao povo de Israel – teria dado a missão de emancipar toda a humanidade. E, nesta hierarquização, o Sul da Europa era qualificado em termos análogos aos que depreciavam os povos extra-europeus.

De facto, com poucas excepções, ganhou curso o pré-conceito segundo a qual, ali, só de uma maneira muito residual e indirecta aportou o legado (genético e linguístico) ariano, carência que teria acelerado o definhamento da "raça latina" (Raymond Schwab, 1950). Afinal, tal como o Oriente contemporâneo, no Ocidente também existiriam povos historicamente estagnados e decadentes, como o desastre espanhol em Cuba (1898), às mãos de um ramo anglo-saxónico (os americanos brancos), teria patenteado. Afirmou-o, por todos, Lord Salisbury, no seu *Discurso sobre as nações moribundas* (1898). E o interessante é que esta retórica – revestindo-se de argumentos étnicos, linguísticos e históricos, mas escudada no poder político dos seus suportes – foi sendo interiorizada por muitos intelectuais e políticos dos países que ela procurava secundarizar. Revela-o, de um modo claro, a onda de decadentismo que, nos finais de Oitocentos e inícios do novo século, atravessou as elites cultas dessas regiões. Como se, nestas, a história, tal como a Oriente, há muito tivesse terminado.

A geografia da consumação da história universal

As narrativas da aventura do homem, filhas directas e, sobretudo, indirectas da visão judaico-cristão, só podiam ser pensadas se unissem o *princípio* ao *fim da história*. E, se o ponto de partida punha o Paraíso antes do *pecado* e da *queda*, isto é, antes da história – não por acaso situado, pelos cristãos ocidentais, sobretudo no período anterior às Descobertas, numa região que ficou e, para alguns, que ainda ficava a *Oriente* –, o segundo prometia ultimidades que o processo secularizador localizava no Ocidente, pelo que será precipitado ver nesta topografia uma consequência exclusiva do orientalismo, já que a viagem estava traçada, nem que fosse metaforicamente, antes da sua emergência como fenómeno científico e cultural. Quando muito, poder-se-á dizer que ele veio mapeá-la, porque o consórcio do Ocidente com o sânscrito, com a raça que o criou e com o prístino sítio onde ela terá vivido (o Norte da Índia), passou a constituir um *transfer* do *mito de fundação* que, no decurso do século XIX, será ideologicamente explorado como *archê* dos povos europeus.

Cresceu, então, a onda movida pela "preocupação ansiosa das origens", obsessão bem fixada nestas palavras de Eça de Queirós, escritas quando, com algum distanciamento irónico, resumiu assim o interesse mais radical da sua juventude (década de 1860): "Por todos os botequins de Coimbra não se celebrou mais senão essa rainha de força e graça, a Humanidade [...] Do meu poema não recordo nem o tema nem o título, e apenas que deveria abrir por uma tremenda invocação à Índia, aos Árias, à sua marcha sublime desde Gau até Septa-Sindhu!... [...] *E outro bom sinal do despertar do espírito filosófico era a nossa preocupação ansiosa das origens.* Conhecer os princípios das civilizações primitivas constituía então, em Coimbra, um distintivo de superioridade e de elegância intelectual. Os Vedas, os Maabarata, o Zendavestá, os Edas, os Niebelugen, eram os livros sobre que nos precipitávamos com a gula tumultuosa da mocidade que devora, aqui, além, um trecho mais vistoso, sem ter a paciência de se nutrir com método" (Eça de Queirós, s. d; os itálicos são nossos). E são as mesmas premissas que levarão Oliveira Martins a antever o fim da história como um "regresso", corolário da ocidentalização do mundo. Disse: se o Atlântico já era para os europeus aquilo que o Mediterrânico havia sido para os romanos, nada impedia prever que, no futuro, "o mar por excelência civilizado será outra vez o das Índias". E, se isso vier a acontecer, então, "dado o imenso giro da terra [...] a civilização voltará com os arianos às paragens donde eles, ao que se supõe, originariamente partiram" (Oliveira Martins, II, 1957).

Do que ficou escrito se conclui que a racialização da história veio ao encontro de uma primordialidade que já tinha sido delineada antes dela. Há muito que, para os ocidentais, a história teria começado a Oriente, mas para culminar a Ocidente. De facto, para esse itinerário apontavam quer a Grécia, quer a sua matriz judaico-cristã, quer a sua transmutação em filosofia da história (que se dará, na modernidade, dentro do deísmo, da religião natural e do novo paradigma epistémico criado pelas emergentes ciências da natureza). Recorde-se que a ideia de evolução progressiva do espírito da humanidade (Turgot, Condorcet), a objectivação dialéctica do Espírito Universal (Hegel), a *lei dos três estados* (Comte), ou a evolução dos *modos de produção* (em que Marx falava do *modo de produção asiá-*

tico) são diacronias que, para além das diferenças teóricas e de objectivos, confluíam para uma organização do antes e depois à volta do eixo eurocêntrico e da sua presumida capacidade de realizar o universal. E se, em Marx, essa tarefa caberia a uma classe, em outros, a vanguarda foi afirmada como "povo histórico-universal" (Hegel), espécie de secularização da ideia de "povo eleito", agora escolhido pela "razão da história", ou, como se registou com a análise da etnicização do conceito de civilização, por uma autoproclamada superioridade racial.

Quanto às *origens*, o entendimento dos fenómenos religiosos (e sociais) em termos hermenêuticos acabou, igualmente, por ajudar a pôr os arcanos da Europa mais a Oriente. Com efeito, a eleição das religiões como objecto de estudo – explicadas como expressão histórica do Espírito em busca da compreensão de si (o melhor representante desta linha será David Strauss), ou interpretadas com o recurso ao método histórico-filológico e comparativo (Renan) –, ao fazer uma valorização relativa das culturas anteriores ao cristianismo, integrou Cristo numa galeria evolutiva, na qual Confúcio e Buda surgiam como seus antecessores (e, em alguns casos, até, numa posição de superioridade). E isto contribuiu para a descredibilização da referencialidade histórico-social narrada pelo *Livro*, bem como para a correlativa menorização do contributo dos povos semitas na história universal, fenómeno que, afinal, foi caminhando a par do deslocamento do "Oriente" mais para o Oriente.

Recorde-se que, para Voltaire, a Índia era mais antiga e superior à civilização judaica – o próprio nome de Adão teria derivado de Adimo, e o de Abraão (Abraham), de Brama (Léon Poliakov, 1971) – e que, na sua senda, Hegel retomará a velha caracterização herodotiana, segundo a qual o Ocidente, heróico, dinâmico e amante da liberdade, contrastava com o Oriente, representado como despótico (diga-se que já os antigos gregos ali colocavam a origem da tirania, tese retomada por Montesquieu) e definido como sendo passivo e estando historicamente estagnado (J. J. Clarke, 1997). E a necessidade de racionalizar este roteiro dá sentido a esta sua célebre frase hegeliana: "*a história do mundo viaja do Oriente para o Ocidente, pois a Europa é claramente o seu fim, e a Ásia o seu começo*" (Hegel, 1965: os itálicos são nossos), porque, se é nesta que nasce o Sol exterior, foi naquela que a luz se interiorizou como consciência subjectiva e, depois, como liberdade de todos.

O "sistema" confirmava a direcção: se a história teve a Leste a sua infância e na Grécia a sua mocidade (a formosa liberdade), em Roma ela atingiu a sua idade viril; depois, entrou na plenitude da sua objectivação, época liderada pelos povos germânico-cristãos, ainda não por razões directamente étnicas. Com a revolução protestante, eles, mais do que os latinos (com uma cultura não tanto voltada para a especulação, mas mais para a imagem e para o mundo dos sentidos), teriam melhores condições intelectuais para ascenderem à máxima abstracção exigida pelo saber absoluto e, deste modo, para abarcarem a universalidade. Foi quando a ave de Minerva pôde finalmente levantar o voo definitivo que levou o Espírito a ser *em si*, *por si* e *para si*.

Num outro registo, se um pensador como Cournot, nas *Considérations sur la marche des idées et des événements dans les temps modernes* (1872), se recusava a perfilhar a ideia, comum a muitos autores depois do impacto da expansão europeia, segundo a qual a Ásia e sobretudo a China modernas tinham parado na história – reconhecendo-lhes, ao invés, uma evolução convergente com a civilização ocidental –, a sua conclusão não era muito diferente: em vez da Europa, ele indicava, como lugar do *fim da história*, o seu prolongamento – os Estados Unidos da América –, como, aliás, o teria feito o próprio Hegel nos últimos anos de vida. Mas prever-se um Ocidente a Ocidente do até aí centro do mundo não punha em causa a identidade da conclusão. E uma leitura mais atenta desvela que, subjacente a este vanguardismo, estaria a secularização da ideia bíblica de povo eleito – particularmente cultivada pelas leituras protestantes do Antigo Testamento –, cuja apropriação historicista moderna indicava o Ocidente (ou alguns dos seus povos contemporâneos) como o espaço privilegiado em que se consumaria o *fim* ou, pelo menos, o *início do fim da história*.

Implacavelmente, o progressivo devir histórico comandado pelo Ocidente (ou melhor, por algumas das suas partes mais activas) provocaria a paragem e a morte de quem teria ficado para trás. Assim, o idealismo hegeliano concebia a história como o processo de objectivação do Espírito Universal como liberdade, no qual a vanguarda, partindo do Oriente – onde só terá existido a liberdade de um (a do déspota) –, tinha passado para o Ocidente, para se realizar, na Europa e naquele tempo presente, como liberdade de todos. Por sua vez, Comte reafirmará ideias análogas (a fase teocrática, de proveniência predominantemente oriental, terá gerado o poder teocrático-militar), enquanto a Europa moderna tinha inaugurado a fase definitiva da positividade; e Marx definirá como despótica a organização social do "modo de produção asiático" que o imperialismo britânico do século XIX, conquanto através da exploração primitiva, estaria a destruir; e a revolução definitivamente emancipadora começaria no Ocidente.

A idealização do Oriente como crítica do Ocidente ao Ocidente

Na complexa relação entre o Ocidente e o Oriente, o criticismo ocidental, teorizado pela modernidade e bem representado nas filosofias do *cogito*, deu origem a desdobramentos quase esquizóides, num processo em que, de *sujeito*, muitos intelectuais do primeiro o desdobraram como objecto crítico de si mesmo. Já tinha sido assim com a doação de um estatuto paradigmático ao mito do bom selvagem (na sequência da descoberta do novo mundo) e sê-lo-á igualmente no contexto do aprofundamento daquele diálogo, em particular a partir da segunda metade do século XIX. Tal distanciamento, presente nas correntes mais contestatárias do optimismo historicista, utilitarista e cientista dominante, culminou – como no Romantismo e, sobremaneira, em Schlegel, Novalis, Schopenhauer ou Edward von Hartmann – na elevação do Oriente, ou melhor, de uma sua certa e mitificada leitura da cultura oriental, a modelo refontalizador de um Ocidente em decadência.

Não foram raros, de facto, os anátemas que, contra as ideias e valores que se foram consolidando na sociedade europeia, em função do impacto da revolução científico-industrial e da crença na ideia de evolução e progresso, se voltavam para a cultura oriental como lenitivo de regeneração espiritual, nem que, em alguns casos, isso implicasse a queda no niilismo. No entanto, o uso mais comum do paradigma oriental condensava-se em propostas de teor sintético. E é neste plano que se tem de entender o grande interesse pelas grandes religiões do Oriente e, entre estas, pelo budismo. Nem que fosse para espiritualizar o cristianismo.

Na verdade, se alguns viam a origem dos princípios fundamentais desta religião "dans le pythagorisme-platonisme antique, sur lequel vit encore la culture occidentale" (P. Arnold, 1982), muitos outros concordavam com o diagnóstico que um bem informado escritor português, versado na literatura orientalista da época, resumiu assim: o Ocidente, para se curar de uma decadência que o culto acrítico da ciência estava a agudizar, teria de "criar o seu budismo", isto é, "a sua doutrina mística definitiva, mas com mais sólidos alicerces e, por todos os lados, em melhores condições do que a Oriente" (Antero de Quental, 1989). Mas o melhor exemplo deste recurso, para pôr em causa os valores hegemónicos a Ocidente, encontra-se no ideário de um filósofo, hoje esquecido mas com sucesso nos anos de 1860 a 1880. Referimo-nos a E. von Hartmann, discípulo de Schopenhauer e um dos principais paladinos do pessimismo.

Naqueles anos, vivia-se uma época em que os debates sobre quaisquer problemas (filosóficos, sociais, políticos, científicos, históricos) tinham necessariamente de confluir na questão do valor histórico-social e metafísico das religiões e da ideia de Deus. E foi neste contexto (impulsionado pela Comuna, pela *questão romana* e pela *Kulturkampf*) que Hartmann publicou o ensaio *Die Selbstzersetzung des Christentums und die Religion der Zukunft* (1874), obra inseparável do debate neo-hegeliano sobre o tema (Feuerbach, escola de Tübingen, David Strauss, Bruno Bauer) e que ele dividiu em duas partes: na primeira, analisa o cristianismo e o protestantismo (mormente a sua corrente liberal); na segunda, defende o advento de uma "religião do futuro", síntese simultaneamente panteísta e monista a edificar a partir do melhor das grandes religiões históricas.

Quanto a estas, do bramanismo recolheu a ideia de que existe uma divindade imanente a todas as manifestações da vida, conquanto lastimasse que esta religião da identidade tivesse degenerado numa representação múltipla e personalizada de figuras divinas. E também criticava o budismo pelo facto de o temperamento indolente e o humor sonhador dos povos que lhe deram origem terem deificado o "ateu" Buda, embora lhe louvasse a elaboração, quer de um monismo mais rigoroso do que o do bramanismo, quer de uma ética muito próxima do "cristianismo joanino". E esta tendência cristã era qualificada como o seu ramo mais ariano, que, por isso, beneficamente se manifestou como tentativa para se subordinar o legado semita de Cristo à filosofia grega do *Logos*, tendência depois aprofundada por Clemente e pela patrística de Alexandria.

Hartmann, dando continuidade a uma orientação que se foi acentuando no decorrer do século XIX, racializou a capacidade de acesso à verdade, ao colocar o seu zénite nos povos de origem indo-europeia. Terá sido dela que terá promanado o melhor, tanto das religiões da Índia e da China (destacava o taoísmo de Lao-Tze), como do cristianismo. Porém, neste, depreciava o contributo semita (incluindo o do próprio Cristo), acusando-o de cair, como o politeísmo e o islamismo, numa enformação antropomórfica e antropopática da divindade. Ao invés, exaltava a presumida influência ária, bem visível no *Evangelho de São João* e no conceito de Trindade, que entendia como uma tripla expressão da unidade da substância. A "religião do futuro" assentaria, assim, na imanência dinâmica do divino.

Em suma: aquela seria a definitiva realização da história das religiões (e da filosofia), ou melhor, a expressão superior do espírito ariano na contemporaneidade: a filosofia alemã. Mas, se esse salto significava a falência irreversível das religiões históricas, tal não traria consigo o ateísmo, nem a necessidade de se recorrer a sucedâneos, como o da religião comtiana da humanidade. Ela não seria uma religião institucionalizada, com culto, ritos e símbolos; afirmar-se-ia como um "panmonoteísmo" avesso a toda a autoridade heterónoma.

No fundo, a metafísica que a suportava saldar-se-ia numa ética e na assunção individual (mas não individualista) dos seus imperativos. E estes apontavam quer para um "pessimismo eudemonológico" – atitude inferida da superação de todo o egoísmo e de todas as esperanças de felicidade futura (transcendente ou histórica) –, quer para um "optimismo evolucionista", pois também se aceitava a ideia de progresso. Por consequência, o seu culto traduzir-se-ia numa vivência interiorizada (à maneira do protestantismo primitivo), mística e piedosa, que só o panteísmo espiritualista – segundo Heine, essa criação por excelência da cultura alemã – possibilitaria, porque só ele, através da mediação humana, aboliria a separação entre o *eu*, o *eu* do *outro* e o *não-eu*.

O modo nem sempre claro como o filósofo expressou as suas ideias abriu portas para leituras interessadas em caldear o optimismo com o pessimismo. Porém, num cômputo geral, é evidente que o seu ideário é de teor pessimista. Quanto maior fosse o grau de consciência a que a evolução conduzisse a humanidade, menor seria a felicidade, pelo que a história, despida do trágico que lhe dá grandeza, não passaria de uma narração prosaica do mal. E, se o autor da *Filosofia do inconsciente* não contestava o evolucionismo (natural e social), contudo, em vez de se servir dele para legitimar a epopeia do progresso – como acontecia com o positivismo e com o cientismo em geral –, aceitava-o como um caminho que, ao desaguar num estado superior de consciência, faria descobrir o já percebido pela aristocracia do espírito, isto é, pelos grandes homens e pelas elites cultas: o absurdo da existência. Ao alcançar o terceiro estádio da ilusão, a humanidade "n'a plus d'autre nostalgie que l'absence absolue de douleur, le néant, le nirvana". A aniquilação não se efectuaria com o recurso ao suicídio individual (Schopenhauer), mas por uma decisão colectiva. E Hartmann não duvidava que os progressos da ciência possibilitariam, dentro de pouco tempo, a comunicação adequada à perpetração desse acto.

A suspensão do tempo, prognosticada no *Apocalipse de João* (10:6), transformar-se-ia numa espécie de eutanásia ao perceber-se que, se "le progrès existe, il est continu et irrésistible mais ne connaît son apogée que dans la mort. À la mort de Dieu doit succéder, comme pour Schopenhauer mais par d'autres voies, la mort de l'homme qui, revenu de tout, sait désormais que son existence est un non-sense. Prenant une décision collective, l'humanité disparaîtra dans une apocalypse anonymement assumée" (Jean-Marie Paul, 1994).

Absorvendo o que se considerava ser o melhor das religiões históricas, qual a herança que predominaria na "religião do futuro": a oriental ou a cristã? Se, por um lado, ela devia ser um cristianismo arianizado, que os filósofos alemães (Hegel, Schelling, Fichte, Herbart, Schopenhauer) tinham começado a construir, por outro lado, o seu teor teria mais a ver com o "pessimismo hindu", porque estava não só imbuído de uma nostalgia pela libertação do fardo da existência, a que nenhum ser humano conseguia escapar, como também apostado em convencer que, apesar das aparências, o optimismo e a fé no progresso supõem uma evolução, cujo termo seria apocalíptico (Fernando Catroga, 2001[a]).

Como se verifica, foram múltiplas as aplicações da visão racialista da cultura e da história, sendo boa parte delas bramidas como prova do estado decadente da Europa, fosse para se anunciar a nadificação futura da humanidade, fosse para se apelar para esforços heróicos de libertação, que alguns reconheceram encarnados no Super-Homem de Nietzsche. Simultaneamente, também não será despropositado defender-se que o legado iluminista constituía o principal alvo do camartelo destes movimentos.

Apesar de tudo isto, a aplicação político-ideológica da racialização não deixava de implicar aquilo que criticava. Como as demais, arremetia contra os ideais de perfectibilidade, irreversibilidade e progresso, e empolava o estado de decadência que a sociedade ocidental teria alcançado. Porém, fazia-o com o intuito de melhor justificar a eliminação dos corpos ruins (eugenismo activo), a fim de se abrir caminho aos melhores e aos mais fortes. Para se certificar a engenharia social que prometia a definitiva criação de um "homem novo" e de uma "era nova" (na Alemanha, mitificava-se o número 3: o *III Reich*), também se invocava, mesmo de um modo perverso, a ciência e, sobretudo, a técnica. Dir-se-ia que este tipo de racismo procurou misturar uma mitologia de fundo panteísta e pagão com

legitimações retiradas da modernidade. E, quanto ao primeiro aspecto, deu-
-se nova reactualização ao cariz aristocrático dos que mais directamente se
julgavam continuadores da matriz ariana.

Vários foram os sítios indicados como morada dos homens quando
ainda eram deuses, indagação a que não escapou o Oriente, eleito berço
dos futuros conquistadores do mundo. Por isso, o interesse nazi pelas questões orientais privilegiou os assuntos tibetanos e indianos. E um conjunto
de académicos recebeu apoio directo de Heinrich Himmler e Alfred Rosenberg para irem em busca dos "restos" da raça-mãe, chegando um deles,
Walter Wüst (especialista nos livros sagrados dos hindus), a apresentar
os *Vedas* como um texto isento de qualquer contaminação semita e com
um conteúdo totalmente em conformidade com o *Mein Kampf* de Hitler
(Robert Irwin, 2008).

Outras filosofias da história remaram contra a herança iluminista,
sendo os ecos da lição do Oriente detectáveis na maneira como se perio-
dizava o devir e se avaliava o seu sentido. Denota-os, como se escreveu, o
pessimismo de Schopenhauer e de Hartmann, bem como a anatematização
de Nietzsche (nomeadamente nas *Vantagens e desvantagens da história
para a vida*, 1874) contra o cientismo e o historicismo, diatribe em que res-
soa a necessidade de se voltar à visão cíclica do tempo, concepção de que o
Ocidente se tinha esquecido, mas que inspirava a moral mais autêntica dos
descendentes directos dos filhos de Zaratustra. E a urgência de fulgurações
que superassem a moral dolente do cristianismo, ou a sua contrária mas não
contraditória ilusão rectilínea do progresso, irá fazer companhia aos que,
indo mais longe, começaram a posicionar o Ocidente, não como o centro
do mundo, mas como o lugar em que a nora do tempo já tocava o fundo do
poço. O sintoma desse decadentismo teve a sua mais retumbante explicitação nos livros de Oswald Spengler, *Der Untergang des Abenlandes* (1918-
-1922), e de Arnold Toynbee, *Study of history* (1934-1961).

Se a estas explicações juntarmos lamentos como os que Paul Valéry
(1957) lançou acerca da dimensão mortal das sociedades, verifica-se que,
no tocante à motricidade histórica, se renovava o conceito de civilização,
agora entendido, principalmente, como comunidade de ideias e de valores,
mas não para o integrar num finalismo irreversível e homogeneizador, mas
para o fragmentar, relativizar e subordinar ao antiquíssimo ritmo pautado
pela analogia com o ciclo da vida humana. Em suma: redescobria-se, um
pouco à maneira de Vico, que as civilizações são díspares e que nascem,
crescem e morrem (François Hartog, 2006).

Muitas dessas representações foram o resultado da saturação de um género de metanarrativa que os historiadores (Marc Bloch, Lucien Febvre) e a própria filosofia (a de orientação crítica e a de teor existencial) punham em causa. Por outro lado, o seu conteúdo teria muito a ver com o clima pessimista criado pelo impacto das chamadas Guerras Mundiais, afinal guerras civis entre europeus e prova trágica do desfasamento que existiria entre a realidade e a ilusão de estes ainda se julgarem no centro do mundo. Mas o desfecho de ambas dará um novo alento, não tanto ao eurocentrismo, mas mais a uma visão *ocidentalocêntrica*, agora com o seu ponto axial nos EUA e assente num modelo de civilização baseado na ciência e na técnica. E, para se legitimar este novo optimismo, as grandes narrativas sobre a história, a sua universalização e o seu fim receberam um novo fôlego, sobrevivência que não se limitou aos prognósticos de inspiração marxista; ela também se projectou nas promessas de cariz liberal.

Não deve espantar, já que estas duas correntes-tipo culminavam numa mesma certeza, ainda que com encarnações opostas, a saber: o fim da história, num caso, seria alcançado por uma espécie de universalização dos valores liberais irradiados a partir do Ocidente do Ocidente (os Estados Unidos da América); no outro caso, efectuar-se-ia através da construção de uma sociedade sem classes, previsão que, para os mais ortodoxos, já teria começado, mas que, para outros, importava acelerar, mesmo lá onde esta última pretensão estava em vigor.

Subjacente a tudo isto, é ainda possível encontrar uma outra característica fundamental: em última análise, ambas se alimentavam da fé na capacidade transformadora das ciências e no seu poder para controlar o futuro. Pode mesmo sustentar-se que, não obstante, num caso, falar-se de evolução espiritual e cultural, e, no outro, de luta de classes, o desenvolvimento da técnica, incluindo no domínio económico e social, supunha-se ser o verdadeiro motor da história. E tudo conspirava para se acreditar que, finalmente, *se podia saber para prever e para prover*, porque a rebeldia caótica dos acontecimentos estaria domesticada, expectativas que, entretanto, sofreram um rude golpe, não só em 1989 (queda do muro de Berlim; mudanças políticas na China), mas também em 11 de Setembro de 2001, com o impacto dos aviões nas Torres Gémeas de Nova Iorque.

CAPÍTULO X

A ciência como o novo áugure do futuro

O prestígio das ciências da natureza foi uma das características marcantes da modernidade e invadiu todos os níveis do seu entendimento do mundo e da vida, incluindo a própria reorganização do espaço epistémico. E sabe-se que, com o Iluminismo (Condorcet) e com os seus prolongamentos oito-centistas, os sucessos da física, da química e da biologia fizeram acreditar que a evolução da humanidade estaria madura para aplicar o novo cânone científico ao estudo dos fenómenos de todas as esferas do real (Georges Bastide, 1958; Georges Gusdorf, 1974), incluindo os sociais (D. G. Charl-ton, 1959), prova de que, como Michel Foucault escreveu, o homem era uma invenção recente (Michel Foucault, 1968).

Viu-se, igualmente, que esta força cativou os historiadores, ao mesmo tempo que se virava contra a maneira como os filósofos tinham sistema-tizado a diacronia das sociedades humanas. Um pouco por todo o lado, acusavam-na de ser anacrónica quanto aos seus fundamentos metafísicos e quanto aos seus modos abstractos de argumentação. Mas esta descredibili-zação não deixou de ser acompanhada por uma inconfessada substituição de protagonistas, dado que, em muitos casos, esse tipo de pensamento não desaparecia sob o manto dos resultados das ciências, metamorfose a que se chamará cientismo e que deu origem a este efeito paradoxal: se houve esperanças de que a ciência iria desmontar a ideologia, o século XIX tam-bém trouxe o uso da ciência como ideologia.

Uma filosofia da história com vestes cientistas

É verdade que podem ser dadas várias definições do conceito de cientismo, bem como da sua evolução. Jacques Ellul (1987) descreveu cinco fases desde 1850 até aos finais do século XX. E, para alguns (Tom Sorell, 1991), uma certa forma de cientismo já se detecta em Francis Bacon (século XVII): na sua classificação dos saberes, a poesia e a história surgem secundarizadas em relação às novas ciências experimentais; e o mesmo terá acontecido com o projecto de Diderot e D'Alembert: a *Enciclopédia* visava fornecer uma exaustiva apresentação do estado dos conhecimentos científicos com o objectivo pedagógico de tornar o povo mais ilustrado e virtuoso. Tais propósitos foram prolongados, ainda que com outros fundamentos, tanto no século XIX (sobremaneira, pelos vários positivismos), como pelo cientismo banalizado dos nossos dias, que continua apostado em propagandear os sucessos da ciência e da técnica. Significa isto que, apesar das suas diferentes expressões, ele constituiu – e, em certa medida, constitui – uma ideologia forte, o que aconselha a clarificar as suas relações com as práticas científicas propriamente ditas (Fernando Catroga, 1988), em ordem a conseguir-se surpreender os pré-conceitos historicistas que nele se projectam.

Historicamente, a palavra "cientismo" terá surgido, em França, nos princípios do século XX, sob a pena de um divulgador do materialismo biológico. Ela significaria o *fim de toda a filosofia*: o discurso científico fechava-se sobre si próprio, já que, segundo Le Dantec, a ciência não guardaria "nenhum traço da sua origem humana, e ela tem, por conseguinte – independentemente do que pensem os contemporâneos –, um valor absoluto, razão pela qual eu me proclamo cientista" (*in* Lalande, 1968). Como ensina Gusdorf (1974), esta ilação tem mais a ver com a crença no novo paradigma epistémico – que se foi impondo às outras formas de saber (religião, metafísica) – do que com verdades passíveis de serem experimentadas ou demonstradas racionalmente.

Será assim justo definir aquele conceito como um termo aplicável às doutrinas e práticas sociais que dão à ciência "uma autoridade que ultrapassa o seu âmbito legítimo" (E. J. Browne, 1988), pelo que se entende que ele não só não questione o estatuto da verdade que a ciência diz que descobre (geralmente, identificando-a com o espelho da própria realidade), mas também defenda que o mundo possa ser completamente analisado, compreendido e explicado. Acreditando que aquela obedece a leis estáveis, a leitura cientista sustenta que a previsão será sempre possível (desde que as questões sejam demonstráveis) e que a ciência irá progredir até à solução de todos os problemas capazes de comprovação: "não há mistério, não há desconhecido, não há transgressão das leis da natureza, tais como foram fixadas pela ciência" (Jacques Ellul, 1987). Esquece-se, assim, que a ciência é obra dos homens e, por isso, falível. Ora, como ensinou Popper, é a consciência desta falibilidade que a distingue da ideologia cientista que a explora (Karl Popper, 2002).

Em suma: o cientismo excede a esfera autónoma – não digo independente – das ciências, através de um trabalho de unificação transregional (Robert Franck, 1977) em que, às vezes até ao exagero, se recorre à *retórica da analogia* e à entificação da ciência, pois fala, sobretudo, em nome da "Ciência", e não das "ciências" e das suas relações e diferenças. Assim sendo, ele constitui uma representação ideológica, ou melhor, "uma pseudológica", no sentido em que procura fazer passar por uma relação homogénea à ciência aquilo que, no seu discurso, mais não é que "uma operação retórica de *redução/extensão analógica*, cuja própria estrutura é abuso de linguagem: a da ciência" (Patrick Tort, 1983; os itálicos são nossos).

Por outras palavras: nos discursos cientistas, assiste-se a um trabalho de sobreposição e de unificação que é facilitado pelo facto de as próprias práticas científicas estarem sempre ligadas a exigências de carácter geral, sejam elas comandadas pelo fito de se alcançar um conhecimento objectivo, que todos partilhem, sejam elas decorrentes do mesmo ideal operatório e prognóstico (saber para prever e para prover). Estes denominadores comuns tendem a escamotear as diferenças e a acalentar a ilusão de que a ciência existe independentemente do modo histórico e epistemológico como os seus saberes, sempre hipotéticos e parcelares, se vão concretizando e relacionando. E é a partir desta universalização homogeneizadora que o cientismo trabalha, usando e abusando da generalização e do deslocamento das metodologias e das linguagens específicas (embora não independentes) das ciências, a fim de melhor esconder os seus limites e, assim, legitimar, como científicos, pré-conceitos e pressupostos ideológicos de matiz totalizador.

Sendo inseparável do conceito moderno de ciência, o seu optimismo dominará os meios intelectuais europeus após a segunda metade do século XIX, conjuntura em que, sob o impulso da sociedade científico-industrial (que o cientismo ajudava a consciencializar), se foi minando, principalmente ao nível das elites, a aceitação das representações do homem e do mundo de inspiração religiosa ou metafísica, mudança que não foi estranha à dessacralização do universo provocada pelo êxito explicativo e técnico das próprias ciências (Jürgen Habermas, 1973) e ao aumento da convicção de que estas iriam explicar, definitivamente, os enigmas do universo.

Pôr assim a questão significa reconhecer que a ciência deu origem a uma forma de se camuflar a ideologia, porque, "pela sua própria existência e pelos seus sucessos, [ela] deu corpo à exigência de objectividade contra a subjectividade, crédito que possibilitou que a ideologia, que a invoca, coincida com o crédito de que ela desfruta" (Robert Franck, 1977). Na verdade, se, numa óptica estritamente cingida ao interior da história das ciências, é "a história das relações de evicção do inautêntico pelo autêntico" (Georges Canguilhem, s. d.) que deve ser acentuada (isto é, a presença da não-ciência na irrupção e consolidação das ciências), do ponto de vista externo, o caminho deve ser inverso, pois importará apreender, sobretudo, a amplitude da cosmovisão inferida dos resultados parcelares das ciências e perceber que a sua declarada totalidade tinha de se basear num horizonte de pré-compreensão que ultrapassava os critérios que validavam as hipóteses científicas. Trata-se, em suma, de definir o que se entende por ideologias da ciência, fenómeno tão marcante no panorama cultural europeu a partir da segunda metade do século XIX.

Reinterpretando Canguilhem, aquelas edificaram "sistemas explicativos, cujo objecto é hiperbólico, relativamente à norma de cientificidade que eventualmente lhe é aplicada", e que, como outras representações – ou em correlação com elas –, eram movidos "por uma necessidade inconsciente de acesso directo à totalidade". Este desejo fazia com que eles actuassem como "uma crença, que olha de soslaio, do lado de uma ciência já instituída, cujo prestígio reconhece e cujo estilo procura imitar" (Georges Canguilhem, s. d.). Mais especificamente, o cientismo parasitava uma referência "ilegal" à ciência, modelo a que, por meios determinados e detectáveis – terminologias e intenções de convencimento análogas às da linguagem científica –, procura assemelhar-se. E não será errado dizer que ele impedia que as ciências fossem pensadas nas suas determinações sociopolíticas e nas suas relações com o(s) poder(es) – os poderes da ciência e a ciência como poder (Jean-Jacques Salomon, 1970; Dominique Janicaud, 1987).

Só a análise desta ambivalência poderá evidenciar a contradição que subjaz à sua estratégia: teses ou hipóteses científicas recentes, apresentadas como novidades, sofrem deslocamentos e totalizações, de molde a fundamentar ideias e valores que são historicamente anteriores ao aparecimento da justificação tida por científica, como se existisse a contraditória possibilidade de emergirem verdades científicas antes do aparecimento das ciências que as demonstrariam ou verificariam. Um bom do exemplo do que se afirma encontra-se no forte investimento que foi feito nas tentativas para se provar o cariz científico da evolução histórica, ideia que, porém, já corria desde, pelo menos, meados de Setecentos.

Como se viu, a indagação do sentido de história não escapava a delineamentos de tipo finalístico, o que parecia ser incompatível com os limites epistémicos da nova ciência: esta pretenderia, tão-somente, analisar o *modo como* os fenómenos se relacionam entre si, de acordo com a sua causalidade eficiente. Deste modo, parece que a nova atitude perante o histórico nada teria que ver com o conhecimento científico. Mas tanto as filosofias da história como as ciências possuíam pressupostos comuns, nomeadamente a crença na racionalidade do universo e na competência que a razão humana teria para a decifrar. Por outro lado, ambas prometiam construir previsões que fariam aumentar o poder do homem sobre a natureza e sobre o seu próprio futuro. De onde se pode concluir que a razão científica, a razão filosófica e a razão histórica expressavam a mesma razão prognóstica e instrumental moderna.

Se aceitarmos, com Karl Popper, que o historicismo é "um ponto de vista sobre as ciências sociais que supõe que a previsão histórica é o seu fim principal" (Karl Popper, 1961), então o conceito é aplicável às filosofias da história da modernidade. Tal como os velhos profetas, estas falavam em nome da verdade do futuro, recalcando o facto de, por mais racional que fosse a sua linguagem, acabarem por fundamentar o sentido da história mediante procedimentos lógicos de base essencialista. São exemplos disso os que partiam da definição do "sujeito" ou do "motor" da história para a caracterizarem como o "palco" em que o *fim* seria a explicitação da *origem*. Portanto, o desenvolvimento objectivar-se-ia como evolução, numa prefiguração de hipóteses *ad hoc*, sempre indemonstráveis, mas utilizadas para lhes dar coerência, ou para salvar a teoria das suas contradições internas (J. C. Bermejo, 1987).

Com o avanço da sociedade industrial oitocentista, este tipo de retrospectiva teria de sofrer efeitos de desafectação, devido ao crescente prestígio das ciências, cada vez mais avaliado pelos seus sucessos técnicos, tendência que conduzirá não só a projectos de autonomização das ciências sociais (para Comte, a sociologia seria mesmo a última ciência, ficando o espaço epistémico definitivamente preenchido), mas também à idealização da ciência em geral, como se esta, com o efeito totalizador e universal do seu uso cientista, pudesse substituir a função anteriormente desempenhada pela religião, pela filosofia e pelas representações que, a partir das primeiras décadas do século XIX, serão designadas por ideologias.

O caminhar do problema para novos problemas

Na verdade, este assomo cientista – com a sua defesa do monismo metodológico e da homogeneização do saber científico – só ganhou força quando as explicações filosófico-metafísicas começaram a ser postas em causa em nome do argumento (historicista), segundo o qual estariam reunidas as condições (epistemológicas e históricas) para a definitiva cientificação dos fenómenos sociais. Com isto, os esforços para a imposição do saber científico – em detrimento de outras formas de conhecimento – e a secreção cientista que aquele acabou por gerar anunciavam a completude do espaço epistémico, condição tida por necessária para que o trabalho totalizador, levado a efeito pela ideologia das ciências, pudesse ser mais credível.

No entanto, só no húmus da consciência histórica este propósito podia vingar, não obstante algumas das primeiras expressões das novas ciências sociais ainda reivindicarem características a-históricas para as leis que pretendiam formular. Foi o caso da economia política (clássica). Porém, as que se interessaram pelo estudo da sociedade como um todo, imediatamente conceberam a sociedade em termos holísticos e evolutivos e combateram a definição unilateral do homem que o reduzia a *homo œconomicus*, como os exemplos – com as suas especificidades – de Saint-Simon, Comte, Marx ou Proudhon bem revelam (Scott Gordon, 1995). A sua apreensão científica imporia uma perspectiva total (*homo sociologicus*), realidade só abarcável se a sua face estática, orgânica ou estrutural fosse comandada pela perspectiva diacrónica.

Pode defender-se que esta valorização do tempo fez com que as novas teorias, apesar de se dizerem científicas, fossem, em última análise, inconfessas filosofias da história. É que elas, para se autolegitimarem, também jogavam com um indemonstrável finalismo, nomeadamente quando utilizavam razões históricas para mostrarem a necessidade do seu aparecimento (as sociedades industriais), em articulação com argumentos ontológicos e epistemológicos que, contudo, também punham em prática uma certa ordenação e sucessão das ciências. Recorria-se, portanto, a uma dada concepção de historicidade para se dar conta da razão de ser das ciências, mesmo que isso implicasse a queda numa evidente circularidade, no fundo homóloga à da filosofia que o cientismo criticava: tal como aquela passou a ser indissociável do seu devir (Hegel), também a ocupação do espaço epistémico implicava que a fundamentação lógica e epistemológica das ciências fosse inseparável da sua história.

Usando uma comparação, poder-se-á mesmo afirmar que, se a era industrial e positiva era apresentada como a do *fim da história*, a fé nesse prognóstico funcionou, porque, em certa medida, igualmente se acreditava que a humanidade, com a cientificação da realidade histórica, estaria a chegar ao *fim da história das ciências*, ou, pelo menos, já teria alcançado um estádio de desenvolvimento e um grau de conhecimento sobre a natureza e o homem que permitiriam explicar o universo e definitivamente prever o sentido do seu futuro. Mas estivesse ela por chegar, ou já tivesse começado, a ideia de consumação obriga a perguntar se, também aqui, não se está perante um evolucionismo em que o fim surge como a realização do que potencialmente já estava contido no princípio.

A recusa da causalidade finalista e formal na ciência não admite tal ilação. E os novos discursos sobre a sociedade – descontadas as suas prevenções antimetafísicas e a sua causalidade mecanicista – muniam-se de analogias orgânicas e fixavam os limites das suas presumidas leis nos quadros do determinismo, isto é, num horizonte em que, de acordo com o paradigma dominante, não haveria lugar para o acaso e para a irrupção do novo, convencimento que impulsionava a procura de um saber prognóstico, capaz de programar o futuro, porque a natureza e a sociedade seriam realidades plásticas e transformáveis. Deste modo, o dinamismo social, tal como o dos organismos, devia ser visto como um processo mecânico.

No entanto, este acabava por ser descrito como se fosse uma explicitação de potencialidades que o tempo ia actualizando, percurso que o homem, desde que a sua *praxis* fosse iluminada pela ciência, poderia acelerar dentro dos limites impostos pelo sentido objectivo da história. Com isto, não se estaria a cair em não-assumidas explicações teleológicas análogas às das filosofias que o cientismo apodava, pejorativamente, de metafísicas? Tendo presente a maneira como as várias concepções sobre a diacronia social periodizaram (através de conceitos como "período", "fase", "estado", "estádio", "modos de produção") o percurso da humanidade, não será infundado concluir que o futuro (fosse o da vitória da sociedade liberal, científico-industrial, comunista, etc.) era comummente representado como a materialização, num degrau superior, de um programa já inscrito e preanunciado no ponto de partida da aventura humana.

Uma idêntica circularidade finalística é detectável na própria argumentação justificadora das necessidades lógicas e históricas apontadas para se fundamentar a emergência das ciências sociais. O fundado – "a fisiologia social" (Saint-Simon), a "física social" ou a "sociologia" (Comte), a "ciência da história" (Marx) – também constituía o fundamento das leis da história que determinavam o *topos* social que as tornava transparentes à razão (as contradições da sociedade industrial), bem como o sentido da antecedente acumulação cognitiva que as tinha possibilitado (exemplo: o aparecimento da biologia antes da sociologia).

Em sintonia com as conclusões das filosofias da história, também se punha a sociedade industrial como o lugar supremo da evolução da história e das ciências, tendo a sua vanguarda (a Europa) alcançado o estádio de evolução moral e intelectual, ou o desenvolvimento de relações de produção, que iria trazer a ultrapassagem das interrogações que as religiões e as metafísicas, anacronicamente, continuavam a formular (Robert C. Scharff, 1995). E também foi a ilusão de se estar a esgotar o campo epistémico que criou o terreno propício à entificação da Ciência (substantivação que diluía as suas diversidades), agora apresentada, quer como resultado terminal e necessário da peregrinação (até ali, no obscurantismo e na alienação) da humanidade, quer como arma de combate capaz de a fazer ascender à emancipação definitiva. E o cumprimento desta promessa seria tarefa comum às ciências naturais e às novas ciências sociais.

A tentativa de se ligar a perspectiva histórica com a científica indica que não foi por acaso que este trabalho (exemplarmente presente em Comte) esteve sempre conjugado com uma obsessão taxinómica, ou melhor, com o encadeamento dos saberes aferido por exigências epistemológicas (condicionamento das ciências, segundo uma relação de antecedente a consequente), ônticas (a hierarquização dos fenómenos era justificada a partir do princípio da sua generalidade decrescente e complexidade crescente) e históricas (sucessão e filiação do aparecimento das várias ciências até à sociologia). Como sublinhou Michel Fichant, tais requisitos só seriam coerentes num quadro em que a ideia de progresso, a unidade da ciência, a uniformidade do seu devir e a existência de uma solidariedade "entre história da ciência e história geral" permitissem encontrar, nesta última, modelos e exemplos para a primeira. Assim entendido, o progresso enunciar-se-ia "de acordo com dois processos, a maior parte das vezes, entrecruzados: *acumulação, evolução* ou *desenvolvimento*" (itálicos nossos). E, se o perfil da historicidade das ciências já vinha dos primórdios do século XVIII (Fontenelle), a concepção comtiana retomou-o, levando às últimas consequências "a mesma elaboração do conceito de progresso, do qual ela quer não só fornecer os modelos, como também exibir a lei" (Michel Fichant, 1971).

Fernando Catroga

É um facto que outras enciclopédias não concordaram por inteiro com as ideias de Comte. Todavia, para o propósito de agora, importa assinalar que, desde Saint-Simon, e passando por Comte, Cournot, Ampère, A. Bain Herbert Spencer, muitas foram as tentativas para ordenar e hierarquizar os conhecimentos – geralmente animadas pela mesma preocupação sistémica e de acasalamento da óptica histórica com a epistemológica – que culminaram, em nome da ciência, em visões apostadas em representar todo o universo como um devir (B. M. Kedrov, 1974). Daí a ligação íntima que existiu entre estas propostas taxinómicas e os esforços para se provar que a evolução era uma lei universal. E Oliveira Martins, tomando posição neste debate (1881), não se enganou, ao escrever que a classificação das ciências, à luz da sua ordem lógica e histórica, isto é, "objectivamente feita, segundo as afinidades e a dependência das matérias científicas", seria "a tradução gráfica da marcha evolutiva da Criação" (Oliveira Martins, 1955).

Na lógica interna da mundividência cientista, tudo seria ao contrário: o fundamento (o sentido da história) aparece como o fundamentado. Mas convém recordar que as primeiras aflorações da ideia de evolução e de tempo irreversível se deram no domínio do pensamento histórico, quando o universo, lido segundo o modelo newtoniano, era ainda o reino da repetição mecânica. É assim possível encontrar uma certa historicidade na justificação, pretensamente científica, das razões que explicam o aparecimento das ciências (incluindo o projecto do fecho do seu espaço epistémico), embora, no discurso explícito da sua auto-suficiência, a ordem argumentativa tenha recalcado essa dependência. Afinal, as ciências exigiam reflexões filosóficas sobre o seu objecto (John Losee, 1989), sinal de que estavam condicionadas pelas transformações (de que elas são, simultaneamente, efeito e causa) sofridas ao nível da experiência do tempo histórico (Georges Gusdorf, 1977).

Como mostram as filosofias da época, a sua história apresentava-as como um percurso contínuo, acumulativo, linear e progressivo, entificação e globalização bem detectáveis, quer nas hierarquias das ciências, quer nas obras mais significativas que, então, começavam a historiar o seu progresso (W. Whewell, *History of the inductive science*, 1837; *Philosophy of the inductive science*, 1840). E seria contraditório afirmar um fim para a história, sem, simultaneamente, se prever a possibilidade do fim da cientificação dos fenómenos da natureza e da sociedade. E a sistematização comtiana das ciências pôs a nu o que outras escondiam: se o estado positivo era o termo definitivo da evolução do espírito da humanidade, a sociologia não só seria a derradeira ciência, como, com ela, o seu campo ficava concluso. Quando muito, somente haveria progresso na realização da ordem.

Em suma: a concepção de tempo acumulativo e progressivo é uma consequência da ideia moderna de história, pois, tal como a humanidade no seu todo, também a evolução do conhecimento científico se daria através da incorporação e da integração dos resultados passados nas novas teorias, "num processo de confluência no grande caudal de conhecimentos que é o saber científico na sua totalidade" (João Maria André, 1996). Tais certezas fundiam o optimismo histórico e o optimismo científico, fazendo do adquirido o objectivo de toda a ciência. Daí que a ideia de progresso dominasse, levando a que, neste sentido, o homem de ciência fosse um indivíduo "muito naturalmente histórico" (Bernard Groethuysen, 1995).

Como se viu, o evolucionismo apareceu, primeiramente, como uma representação do devir histórico, fruto da gradual presunção de que os tempos modernos seriam superiores aos antigos, o que postulava a irreversibilidade do tempo, premissa que, porém, foi crescendo em coexistência com representações cíclicas e mecanicistas do espaço. Mesmo em Hegel, se a história é diacrónica, a natureza ainda estaria submetida ao fatalismo da circularidade. E o próprio Comte, apesar da índole evolutiva da chamada *lei dos três estados* (na linha de Turgot e de Condorcet), perfilhava uma ideia de natureza que não ultrapassava os quadros cartesiano-newtonianos e resistia à extensão da hipótese evolucionista (Lamarck) a domínios que não fossem os dos progressos intelectuais e morais da humanidade, garantidos pela função acumulativa da linguagem e da herança dos "mortos".

No entanto, no decurso do século XIX, a consolidação da ideia de historicidade irá provocar profundas alterações, assistindo-se a uma espécie de paulatina "historicização" da própria natureza, mesmo quando tal ocorreu em concomitância, pelo menos em alguns casos, com uma certa "naturalização" da história. Fosse a nova tese acerca da formação da crosta terrestre (Lyell) e do próprio cosmos (do homogéneo à máxima heterogeneidade: Herbert Spencer), fosse a hipótese do transformismo de Darwin com os seus vários aproveitamentos de índole social (Yvette Conry, 1974; Greta Gomes, 1980; D. R. Oldroyd, 1980; AA.VV., 1983; Peter J. Bowler, 1985; Ana Leonor Pereira, 2001), fosse o acasalamento do materialismo histórico com a dialéctica da natureza (Engels), tudo serviu para provar que o dinamismo tinha uma dimensão universal, definida dentro dos quadros determinísticos próprios das leis das ciências da natureza. E, quando não se reconhecia a existência de algumas especificidades entre as esferas do ser, a ideia evolucionista tornou-se sinónimo de cientismo (e de determinismo), generalização que se foi popularizando à medida que, pelo menos ao nível das elites cultas e urbanas, foi aumentando o fascínio pela civilização científica e técnica. Sinal dessa hegemonia é o facto de o ataque anti-historicista, anti-humanista e anticientista de Nietzsche os ter elegido como as grandes ilusões a abater.

Do que ficou escrito se infere que o cientismo e o historicismo foram duas faces de uma realidade análoga, ou melhor, o cientismo, enquanto ideologia que explorou o crescente prestígio das ciências da natureza, só poderia ter medrado numa sociedade cada vez mais convicta de que tinha alcançado a translucidez do passado e, por conseguinte, do futuro. E foi no contexto deste imperialismo que também se deu o grande desenvolvimento dos estudos históricos, os quais – como a historiografia oitocentista bem revela – pretenderam desalojar o discurso das filosofias da história (recorde-se: Ranke agiu como uma espécie de anti-Hegel), sob a bandeira de um ideal de investigação que pretenderia transpor, tanto quanto lhe fosse possível, os métodos das ciências da natureza para o domínio historiográfico, em ordem a conhecer-se o passado tal qual ele aconteceu.

Porém, ainda que minoritárias, foram várias as reacções contra a ilusão da unicidade metodológica, sendo a mais significativa, em termos epistémicos, a desenvolvida, na linha da lição de Vico e Herder, por autores como Droysen, Dilthey, Windelband, Rickert, Simmel e outros, e que terão como pedra de toque a reclamação da autonomia das chamadas ciências do espírito (*Geistwissenschaften*), posição que não pode ser confundida com a crítica radical feita por pensadores como Schopenhauer, Hartmann, Nietzsche, ou mesmo Bergson, bem como pelas correntes de índole niilista e pessimista dos finais do século XIX e princípios do século XX. Convém lembrar que, não obstante a sua crítica ao cientismo, ela ainda defendia a existência de um irredutível *dualismo epistemológico*.

A segunda metade do século XIX foi o período áureo da crença nas virtudes indefinidas do progresso científico. Não admira. Nos anos que mediaram entre 1850 e 1900, reinou um entusiasmo que tocou as raias de um novo dogmatismo assente no cumprimento deste programa: "faltava, em nome da ciência, destruir as ideias falsas, as religiões, as tradições culturais, os mitos: todos estes produtos da imaginação, nas idades obscuras, deviam ser radicalmente substituídos pela luz e pela ciência" (Jacques Ellul, 1987), ideal que Eça de Queirós, em *A Cidade e as ser-*

ras, ironizou com esta célebre equação: *Suma Ciência x Suma Potência = Suma Felicidade*.

Ora, será importante não se confundir o cientismo deste período com as suas versões posteriores, pois ele ainda não era um tecnocratismo. As consequências práticas da aplicação dos resultados das ciências não só não se confundiam com a pesquisa científica (a ciência ainda estava bem demarcada da técnica), como o seu uso não podia ser indiferente às implicações ético-sociais das questões que mereciam ser resolvidas. À sua maneira, este cientismo queria ser a definitiva expressão do humanismo.

Tal intenção, nos seus melhores exemplos – e descontando os exageros de algum darwinismo social –, fez com que a conflitualidade mecânica e naturalista, que seria inerente à gradual realização do evolucionismo cósmico, se saldasse num finalismo inconfessado (Étienne Gilson, 1973) e, em termos antropológicos e históricos, na apologia (como no Iluminismo) das ideias de perfectibilidade e de progresso. Dito de outro modo: pretendia-se garantir que, caso o homem soubesse conduzir, "cientificamente", o seu destino (incluindo o seu comportamento moral), a cultura, ou melhor, a história, venceria definitivamente a natureza. E esta certeza explica que, como nas representações religiosas e nas filosofias da história, a previsão, protegida pelo aval da ciência, criasse expectativas análogas às de matiz soteriológico.

A ciência como uma ideologia da salvação

O domínio do cientismo não se extinguiu no novo século, embora, entre 1910 e 1918, tenha sofrido uma aceitação mais difusa. Depois, a realidade alterou-se. Dir-se-ia que se, em 1900, a sua força de convencimento ainda se escudava na exaltação da verdade, nos anos de 1920 movia-a a ideia de que a ciência iria "assegurar a felicidade da humanidade" (Jacques Ellul, 1987), crença que, como ideologia, terá perdurado até à II Guerra Mundial. Porém, esta, com a destruição que provocou, parecia ter definitivamente sepultado todo o tipo de optimismo, e nem a "descoberta da penicilina [...] compensou o traumatismo de Hiroshima" (J. Ellul, 1987). Entre os próprios cientistas, ter-se-á instalado uma espécie de dúvida, fruto da tomada de consciência da responsabilidade ética da sua profissão, atitude que não pode ser confundida com a existência de uma "crise da ciência".

Por volta de 1975, a realidade sofreu alterações: surgiu uma nova euforia, agora imbuída de um entusiasmo diferente do de há um século: a ligação entre as ciências e as técnicas tornou-se mais estreita e bilateral, relegando-se para um plano secundário tanto o cultivo da "ciência pura" – que, para muitos, nunca teria existido –, como a eleição de temas somente escolhidos por preocupações humanísticas. Por outras palavras: mais do que nunca, a prática científica passou a ser inseparável de estratégias de poder político e de rentabilização económica.

Sintoma dos tempos, esta acelerada secundarização da ciência pura veio acompanhada por anúncios da "morte" das ideologias, finalmente dissolvidas no engodo da técnica e da sociedade de consumo. Simultaneamente, assistiu-se à banalização das suas utilizações, não obstante o aumento da sua especialização e da sua incompreensibilidade para os não-iniciados. Mas, como esta faceta tende a ser recalcada, o que conta é a lição que se tira dos seus resultados, e estes reforçaram a ideia de que só na ciência (ou melhor, na técnica) se poderá encontrar a "resposta a tudo o que nos inquieta e angustia". E isto explica que o cientismo se tenha transformado numa " ideologia de salvação" (Jacques Ellul, 1987). Por palavras do grande físico teórico Romanan Sexl, em debate sobre o pensamento de Popper (Maio de 1983), hoje em dia, o cientismo é veiculado pela própria publicidade, que encomia a ciência como se "de uma magia natural se tratasse" (*in* Karl Popper e Konrad Lorenz, 2000).

Seria injusto não ver na periodização assinalada uma útil tentativa para qualificar as variantes da atitude cultural dominante na civilização dos nossos dias. Mas a análise nunca poderá escamotear, por um lado, que este culto da ciência e da técnica, apesar do seu peso, foi (e é) objecto de crítica (Spranger, Husserl, Heidegger), e que, por outro lado, o próprio paradigma epistemológico que lhe serviu de modelo é cada vez mais contestado pelos próprios cientistas, na linha de julgamentos que já vêm dos inícios do século XX (Heinsenberg, Poincaré, Einstein, etc.).

Seguindo Ellul, dir-se-ia que, no plano das expectativas, o cientismo deslocou as promessas gnosiológicas da ciência (a verdade) para os terrenos da ética e da soteriologia (felicidade e salvação). Todavia, a nosso ver, este juízo peca por ser excessivamente diacrónico, dado que, em cada um dos períodos assinalados, aquelas características coexistiram, ainda que em graus diferentes. De facto, mesmo na sua primeira fase, as proclamações feitas em nome da verdade já apareciam veiculadas por discursos que também prometiam o acesso à felicidade e à salvação, situadas no futuro secularizado da história. Já aí, a ciência era enaltecida como instrumento privilegiado de emancipação, porque iria libertar o homem dos obstáculos que o impediam de alcançar a máxima perfeição possível, chegando-se mesmo a sugerir, como já precursoramente Condorcet havia escrito, que se poderia vencer a inevitabilidade da morte através do prolongamento indefinido da própria esperança de vida.

Em conclusão: acreditava-se que a ciência exorcizaria as grandes questões (insolúveis) postas pela religião e pela metafísica e que, gradualmente, solucionaria todos os problemas que, bem colocados, tivessem interesse para o aperfeiçoamento da humanidade. E foi eivado deste optimismo (epistémico e histórico) que, em 1885, Berthelot fez esta autêntica declaração de fé: "hoje, o mundo não tem mistério. O universo material, na sua totalidade, é reivindicado pela ciência, e ninguém ousa mais resistir a esta reivindicação. A noção de milagre e de sobrenatural extingue-se como uma vã miragem, um preconceito ultrapassado" (M. Berthelot, 1885).

Só uma leitura apressada poderá ver neste vaticínio um voto exclusivo no altar da verdade. À ciência, ou melhor, às representações totalizadoras do mundo e da vida que eram extraídas de algumas das suas hipóteses, eram adjudicadas uma tarefa desalienadora (das mistificações religiosas e ideológicas) e uma aptidão prognóstica ilimitada, características que explicam que a sua mitificação tenha caminhado a par com o desejo de se criar um novo *poder espiritual* que fosse o farol do *poder temporal*. Deste modo, é lógico que se tenha assistido à "sacralização" não só da ciência, mas também dos cientistas, assim alcandorados ao estatuto de "sacerdotes", de "profetas" ou de "engenheiros sociais", optimismo profético bem projectado nesta promessa do astrónomo Camille Flammarion, consignada na sua obra *Le Monde avant la création de l'homme* (1885): "brevemente, nós resolveremos o enigma da vida futura, como nós começámos a ver dissipar--se os nevoeiros que escondiam o passado. Tomamos por divisa: Verdade, Luz, Esperança!".

Perante afirmações deste jaez, é lícito inserir a crença cientista no terreno mais lato do historicismo. Mesmo quando ela somente pretendia falar em nome do *como*, o uso, deslocado e generalizador, que o seu discurso analógico fazia dos resultados parcelares das ciências teve efeitos, porque mobilizava os mesmos valores que tinham servido de credencial às concepções evolutivas e teleológicas da história, perspectiva que, nas últimas décadas de Oitocentos, foi alargada ao entendimento da própria natureza. E se, como Marx sustentou, toda a representação ideológica gera um processo de inversão (Sarah Kofman, 1973), no caso em apreço o optimismo histórico foi apresentado como fruto das lições das ciências. Mas basta um olhar mais crítico para se ver o contrário: de acordo com as exigências do próprio paradigma invocado, as expectativas totalizadoras, semeadas pelo cientismo, seriam sempre cientificamente indemonstráveis – como são todas as projecções mundividenciais –, pois os resultados das ciências eram abusivamente transferidos dos seus campos específicos e, através de generalizações, colocados ao dispor de ideias e de valores que, nos casos mais significativos, tinham origem nas práticas sociais e lhes eram anteriores.

As esperanças de felicidade e de salvação, que elas veiculavam, seriam a consequência humanista do sucesso das suas aplicações. Contudo, este optimismo só funcionava a partir da popularização acrítica de certos pressupostos, mormente dos que apresentavam a história das ciências como a da gradual, linear e irreversível superação dos buracos negros do conhecimento. Punha-se em prática, portanto, uma ideia acumulativa e progressiva do tempo e da história, bem como a aceitação dos seus *a priori* essenciais: o que postula a natureza perfectível do homem; e aquele outro, complementar do primeiro, que acredita na inteligibilidade do devir histórico e na consequente capacidade prognóstica da razão perante a opacidade do real e dos enigmas do futuro.

Esta justificação cientista das expectativas históricas prolongava algumas das bases nucleares da modernidade e explica que a sua contestação envolva os mesmos argumentos que, hoje, também têm questionado o imperialismo paradigmático e os efeitos civilizacionais da ciência. É que, para além da recusa do seu cariz unicitário e universalista, assim como das ilações determinísticas que dela se retiravam, a história das ciências também nos ensina a íntima relação que existe entre a verdade e o erro, ao mesmo tempo que nos revela que, afinal, uma solução é sempre o ponto de partida para novos problemas (Gérard Fourez, s. d.).

Por outro lado, algumas das suas linhas de desenvolvimento ajudam a que não se confundam as críticas actuais ao historicismo nomotético e prognóstico com a queda numa nova compreensão a-histórica das ciências e das suas respectivas práticas. Relembre-se que James Conant (1951), mestre de Khun, viu a ciência, não como um método formal, mas como uma estratégia de raciocínio, e que caracterizou a observação, não como um simples e nu registo da experiência, mas como uma construção historicamente enformada por diferentes pressupostos e estratégias teóricos.

Kuhn não terá feito o mesmo quando destacou o papel das convenções culturais na credibilização dos paradigmas? E Lakatos – para quem a ciência não pode ser estudada como uma mera actividade a-histórica – chegou mesmo a sustentar que *a teoria da ciência é, no fundo, uma teoria da história* (Manuel Benavides Lucas, 1994; os itálicos são nossos).

Em conclusão: os debates epistemológicos contemporâneos aconselham cautelas perante a concepção unitária de ciência e a ideação linear e acumulativa da (sua) história. O progresso do conhecimento já não pode ser caracterizado como um mero processo de eliminação da ignorância, pois, com ele, também esta se renova e progride (Edgar Morin, 1982), e a própria incerteza instalou a insatisfação e a curiosidade, suscitando questionários que agem como força motriz do próprio conhecimento. Logo, tal como a história (e a historiografia), as ciências também são "obras abertas" e, por isso, irredutíveis aos sonhos totalizadores, definitivos e dogmáticos semeados pelo cientismo. Elas são inseparáveis da(s) sua(s) história(s). Consequentemente, o conhecimento científico é sempre parcial e probabilístico, realizando-se não só por acumulação, mas, sobretudo, por constantes reformulações, deslocamentos e irrupções de novas e mais complexas problemáticas, fruto – na terminologia de Konrad Lorenz – de "fulgurações" criativas (Konrad Lorenz, 2000; Giovanni Reale e Dario Antiseri, 1992).

Além do mais, as aspirações humanas à totalidade são-lhes existencialmente anteriores e remetem para uma experiência originária que o discurso científico jamais poderá dizer ou fazer extinguir. E hoje, como bem sintetizou Miguel Baptista Pereira, "o colapso do modelo determinístico newtoniano provocado pela mecânica quântica, a volta do sujeito requerida pela teoria da relatividade, a criação de uma biologia quântica, a investigação do inconsciente, que se vela como o reino das partículas elementares, o aprofundamento e a universalização do conceito de evolução, a extensão da informação e da comunicação aos domínios da natureza e da vida eliminaram a ruptura entre ciências da natureza e ciências do espírito, reconstituíram a unidade do real num tempo comum, aberto e irreversível, situaram o homem no mundo a cada momento novo, rodeado de misteriosa opacidade, onde toda a ciência é comunicação crítica" (Miguel Baptista Pereira, 1991). Por tudo isto, ela é e será sempre uma tarefa inesgotável, porque "o futuro está aberto" (*Die Zukunft ist offen*) (Karl Popper e Konrad Lorenz, 2000). E será contraditório pôr a ciência como motor da história e não colocar esta sob o permanente signo da irrupção do *novo*.

Quarta Parte

O *AINDA NÃO SER*

CAPÍTULO XI

A história do mundo é o tribunal do mundo

Como ao longo das páginas anteriores se procurou mostrar, a obsessão ocidental pela história e pela memória histórica tem como principal fonte a influência, mesmo que indirecta, da visão judaico-cristã do tempo. Na verdade, temos por profícuas as leituras que ligam o forte investimento memorial, monumental e historicista – feito pela cultura ocidental após o impacto do cristianismo – às alterações mundividenciais provocadas por uma religião anamnética e semeadora de expectativas messiânicas e escatológicas. E aqui se inclui a da secularização, tendência que, "fundindo integralmente o supra- ou o extra-histórico no século e no tempo", irá impedir, "doravante, que se possa antever, na história, algo mais que uma expectativa e uma realização internas" (Gérard Bensussan, 2001).

Essa inversão foi realizada pelas filosofias da história. E, por mais paradoxal que possa parecer, a religião, incluindo a sua racionalização teológica, não foi estranha a estes desenvolvimentos. A criação *ex nihilo*, por um Deus transcendente, do espaço e do tempo, a Sua aliança com um povo histórico e a espera messiânica, se, por um lado, originaram a separação do sagrado e do profano, por outro lado, puseram na história sinais da Divindade que, porém, não se confundia com ela. Por sua vez, o cristianismo, consubstanciado no acontecimento simultaneamente sacral e histórico anunciador da boa-nova, potenciou ainda mais a localização terrena de ideias e valores que nele só tinham valor transcendente. Poder-se-á mesmo dizer que a integração cristã do messianismo judaico pôs em acção um movimento de auto-superação, mediante a incessante conversão do antigo em novo, isto é, a "Tora em Evangelho, o Logos em Carne, a Pólis na cidade de Deus" (Gérard Bensussan, 2001), processo dialéctico de conservação/superação de oposições tanto internas como externas (Franz Rosenzweig, 1982).

A temporalização e a secularização do mundo no Ocidente não serão mais do que pontos de chegada de um caminho em que o homem se foi apropriando do *Logos* que o criou, à sua imagem, e que o conduziu ao optimismo da ciência moderna, à separação do *poder temporal* face ao *poder*

240   O *Ainda Não Ser*

espiritual, e à projecção da apocalíptica religiosa num tempo horizontal. Com este último processo, as filosofias da história anteviram a Jerusalém celeste descendo dos céus para ser a casa terrena dos filhos de Caim, ao mesmo tempo que secularizavam a cenose, encarnação de Deus simbolizada, não numa pessoa (Jesus), mas na humanidade, deste modo eleita novo Messias colectivo. Nesta promessa, dir-se-ia que a parúsia de Deus se fundia com a própria presença do homem no tempo (Jean Brun, 1990).

A antropodiceia no tempo

Os liames existentes entre a religião cristã e a possibilidade de a razão se constituir como saber absoluto – e, consequentemente, concretizar o que, com a revelação, foi somente dito de uma maneira profética e meta-histórica – eram claros em Hegel, para quem a essência do cristianismo seria dialéctica, como cristã era a essência da dialéctica histórica, elo sem o qual o significado da secularização não poderá ser entendido. Como, logo em 1838, bem explicitou o hegeliano Cieszkowski, a humanidade estaria finalmente a chegar a um estádio de autoconsciência, em que as leis do seu normal desenvolvimento e progresso teriam deixado de ser encaradas como produtos fantasmáticos de mentes entusiastas, para serem apresentadas como autênticas determinações do pensamento absoluto de Deus, ou melhor, como manifestação da sua razão objectivada na história (August von Cieszkowski, 2002). Numa espécie de recepção mitigada do *Evangelho Eterno* e de Gioacchino da Fiori, boa parte das filosofias da história, incluindo as que Comte e Marx sistematizaram em nome da ciência, estruturaram-se sob o modelo da Santíssima Trindade, reproduzido no cariz triádico da contradição, como se pode comprovar em Schelling e em Hegel. Com isto, a unidade Pai, Filho e Espírito Santo transmutou-se, mormente quando a lição de Herder foi misturada com a de Hegel, em *Weltgeist* (espírito do mundo), *Volksgeist* (espírito do povo), *Zeitgeist* (espírito do tempo); ou, então, revelou-se nesta outra sucessão necessária: *tese*, *antítese* e *síntese*.

Poder-se-á perguntar: Kant não terá colocado uma ideia teleológica de natureza humana no lugar de Deus, e o seu ideal regulador não seria uma espécie de milenarismo racionalizado, ou melhor, um "quiliasmo filosófico", que actuaria como incentivo à criação da "paz perpétua" e de um imanente "reino de Deus" (Leonel Ribeiro dos Santos, 2002)? No último

Herder, não teria a humanidade a tarefa de edificar a amizade e a solidariedade através da razão, significando isso a confirmação da finalidade última do cristianismo – fundar o reino do céu na terra? Em Hegel, a Providência não terá sido substituída pelo finalismo absoluto da razão? Em Comte, pelo determinismo que comandava a evolução do espírito da humanidade para o "fixo e definitivo" estado positivo? Em Proudhon, pela iminente chegada do conciliado reino da Justiça? Em August von Cieszkowski, por uma expectativa messiânica de futuro, sendo este identificado como o culminante reino do Espírito? E, em Marx, a superação das contradições não traria a passagem do "reino da necessidade" para o "reino da liberdade", estádio pletórico que realizaria o "homem total"?

Por outro lado, parece claro que estas concepções não rompiam, por inteiro, com a ideia de *queda* (por *geração* ou *processão*), ou, no mundo judaico-cristão, de *culpa* (devido ao *pecado*), nas suas explicações sobre a origem da finitude humana e da índole corruptível e degradante do tempo profano. Nietzsche não tinha dúvidas: a consciência histórica ocidental dimanava do sentimento de culpabilidade (doença incurável, que impediria a acção verdadeiramente criadora do homem), e as teorias que a expressavam não passariam de visões teológicas camufladas. No seu anátema, ele tinha visto em Hegel, não um verdadeiro *deicida*, mas o grande retardador da "morte de Deus" (Nietzsche, *A Gaia ciência*, § 357).

A génese da história era narrada a partir de uma necessidade interna de divisão (e de contradição) que funcionava para justificar o itinerário que a humanidade teria de percorrer para superar a sua cesura primordial. E a teoria do *pecado* culpabilizou o homem pela situação de penúria, diminuição que só a fé poderia redimir. Dilacerado pela contradição, o parto da história tinha de ser doloroso, embora também pudesse ser sofrimento que conduziria à salvação. Uma vez secularizada, essa expectativa seria estímulo de luta pelo aperfeiçoamento e, por isso, contra a degradação e a senescência provocadas pelo ritmo natural do tempo, de sorte que será lícito afirmar que as filosofias da história (e as teorias sociais de inspiração cientista) deslocaram a esperança e a escatologia cristãs para o plano terrantês da imanência, retirando-lhes o seu cariz extra-histórico e projectando, no devir progressivo – definido em termos acumulativos e horizontais –, as esperanças redentoras que a sua prognose prometia, maneira invertida de confessar que, até lá, a humanidade continuaria a ser *homo dolens*.

A dialéctica da redenção

Com a modernidade – e, em particular, com o Iluminismo –, a história passou a ser vivida e pensada como um trajecto dentro do qual a conquista da felicidade humana (isto é, a libertação das contradições e da infelicidade) não devia ser assumida como uma quimera, nem poderia ser adiada para outro mundo. Mas, dada a aceitação da infinitude do tempo, dois desfechos, só aparentemente contraditórios entre si, seriam possíveis: o presente já estaria a realizar a finalidade objectiva do devir; ou, então, continuava a ser uma fase de transição, comummente qualificada como período de *crise* e de *decadência*, porque dilacerado por antagonismos e, portanto, ainda longe da chegada da hora plena.

Em tal horizonte, verifica-se a existência de uma continuidade (embora de sinal contrário) em relação ao modo antigo de apreciar o *hic et nunc*. Fosse nas concepções cíclicas, fosse na sobredeterminação religiosa judaico-cristã, o presente foi sempre experienciado como um momento ontologicamente diminuído, em confronto com a plenitude da *origem* (Idade de Ouro), ou devido ao envelhecimento do mundo. Só que a nova mediação do optimismo histórico, se lhe dava um estatuto análogo (ele manter-se-á como momento de *crise* e de *decadência*), posicionava--o, porém, como superior ao passado, embora mais pobre quando comparado com as infinitas e futuras possibilidades de aperfeiçoamento. E este juízo de valor estava tão arreigado que o encontramos mesmo num dos mais fortes críticos dos exageros do Iluminismo dominante. Referimo--nos a Herder (1995), para quem a sua época (o século XVIII) era "um século de decadência".

A consciência do desfasamento existente entre o *presente* e o *futuro--futuro* (imaginado) reforçou a vertigem do homem moderno perante a história. E este desassossego fez da previsão um novo tipo de profetismo, ou melhor, uma espécie de "judaísmo" secularizado. Sem a humanização do significado da Encarnação, sem a horizontalidade imanente do *Logos* (que a razão autónoma do homem podia consciencializar) e sem a consequente espera de um destino terreno e optimista para o "terror da história" (Mircea Eliade), a cultura ocidental não se teria comprometido tão intensamente na aspiração à perfectibilidade e ao progresso. Descontando os que defendiam o presente como um *presente eterno*, esse desejo sempre fez pensá-lo como um patamar, pois o homem continuará à espera da vinda do reino de Deus (na terra), como se, na sua condição de *homo viator*, encontrasse na silhueta da miragem o alento necessário para partir em busca de outra, mesmo depois de esfumada a que tornou sôfrega a sua busca.

No judaísmo, a esperança messiânica também está contaminada de historicidade (ela apela para o futuro enquanto instante do *tempo vertical*). Mas o cristianismo, ou melhor, a sua componente milenarista, empolgou a vontade de acelerar o próprio tempo histórico, em ordem a dar-se início à consumação terrena do reino do Espírito, entusiasmo que, subjacente ao joaquimismo, atravessa as revoltas populares de cunho messiânico, ou Lutero, com o seu desejo de *uma rápida precipitação da sucessão do tempo cronológico*, e que supõe o desejo de conversão dos séculos em anos, dos anos em dias, dos dias em minutos, experiência do tempo que, no registo dos negócios do mundo, encontraremos a animar a atitude dos revolucionários modernos.

Não por acaso, a versão secularizada deste tipo de espera ganhou corpo na apropriação do divino feita pelo homem e no seu investimento prático na história, embora para resolver as suas contradições. E, como se viu, ao fenómeno que melhor objectivou esta ansiedade perante o tempo novo chamou-se "revolução", momento denso de revelação do *Logos* encarnado. Como escreveu Schlegel – pensador que oscilou entre um Deus feito homem e um homem feito Deus –, "o desejo revolucionário de realizar o reino de Deus é o ponto flexível da cultura progressiva e o começo da história moderna" (*in* Jean Brun, 1990).

Este esforço para se encurtar a distância entre o *presente-futuro* e o *futuro-futuro* visava superar o negativo, isto é, "matar" a dor e a morte, limitações provocadas pela desapiedada passagem do tempo. E as filosofias da história (bem como as teorias diacrónicas sobre a sociedade) comutaram esta atávica recusa em objecto de conhecimento, com o fito de, daí, fazerem promessas que, mesmo quando apresentadas como "esperanças matemáticas" (certas ou prováveis), agissem como sucedâneas das "esperanças consoladoras" semeadas pela religião. Mas, para que esse propósito fosse convincente, os acontecimentos da história concreta e empírica teriam de ser compreendidos, não em si mesmos, mas como símbolos ou como meios, a fim de se tornar legível e dúctil o devir universal. Como as excepções foram raras, Pomian tem razão quando sublinha que toda esta sobrevalorização do futuro – horizonte aberto pela escatologia judaico-cristã – está na raiz das preocupações do homem ocidental moderno com a história.

Em termos de estrutura narrativa, a aventura humana foi contada, sobretudo, em termos dramatúrgicos, *palco* – metáfora comum à linguagem de vários pensadores (Herder, Hegel, por exemplo) – onde a história se objectiva como verdade que, se salva, também julga. Como afirmou Hegel, e os românticos (Schiller) gostavam de repetir – secularizando uma visão profética do Antigo Testamento –, *Die Weltgeschichte ist das Weltgerich* ("A história do mundo é o tribunal do mundo"). Dir-se-ia que, em correlação com uma espécie de novo "medo" escatológico, se foi instalando uma ideia justiceira de futuro ("a história nos julgará"). Afirmou-se, assim, uma crença substitutiva dos temores e das esperanças apocalípticos, realidade exemplarmente formulada por Jules Michelet, quando, num dos seus cursos do Collège de France, proclamava que a história (e a historiografia) passou a ser "a justiça", "a ressurreição na justiça", isto é, o "Juízo Final", onde "cada um comparece com os seus actos, as suas obras" (Jules Michelet, 1995) para ser julgado.

Porém, nesta escatologia, o céu só poderá estar cheio e o inferno vazio no final dos tempos, não obstante se acenar com promessas de recompensa que, para chegarem mais cedo, funcionavam como encorajamento para se "fazer" a história. Sem problematizar a contradição que existe no facto de o juiz e o réu serem a mesma entidade, essa escatologia cingir-se-ia à fama e à memória, fosse a da condenação feita pelos vindouros, ou fosse a que, positivamente, provinha da perpetuação dos que, por pensamento e acção, conseguiram conquistar o direito à rememoração e à imortalidade. Contudo, esta vitória será sempre virtual, pois a *anámnesis* somente confirma a vida dos vivos. Percebe-se. Ao contrário do prometido pela transcendência religiosa – sua matriz –, ela só poderá construir a ressurreição do passado como *re-presentação*, logo como uma *re-presentificação* (Fernando Catroga, 1999ª, 2001).

Esta promessa adequou-se bem – em particular, a sua teorização do ideal de "grande homem" – à fundamentação dos novos cultos cívicos legitimadores de uma nova ordem política e social. O argumento histórico garantia a localização de cada indivíduo, de cada povo, de cada nação no caminhar da humanidade, situando o passado, ou melhor, alguns dos seus aspectos, como o antecedente do futuro. É certo que, sobretudo após Schopenhauer e Nietzsche, foram lançadas críticas contra o optimismo que, dominantemente, iluminava estas interpretações. Todavia, parece incontroverso que, através das práticas educativas e das justificações político--ideológicas que se foram hegemonizando, a mundividência transversal à grande maioria dos imaginários sociais, que enformaram a mentalidade ocidental durante o século XIX e boa parte do século XX, continuou a ser de orientação prospectiva, ideal que teve a caricatura dos seus excessos na figura de *Pangloss*.

Daí esta *lógica da ironia*: o final épico seria um amanhã a despontar, depois de séculos de tragédia. De facto, a decifração do sentido da história, feita em nome da verdade (revelada pela filosofia, ou demonstrada pelas novas ciências sociais), propunha-se vencer a condição diminuída do homem, causada, em última análise, pela fugacidade do tempo (ou pela exploração social). Porém, desde os primórdios da cultura ocidental, a história dos homens aparecia como uma degradação ôntica, ou como o fruto do pecado e da revolta dos anjos (como em Santo Agostinho), ou como o resultado de contradições (metafísica ou socialmente fundamentadas) só solucionáveis no futuro (por harmonização, extinção ou superação das antíteses). E foi ainda contra esta última promessa que nasceram as alternativas conservadoras, defendendo a eternização do presente, e as contra--revolucionárias (Louis de Bonald, Joseph de Maître), com a sua apologia do "regresso" a uma fase ideal do passado que a aceleração artificial do tempo teria destruído.

Como ficou escrito, já antes de Fichte, de Schelling, de Hegel, de Marx e de Proudhon, pensadores como Turgot, Herder e Kant haviam realçado a dimensão contraditória da história. O primeiro, no ensaio *Sobre os sucessivos avanços da mente humana* (1750), problematizou as relações que existiriam entre o progresso (esboçou a *lei dos três estados*) e a violência; e Kant sustentou que a história, desde que lida do ponto de vista cosmopolita, mostrava que "o meio de que a natureza se serve para levar a cabo o desenvolvimento de todas as suas disposições naturais é o seu antagonismo da sociedade na medida em que este antagonismo acaba por se tornar a causa de uma ordenação regular da mesma sociedade". Para Herder, o *Volksgeist* teria o seu apogeu numa tensa e sempre provisória situação de equilíbrio, enquanto Fichte, mormente no livro *As Características da idade presente*, considerou a guerra entre os Estados como o mecanismo que introduzia um princípio de vida e de progresso na história. Também para o Schelling da segunda versão (1813) da obra *Die Weltalter*, conquanto os homens desejassem evitar, tanto na vida como no saber, o agonismo, eles tinham que o defrontar, porque, sem ele, não existiriam "vida, movimento, progresso, mas um letargo de todas as forças"; em Hegel, o espírito necessitava da sua objectivação espaciotemporal, isto é, do seu contrário, e foi definido como "uma capacidade ou potencialidade de luta para se realizar"; em Comte, a evolução espontânea do espírito da humanidade determinava um percurso igualmente periodizável pela contradição: a fase metafísica (estado crítico) teria sido a antítese da fase inicial (estado teológico), e do combate entre ambas estaria a nascer o período definitivo – o estado positivo; em Proudhon, as antíteses não se destruiriam, mas tenderiam para a sua conciliação; mas, em Marx, dariam origem a realidades qualitativamente superiores, até à extinção da luta de classes que as determinavam. Por conseguinte, fosse através do equilíbrio, da conciliação, da superação, da síntese, ou mesmo da subordinação de um contrário a outro (como a insociabilidade face à sociabilidade, em Kant), a mola propulsora da história era de índole antitética. E a desenvolução do seu dinamismo só deixaria de ser cega quando fosse apreendida racionalmente, e a teoria, que lhe dá luz, fosse eleita como a norma que planificava o futuro.

O pensamento moderno introduziu, porém, uma novidade: se, nas concepções míticas e greco-romanas, a *consummatio* era regressiva (o tempo arrastava consigo um empobrecimento ontológico, cuja purificação exigia um cíclico e ritualizado "regresso" à Idade do Ouro), e se, na visão judaico-cristã, a salvação do *homo dolens* era de índole transcendente, agora o tempo foi entendido (e vivido) como um percurso qualitativamente ascensional que albergava, no seu seio, a potencialidade de libertar a humanidade da infelicidade trazida pela história. Consequentemente, a narração desta aventura colectiva foi ganhando uma unidade épica na qual o princípio e o fim se exigiam reciprocamente (R. Koselleck, 1993).

Por outras palavras: a história foi encenada de acordo com uma dramaturgia em que *a tragédia era posta ao serviço de um final feliz*. Pode mesmo sustentar-se que o seu enredo simbolizava a paixão de Cristo, incessantemente recomeçada, até à redenção final. De onde a sua dimensão *irónica*, pois *ela seria dramática quanto aos meios, e épica em relação ao fins*. Tem assim razão Cournot quando, ao referir-se ao modelo hegeliano – onde estas características ressaltam de um modo exemplar –, o considerou "um género épico", no qual as "nações de elite desempenham, cada uma, o seu papel como representantes de uma ideia" (Cournot, 1934). E, como se assinalou, algo de semelhante se pode afirmar no que toca à acção de outros "motores" do devir (indivíduos, civilizações, nações, classes, raças). Seja como for, apesar de se presumir saber como terminará o futuro, a tragicidade do particular seria sempre inevitável, na medida em que os efeitos do agir ultrapassam a intenção de quem os comanda, e os protagonistas nunca poderiam vir a ser contemporâneos da plena efectuação do que, consciente ou inconscientemente, ajudaram a antecipar.

Para que o optimismo fosse convincente, havia que inverter, deslocar e corrigir as narrações de tipo teológico. Abolido o papel interventivo de Deus, o que, no plano empírico, parecia ilógico à luz da finalidade perseguida, era integrado como antítese ou negatividade necessárias à sua prossecução. Assim, explica-se que Kant qualificasse a insociabilidade como "louvada", pois, sem ela, não existiria o esforço espiritual do homem para a vencer, fazendo da história um campo aberto de possibilidades de progresso.

Tem sido assinalado que esta tese, que implica o reconhecimento do papel do mal na realização do bem, pôs em funcionamento uma lógica da contradição, na qual o pólo negativo actua como um "ardil da razão", numa espécie de secularização da velha providência. E a sua tarefa pode ser assim sintetizada: por um lado, não seria possível pressupor a existência de um mínimo desígnio racional nos seres humanos individuais; mas, por outro lado, a razão poderia descobrir, no aparentemente obscuro curso dos acontecimentos, uma tendência de espiritualização ético-racional paulatinamente vencedora (Gérard Bensussan, 2001). E é em Hegel que esta faceta contraditória aparece de um modo mais explícito e sistematizado. Por palavras suas: "Não é a ideia geral que está envolvida em oposição e luta, e exposta ao perigo. Ela permanece no *background*, inatingida e ilesa. Pode-se chamar a isto o ardil da razão – dispõe as paixões em seu benefício, enquanto aquilo que lhe desenvolve a existência por meio de tal impulso paga a pena e sofre o prejuízo [...] O particular é, na sua maior parte, de valor demasiado mesquinho, comparado com o geral: os indivíduos são sacrificados e abandonados. A Ideia paga a pena da existência limitada e da corruptibilidade, não de si mesma, mas das paixões dos indivíduos" (Hegel, 1965; Patrick Gardiner, 1984). Como se vê, o "ardil da razão" (*List der Vernunft*) incluía, no processo lógico e totalizador da história, tudo o que parecia contraditar a racionalidade do ser na incessante procura da consciência e realização de si.

Em síntese: nestas concepções (que posteriormente receberam vários desenvolvimentos), o tempo desenrolava-se como um *iter* que, para ser redentor, tinha de condenar a experiência histórica concreta (a *res gestae*) a um modo carente e lapso de estar no mundo, pois a sua infinitude dava origem a uma fome insaciável que tragava os indivíduos, povos e nações que a actualizavam. Todavia, enquanto horizonte de expectativas, ela também actuava como apelo ao sacrifício, tendo em vista ultrapassar a condição dolorosa da existência. E a consciência acerca da distância que separava o que é e o que poderá vir a ser (o *ainda-não-ser*, de Ernst Bloch) acicatava o desejo de se preencher a falta. Mais especificamente, a infinitude do substrato da história, coincidente com a vocação perfectível do homem, requeria um tempo infinito para se ir objectivando, em ordem a que a sua existência desenrolasse a potência essencial que a fazia mover, pelo que o presente, ao trazer o passado às suas costas, também estaria sempre prenhe de futuro (Leibniz).

O desfecho irónico da história

No entanto, se este dinamismo decorria de um princípio que, de um modo espontâneo, se desvelava como tempo à procura da sua realização, a sua trama não teria necessariamente de caminhar para um *fim?* Há alguns anos, Henri Lefebvre sublinhou – na linha de Kojève e de outros intérpretes do pensamento de Hegel – que a modelação da historicidade, que o hegelianismo bem representa, é inseparável dessa ideia. Mas chamou igualmente a atenção para se ser cauteloso com aquela expressão, dado que ela tanto pode ser entendida como *finitude* (ou seja, como determinação e limitação do processo histórico, o que implica mediação e ultrapassagem), como *finalidade* – isto é, como orientação e sentido – e como *finição* (*terminus* pensado segundo o modelo da arte e no qual o acabamento e a perfeição estariam conformes à "natureza" ou à "essência", ou melhor, seriam adequados ao conteúdo da definitiva concretização do "sujeito motor" da história). Estas acepções não seriam contraditórias, mas implicar-se-iam reciprocamente, porque a finitude constituiria a condição fenomenológica necessária para o gradual patentear da finalidade imanente, bem como para a sua *finição* (no presente, mas, sobretudo, no futuro). E só neste contexto se poderá afirmar que as filosofias da história são, explícita ou implicitamente, *filosofias do fim da história*.

Também para Perry Anderson (1992), Hegel pouco escreveu sobre a ideia de fim enquanto *Ende* (final) ou *Schluß* (conclusão). Referiu-se, principalmente, a *Ziel* (meta), *Zweck* (finalidade) e *Resultat* (resultado). E a razão desta preferência terá sido o facto de, em alemão – diferentemente do que acontece em português, em espanhol e em francês –, não existir um vocábulo que englobe toda a semântica indicada, mormente a de *final* (*finição*) e de *propósito*. Ora, a Hegel interessou, sobretudo, este último significado, porque era o que melhor traduzia o pendor teleológico que a sua dialéctica impunha à historicidade.

Nesta matéria, o impacto do seu pensamento deu origem a três interpretações principais: a que definiu o fim da história como uma paragem, para além da qual se tinha iniciado um período a-histórico, uma espécie de *pós-história* indefinida, sem negatividade nem progresso; a que viu o fim da história como o termo do itinerário que, liderado pelo mundo germânico-cristão, levou à realização da liberdade, embora reconhecesse que a história universal podia retomar o seu curso em outros países e em outros continentes; e aquela outra, segundo a qual, a partir da Revolução Francesa, o espírito, "motor" do devir, teria completado a sua manifestação temporal, com as suas formas políticas e culturais definitivas, e que, após ela, apesar dos eventos particulares que continuariam a sobrevir em número ilimitado, nada de fundamentalmente novo seria pensado, dito ou vivido.

Estas demarcações aconselham a que não se confunda o acabamento da história universal com o cariz não esgotável da história empírica (Christophe Bouton, 1998). E, ao invés do que comummente se crê, a questão do fim da história não derivou tanto de Hegel, mas de leituras feitas por certos seguidores e críticos (Rudolf Haym, Anton H. Springer, August von Cieszkowski, Nietzsche). Depois, ela voltou a ganhar alguma relevância em 1906, com o livro de Moses Rubinstein, *Die logischen Grundlagen des Hegelschen Systems und das Ende der Geschichte*, onde se concluía que a ideia de fim da história, tão-só sugerida em vários passos da obra do filósofo, contradizia, directamente, o seu princípio fundamental, a saber: o desenvolvimento infinito da liberdade. E, com as teses de Karl Löwith avançadas na década de 1940, o problema voltou à ribalta: Hegel terá concebido o seu presente como o da clausura do tempo histórico, porque procurou não só fundamentar o fim da história política, da arte, da religião e da própria filosofia, mas também unificar, num grau conceptual nunca antes alcançado, tudo o que adveio e se tinha passado antes dele, tendo em vista apreender, retrospectivamente, o significado universal da história e o seu termo. E tudo isto para provar que este já estaria a efectuar-se sob a hegemonia da cultura germânica e cristã, e para, consequentemente, defender que o futuro se iria limitar a ser a manifestação empírica de acontecimentos incapazes de ultrapassar a consumação a que se tinha chegado (Karl Löwith, 1941). Nada ficaria fora do sistema.

No pensamento francês, o tema encontrou acolhimento, em 1932, no filósofo Louis Lavelle, mas foi sobretudo o exilado russo Alexandre Kojève, formado na cultura alemã mas residente em Paris, quem, entre 1933 e 1939, melhor o teorizou à luz da influência do existencialismo de

Heidegger, do ideário de Marx e, principalmente, da Filosofia do Espírito (não da Filosofia da Natureza) de Hegel. Em sua opinião, o conceito hegeliano de saber absoluto implicava o de fim da história, embora o seu autor o tivesse mais pressentido do que sistematizado. E ilustrava esta conclusão através do significado que o filósofo de Iena atribuiu à Revolução Francesa (Robespierre, Napoleão), interpretando-a como o símbolo maior da iminente objectivação do Espírito como Estado universal e homogéneo.

Com esta proposta, Kojève pretendia corrigir o mestre. Para este, o Estado moderno garantiria, não a liberdade de um (como no despotismo oriental), ou somente de alguns (como na Grécia antiga), mas a liberdade de todos. Porém, isso ainda acontecia no quadro de relações ético-jurídicas nacionais, situadas nos limites do Estado-Nação e dentro de uma estrutura de cariz orgânico-corporativo, típica do pensamento alemão. Ora, segundo o intelectual franco-russo, o enaltecimento da figura de Napoleão – como encarnação do soldado-cidadão e da própria razão da história – permitiria ir mais longe: a sua política já prefiguraria o emergir do Estado homogéneo e universal do futuro; universal, porque não teria mais necessidade de se expandir, e homogéneo, dado que traria a superação de todas as antíteses que haviam determinado a historicidade do homem (Perry Anderson, 1992).

Relendo Hegel, ele procurou demonstrar que a natureza humana só se constituiu como mundo histórico (*Welt*) enquanto luta e como risco consciente da morte (influência de Heidegger), agonismo que se exprimia como trabalho. Consequentemente, o devir nascia da objectivação da liberdade, entendida como negatividade, isto é, como poder de os indivíduos negarem a natureza, transformando-a, e de arriscarem a vida, a fim de alcançarem o reconhecimento intersubjectivo, desejo que os punham perante dois caminhos possíveis: ou a submissão passiva ao trabalho do negativo – o que conduziria a uma espécie de escravidão perpétua; ou a recusa do aniquilamento, mediante o esforço para vencer a natureza e conquistar a liberdade que só o reconhecimento da individualidade própria, pelo outro, poderia garantir.

Neste quadro, o dinamismo histórico aparecia como uma "antropogénese" sintetizável nesta equação: "Necessidade da Luta pela vida e pela morte. Negatividade = Morte = Individualidade = Liberdade = História; o homem é: mortal, finito, livre, indivíduo histórico" (Alexandre Kojève, 1947). E a história da humanidade mais não seria "que o desenvolvimento desta Luta, cujos dados se alteram sob a acção do Trabalho dos escravos e das revoluções, preparando a submissão por si adquirida sobre a Natureza e sobre eles próprios (*Bildung*)" (Jean-Claude Monod, 1998). Por conseguinte, o *ómega* deste percurso dialéctico – desenvolvimento da *origem* – só podia ser este: "concretizando plenamente a Individualidade, o Estado Universal e homogéneo acaba com a História, já que o Homem, satisfeito nesse e por esse Estado, não tenta negá-lo, nem criar algo de novo em seu lugar" (Alexandre Kojève, 1947; Jean-Claude Monod, 1998). Daí para a frente, o início do fim da história seria aquela gare onde o passageiro aguarda a chegada do comboio que jamais mudará de rota e de horário.

Com os conceitos de *desejo, satisfação* (*Brefriedigung*), *reconciliação* – que se encontram em Hegel, mas aos quais Kojève deu um relevo e um lugar próprios –, o ímpeto para a autoconsciência, isto é, para a liberdade, foi-se concretizando como negação da realidade existente e como procura da satisfação de um desejo só alcançável através do *reconhecimento*, mormente em termos simbólicos. E o evoluir da história confirmaria a gradual universalização desta tendência, iniciada, no plano social, pelas relações conflituosas entre o senhor e o escravo, e, na contemporaneidade, materializada nas aspirações igualitárias enunciadas pela Revolução Francesa e pelas que se lhe seguiram. Deste modo, se a procura do reconhecimento tinha obrigado os indivíduos a lutarem entre si para evitarem a morte – colocando o *alfa* do devir sob o signo da *não-identidade* –, na história dos séculos XIX e XX já se estaria a iniciar a construção do reino do universal e do homogéneo, concretizado no Estado perfeito. E o objectivo deste não seria, como no Iluminismo, a procura da felicidade, ou a da emancipação, mas do reconhecimento (Alexandre Kojève, 1981), fase final em que se extinguia, numa paz perfeita, o calvário sangrento da humanidade na busca de si.

Embora aceitasse o papel das lutas sociais, Kojève afastou-se do autor de *O Capital* no atinente à superação da antítese como passagem do "reino da necessidade" para o da "liberdade", futuro *fim da história* que, em Marx, era simultaneamente o começo do *fim do Estado*. Ao contrário, para o pensador russo-francês, a persistência desta instância política, ainda que com características de universalidade e de homogeneidade, aparecia como o resultado do inevitável exercício de um mínimo de acção e de coacção. Em tal requisito, Leo Strauss (1997) viu uma porta aberta para a transformação deste tipo de Estado em tirania universal elevada a meio de realização do reconhecimento. Para o alcançar, Kojève, reactualizando a lição de Platão, não só atribuiu um papel iluminador e prognóstico ao filósofo (conselheiro, por excelência, do homem político), como, em nome do futuro, aceitava o poder do tirano (o que se ajustava bem ao estalinismo de um dado período da sua vida), desde que ele fosse exercido de um modo transitório.

Foi ambíguo, contudo, quanto à geografia política do início do fim da história. Se, em alguns casos, o localizava na experiência soviética, em outros, tal encarnação foi alargada aos Estados Unidos (pátria do "fordismo"), ao apresentar as duas potências como exemplos maiores do processo de democratização e de universalização do reconhecimento em curso. Contudo, depois da Segunda Guerra, distanciou-se dessa projecção (Dominique Auffret, 1990) e viveu, com entusiasmo, quer a possibilidade de se criar uma aliança latina (para contrabalançar a influência anglo-saxónica), quer o lançamento do Mercado Comum europeu. Posteriormente, ainda, transferiu para o Japão o início da concretização do ideal de "último homem", através do snobismo de massas, argumentando que se teria chegado a um momento histórico em que, afinal, já não importava conquistar a natureza, nem pugnar pelo reconhecimento: "o snobismo é a transformação inútil da Natureza, o gosto pelo artifício puro e o luxo do sacrifício da vida pessoal a troco 'do nada'". Doravante, o fim da história é "o sepuku, a cerimónia do chá e o concurso para o ramo mais belo. O futuro já não é mais a europeização universal, mas a japonização universal" (Jean-Claude Monod, 1998).

Por mais contraditórias (e irónicas) que possam parecer estas conclusões, elas tinham uma base que se manteve inalterável, em particular a ideia de que a ordem política perfeita teria de ultrapassar os limites do Estado-Nação. Dir-se-ia que, com isso, Kojève prolongou o cosmopolitismo iluminista, retirando-lhe, porém, as mediações dos Estados-Nação e o cariz aberto e assimptótico do futuro de tipo kantiano. Compreende-se. Para ele, todo o pensamento sobre o destino da humanidade, desde as primeiras décadas de Oitocentos, continuou a ser balizado pela querela entre a "direita" e a "esquerda" hegelianas, modo esquemático de pensar que teve, pelo menos, o mérito de não esconder as intenções de boa parte das filosofias da história (e das suas versões cientistas), principalmente das previsões daquelas que indicavam como iminente o fim da história, reino da *universalidade*, da *homogeneidade* e da *in-diferença*. E a materialização da verdade também aqui, como em Hegel, significaria o fim da própria filosofia (G. Jarczyk, 1996).

Perante algumas objecções, Kojève teve de concordar que muito poucos, ou melhor, só o chefe do futuro Estado universal e homogéneo –

como, em certa medida, já havia acontecido com Napoleão –, alcançariam o máximo reconhecimento. Nos demais, essa possibilidade, embora alargada pela democratização das sociedades contemporâneas, era uma mera potencialidade. Daí a pergunta: tal desigualdade não continuaria a alimentar a insatisfação e, por conseguinte, a luta, negando o anunciado fim da história?

Qualquer que seja a resposta, parece indiscutível que a sua proposta, ao dar maior visibilidade a Hegel, exemplifica bem o optimismo que norteava o tom dominante das filosofias da história, pelo que não espanta que tais expectativas acabassem, em última análise, por enfileirar na velha tradição apocalíptica. Bem vistas as coisas, a plena assunção da historicidade do homem também continuava a fugir ao tempo, agora através da secularização do futuro escatológico, pois, como ele mesmo frisava, é "neste mundo que se realiza o além (cristão)" (*in* Jean-Claude Monod, 1998).

Merleau-Ponty acusou a tese de Kojève de fazer uma purificação absoluta da história, o que equivalia a negá-la, porque se esquecia de que ela é uma consequência da prática de homens concretos (Merleau-Ponty, 1955). Mas François Châtelet (1968) corroborou a interpretação dos que defendiam a existência, em Hegel, de uma explícita ideia de sentido e de fim do devir humano, sem deixar de sublinhar que esta posição não atribuía à Alemanha qualquer prioridade na configuração última do espírito; este continuaria a actualizar-se através de outras nações, não obstante estar terminada a possibilidade de serem criadas novas formas políticas (Christophe Bouton, 1998). Depois, o tema foi retomado por Henri Lefebvre, em *O Fim da história* (1970), obra de orientação marxista que não teve grande repercussão.

Entretanto, um conjunto de pensadores e publicistas europeus – antes entusiasmados com a possibilidade (revolucionária ou contra-revolucionária) de se criar um "homem novo" – questionou, após o forte impacto das guerras mundiais, as suas próprias opções, caindo em atitudes cépticas e, em alguns casos, niilistas em relação à vida e à capacidade de se mudar a história. Como exemplos maiores (mas ressalvando as suas diferenças), o estudioso deste fenómeno – o historiador alemão Lutz Niethammer – analisou as ideias de Ernst Jünger, Arnold Gehlen, Bertrand de Jouvenal, Carl Smith, Henri de Man e mesmo Kojève, Lefebvre, Walter Benjamin e Theodor Adorno. Chamou ao denominador comum de tal posição *Posthistoire* (edição alemã de 1992), termo de origem francesa, mas que, na década de 1950, Gehlen introduziu na Alemanha a partir de uma leitura de Henri de

Man (Perry Anderson, 1992) e cuja análise mais pormenorizada não pode ser aqui feita (Lutz Niethammer, 1994). E tudo isto mostra – como, nos inícios dos anos de 1990, em *Spectres de Marx,* lembrava Derrida aos jovens "leitores-consumidores de Fukuyama" e ao próprio Fukuyama – que "os temas escatológicos de 'fim da história', de 'fim do marxismo', do 'fim da filosofia', dos 'fins do homem', do 'último homem', etc., eram, nos anos cinquenta, há 40 anos, o pão nosso de cada dia" (Jacques Derrida, 1993).

De facto, o primeiro grande sucesso editorial no tratamento da questão coube a Francis Fukuyama, a partir de "The end of history?", artigo saído em 1989 (antes da queda do muro de Berlim) e que serviu de ponto de partida para o livro *The End of history and the last man* (publicado em 1992). Em termos correctos, tem sido destacado que o pensador americano é mais um discípulo de Kojève do que de Hegel, limitando-se a fazer esta modificação: a fase terminal passou do Estado de direito ético-racional (Hegel), ou do reino comunista do "homem total", para a universalização da democracia liberal e da economia de mercado, sistema sem exterior e sem alternativa, mas que continuará a mover-se devido ao progresso acumulativo das ciências naturais e da tecnologia (que possibilitarão um crescente aumento de bem-estar), bem como à luta pelo reconhecimento (o *thymos* de cada indivíduo) e pela liberdade. E estas aspirações só serão realizáveis num Estado democrático, pois requerem a garantia da reciprocidade e, portanto, a derrogação de relacionamentos de tipo senhor/ /escravo. E, apesar do modo quase mecânico como o "motor" da história é definido, é sinal dos tempos que o desenvolvimento científico-técnico apareça determinado, como nas filosofias da história, por um finalismo de índole antropológica.

Não se tratava de negar a renovação da história enquanto sucessão de acontecimentos, isto é, a história empírica, mas de, na linha dos modelos (Kant, Hegel, Kojève), supor uma construção ideal do devir, inspirada no universalismo e na crença no progresso, e tendo em vista convencer que só existe, como direcção única, a expansão da sociedade demoliberal. Neste vaticínio, tem sido detectada a existência de uma não-ingénua escolha de acontecimentos contemporâneos, para se ilustrar o que se pretende provar e surpreender uma variante do messianismo secularizado (Fukuyama reconheceu a dívida destas expectativas em relação ao cristianismo). Mas também tem sido notado que tal concepção de fim acaba por tocar o pensamento niilista, na medida em que dizer que já não haverá nada que surpreenda a história, ou que desta nada mais se pode esperar, o resultado é idêntico: a irrupção dos acontecimentos perde significado, ou, pelo menos, não tem qualquer sentido histórico (Jocelyn Benoist, 1998).

É indiscutível que o sucesso das propostas de Fukuyama não resultou tanto da sua novidade, mas da conjuntura em que elas foram formuladas: a crise do modelo comunista, logo confirmada pela queda do muro de Berlim e pela implosão da experiência socialista no Leste europeu, assim como o derrube de muitas ditaduras, um pouco por todo o lado. Como os seus pré-conceitos filosóficos aparecem secundarizados dentro de uma análise de política internacional, a leitura do texto tornou-se mais fácil (e ideológica), ao mesmo tempo que a velha centralidade ocidental e o seu auto--proclamado universalismo apareciam mais directamente articulados com o processo de globalização de matriz neoliberal. E tudo isto foi mobilizado para se chegar a resultados idênticos aos de todas as concepções teleológicas, mesmo quando as suas concretizações tinham conteúdos sociais bem diferentes, a saber: *a promessa do fim das contradições com força de ruptura*. Por conseguinte, a obra retoma a estrutura que se detecta nas demais filosofias da história, mas agora para se garantir, de uma maneira explícita, a certeza de que a diacronia das sociedades, por menos "contemporâneas" que sejam umas em face das outras, desaguará numa única convergência: a democracia liberal (Fukuyama, 1992). E, com alguma pertinência, tem-se visto nesta "boa-nova" um ajustamento do velho milenarismo americano aos valores das sociedades de consumo.

Entretanto, o impacto destas ideias sofreu uma rápida erosão (o seu próprio autor irá rever algumas). O surgimento de novos conflitos – que conduziram, por exemplo, à Guerra do Golfo –, ligado ao alastramento dos fundamentalismos religiosos e ao aumento do fosso entre países ricos e países pobres, deu actualidade à ressurreição da importância da conflitualidade como força motriz da história. A releitura que alcançou maior repercussão foi a de Samuel Huntington, com o artigo "The clash of civilizations?" e, depois, com o livro *The Clash of civilizations and the remaking of the world order* (1996;1999).

Visando directamente Fukuyama, aí se defende que a história nem tinha acabado, nem o mundo se havia unificado. Só que as antíteses terão deixado de ser de índole político-ideológica, ou mesmo económica, e os negócios mundiais só aparentemente continuariam a ser protagonizados pelos Estados-Nação. Em última análise, a sua fonte residia no choque de civilizações, um conceito criado, como se viu, no século XVIII, mas agora definido, principalmente, pela sua sobredeterminação cultural, ou melhor, religiosa. Sopesar essa nova realidade "darwinista" significava defender a civilização "atlântica", isto é, ocidental, e apelar para a sua união perante o inimigo comum – as forças do "mal" encarnadas pela "aliança islâmico--confuciana" (Josep Fontana, 2001).

Retomava-se a valorização dos factores culturais na história. Porém, isso não foi feito na perspectiva pessimista e, de certo modo, organicista, que foi timbre de pensadores como Spengler ou Toynbee, mas dentro da lógica das filosofias da história que não iludiam a existência de antíteses. Mas com uma diferença. Se, aqui, se postulava a universalidade da história, agora a fragmentação e os conflitos entre as diferentes civilizações eram apresentados como as principais causas do devir. Seja como for, mais do que a teoria, foi o mundo da *res gestae* a demonstrar, com o 11 de Setembro de 2001 e com o modo como ele foi interpretado, que, afinal, a história ainda não tinha acabado.

O fim do fim da história

Todavia, por díspares que possam parecer aquelas duas teses, elas não só se estribam nos mesmos valores, como recorrem a um conjunto de argumentos justificativos que, por mais simples e reducionistas que sejam, dão uma vida serôdia à tradição das filosofias da história, ou, pelo menos, à sua vertente conservadora, como o caso de Fukuyama bem ilustra. Com efeito, a lógica da proposta deste último baseia-se na universalização e homogeneização da tendência acumulativa da história, vista como um processo cujo "motor" é o desenvolvimento da ciência e, sobretudo, da técnica.

O papel desempenhado pelo factor científico-técnico soa, ironicamente, a uma espécie de apropriação demoliberal de algumas leituras do marxismo, que situavam o "motor" da história, não na luta de classes (como defende o *Manifesto comunista*), mas no crescimento das forças produtivas (a ciência e a tecnologia). Consente, ainda, uma aproximação com Comte, devidamente democratizado, porque o pensador francês punha a sociedade científica e industrial como termo da evolução histórica (o *estado positivo*), onde a ciência permitiria, finalmente, controlar as surpresas do futuro, integrando as contradições sociais e construindo a paz perpétua entre as classes e os Estados. Passada a "idade" da crítica e do subjectivismo revolucionário, a planificação científica do porvir faria do progresso a mera desenvolução da ordem. Só que, na actual conjuntura, já não seria a França – como pretendeu o autor do *Cours de philosophie positive* – a liderar a ocidentalização do mundo; essa missão, devidamente liberalizada (Comte não prognosticou o termo da história como sendo a vitória da democracia liberal), pertenceria aos Estados Unidos da América.

Por outro lado, o fim da história não traria, como no pensador francês, o fim da história das ciências. Ao invés, só estas acelerarão o devir e terão um verdadeiro futuro. Numa época em que alguns se apressavam a decretar a "morte" das ideologias e do sonho utópico, o progresso estaria garantido pelo desenvolvimento científico-técnico. Mas, ao contrário do que Fukuyama parece sugerir, a mera evolução acumulativa dos conhecimentos não chega para explicar os saltos da sua progressão, como bem demonstraram Gaston Bachelard e Georges Canguilhem. E, como ensina a longa *Querelle des anciens et des modernes*, poder-se-á aceitar a eclosão do *novo* num dos campos da actividade humana, sem se pensar, em simultâneo, nos inevitáveis elos que ela mantém com os demais?

Além disso, perante o avanço do poder manipulador da ciência contemporânea – particularmente da biotecnologia –, ele mesmo acabou por reconhecer que esta tanto pode fazer aumentar o bem do homem, como transformar-se em instrumento para o oprimir, controlar e planificar, em nome da edificação de um huxleyano "admirável mundo novo". Daí que, na sua obra mais recente, tenha defendido a necessidade de se criarem mecanismos reguladores, em ordem a bloquear-se tudo o que possa atentar contra a dignidade humana (Francis Fukuyama, 2002). Caso contrário, depois de o homem ter "matado" Deus, ao descobrir que Ele, afinal, é sua criação, a máquina, criatura do homem, também poderá "matar" o seu próprio criador.

A sempre iminente irrupção do novo

Verifica-se que a matriz iluminista dos vários projectos filosóficos que indicavam o fim da história, ou se saldou numa previsão em que este foi representado como uma espécie de paragem, para além da qual se entraria na *pós-história*, período indefinido, sem negatividade e sem progresso (na acepção substantiva como o século XVIII o definiu); ou foi antevisto como um acabamento que consumaria a história como "reino da liberdade"; ou, ainda, como um ideal regulador e assimptótico, nunca plenamente realizável, mas que propulsava a humanidade para o futuro, ao mesmo tempo que criticava as injustiças do presente.

De qualquer maneira, a existência de uma *finalidade* e, portanto, de um *fim* requeria – ainda que se falasse em nome da ciência (como em Marx e em Comte) – um fundamento metafísico que nunca se confundiria com a fenomenologia do devir. E, se as filosofias da história, depois de Spengler e Toynbee, entraram em perda de prestígio, essa desvalia foi consequência das alterações ocorridas no pensamento contemporâneo, sejam elas de cunho epistemológico (o neokantismo), de cariz existencial (Heidegger e seus seguidores), ou vindas da filosofia analítica anglo-saxónica, ou, ainda, das recentes críticas lançadas pelo camartelo pós-modernista, que as acusa de serem metanarrativas totalizadoras e finalísticas e de inspirarem práticas que desmentem as promessas que foram feitas em nome da verdade e do universal.

No essencial, a desconstrução pós-moderna rejeita-as (correctamente, na nossa maneira de ver) pelas seguintes razões fundamentais: por se imporem como normas externas organizadoras dos acontecimentos e das acções humanas; por se estruturarem como narrativas organizadas a partir da ideia de fim, ao porem em acção uma meta, postulada aprioristicamente e, por conseguinte, situada à margem do próprio devir. Por isso, elas seriam, em última análise, representações metafísicas, dado que condenavam a *res gestae* a ser a mera explicitação temporal de uma essência simultaneamente intra- e supra-histórica, pois só se realizaria no fim da história (Miguel Ángel Cabrera Acosta, 1995).

Entende-se que, contra elas, os críticos tenham destacado a auto-suficiência das acções humanas e dos acontecimentos, com a consequente valorização do papel dos indivíduos e do acaso, e com a inevitável depreciação de conceitos como totalidade, transição, determinação, finalidade, estrutura, etc. A história deixa de ser concebida como um processo ontologicamente dotado de sentido, ilação que arrasta consigo as visões evolutivas, continuístas e progressivas, denunciadas por serem sucedâneas das religiões.

Como alternativa, destacam-se a fragmentação, a vida quotidiana, a dimensão pequena dos acontecimentos (J. F. Lyotard, 1989), e são igualmente rejeitadas as explicações por causalidade eficiente (ou final). Ao invés, valoriza-se a apreensão dos comportamentos subjectivos, logo da *compreensão*, o que, não sendo novo, tem a sua outra vertente na recusa do estatuto de verdade de inspiração cientista e racionalista. Isto é, e como afirma G. Vattimo, se a epistemologia moderna fez radicar a convicção de que os discursos são mensuráveis e traduzíveis entre si, e defendeu que o fundamento da sua verdade consistia em traduzi-los numa linguagem básica que se acreditava reflectir os factos, a nova hermenêutica não aceita a existência de tal linguagem artificial e, como alternativa fundante, fomenta a abertura à compreensão da linguagem viva do *outro* (G. Vattimo, 1987; Miguel Ángel Cabrera Acosta, 1995).

Rejeita-se, ainda, o facto de a coerência interna das metanarrativas ser construída a partir da ideia apriorística de *finalidade* (e de *fim)*, bem como do lugar que aquelas elegeram para palco da consubstanciação da história em história universal: a Europa (ou melhor, o Ocidente). E, contra este eurocentrismo – que terá sido legitimador das práticas de dominação colonial, imperialista e racista –, advoga-se o cariz não hierarquizável do devir e procura-se demonstrar a pluralidade das suas manifestações. Em síntese: o pós-modernismo propõe-se liquidar os "quatro pecados capitais" da modernidade, a saber: o reducionismo, o funcionalismo, o essencialismo e o universalismo (Mark Porter, 1997), atitude crítica que pôs a descoberto convencimentos e optimismos que não são consentidos por uma leitura que esteja mais atenta à riqueza multímoda dos acontecimentos do que à coerência interna das totalidades explicativas. No entanto, considerar-se – em termos emblemáticos, é certo – que o crédito dos princípios que sustentaram a modernidade se extinguiu em Auschwitz será não relevar duas coisas.

Em primeiro lugar, aquela, mesmo na sua expressão como filosofia da história, não foi uniforme, nem redutível à sua componente iluminista, nem a leituras dualistas (por exemplo, as que separam, dicotomicamente, o Iluminismo de movimentos como o *Sturm und Drang*). Com ele, a par dele e contra ele, brotaram ideias, sentimentos e valores igualmente modernos e comummente designados por românticos. Em certo sentido, ao dar voz à subjectividade, à insolubilidade das antíteses, à dimensão contraditória do *eu*, ao particular e à diferença, ao pôr limites ao progresso indefinido, ao defender o sentimento, a interacção e a experiência, ao recusar a cesura entre o homem e a natureza, ao assinalar (contra os exageros do cosmopolitismo) a índole histórica dos povos e das nações – tradução particular da tensão moderna entre memória e expectativas e que só nas suas interpretações regressivas é passadista (M. Löwy e R. Sayre, 1992) –, o romantismo foi, de facto, uma outra das suas faces.

Em segundo lugar, ter consciência ético-crítica em relação a acontecimentos como Auschwitz ou o Goulag (e a todos os fundamentalismos) não será pôr em prática uma das atitudes matriciais da modernidade?

Poder-se-á perguntar, por outro lado, se conceitos como descontinuidade, fragmentação, policentrismo, acaso, subjectividade e compreensão poderão, só por si, ser pensados e aplicados a um mundo crescentemente *relacional* e *comunicacional* (Habermas), sem a sua geminação com os de universalidade, continuidade, totalidade, centralidade, necessidade e objectividade. E não basta dizer – numa espécie de interiorização da culpa histórica – que o universalismo subjacente às filosofias da história só serviu de capa à visão eurocêntrica e aos seus projectos de dominação de outros povos.

Se é certo que esta ligação tem toda a pertinência, outros efeitos não podem ser esquecidos, nomeadamente que foi a partir da sua raiz crítica e das promessas de universalismo não cumpridas (exemplo: os direitos humanos) lançadas pela modernidade que os dominados (na Europa e fora dela) encontraram armas, quer para contestarem os dominadores, quer para fundamentarem a sua própria identidade, quer para gizarem os seus sonhos de autonomia e emancipação, valores nucleares da "gramática" moderna. Cair-se em posições dualistas será correr o risco de somente se ver um dos ângulos da questão, ficando por analisar influências, reciprocidades, relações de dominação externa (colonialismo, exploração social, imperialismo político, violência, etc.), bem como as contradições internas existentes no interior de cada um dos pólos.

É que, se a história concreta mostra que todas as épocas e situações são iguais perante Deus (Herder, Ranke), em termos de poder, umas estarão mais próximas Dele do que outras. E, se a tradução ontológica e totalizadora da ideia de sentido histórico é insustentável, em termos hermenêuticos, a *compreensão* introdu-la, pelo menos na sua dimensão dialógica e intersubjectiva. Mas importa ter presente que reduzir as acções humanas à intencionalidade subjectiva será olvidar os efeitos involuntários das acções e a condicionalidade objectiva que resulta da integração dos indivíduos em situações espaciotemporais concretas. Significa isto que, em termos epistemológicos, a hermenêutica não pode prescindir da explicação, combinatória que, como se assinalou no lugar próprio, só pode resultar da problemática que interroga o sulco dos passos deixados pelo caminhante.

A invalidação das ideias construídas durante a modernidade e dos seus prognósticos não pode negar esta evidência: mesmo que não se aceite a existência de uma direcção única para a história, esta é toda feita de mudança, característica que as sociedades contemporâneas têm acelerado mais do que quaisquer outras (Lothar Baier, 2002). E a tentativa de convencer que já se vive uma época que fica depois da história acaba por pressupor uma crença análoga à que ela pretende extinguir: a aceitação de uma sucessão qualitativa na ordem do tempo. Pode mesmo defender-se que a sua crítica recorre a duas posições típicas das filosofias da história: um juízo negativo perante o presente – como nas visões cíclicas e judaico-cristãs, este continua a ser visto como um período de *transição* ou de *decadência*; e a invocação de um saber que também almeja decretar –, ainda que por via negativa – o (não) sentido do devir, escudando-se, porém, na crítica às filosofias do fim da história (G. Raulet, 1988), forma de pensar que, à sua maneira, constitui uma nova versão da ideia de *culminação*, pois o tempo, destituído de suportes potenciais que explicitariam a sua finalidade, mais não será que *a permanente reactualização de um eterno presente* (Miguel Ángel Cabrera Acosta, 1995).

As ópticas das filosofias do fim da história, bem como as de algumas das críticas que a pós-modernidade lhes lançou, acabam, assim, por se tocar, embora por caminhos diferentes. Como defendeu Jérôme Baschet, "o presente perpétuo é, talvez, precisamente, o pólo de atracção comum que influencia um e outro, conduzindo ao desaparecimento do horizonte das expectativas e a uma imobilização no presente, idealizado num caso, e desenganado no outro" (Jérôme Baschet, 2001). E a apologética destes "legionários do instante presente" (Nietzsche) só pode suscitar uma espécie de *idolatria do real*, tal qual se julga que ele é (P. Anderson, 1992; Jérôme Baschet, 2001), *esquecendo-se que se está a assistir, não ao fim da história, mas, tão-só, ao fim das filosofias do fim da história.*

De facto, se o investimento historicista (em qualquer das suas modalidades) constituía prática adequada a uma concepção acumulativa e evolutiva do tempo, hoje a situação parece ser diferente. As mudanças sociais que ocorreram no mundo e a contestação feita tanto às filosofias da história (no último século, praticamente reduzidas às suas imediatas traduções ideológicas, uma das chaves do êxito de Fukuyama), como às suas ideias norteadoras (perfectibilidade, evolução, continuísmo, progresso, previsibilidade), instalaram um sentimento de descontinuidade, pluralidade, variação e não-sentido em relação ao tempo (psicológico e histórico). E, como atrás se assinalou, a diminuição da sua vivência como *presente real* (complexo e tensional) tem provocado, em simultâneo, a "morte" da pretensão de se domesticar e programar o futuro, diluída na euforia do viver em *tempo real* (Paul Ricœur, 1998).

Tem sido assinalado, e bem, que, com esta experiência, se idolatra o presente (François Hartog, 1995), como se este fosse uma incessante eternidade, sem abertura para o passado e para o porvir, ou melhor, como se fosse um mnemotropismo feito de perdas de referências e do decréscimo da adesão dos indivíduos a identidades holísticas externas. Daí que a ideia de futuro (como a de futuro do passado) tenha enfraquecido (Jérôme Baschet, 2001), porque deixou de existir distância entre o passado e o presente, ou, por outras palavras, entre o campo de experiência e o horizonte de expectativas (R. Koselleck, 1993; Fernando Catroga, 2001). O que se pergunta, porém, é se uma dada situação histórica, que tende a banalizar a ideia de *novo*, confundindo-a com o efémero e o vazio, pode estancar, de vez, a índole desejante do modo de ser do homem, insatisfação que o incita à criação do que ainda não é. Como salientou Santo Agostinho, o homem é *"bestia cupidissima rerum novarum"*, 'animal avidíssimo de coisas novas', tanto no sentido do 'mais', como no sentido do 'de outro modo'" (*in* Pedro Laín Entralgo, 2002).

O surgimento do *novo* é fulguração que brota da tensão entre herança e expectativa, impulso individual (e portanto colectivo) que desestabiliza presentes eternos, desmente profecias, prognoses, mesmo quando parcialmente as confirma. E é essa (e nessa) balança que, convocando a memória e a prática da história do mundo como tribunal do mundo, julga a sua pertinência, não só à luz dos vencedores, mas do futuro que foi dado ao passado para que os vencidos também possam ser ouvidos. Portanto, a história não morre, como não se extingue a necessidade de a interrogar. O que vai definhando são as suas representações concretas, socialmente condicionadas, incluindo a omnisciência das previsões sobre o seu ponto *ómega*. E o grande pecado das filosofias da história, bem como dos seus epifenómenos contemporâneos, residiu na dificuldade de se abrirem ao *futuro--futuro*, diferentemente do que fizeram quando se declararam novas em face do seu próprio passado.

Com efeito, é indiscutível que a modernidade (e, com ela, a consciência histórica que a justificava) se consolidou à volta de uma ideia nuclear: a representação do tempo histórico como um itinerário, no qual o presente foi valorado como sendo qualitativamente superior ao passado, *topos* que colocava, explicitamente ou não, o *novo* no cerne da sua legitimação. Todavia, à luz desse horizonte evolutivo, acumulativo e teleológico, elas também procuraram convencer que, após o anúncio da verdade, o futuro seria o cumprimento de um plano ou de um programa que antecipa o esperado. De onde a pergunta: poder-se-á estar disponível para se acolher a experiência do novo quando a história é apresentada como um encadeamento necessário, no qual, em última análise, a ideia apriorística de fim se encontra insinuada desde a origem?

Logo em 1818, Wilhelm Humboldt respondeu que não. No seu ensaio *Betrachtungen über die bewegenden Ursachen in der Weltgeschichte* (*Reflexões sobre as causas motoras na história universal*), critica, na linha de Herder, os excessos do optimismo iluminista, aconselhando a que se distinga o curso mecânico da história, da irrupção repentina do novo, entendido como surgimento de gerações e revoluções e como a característica constituinte da própria historicidade (Wilhelm Humboldt, 1997). Por sua vez, a contestação do historicismo feita por Nietzsche em nome da vida, assim como a de Walter Benjamin, suplicando para que, em cada momento que tece o presente, se esteja atento e receptivo, quer às vozes do passado, quer à visita do anjo do futuro, lançaram questões que inquietam e que, por isso, contribuem para se evitar o dogmatismo que os planificadores saberes prognósticos tendem a provocar.

Separar o futuro das suas configurações finalísticas será aceitar a "messianidade", sem que, com isso, se tenha de cair no messianismo (Derrida). Como imagem, poder-se-á mesmo afirmar que a experiência do *novo* não pode ser confundida, sequer, com a surpresa que se sente quando a pessoa (ou o acontecimento) que se espera chega mais cedo: ela deve ser abertura da porta a quem bate, mesmo que inesperado e desconhecido. E a previsão, se impele à *praxis* para que se cumpra o que se vaticina (ficando por saber, quando se acerta, se isso derivou da justeza do prognóstico, ou do voluntarismo que ele desperta para o tornar verdadeiro), também provoca surdez e cegueira em relação a tudo o que a não comprova. Daí a dimensão fechada e vocacionalmente totalitária das várias "engenharias sociais" que têm sido experimentadas e o esquecimento de que o futuro está sempre a realizar-se numa tensão irrigada pelo ininterrupto renovamento do tempo (individual e colectivo).

Porém, a recepção do *novo* não pode ser feita através de uma hospitalidade acrítica, pois ele vem morar numa terra já habitada por homens com racionalidade ética e com memória; e é pela comparação, logo suscitada pela pré-compreensão, que a qualidade de "aumento de ser" (Antero de Quental) que oferece deve começar a ser avaliada. Caso contrário, cair-se-á na sua reificação como novidade, como se o tempo fosse, tão-só, *um infinito somatório de momentos sem passado e sem futuro entre si.* Contra isso, deve-se agir para *criar*, mesmo sabendo-se, de lição colhida nos desmentidos da própria história, que a confirmação da expectativa é, tão-só, o selo da carta que, dentro, também traz, não raramente, a notícia do fracasso. Se não for assim, continuar-se-á a pensar à luz da causalidade mecânica e teleológica. Ora, como algures escreveu Paul Valéry, "prevejo, logo engano-me" e encontrar o previsto não é achar o novo: este pode andar por aí sem ter batido à porta para entrar. Pelo que soa a conselho sensato seguir, como o fez Ernst Bloch na sua filosofia da esperança, esta máxima de Heraclito (frag. 18): *se não esperares o que não se espera, não encontrarás o inesperado*.

Bibliografia

AA.VV., *Hegel et la pensée moderne*, Paris, PUF, 1970.

AA.VV., *Actes du Colloque réuni en vue de l'examen critique des différentes théories pseudo-scientifiques invoquées pour justifier le racisme et la discrimination raciale*, Athènes, 30 mars-3 avril 1981, UNESCO, s.d.

AA.VV., *De Darwin au darwinisme. Science et idéologie*, Paris, J. Vrin, 1983.

AA.VV., *Fernand Braudel e a história. Châteauvallon, Jornadas Fernand Braudel, 18, 19 e 20 de Outubro de 1985*, Lisboa, Teorema, 1987.

AA.VV., *Philosophie et histoire*, Paris, Éditions du Centre Pompidou, 1987.

AA.VV., *História e historicidade*, Lisboa, Gradiva, 1988.

AA.VV., *Debates por una historia viva*, Bilbao, Universidad de Deusto, 1990.

AA.VV., *La Querelle des anciens et des modernes*, Paris, Gallimard, 2001.

ADORNO, Theodor W., *Tres estudios sobre Hegel*, Madrid, Taurus, 1991.

ALBUQUERQUE JÚNIOR, Durval Muniz, *História. A arte de inventar o passado*, Bauru, EDUSC, 2007.

ALTHUSSER, Louis, *Pour Marx*, Paris, Maspero, 1968.

ALTHUSSER, Louis, *Lire* Le Capital, 2 vols., Paris, Maspero, 1971.

ANAIS GÓMEZ, Ana, "La sepultura, monumento que constituye la memoria de la vida", *in* AA.VV., *Una Arquitectura para la muerte. I Encontro internacional sobre los cementerios contemporáneos*, Sevilha, Junta de Andalucía, 1995.

ANDERSON, Perry, "The ends of history", *A Zone of engagement*, London, Verso/NLB, 1992.

ANDRÉ, João Maria, "Da história das ciências à filosofia da ciência. Elementos para um modelo ecológico do processo científico", *Revista Filosófica de Coimbra*, vol. 5, n.º 19, Outubro, 1996.

ANDRÉS-GALLEGO, José, *New history, Nouvelle histoire*, Madrid, Actas, 1993.

ANKERSMIT, Frank, *Narrative logic. A semantic analysis of the historian's language*, Haia-Boston-Londres, M. Nijhoff, 1983.

ANKERSMIT, Frank R. e KELLNER, Hans (org.), *A New philosophy of history*, Londres, Reaktion Books, 1995.

ANKERSMIT, F. R., "Historiography and postmodernism", *History and Theory,* XXVIII, n.º 2, 1989.

ANKERSMIT, F. R., "Reply to Professor Zagorin", *History and Theory*, XXIX, n.º 3, 1990.

ANTONI, Carlo, *L'Historicisme*, Genève, Droz, 1963.

APPLEBY, Joyce, HUNT, Lynn e JACOB, Margaret, *Telling the truth about history*, New York-London, W. W. Norton & Company, 1995.

ARCHER, Paulo, *Sentido(s) da utopia*, Tomar, O Contador de Histórias, 2002.

ARENDT, Hannah, *Between past and present*, New York, The Viking Press, 1968.

ARIÈS, Philippe, *Le Temps de l'histoire*, Paris, Seuil, 1975.

ARIÈS, Philippe, *Essais de mémoire. 1943-1983*, Paris, Seuil, 1993.

ARISTÓTELES, *Poética*, Lisboa, Imprensa Nacional-Casa da Moeda, 2000.

ARMOGATHE, Jean-Robert, "Une ancienne querelle", *in* AA.VV., *La Querelle des anciens et des modernes*, Paris, Gallimard, 2001.

ARNOLD, Paul, "La réponse bouddhiste", *in* CHABANIS, Christian, *La Mort, un terme ou un commencement,* Paris, Fayard, 1982.

ARON, Raymond, *Introduction à la philosophie de l'histoire. Essai sur les limites de l'objectivité historique*, Paris, Gallimard, 1948.

ARON, Raymond, *Philosophie de l'histoire. Essai sur une théorie allemande de l'histoire*, Paris, J. Vrin, 1965.

ARON, Raymond, "Comment l'historien écrit l'épistémologie: à propos du livre de Paul Veyne", *Annales E.S.C.*, XXVI ano, n.º 6, 1971.

ARON, Raymond *et al.*, *L'Historien entre l'ethnologue et le futurologue*, Paris, Mouton, 1972.

ARON, Raymond, *Dimensions de la conscience historique*, Paris, Félix Alcan, 1974.

ARON, Raymond, *La Philosophie critique de l'histoire*, Paris, Gallimard, 1984.

ARÓSTEGUI, Julio. *La Investigación histórica: teoría y método*, Barcelona, Crítica, 1995.

ASSOUN, Paul-Laurent, "Le sujet de l'oubli selon Freud", *Communications,* n.º 4, 1989.

ATKINSON, R. F., *Knowledge and explanation in history*, Ithaca, Cornell University Press, 1978.

ATSMA, Hartmut e BURGUIÈRE, André (dir.), *Marc Bloch aujourd'hui. Histoire comparée et sciences sociales*, Paris, Éditions de l'École des Hautes Études, 1990.

AUFFRET, Dominique, *Alexandre Kojève. La philosophie, l'État, la fin de l'Histoire*, Paris, Grasset, 1990.

AUGÉ, Marc, *Les Formes de l'oubli*, Paris, Payot, 1998.

AYMARD, Maurice, "Histoire et comparaison", *in* ATSMA, Hartmut e BURGUIÈRE, André (org.), *Marc Bloch aujourd'hui. Histoire comparée et sciences sociales*, Paris, Éd. de l'ÉHÉSS, 1990.

BACHELARD, Gaston, *O Novo espírito científico*, Lisboa, Edições 70, s.d.

BACON, Francis, *Novum organum scientiarum*, Venezia, Gaspar Girardus, 1762.

BACZKO, Bronislaw, *Lumières de l'utopie*, Paris, Payot, 1978.

BAIER, Lothar, *Pas le temps! Traité sur l'accélération*, Arles, Actes Sud, 2002.

BALIBAR, Étienne, *Cinco ensayos de materialismo histórico*, Barcelona, Laia, 1976.

BALIBAR, Étienne, "Sobre la dialéctica histórica. Algunas anotaciones críticas a propósito de 'Para leer El Capital'", *in* AA.VV., *Hacia una Nueva Historia*, 2.ª ed., Madrid, Akal, 1985.

BALLESTEROS, Jesús, *Postmodernidad: decadencia o resistencia*, Madrid, Tecnos, 1989.

BANN, Stephen, "Art history in perspective", in *The Inventions of history. Essays of the past*. Manchester – New York, Manchester University Press, 1990.

BARASH, Jeffrey Andrew, "Herder et la politique de l'historicisme", Pierre Pénisson (dir.), *Herder et la philosophie de l'histoire*, Iasi-Romania, Editura Universitatii "Alexandre Ioan Cuza", 1997.

BARASH, Jeffrey Andrew, *Politiques de l'histoire. L'historicisme comme promesse et comme mythe*, Paris, PUF, 2004.

BARASH, Jeffrey Andrew, "Qu'est-ce que la mémoire collective? Réflexions sur l'interprétation de la mémoire chez Paul Ricoeur", *Revue de Métaphysique et de Morale*, n.º 2, avril-juin 2006.

BARASH, Jeffrey Andrew, "Les enchevêtrures de la mémoire", *in* GAËLLE, Fiasse, *Paul Ricœur. De l'homme faillible à l'homme capable*, Paris, PUF, 2008.

BARNARD, Frederik, *Herder's social and political thought. From Enlightenment to nationalism*, Oxford, Claredon Press, 1965.

BARROS, Carlos (org.), *Historia a debate (Actas del Congreso "Historia a debate", celebrado el 7-11 de Julio de 1993 en Santiago de Compostela)*, 3 vols., Santiago de Compostela, Historia a Debate, 1995.

BARTHES, Roland, "Le discours de l'histoire", *Social Science Information*, Paris, UNESCO, VI, 4, 1967.

BARTHES, Roland, *Essais critiques, IV. Le Bruissement de la langue*, Paris, Seuil, 1984.

BASCHET, Jérôme, "L'histoire face au présent perpetuel. Quelques remarques sur la relation passé/futur", in HARTOG, François e REVEL, Jacques (org.), *Les Usages politiques du passé*, Paris, Éditions de l'ÉHÉSS, 2001.

BASTIDE, Georges, *Les Grands thèmes moraux de la civilisation occidentale*, Paris, Bordas, 1958.

268   *Bibliografia*

BAYLE, Pierre, *Dictionnaire historique et critique*, 3ème éd., Amsterdam, P. Brunel, 1730.

BENAVIDES LUCAS, Manuel, *Filosofía de la historia*, Madrid, Editorial Síntesis, 1994.

BÉNICHOU, Pierre, *Le Temps des prophètes. Doctrines de l'âge romantique,* Paris, Gallimard, 1977.

BENJAMIN, Walter, *La Dialéctica en suspenso. Fragmentos sobre la historia*, Santiago do Chile, Universidad Areas, s.d.

BENOIST, Jocelyn e MERLINI, Fabio (org.), *Après la fin de l'histoire. Temps, monde, historicité*, Paris, J. Vrin, 1998.

BENOIST, Jocelyn, "La fin de l'histoire comme forme ultime du paradigme historiciste", *in* BENOIST, Jocelyn e MERLINI, Fabio (org.), *Après la fin de l'histoire...,* Paris, J. Vrin, 1998.

BENSUSSAN, Gérard, *Le Temps messianique, temps historique et temps vécu*, Paris, J. Vrin, 2001.

BENVENISTE, Émile, *Vocabulaire des institutions indo-européennes*, Paris, Minuit, 1969.

BÉDARIDA, François (dir.), *L'Histoire et le métier d'historien en France (1945--1995)*, Paris, Éd. de la Maison des Sciences de l'Homme, 1995.

BERLIN, Isaiah, *Libertad y necesidad en historia*, Madrid, Revista de Occidente, 1974.

BERLIN, Isaiah, *Vico and Herder*, Londres, The Hogarth Press, 1976.

BERMEJO, J. C., *Psicoanálisis del conocimiento histórico*, Madrid, Akal, 1983.

BERMEJO, J. C., *El Final de la historia. Ensayos de historia teórica*, Madrid, Akal, 1987.

BERMEJO, J. C., *Replanteamiento de la historia. Ensayos de historia teórica*, t.º II, Madrid, Akal, 1989.

BERMEJO, J. C., *Fundamentación lógica de la historia*, Madrid, Akal, 1991.

BERMEJO, J. C., "La historia, entre la razón y la retórica", *Hispania*, vol. 50 (174), 1990.

BERNSTEIN, John Andrew, *Progress and the quest for meaning philosophical and historical inquiry*, Rutherford, Fairleigh Dickinson University Press, 1993.

BERR, Henri, *L'Histoire traditionnelle et la synthèse historique*, Paris, Félix Alcan, 1935.

BERTHELOT, M., *Les Origines de l'alchimie*, Paris, Steinheid, 1885.

BLOCH, Ernst, *Thomas Müntzer, théologien de la révolution*, Paris, Julliard, 1965.

BLOCH, Ernst, *L'Esprit de l'utopie*, Paris, Gallimard, 1977.

BLOCH, Ernst, *Le Principe espérance*, 3 vols., Paris, Gallimard, 1977, 1982, 1991.

BLOCH, Marc, *Apologie pour l'histoire ou métier d'historien*, Paris, Armand Colin, 1960.

BLOCH, Marc e FEBVRE, Lucien, *Correspondance I. La Naissance des Annales. 1928-1993*, Paris, Fayard, 1986.

BOCCHI, Gianluca e CERUTI, Mauro, *El Sentido de la historia. La historia como encadenamiento de historias*, Madrid, Debate, 1994.

BODEI, Remo, *A História tem um sentido?*, Bauru, EDUSC, 2001.

BODIN, Jean, "Méthode pour faciliter la connaissance de l'histoire", *Œuvres philosophiques*, Paris, PUF, 1965.

BOISSEL, Jean, *Victor Courtet (1813-1867), premier théoricien de la hiérarchie des races*, Paris, PUF, 1972.

BORGES, Jorge Luis, "Funes ou la mémoire", *Fictions*, Paris, Folio-Gallimard, 1957.

BORNE, Dominique, "Communauté de mémoire et rigueur critique", *in* BOUTIER, Jean et JULIA, Dominique (dir.), *Passés recomposés. Champs et chantiers de l'histoire*, Paris, Autrement, 1995.

BOSSUET, J. B., *Discours sur l'histoire universelle, nouvelle édition précédée d'une notice par Charles Louandre*, Paris, Charpentier Librairie Éditeur, 1869.

BOURDÉ, Guy e MARTIN, Hervé, *Les Écoles historiques*, Paris, Seuil, 1983.

BOURDEAU, Louis, *L'Histoire et les historiens. Essai critique sur l'histoire considérée comme science positive*, Paris, Félix Alcan, 1888.

BOURDIEU, Pierre, *Ce que parler veut dire. L'économie des échanges linguistiques*, Paris, Fayard, 1982.

BOURDIEU, Pierre, "Les rites comme actes d'institutions", CENTLIVRES, Pierre e HAINARD, Jacques (dir.), *Les Rites de passage aujourd'hui,* Lausanne, L'Âge de l'Homme, 1986.

BOUTIER, Jean e JULIA, Dominique, *Passés recomposés. Champs et chantiers de l'histoire*, Paris, Autrement, 1995.

BOUTON, Christophe, "Hegel, penseur de la 'fin de l'histoire'?", *in* BENOIST, Jocelyn e MERLINI, Fabio (org.), *Après la fin de l'histoire*, Paris, J. Vrin, 1998.

BOWLER, Peter J., *El Eclipse del darwinismo. Teorías evolucionistas antidarwinistas en las décadas en torno de 1900*, Barcelona, Editorial Labor, 1985.

BOYER, Alain, *L'Explication en histoire*, Lille, PUL, 1992.

BRAUDEL, Fernand, *Écrits sur l'histoire*, Paris, Flammarion, 1969.

BRAUER, Daniel, "La filosofía idealista de la historia", *in* MATE, Reys *et al.*, *Filosofía de la historia*, Madrid, Editorial Trotta, 1993.

BRECKENRIDGE, Carol A., *Orientalism and the postcolonial predicament. Perspectives of South Asia*, Filadélfia, University of Pennsylvania Press, 1994.

270   *Bibliografia*

BROWNE, E. J., "Scientism", *in Macmillan dictionary of the history of science*, London, Macmillan Reference Books, 1988.

BRUN, Jean, *Philosophie de l'histoire. Les promesses du temps*, Paris, Stock, 1990.

BRUMFITT, J. H., *Voltaire historian*, Oxford, Oxford University Press, 1970.

BUCHEZ, Ph. J., *Introduction à la science de l'histoire*, vol. 1, Paris, Guillaumin Éditeur, 1842.

BURCKHARDT, Jacob P. M., *Reflexiones sobre la historia universal*, México, FCE, 1989.

BURGUIÈRE, André (dir.), *Dictionnaire des sciences historiques*, Paris, PUF, 1988.

BURKE, Edmund, *Reflections on the French Revolution*, London, J. M. Dent & Sons, 1990.

BURKE, Peter, *New perspectives on historical writing*, Cambridge, Polity Press, 1991.

BURKE, Peter, *Formas de hacer historia,* Madrid, Alianza, 1993.

BURKE, Peter, *La Revolución historiográfica francesa. La escuela de los* Annales*: 1929-1989*, Barcelona, Gedisa Editorial, 1996.

BURY, John, *La Idea de progreso*, Madrid, Alianza, 1971.

CABRERA ACOSTA, Miguel Ángel, "La historia y las teorías del fin de la historia", *in* BARROS, Carlos (org.), *Historia a debate*, t.º I, Santiago de Compostela, Historia a Debate, 1995.

CAMPILLO, Antonio, *Adiós al progreso. Una meditación sobre la historia,* Barcelona, Anagrama, 1985.

CANDAU, Joël, *Anthropologie de la mémoire*, Paris, PUF, 1996.

CANGUILHEM, Georges, *Ideologia e racionalidade nas ciências da vida*, Lisboa, Edições 70, s.d.

CARBONNEL, Charles-Olivier *et al.*, *Au Berceau des Annales*, Toulouse, Institut des Études Politiques, 1983.

CARBONNEL, Charles-Olivier *et al.*, *Les Sciences historiques de l'Antiquité à nos jours*, Paris, Larrousse, 1994.

CARLYLE, Thomas, *Los Héroes. El culto de los héroes y lo heroico en la historia*, México, Editorial Porrúa, 2000.

CARR, D., *Time, narrative and history*, Bloomington, Indiana University Press, 1968.

CARR, E. H., *Que é a história*, Lisboa, Gradiva, s.d.

CARRARD, Philippe, *Poetics of the new history. French historical discourse from Braudel to Chartier*, Baltimore and London, The Johns Hopkins University Press, 1992.

CASSIRER, Ernst, *L'Idée de l'histoire*, Paris, Cerf, 1987.

CASSIRER, Ernst, *Logique des sciences de la culture*, Paris, Cerf, 1991.

CASSIRER, Ernst, *La Philosophie des Lumières*, Paris, Fayard, 1996.

CATROGA, Fernando, *A Militância laica e a descristianização da morte em Portugal, 1866-1911*, 2 vols., Coimbra, Faculdade de Letras, 1988.

CATROGA, Fernando, "Alexandre Herculano e a historiografia romântica", in TORGAL, Luís Reis *et al., História da história em Portugal. Séculos XIX-XX*, Lisboa, Círculo de Leitores, 1996.

CATROGA, Fernando, "Ritualizações da história", *in* TORGAL Luís Reis *et al., História da história em Portugal. Séculos XIX-XX*, Lisboa, Círculo de Leitores, 1996.

CATROGA, Fernando, *Teoria da história e do conhecimento histórico*, Coimbra, Faculdade de Letras, 1996 (edição policopiada).

CATROGA, Fernando, "Cientismo e historicismo", *in* AA.VV., *Seminário sobre o positivismo*, Évora, Universidade de Évora, 1998.

CATROGA, Fernando, "A história começou a Oriente", *in* AA.VV., *O Orientalismo em Portugal,* Lisboa, CNCDP, 1999.

CATROGA, Fernando, *O Céu da memória. Cemitério romântico e culto cívico dos mortos*, Coimbra, Minerva, 1999ª.

CATROGA, Fernando, *Memória, história e historiografia*, Coimbra, Quarteto, 2001.

CATROGA, Fernando, *Antero de Quental. História, socialismo, política*, Lisboa, Editorial Notícias, 2001ª.

CATROGA, Fernando, *Caminhos do fim da história*, Coimbra, Quarteto, 2003.

CATROGA, Fernando, *Entre Deuses e Césares. Secularização, laicidade e religião civil*, Coimbra, Almedina, 2006.

CENTLIVRES, Pierre e HAINARD, Jacques (dir.), *Les Rites de passage aujourd'hui*, Lausanne, L'Âge de l'Homme, 1986.

CERTEAU, Michel de, *L'Absent de l'histoire*, Paris, Mame, 1973.

CERTEAU, Michel de, *L'Écriture de l'histoire*, Paris, Gallimard, 1975.

CERTEAU, Michel de, *L'Invention du quotidien. Arts de faire*, t.º I, Paris, Folio-Gallimard, 1990.

CHAIX-RUY, Jules, *Saint Augustin. Temps et histoire*, Paris, Études Augustiniennes, 1956.

CHAUNU, Pierre, *Histoire quantitative, histoire sérielle*, Paris, Armand Colin, 1978.

CHARLTON, D. G., *Positivism thought in France during the Second Empire (1852-1870)*, Oxford, Clarendon Press, 1959.

CHARTIER, Roger, *A História cultural. Entre práticas e representações*, Lisboa, Difel, 1988.

CHARTIER, Roger, *Au Bord de la falaise. L'histoire entre certitudes et inquiétude*, Paris, Albin Michel, 1998.

CHÂTELET, François, *Hegel,* Paris, Seuil, 1968.

CHÂTELET, François (dir.), *A Filosofia e a história. 1780-1880,* Lisboa, Dom Quixote, 1972.

CHÂTELET, François, *La Naissance de l'histoire. La formation de la pensée historienne en Grèce*, Paris, Minuit, 1974.

CHESNEAU, J., *Hacemos tabla rasa del pasado?*, Madrid, Siglo XXI, 1977.

CIESZKOWSKI, August von, *Prolegómenos a la historiosofía*, Salamanca, Ediciones Universidad de Salamanca, 2002.

CITRON, Suzanne, *Ensinar a história hoje. A memória perdida e reencontrada*, Lisboa, Livros Horizonte, 1990.

CLARKE J. J., *Oriental Enlightenment. The encounter between Asian and Western thought*, London and New York, Routledge, 1997.

COENEN-HUTHER, Josette, *La Mémoire familiale*, Paris, L'Harmattan, 1994.

COHN, Bernard S., "The command of language and the language of command", *Colonialism and its forms of knowledge*, Princeton, Princeton University Press, 1996.

COHN, Norman, *Na Senda do milénio. Milenaristas, revolucionários e anarquistas místicos da Idade Média*, Lisboa, Editorial Presença, 1981.

COLLINGWOOD, Robin G., *A Ideia de história*, Lisboa, Presença, s.d.

COLLINGWOOD, Robin G., *The Historical imagination. An inaugural lecture delivered before the University of Oxford on 28 October 1935*, Oxford, Clarendon Press, 1935.

COMTE, Auguste, *Cours de philosophie positive*, 4.ª ed., 6 vols., Paris, Librairie J.-B. Ballière, 1877.

COMTE, Auguste, *Plan des travaux scientifiques nécessaires pour réorganiser la société*, Paris, Aubier Montaigne, 1970.

CONANT, J., *Science and common sense*, New Haven, Yale University Press, 1951.

CONDORCET, *Esquisse d'un tableau historique des progrès de l'esprit humain*, Paris, Boivin et Cie, 1933.

CONNERTON, Paul, *Como as sociedades recordam*, Oeiras, Celta Editora, 1993.

CONRY, Yvette, *L'Introduction du darwinisme en France au XIXe siècle*, Paris, J. Vrin, 1974.

CORNBLIT, Oscar, "Las concepciones de Hempel y von Wright de la explicación en historia", *in* MATE, Reys *et al.*, *Filosofía de la historia*, Madrid, Editorial Trotta, 1993.

COULMAS, Peter, *Les Citoyens du monde. Histoire du cosmopolitisme*. Traduit de l'allemand par Jeanne Étoré, Paris, Albin Michel, 1995.

COURNOT, A., *Considérations sur la marche des idées et des événements dans les temps modernes*, 2 vols., Paris, Boivin, 1934.

COUTAU-BÉGARIE, Hervé, *Le Phénomène Nouvelle Histoire. Stratégie et idéologies des nouveaux historiens*, Paris, Economica, 1983.

CROCE, Benedetto, *Théorie et histoire de l'historiographie*, Genève, Droz, 1968.

CROCE, Benedetto, *L'Histoire comme pensée et comme action*, Genève, Droz, 1968[a].

CROCE, Benedetto, *La Historia como hazaña de la libertad*, México, FCE, 1986.

CRUZ, Manuel, *Narratividad: la nueva síntesis*, Barcelona, Ediciones Península, 1986.

CRUZ, Manuel, *Filosofía de la historia*, Barcelona, Paidós Ibérica, 1991.

CRUZ, Manuel, "Narrativismo", *in* MATE, Reys *et al.*, *Filosofía de la historia*, Madrid, Editorial Trotta, 1993.

D'HONDT, J., "Téléologie et praxis dans la 'logique' de Hegel", *in* AA.VV., *Hegel et la pensée moderne*, Paris, PUF, 1970.

DANTO, Arthur C., *Analytical philosophy of history*, Cambridge Mass., Cambridge University Press, 1968.

DANTO, Arthur C., *Historia y narración. Ensayos de filosofía analítica de la historia*, Barcelona, Paidós, 1989.

DANTO, Arthur C., "The decline and fall of the analytical philosophy of history", *in* ANKERSMIT, Frank e KELLNER, Hans (org.), *A New philosophy of history*, Londres, Reaktion Books, 1995.

DARNTON, Robert, "Historia de la lectura", *in* BURKE, Peter (org.), *Formas de hacer Historia*, Madrid, Alianza Editorial, 1993.

DARNTON, Robert, "Diffusion vs. discourse: conceptual shifts in intellectual history and the historiography of the French Revolution", *in* BARROS, Carlos (org.), *Historia a debate (Actas del Congreso "A Historia a debate", celebrado el 7-11 de Julio de 1993 en Santiago de Compostela)*, t.º II, Santiago de Compostela, Historia a Debate, 1995.

DASTUR, Françoise, *Heidegger et la question du temps*, Paris, PUF, 1990.

DÉCHAUX, Jean-Hugues, *Le Souvenir des morts. Essai sur le lien de filiation*, Paris, PUF, 1997.

DELACROIX, Christian, DOSSE, Françoise e GARCIA, Patrick, *Les Courrents historiques en France, XIXe-XXe siècles*, Paris, Armand Colin, 1999.

274   *Bibliografia*

DELACROIX, Christian, "De quelques usages historiens de P. Ricoeur", in MÜLLER Bertrand (org.), *L'Histoire entre mémoire et épistémologie*, Lausanne, Édition Payot, 2005.

DELUMEAU, Jean, *Uma História do paraíso. O jardim das delícias*, Lisboa, Terramar, 1994.

DERRIDA, Jacques, *Spectres de Marx. L'état de la dette, le travail du deuil et la nouvelle Internationale*, Paris, Éditions Galilée, 1993.

DERRIDA, Jacques, "Marx e hijos", SPRINKER, Michael (ed.), *Demarcaciones expectrales. En torno a Espectros de Marx, de Jacques Derrida*, Madrid, Akal, 1999.

DERUETTE, Serge, "Pour une 'histoire causale'. Plaidoyer pour une étude des causes en histoire", *in* BARROS, Carlos (org.), *Historia a debate (Actas del Congreso "A Historia a debate", celebrado el 7-11 de Julio de 1993 en Santiago de Compostela)*, t.º I, Santiago de Compostela, Historia a Debate, 1995.

DEVULDER, C., *L'Histoire dans l'Allemagne. XIXᵉ siècle*, Paris, Méridiens Klinsieck, 1993.

DIEHL, Astor Antônio, *Cultura historiográfica. Memória, identidade e representação*, Bauru, EDUSC, 2002.

DILTHEY, Wilhelm, *Introducción a las ciencias del espíritu*, Madrid, Revista de Occidente, 1966.

DILTHEY, Wilhelm, *Crítica de la razón histórica*, Barcelona, Península, 1988.

DOMANSKA, Ewa, "An interview with Hayden White", *Storia della Storiografia*, n.º 24, 1993.

DOSSE, François, *L'Empire du sens. L'humanisation des sciences humaines*, Paris, La Découverte, 1995.

DOSSE, François, *L'Histoire en "miettes", des Annales à la Nouvelle Histoire*, Paris, La Découverte, 1995ª.

DOSSE, François, *L'Histoire*, Paris, Armand Colin, 2000.

DOSSE, François, *Paul Ricoeur, les sens d'une vie*, Paris, La Découverte, 2001.

DOSSE, François, "Paul Ricoeur, Michel de Certeau et l'histoire", MÜLLER, Bertrand (dir.), *L'Histoire entre mémoire et épistémologie. Autour de Paul Ricoeur*, Lausanne, Payot, 2005.

DOSSE, François, *Pour Ricoeur et Michel de Certeau, l'histoire entre le dire et le faire*, Paris, L'Herne, 2006.

DOSSE, François, "L'histoire à l'épreuve de la guerre des mémoires", *Cités*, n.º 33, 2008.

DRAY, W. R., *Leggi e spiegazioni storiche*, Milano, Il Saggiatore, 1974.

DROYSEN, J. G., *Historica: lecciones sobre la Enciclopedia y metodología de la historia*, Barcelona, Alfa, 1983.

DUARTE, Joana, "Memória e narração. Invólucro do silêncio na expressão do vário", *Revista de História das Ideias*, vol. 27, 2006.

DUBY, Georges e LARDREAU, Guy, *Diálogos sobre a nova história*, Lisboa, Dom Quixote, 1989.

DUBY, Georges, *L'Histoire continue*, Paris, Odile Jacob, 1991.

DULONG, Renaud, *Le Témoin oculaire. Les conditions sociales de l'attestation personnelle*, Paris, Éd. de l'EHESS, 1998.

DUNK, Hermann von der, "Narrativity and the reality of the past. Some reflections", *Storia della Storiografia*, n.º 24, 1993.

ECO, Umberto, "Prólogo", *in* LOZANO, Jorge, *El Discurso histórico*, Madrid, Alianza, 1994.

ELIADE, Mircea, *O Mito do eterno retorno*, Lisboa, Edições 70, 1981.

ELIAS, Norbert, *O Processo civilizacional. Investigações sociogenéticas e psicogenéticas. Transformações do comportamento das camadas superiores seculares do Ocidente*, 1.º vol., Lisboa, Dom Quixote, 1989.

ELIAS, Norbert, *Sobre el tiempo*, Madrid, FCE, 1989ª.

ELIAS, Norbert, *Compromiso y distanciamiento*, Barcelona, Ediciones Península, 1990.

ELKANA, Y. (ed.), *The Interaction between science and philosophy*, New York, Humanities Press, Atlantic Highlands, 1974.

ELLUL, Jacques, "Esquisse sur les idéologies de la science", *in* JANICAUD, Dominique *et al.*, *Les Pouvoirs de la science. Un siècle de prise de conscience*, Paris, J. Vrin, 1987.

ELTON, G., *Return to essentials. Some reflections on the present state of historical study*, Cambridge, Cambridge University Press, 1991.

ENGEL, Pascal, "La philosophie peut-elle échapper à l'histoire?", *in* BOUTIER, Jean e JULIA, Dominique (dir.), *Passés recomposés. Champs et chantiers de l'Histoire*, Paris, Autrement, 1995.

ENGELS, F., *Ludwig Feuerbach y el fin de la filosofía clásica alemana*, Madrid, Ricardo Aguilera, 1969.

ERIBON, Didier, *Michel Foucault. 1926-1984*, Lisboa, Livros do Brasil, 1990.

ETLIN, Richard A., *The Architecture of death. The transformation of the cemetery in eighteenth-century*, Paris, Cambridge and London, Massachusetts Institute of Technology, 1987.

FEBVRE, Lucien *et al.*, *Civilisation. Le mot et l'idée*, Paris, Centre International de Synthèse, 1930.

276 *Bibliografia*

FEBVRE, Lucien, *Combats pour l'histoire*, Paris, Armand Colin, 1953.

FERRATER MORA, José, *Cuatro visiones de la historia universal. San Agustín, Vico, Voltaire, Hegel*, Madrid, Alianza Editorial, 1988.

FERRO, Marc, *L'Histoire sous surveillance*, Paris, Calmann-Lévy, 1985.

FIASSE, Gaëlle, *Paul Ricoeur. De l'homme faillible à l'homme capable*, Paris, PUF, 2008.

FICHANT, Michel, "A ideia de uma história das ciências", *in* PÉCHEUX, Michel e FICHANT, Michel, *Sobre a história das ciências*, Lisboa, Editorial Estampa, 1971.

FINLEY, Moses I., *Mythe, mémoire, histoires. Les usages du passé*, Paris, Flammarion, 1981.

FONTANA, Josep, *La Historia después del fin de la historia*, Barcelona, Crítica, 1992.

FONTANA, Josep, *La Historia de los hombres*, Barcelona, Crítica, 2001.

FOSTERS, Robert, "Achievements of the Annales school", in *The Journal of Economic History*, vol. XXXIX, n.° 1, 1979.

FOUCAULT, Michel, *As Palavras e as coisas*, Lisboa, Portugália Editora, 1968.

FOUCAULT, Michel, *L'Archéologie du savoir*, Paris, Gallimard, 1969

FOUCAULT, Michel, *Surveiller et punir*, Paris, Gallimard, 1975.

FOUREZ, Gérard, *La Science partisane. Essai sur les significations des démarches scientifiques*, Paris, Duculot, s.d.

FRANCK, Robert, "Le savoir et les options", *in* ROSE, Hilary *et al., L'Idéologie de/ dans la science*, Paris, Seuil, 1977.

FRANCO BARRIO, Jaime, "Introducción", *in* CIESZKOWSKI, August von, *Prolegómenos a la historiosofía*, Salamanca, Universidad Salamanca, 2002.

FRIEDLÄNDER, Saul, *Histoire et psychanalyse*, Paris, Éditions du Seuil, 1975.

FUKUYAMA, Francis, *O Fim da história e o último homem*, Lisboa, Gradiva, 1992.

FUKUYAMA, Francis, *O Nosso futuro pós-humano. Consequências da revolução biotecnológica*, Lisboa, Quetzal Editores, 2002.

FUMAROLI, Marc, "Les abeilles et les araignées", *in* AA.VV., *La Querelle des anciens et des modernes*, Paris, Gallimard, 2002.

FURET, François, *O Ofício da história*, Lisboa, Gradiva, s.d.

GADAMER, Hans-Georg, "Herder et ses théories de l'histoire (regards sur l'histoire)", *Cahiers de l'Institut Allemand*, n.° 2, Paris, Sorlot, 1941.

GADAMER, Hans-Georg, *Le Problème de la conscience historique*, Louvain-Paris, PUL-EBN, 1963.

GADAMER, Hans-Georg, *A Razão na época da ciência*, Rio de Janeiro, Tempo Brasileiro, 1983.

GADAMER, Hans-Georg *et al.*, *História e historicidade*, Lisboa, Gradiva, 1988.

GADAMER, Hans-Georg, *Verdad y método*, Salamanca, Ediciones Sígueme, 1988ª.

GADOFFRE, Gilbert, *Certitudes et incertitudes de l'histoire*, Paris, PUF, 1987.

GARCIA, Manuel Emídio, "As comemorações em honra e para glória da humanidade", *Album litterario comemmorativo do terceiro centenario de Luiz de Camões*, Porto, Typ. Occidente, 1880.

GARDINER, Patrick, *Teorias de história,* 3.ª ed., Lisboa, Fundação Calouste Gulbenkian, 1984.

GAUKROGER, Stephen, *Francis Bacon and the transformation of early philosophy*, Cambridge, Cambridge University Press, 2001.

GIARD, Luce (ed.), *Michel de Certeau. Cahiers pour le temps*, Paris, Centre Georges Pompidou, 1987.

GIARD, Luce, MARTIN, Hervé e REVEL, Jacques, *Histoire mysthique et politique. Michel de Certeau*, Grenoble, Jérôme Millon, 1991.

GIDDENS, Anthony, *Consecuencias de la modernidad*, Madrid, Alianza Editorial, 1993.

GILBERT, Felix, *History: politics or culture? Reflections on Ranke and Burckhardt*, Princeton, Princeton University Press, 1990.

GILSON, Étienne, *Les Métamorphoses de la Cité de Dieu*, Louvain-Paris, Publications Universitaires de Louvain, J. Vrin, 1952.

GILSON, Étienne, *D'Aristote à Darwin et retour. Essai sur quelques constantes de la biophilosophie*, Paris, J. Vrin, 1973.

GINZBURG, Carlo, *Mythes, emblèmes, traces*, Paris, Flammarion, 1989.

GINZBURG, Carlo *et al.*, *A Micro-história e outros ensaios*, Lisboa, Difel, 1991.

GINZBURG, Carlo, *Il Giudice e lo storico*, Torino, Einaudi, 1991ª.

GOBERNA FALQUE, Juan R., *Civilización. Historia de una idea*, Santiago de Compostela, Universidad de Santiago de Compostela, 1999.

GODDARD, Jean-Christophe, *Hegel et l'hégélianisme*, Paris, Armand Colin, 1998.

GOETHE, *Fausto*, tradução, introdução e glossário de João Barrento, Lisboa, Relógio D'Água, 1999.

GOMES, Greta, *Social darwinism and english thought. The interaction between biological and social theory*, Sussex, The Harvester Press, 1980.

GÓMEZ RAMOS, Antonio, "Koselleck y la *Begriffsgechichte*. Cuando el lenguaje se corta con la historia", *in* KOSELLECK, K., *historia/Historia*, Madrid, Trotta, 2004.

GOOCH, George P., *Historia y historiadores en el siglo XIX*, México, FCE, 1977.

GOODY, Jack, *La Raison graphique*, Paris, Minuit, 1979.

GOODY, Jack, *L'Homme, l'écriture et la mort*, Paris, Les Belles Lettres, 1996.

278 *Bibliografia*

GORDON, Scott, *Historia y filosofía de las ciencias sociales*, Barcelona, Editorial Ariel, 1995.

GROETHUYSEN, Bernard, *Philosophie et histoire*, Paris, Albin Michel, 1995.

GUIMARÃES, Manoel Luiz Salgado (org.), *Estudos sobre a escrita da história. Anais do Encontro de Historiografia e História Política, 10 e 11 de Outubro de 2005*, Rio de Janeiro, 7 Letras, 2006.

GURVITCH, Georges, *Dialéctica e sociologia*, Lisboa, Dom Quixote, 1971.

GUSDORF, Georges, *Les Sciences humaines et la pensée occidentale IV. Les principes de la pensée au Siècle des Lumières*, Paris, Payot, 1971.

GUSDORF, Georges, *Introduction aux sciences humaines. Essai critique sur leurs origines et leur développement,* Paris, Éditions Ophrys, 1974.

GUSDORF, Georges, *De l'Histoire des sciences à l'histoire de la pensée*, Paris, Payot, 1977.

HABERMAS, Jürgen, *La Technique et la science comme "idéologie"*, Paris, Gallimard, 1973.

HABERMAS, Jürgen, *O Discurso filosófico da modernidade*, Lisboa, Dom Quixote, 1990.

HALBWACHS, Maurice, *Les Cadres sociaux de la mémoire*, Paris, PUF, 1952.

HALBWACHS, Maurice, *La Mémoire collective*, Paris, Albin Michel, 1997.

HALÉVY, Daniel, *Essai sur l'accélération de l'histoire, suivi de L'histoire va-t-elle plus vite? La conquête des forces de la nature; Leibniz et l'Europe*, Paris, Éditions de Fallois, 2001.

HARTMANN, Eduard von, *"L'Autodestruction du christianisme et la religion de l'avenir*, Nancy, Presses Universitaires de Nancy, 1989.

HARTOG, François, *Le XIXe siècle et l'histoire. Le cas de Fustel de Coulanges*, Paris, Gallimard, 1988.

HARTOG, François, "Temps et histoire. Comment écrire l'histoire de France", *Annales*, n.º 5, 1995.

HARTOG, François, *Mémoire d'Ulysse. Récits sur la frontière en Grèce ancienne*, Paris, Gallimard, 1996.

HARTOG, François, *L'Histoire, d'Homère à Augustin*, Paris, Seuil, 1999.

HARTOG, François, *Le Miroir d'Hérodote. Essai sur la représentation de l'autre*, Paris, Gallimard, 2001.

HARTOG, François, *Régimes d'historicité, présentisme et expériences du temps*, Paris, Seuil, 2003.

HARTOG, François, *Évidence de l'histoire. Ce que voient les historiens*, Paris, Éditions de l'ÉHÉSS, 2005.

HARTOG, François, "Tempos do mundo, história, escrita da história", *in* GUIMARÃES, Manoel Luiz Salgado, *Estudos sobre a escrita da história*, Rio de Janeiro, 7 Letras, 2006.

HARVEY, J. Kaye, *Los Historiadores marxistas británicos*, Zaragoza, Universidad de Zaragoza, 1989.

HAZARD, Paul, A *Crise da consciência europeia*, Lisboa, Cosmos, 1948.

HAZARD, Paul, *O Pensamento europeu no século XVIII (De Montesquieu a Lessing)*, 2 vols., Lisboa, Presença, 1974.

HEGEL, *Principes de la philosophie du droit*, Paris, Gallimard, 1948.

HEGEL, *La Raison dans l'histoire*, Paris, UGE, 1965.

HEGEL, *Préface de la phénoménologie de l'esprit*, Paris, Aubier-Montaigne, 1966 (edição bilingue).

HEGEL, *Introdução às lições sobre história da filosofia*, Porto, Porto Editora, 1995.

HEIDEGGER, Martin, *Ser y tiempo*, Madrid, Trotta, 2003.

HELLER, A., *Teoría de la historia*, 5.ª ed., Barcelona, Fontamara, 1985.

HELLER, A., *Historia y futuro*, Barcelona, Península, 1991.

HEMPEL, C. G., "The function of general laws in history", *in* FEIGL, H. e SELLARS, W., *Reading in philosophical analysis*, New York, Knopf, 1949.

HEMPEL, C. G., *La Explicación científica*, Buenos Aires, Paidós, 1979.

HERCULANO, Alexandre, *Opúsculos*, vol. 5, Lisboa, Presença, 1986.

HERDER, J. G., *Idées pour la philosophie de l'histoire de l'humanité*, Paris, Éditions Montaigne, 1962 (ed. bilingue).

HERDER, J. G., *Também uma filosofia da história para a formação da humanidade*, tradução, notas e posfácio de José M. Justo, Lisboa, Edições Antígona, 1995.

HERNÁNDEZ SANDOICA, Elena, *Los Caminos de la historia. Cuestiones de historiografía y método*, Madrid, Ed. Síntesis, 1995.

HERNÁNDEZ SANDOICA, *Tendencias historiográficas actuales. Escribir historia hoy*, Madrid, Akal, 2004.

HERÓDOTO, *Histórias*, Liv. 1.º, Lisboa, Edições 70, 1994 (introdução geral de Maria Helena da Rocha Pereira; introdução ao Liv. 1.º, versão do grego e notas de José Ribeiro Ferreira e Maria de Fátima Silva).

HESPANHA, António Manuel, "História e sistema: interrogações à historiografia pós-moderna", *Ler História*, 9, 1988.

HESPANHA, António Manuel, "A emergência da história", *Penélope. Fazer e desfazer a história*, n.º 5, 1991.

HIMMELFARB, G., *The New History and the Old*, Cambridge-Mass., The Belknap Press of Harvard University Press, 1987.

280   *Bibliografia*

HOOYKAAS, R., *Religion and the rise of modern science*, Edinburgh, Scottish Academic Press, 1971.

HUGO, Victor, *Œuvres poétiques*, vol. 1, Paris, Gallimard, 1964.

Huitième Congrès International des Orientalistes qui siégera à Stockholm et Christiania du 2 au 13 septembre 1889, s.l., s.e.

HUMBOLDT, Wilhelm von, *Escritos de filosofía de la historia*, Madrid, Editorial Tecnos, 1997.

HUNT, Lynn *et al.*, *A Nova história cultural*, São Paulo, Martins Fontes, 1992.

HUNTINGTON, Samuel P., *O Choque de civilizações e a mudança na ordem mundial*, Lisboa, Gradiva, 1999.

HUYSSEN, Andreas, *Present pasts. Urban palympsests and the politics of memory*, Standford, Standford University Press, 2003.

HYPPOLITE, Jean, *Introduction à la philosophie de l'histoire de Hegel*, Paris, Seuil, 1983.

IRVIN, Robert, *Pelo Amor do saber. Os orientalistas e seus inimigos*, Rio de Janeiro, Record, 2008.

JANICAUD, Dominique *et al.*, *Les Pouvoirs de la science. Un siècle de prise de conscience*, Paris, J. Vrin, 1987.

JANKÉLÉVITCH, Vladimir, *L'Imprescriptible. Pardonner? Dans l'honneur et la dignité*, Paris, Seuil, 1996.

JARCZYK, Gwendoline e LABARRIÈRE, Pierre-Jean, *De Kojève à Hegel*, Paris, Albin Michel, 1996.

JUSTO, José M., "Pálida é a imagem incompleta e descolorida das palavras", *in* HERDER, J. G., *Também uma filosofia da história para a formação da humanidade*, Lisboa, Antígona, 1995 (posfácio).

KANT, *Le Conflit des facultés en trois sections*, Paris, J. Vrin, 1973.

KANT, *Antropología en sentido pragmático*, Madrid, Alianza Editorial, 1991.

KANT, *En Defensa de la ilustración*, Barcelona, Alba Editorial, 1999.

KARKI, Hakim e RADELET, Edgar, *Et Dieu créa l'Occident. La place de la religion dans la conceptualisation de la notion d'Occident*, Paris, L'Harmattan, 2001.

KAYE, H. J., *The Powers of the past. Reflections on the crisis and the promise of history*, Minneapolis, University of Minnesota Press, 1991.

KEDOURIE, Elie, *Nationalism*, London, Hutchinson, 1985.

KEDROV, B. M., *Clasificación de las ciencias*, t.° I, Moscovo, Editorial Progreso, 1974.

KELLNER, Hans, "Twenty years after: a note on 'Metahistories and their horizons'", *Storia della Storiograffia*, n.° 24, 1993.

KELLNER, Hans, *Language and historical representation*, Madison, University of Wisconsin Press, 1989.

KELLEY, D. R., *Foundations of modern historical scholarships. Language, law and history in the French renaissance*, New York, Columbia University Press, 1970.

KHUN, Thomas, *The Structure of scientific revolutions*, Chicago, The University of Chicago, 1970.

KIRKINEN, Heikki, *Les Origines de la conception moderne de l'homme-machine*, Helsínquia, Tiedeakatemia, 1960.

KOFMAN, Sarah, *Camera obscura, de l'idéologie*, Paris, Éditions Galilée, 1973.

KOJÈVE, Alexandre, "Hegel à Iena", *Revue d'Histoire et Philosophie Religieuses*, Setembro-Outubro 1935.

KOJEVE, Alexandre, *Introduction à la lecture de Hegel. Leçons sur la phénoménologie de l'esprit professées de 1933 à 1939 à l'École des Hautes Études, réunies et publiées par Raymond Queneau*, Paris, Gallimard, 1947.

KOJÈVE, Alexandre, *Esquisse d'une phénoménologie du droit*, Paris, Gallimard, 1981.

KOSELLECK, Reinhart, *Futuro pasado. Para una semántica de los tiempos históricos*, Barcelona-Buenos Aires-México, Ediciones Paidós, 1993.

KOSELLECK, Reinhart, *L'Éxperience de l'histoire*, Paris, Gallimard-Seuil, 1997.

KOSELLECK, Reinhart, *Crítica e crise. Uma contribuição à protogénese do mundo burguês*, Rio de Janeiro, Universidade do Estado do Rio de Janeiro, 1999.

KOSELLECK, Reinhart, *historia/Historia*, Madrid, Trotta, 2004.

KOYRÉ, Alexandre, *Études d'histoire de la pensée scientifique*, Paris, Gallimard, 1973.

LAÍN ENTRALGO, Pedro, *La Espera y la esperanza. Historia y teoría del esperar humano*, Madrid, Revista de Occidente, 1958.

LAÍN ENTRALGO, Pedro, *O Que é o homem?*, Lisboa, Editorial Notícias, 2002.

LALANDE, *Vocabulaire technique et critique de la philosophie*, Paris, PUF, 1968.

LANGLOIS, Charles e SEIGNOBOS, Charles, *Introduction aux études historiques*, Paris, Hachette, 1898.

LATOUR, Bruno, *Nous n'avons jamais été modernes*, Paris, La Découverte, 1991.

LAUNAY, Marc de, "Les temps de l'histoire", *Cités*, n.° 33, 2008.

LE GOFF, Jacques, "Documento-memória", *Enciclopédia Einaudi*, vol. 1, Lisboa, Imprensa Nacional-Casa da Moeda, 1984.

LE GOFF, Jacques, *El Orden de la memoria. El tiempo como imaginario*, Barcelona, Paidós, 1991.

LE GOFF, Jacques *et al.*, *Patrimoine et passions identitaires. Entretiens du patrimoine*, Paris, Fayard, 1998.

LE GOFF, Jacques (dir.), *La Nouvelle histoire*, Paris, Complexe, 2006.

LEDUC, Jean, *Les Historiens et le temps*, Paris, Seuil, 1999.

LEFEBVRE, Henri, *La Fin de l'histoire. Epilégomènes*, Paris, Minuit, 1970.

LEPETIT, Bernard, *Les Formes de l'expérience*, Paris, Albin Michel, 1995.

LESSING, G. E., *De l'Éducation du genre humain*, Paris, Ladrange, 1856.

LÉVINAS, Emmanuel, "La trace", *Humanisme de l'autre homme*, Saint-Clément, Fata Morgana, 1972.

LÉVI-STRAUSS, Claude, *La Pensée sauvage*, Paris, Plon, 1962.

LÉVI-STRAUSS, Claude, *Race et histoire*, Paris, Plon, 1962[a].

LIMA, Henrique Espada, *A Micro-História. Escalas, indícios e singularidades*, Rio de Janeiro, Civilização Brasileira, 2006.

LIMA, Sílvio, *O Determinismo, o acaso e a previsão na história*, 3.ª ed., Coimbra, Coimbra Editora, 1958.

LORENZ, Konrad, vd. POPPER, Karl.

LOSEE, John, *Filosofía de la ciencia e investigación histórica*, Madrid, Alianza Universidad, 1989.

LÖWITH, Karl, *De Hegel à Nietzsche*, Paris, Gallimard, 1941.

LÖWITH, Karl, *O Sentido da história*, Lisboa, Edições 70, 1990.

LÖWY, M. e SAYRE, R., *Révolte et mélancolie. Le romantisme à contre-courant de la modernité*, Paris, Payot, 1992.

LOZANO, Jorge, *El Discurso histórico*, Madrid, Alianza, 1994.

LUBAC, Henri de, *La Postérité spirituelle de Joachim de Fiore*, 2 vols., Paris-Namur, Lethielleux, 1979-1981.

LUDDEN, David, "Orientalist empiricism: transformations in colonial knowledge", in BRECKENRIDGE, Carol A., *Orientalism and the postcolonial predicament. Perspectives of South Asia*, Philadelphia, University of Pennsylvania Press, 1994.

LUKÁCS, G., *Historia y consciencia de clase*, Barcelona, Grijalbo, 1975,

LYOTARD, Jean-François, *L'Enthousiasme. La critique kantienne de l'histoire*, Paris, Galilée, 1986.

LYOTARD, Jean-François, *La Condición postmoderna. Informe sobre el saber*, Madrid, Cátedra, 1989.

MACHADO, Álvaro Manuel, *O Mito do Oriente na literatura portuguesa*, Lisboa, ICLP, 1983.

MALTER, Rudolf, "Schiller como filósofo de la historia", in SCHILLER, J. Ch. Friederich, *Escritos de filosofía de la historia*, Murcia, Universidad de Murcia, 1991.

MANNIEN, Juha e TOUMELA, Raino (org.), *Ensayos sobre explicación y comprensión*, Madrid, Alianza Editorial, 1980.

MARCUSE, Herbert, *L'Ontologie de Hegel et la théorie de l'historicité*, Paris, Éditions de Minuit, 1972.

MARQUES, Viriato Soromenho, *Razão e progresso na filosofia de Kant*, Lisboa, Edições Colibri, 1998.

MARRAMAO, Giacomo, *Poder y secularización*, Barcelona, Ediciones Península, 1989.

MARROU, Henri-Irénée, *L'Ambivalence du temps de l'histoire chez Saint Augustin*, Montréal--Paris, J. Vrin, 1950.

MARROU, Henri-Irénée, *De la Connaissance historique*, Paris, Seuil, 1954.

MARROU, Henri-Irénée, *Teología de la historia*, Madrid, Rialp, 1978.

MARTIN, Jean-Clément, "Histoire, mémoire et oubli. Pour un autre régime d'historicité", *Revue d'Histoire Moderne et Contemporaine*, n.º 47-4, Outubro--Dezembro, 2000.

MARTINS, Oliveira, *Literatura e filosofia*, Lisboa, Guimarães Editores, 1955.

MARTINS, Oliveira, *Política e história*, 2 vols., Lisboa, Guimarães Editores, 1957.

MARX, Karl, *Contribution à la critique de l'économie politique*, Paris, Éditions Sociales, 1972.

MARX, Karl, *Manifesto do partido comunista*, Coimbra, Centelha, 1974.

MARX, Leo e MAZLISH, Bruce (org.), *Progresso: realidade ou ilusão?*, Lisboa, Bizâncio, 2001.

MARX, Leo, "A dominação da natureza e a redefinição do progresso", *in* MARX, Leo e MAZLISH, Bruce, *Progresso: realidade ou ilusão?*, Lisboa, Bizâncio, 2001.

MEINECKE, F., *El Historicismo y su génesis*, México, FCE, 1943.

MENDONÇA, Henriques Lopes de, *Vasco da Gama na história universal*, Lisboa, Sociedade Editora Artur Beirão, 1925.

MERCIER, L.-S., *L'An deux mille quatre cent quarante. Rêve s'il en fût jamais, suivi de L'homme de fer*, 3ème. éd., Paris, Chez Lepetit Jeune et Gérard, Librairies, An X.

MERLEAU-PONTY, *Les Aventures de la dialectique*, Paris, Gallimard, 1955.

MERLINI, Fabio, "Fin de l'histoire ou naturalisation de l'histoire", *in* BENOIST, Jocelyn e MERLINI, Fabio (org.), *Après la fin de l'histoire*, Paris, J. Vrin, 1998.

METZ, Johann Baptist, *Dios y tiempo. Nueva teología política*, Madrid, Trotta, 2002.

MICHELET, Jules, "Préface", *Histoire du XIXème siècle*, Paris, Germer Baillière, 1872.

MICHELET, Jules, *Cours au Collège de France*, t.º II, Paris, Gallimard, 1995.

MILLER, Cecilia, *Giambattista Vico: imagination and historical knowledge,* London, Macmillan, 1993.

MILO, Daniel S., *Trahir le temps: histoire,* Paris, Les Belles Lettres, 1991.

MOMIGLIANO, A., *Problèmes d'historiographie ancienne et moderne,* Paris, Gallimard, 1983.

MOMIGLIANO, A., *Tra Storia e storicismo,* Pisa, Nistri-Lischi, 1985.

MOMIGLIANO, A., *Les Fondations du savoir historique,* Paris, Les Belles Lettres, 1992.

MONOD, Gabriel, "Du progrès des études historiques en France depuis le XVIème siècle", *Revue Historique,* n.° 1, 1876.

MONOD, Jean-Claude, "Kojève, Strauss et le jugement de l'histoire", in BENOIST, Jocelyn e MERLINI, Fabio (org.), *Après la fin de l'histoire: temps, monde, historicité,* Paris, J. Vrin, 1998.

MONTESQUIEU, "De l'Esprit des lois", *Œuvres complètes,* Paris, Seuil, 1964.

MORADIELLOS, Enrique, *Las Caras de Clío. Una introducción a la historia,* Madrid, Siglo XXI, 2001.

MORIN, Edgar, *Science avec conscience,* Paris, Fayard, 1982.

MOSÈS, Stéphane, *L'Ange de l'histoire. Rosenzweig, Benjamin, Scholem,* Paris, Seuil, 1992.

MOTTU, H., *La Manifestation de l'esprit selon Joachim de Fiore,* Neuchâtel-Paris, Delachaux e Niestlé, 1977.

MUGLIONI, Jean-Michel, *La Philosophie de l'histoire de Kant: qu'est-ce que l'homme?,* Paris, PUF, 1993.

MÜLLER, Bertrand, *Correspondance de Marc Bloch et Lucien Febvre,* Paris, Fayard, 1994.

MÜLLER, Bertrand (dir.), *L'Histoire entre mémoire et épistémologie. Autour de Paul Ricoeur,* Lausanne, Éditions Payot, 2005.

MUXELL, Anne, *Individu et mémoire familiale,* Paris, Nathan, 1996.

NAMER, Gérard, *Mémoire et société,* Paris, Klincksieck, 1987.

NAMER, Gérard, "Postface", *in* HALBWACHS, Maurice, *La Mémoire collective,* Paris, Albin Michel, 1997.

NIETHAMMER, Lutz, *Posthistoire. Has history come to an end?,* Londres-Nova Iorque, Verso, 1992.

NIETZSCHE, *Obras escolhidas,* Lisboa, Círculo de Leitores, 1996.

NIETZSCHE, *Sobre la utilidad y el perjuicio de la historia para la vida,* Madrid, Biblioteca Nueva, 1999.

NISBET, Robert A., *Social change and history. Aspects of the western theory of development,* London, Oxford University Press, 1969.

NISBET, Robert, *Historia de la idea de progreso*, Barcelona, Editorial Gedisa, 1991.

NOIRIEL, Gérard, *Sur la "crise" de l'histoire*, Paris, Belin, 1996.

NOIRIEL, Gérard, *Qu'est-ce que l'histoire contemporaine?*, Paris, Hachette, 1998.

NORA, Pierre e LE GOFF, Jacques (org.), *Faire de l'histoire*, 3 vols., Paris, Gallimard, 1974.

NORA, Pierre (org.), "Préface", *Les Lieux de mémoire*, vol 1.º, Paris, Gallimard, 1984.

NORA, Pierre (org.), *Essais d'ego-histoire*, Paris, Gallimard, 1987.

OAKESHOTT, Michael, *Sobre história e outros ensaios*, Rio de Janeiro, Topbooks/ Liberty Fund, 2003.

OLDROYD, D. R., *Darwinian impacts. An introduction to the darwinian revolution*, Milton Keynes, The Open University Press, 1980.

OLENDER, Maurice *et al.*, *Le Racisme. Mythes et sciences*, Bruxelles, Éd. Complexe, 1981.

PATOCKA, J., *Ensayos heréticos sobre filosofía de la historia*, Barcelona, Península, 1988.

PAUL, Jean-Marie, *Dieu est mort en Allemagne. Des Lumières à Nietzsche*, Paris, Payot, 1994.

PÉNISSON, Pierre, *J. G. Herder. La raison dans les peuples*, Paris, Les Éditions du Cerf, 1992.

PÉNISSON, Pierre (dir.), *Herder et la philosophie de l'histoire*, Iasi-Romania, Editura Universitatii "Alexandru Ioan Cuza", 1997.

PEREIRA, Ana Leonor, *O Darwinismo em Portugal. Filosofia, história, engenharia social*, Coimbra, Almedina, 2001.

PEREIRA, Miguel Baptista, *Modernidade e tempo. Para uma leitura do discurso moderno*, Coimbra, Minerva, 1990.

PEREIRA, Miguel Baptista, "Reflexões sobre a essência e a autonomia da Universidade", *in Universidade(s), História, memória, perspectivas, Congresso História da Universidade. 7.º centenário*, vol. 5, Coimbra, Gráfica Ediliber, 1991.

PEREIRA, Miguel Baptista, "Modernidade, racismo e ética pós-convencional", *in Revista Filosófica de Coimbra*, vol. 2, n.º 3, 1993.

PEREIRA, Miguel Baptista, "Filosofia e memória nos caminhos do milénio", *Revista Filosófica de Coimbra*, vol. 8, n.º 16, Outubro 1999.

PEREIRA, Miguel Baptista, "Utopia e apocalíptica nos caminhos da existência", *Estudos do Século XX*, n.º 2, 2002.

PERROT, Michelle (org.), *L'Impossible prison*, Paris, Seuil, 1980.

PEUCH, Henri-Charles, *En Quête de la gnose. I. La gnose et le temps et autres essais,* Paris, Gallimard, 1978.

PHILONENKO, Alexis, *La Théorie kantienne de l'histoire,* Paris, J. Vrin, 1988.

PIQUÉ, Nicolas, *L'Histoire. Textes choisis et présentés par...,* Paris, Flammarion, 1998.

POLIAKOV, Léon, *O Mito ariano,* São Paulo, Editorial Perspectiva, 1971.

POLLOCK, Sheldon, "Deep orientalism? Notes on sanskrit and power beyond the Raj", *in* BRECKENRIDGE, Carol A., *Orientalism and the postcolonial predicament. Perspectives on South Asia,* Filadélfia, University of Pennsylvania Press, 1994.

POMIAN, Krzysztof, *L'Ordre du temps,* Paris, Gallimard, 1984.

POMIAN, Krzysztof, *Sur l'histoire,* Paris, Gallimard, 1999.

POPELINIÈRE, La, *L'Histoire des histoires,* Paris, Fayard, 1989.

POPPER, Karl, *La Miseria del historicismo,* Madrid, Taurus, 1961.

POPPER, Karl, *Conocimiento objetivo,* Madrid, Tecnos, 1982.

POPPER, Karl e LORENZ, Konrad, *El Porvenir está abierto. Conversación de Altenberg y textos del simposio sobre Popper celebrado em Viena,* 3.ª ed., Barcelona, Tusquets Editores, 2000.

PORTER, Mark, *Cultural history and postmodernity,* Nova Iorque, Columbia University Press, 1997.

PROST, Antoine, *Douze leçons sur l'histoire,* Paris, Seuil, 1996.

PROUDHON, Pierre-Joseph, *La Création de l'ordre dans l'humanité ou principes d'organisation politique,* Paris, Marcel Rivière, 1927.

PROUDHON, Pierre-Joseph, *De la Justice dans la révolution et dans l'église,* 3 t.^{os}, Paris, Marcel Rivière, 1932.

QUEIRÓS, Eça de, *Notas contemporâneas,* 3.ª ed., Lisboa, Livros do Brasil, s.d.

QUENTAL, Antero de, *Cartas I,* Lisboa, Edições Comunicação, 1989.

QUINET, Edgar, *Œuvres complètes,* Paris, Pagnerre, 1857.

RANCIÈRE, Jacques, *Les Noms de l'histoire. Essais de poétique du savoir,* Paris, Seuil, 1992.

RAULET, G. (prés.), *Aufklärung. Les Lumières allemandes,* Paris, Flammarion, 1995.

REALE, Giovanni, e ANTISERI, Dario, *Historia del pensamiento filosófico y científico. III. Del romanticismo hasta hoy,* Barcelona, Herder Editora, 1992.

REISCH, G. A., "Chaos, history and narrative", *History and Theory,* vol. 30(1), 1991.

RÉMOND, René, *Être historien aujourd'hui. Travaux du Colloque International,* Paris, Érès/UNESCO, 1988.

RENAN, Ernest, *"Qu'est-ce qu'une nation"*, Paris, Agora, 1992.

RENOUVIER, Charles-Bernard-Joseph, *Uchronie (l'utopie dans l'histoire). Esquisse historique apocryphe du développement de la civilisation européenne tel qu'il n'a pas été, tel qu'il aurait pu être*, Paris, Bureau de la Critique Philosophique, 1876.

REVEL, Jacques, *A Invenção da sociedade*, Lisboa, Difel, 1990.

REVEL, Jacques *et al.*, *Jeux d'échelles. La micro-analyse à l'expérience*, Paris, Gallimard-Seuil, 1996.

REYES MATE *et al.*, *Filosofía de la historia*, Madrid, Trotta, 1993.

RICKERT, H., *Introducción a los problemas de la filosofía de la historia,* Buenos Aires, Nova, 1961.

RICKERT, H., *Ciencia cultural y ciencia natural*, 4.ª ed., Madrid, Espasa-Calpe, 1965.

RICŒUR, Paul, *Histoire et vérité*, Paris, Seuil, 1955.

RICŒUR, Paul, *Temps et récit*, 3 vols., Paris, Seuil, 1983.

RICŒUR, Paul, "Entre mémoire et histoire", *Projet*, n.º 248, 1996-1997.

RICŒUR, Paul, "Vulnérabilité de la mémoire", *in* LE GOFF, Jacques *et al.*, *Patrimonie et passions identitaires. Entretiens du patrimonie*, Paris, Fayard, 1997.

RICŒUR, Paul, *La Lectura del tiempo pasado. Memoria y olvido*, Madrid, Ediciones de la Universidad Autónoma de Madrid, 1998.

RICŒUR, Paul, "La marque du passé", *Revue de Métaphysique et de Morale*, n.º 1, 1998ª.

RICŒUR, Paul, *La Mémoire, l'histoire, l'oubli*, Paris, Seuil, 2000.

RICŒUR, Paul, "Un parcours philosophique", *Magazin Littéraire*, n.º 390, Setembro, 2000ª.

ROBESPIERRE, *Œuvres complètes*, t.º II, Paris, Éditions Bouloiseau, 1958.

ROBIN, Régine, *Histoire et linguistique*, Paris, Armand Colin, 1973.

RORTY, R., *El Giro lingüístico*, Barcelona, Paidós-UAB, 1990.

ROSE, Hilary *et. al.*, *L'Idéologie de/dans la science*, Paris, Seuil, 1977.

ROSENZWEIG, Franz, *L'Étoile de la rédemption*, Paris, Esprit, 1982.

ROSSI, P., *Lo Storicismo tedesco contemporaneo*, 9.ª ed., Torino, Einaudi, 1971.

ROSSI, P. (ed.), *La Teoria della storiografia oggi*, Milano, Saggiatore, 1988.

ROUCHÉ, Max, *La Philosophie de l'histoire de Herder*, Strasbourg, Université de Strasbourg, 1970.

RUBEN, D. H. (ed.), *Explanation*, Oxford, Oxford University Press, 1993.

RÜSEN, Jörn, "La historia, entre modernidad y postmodernidad", *in* ANDRÉS-GALLEGO, José (dir.), *New history, nouvelle histoire. Hacia una nueva historia*, Madrid, Actas, 1993.

SACRISTÁN LUZÓN, Manuel, "Concepto kantiano de la historia", *in* AA.VV., *Hacia una nueva historia*, 2.ª ed., Madrid, Akal, 1985.

SÁDABA, Javier, "El fin de la historia? La crítica de la postmodernidad al concepto de historia como metarrelato", *in* MATE, Reys *et al.*, *Filosofía de la historia*, Madrid, Trotta, 1993.

SAID, Edward W., *L'Orientalisme. L'Orient créé par l'Occident*, nouvelle édition augmentée, Paris, Seuil, 1997.

SAITTA, A., *Guía crítica de la historia y de la historiografía*, México, FCE, 1989.

SALMI, Hannu, "On the nature and structure of historical narration", *Storia della Storiografia*, n.º 24, 1993.

SALOMON, Jean-Jacques, *Science et politique*, Paris, Seuil, 1970.

SANTANA PÉREZ, Juan Manuel, "La historia en el fin de una época o el secuestro de Clío", *in* BARROS, Carlos (org.), t.º I, *Historia a debate*, Santiago de Compostela, Historia a Debate, 1995.

SANTO AGOSTINHO, *La Cité de Dieu*, 2 vols., Paris, Ed. Garnier Frères, 1957.

SANTO AGOSTINHO, *Confissões*, tradução de Arnaldo do Espírito Santo, João Bento e Maria Cristina de Castro-Maia de Sena Pimentel; introdução de Manuel Barbosa da Costa Freitas, Lisboa, Imprensa Nacional-Casa da Moeda, 2001.

SANTOS, Leonel Ribeiro dos, "O eurocentrismo crítico de Kant", *in* COSTA, Fernando Gil e SILVA, Helena Gonçalves da (org.), *A Ideia romântica de Europa. Novos rumos, antigos caminho*s, Lisboa, Edições Colibri, 2002.

SCHARFF, Robert C., *Comte after positivism*, Cambridge, Cambridge University Press, 1995.

SCHELLING, *Las Edades del mundo*, Madrid, Ediciones Akal, 2002.

SCHILLER, Johann Ch. Friedrich von, *Escritos de filosofía de la historia*, Murcia, Universidad de Murcia, 1991.

SCHOLEM, Gershom, *Walter Benjamin. Historia de una amistad*, Barcelona, Península, 1987.

SCHWAB, Raymond, *La Renaissance orientale*, Paris, Payot, 1950.

SCOTT, Joan, "Historia de las mujeres", *in* BURKE, Peter (org.), *Formas de hacer historia*, Madrid, Alianza Editoria, 1993.

SEIGNOBOS, Charles, *La Méthode historique appliquée aux sciences sociales*, Paris, Félix Alcan, 1901.

SEIGNOBOS, Charles, *L'Historien dans l'enseignement secondaire, la méthode, les instruments de travail,* Paris, Armand Colin, 1906.

SELIGMANN-SILVA, Márcio, "Reflexões sobre a memória, a história e o esquecimento", *in* SELIGMANN-SILVA, Márcio (org.), *História, memória, literatura*, Campinas, Editora Unicamp, 2003.

SELIGMANN-SILVA, Márcio, "O testemunho: entre a ficção e o 'real'", *in* SELIGMANN--SILVA, Márcio, *História, memória, literatura,* Campinas, Editora Unicamp, 2003ª.

SCHOLEM, Gershom, *Correspondance. Walter Benjamin, Theodor W. Adorno,* Paris, Éd. Verdier, 1990.

SILVA, Augusto Santos, "Morte, mediação e história. Uma viagem tanatológica ao pensamento de Oliveira Martins", *Revista de História Económica e Social,* n.º 14, 1984.

SIMIAND, François, *Méthode historique et sciences sociales,* Paris, Éd. des Archives Contemporaines, 1987.

SIMMEL, G., *Les Problèmes de la philosophie de l'histoire. Une étude d'épistémologie,* Paris, PUF, 1984.

SKINNER, Quentin, *El Retorno de la gran teoría en las ciencias humanas,* Madrid, Alianza Editorial, 1988.

SORELL, Tom, *Scientism. Philosophy and the infatuation with science,* London and New York, Routledge, 1991.

SPENGLER, O., *La Decadencia de Occidente,* 2 vols., Madrid, Espasa-Calpe, 1989.

SPIEGEL, Gabrielle M., "Towards a theory of the middle ground: historical writing in the age of posmodernism", *in* BARROS, Carlos (org.), *Historia a debate (Actas del Congreso "A Historia a debate", celebrado el 7-11 de julio de 1993 en Santiago de Compostela),* t.º I, Santiago de Compostela, Historia a Debate, 1995.

SPRINKER, Michael, *Demarcaciones espectrales. En torno a Espectros de Marx, de Jacques Derrida,* Madrid, Akal, 1999.

STANFORD, M. J. G., *The Nature of historical knowledge,* Oxford, Basil Blackwell, 1986.

STAROBINSKI, Jean, "Le mot civilisation", *Le Remède dans le mal. Critique et légitimation de l'artifice à l'âge des Lumières,* Paris, Gallimard, 1989.

STONE, Lawrence, "The revival of narrative. Reflections on a new old history", *Past and Present,* n.º 85, 1979.

STONE, Lawrence, *El Pasado y el presente,* México, FCE, 1986.

STONE, Lawrence, "History and post-modernism", *Past and Present,* n.º 131, 1991.

STONE, Lawrence e SPIEGEL, Gabrielle M., "History and post-modernism", *Past and Present,* n.º 135, 1992.

STONE, Lawrence, "The future of history", *in* BARROS, Carlos (org.), *Historia a Debate (Actas del Congreso "A Historia a debate", celebrado el 7-11 de Julio de 1993 en Santiago de Compostela),* t.º I, Santiago de Compostela, Historia a Debate, 1995.

STRAUSS, Leo, *De la Tyrannie, suivi de correspondance avec Alexandre Kojève (1932-1965)*, Paris, Gallimard, 1997.

SUTER, Andreas, "Histoire sociale et évenéments historiques. Pour une nouvelle approche", *Annales*, n.º 3, Maio-Junho 1997.

TAGLIACOZZO, Giorgio (org.), *Vico y Marx. Afinidades y contrastes*, México, FCE, 1990.

THOMPSON, E. P., *The Voice of the past*, Oxford, Oxford University Press, 1978.

THOMPSON, E. P., *Miseria de la teoría*, Barcelona, Crítica, 1981.

THUILLIER, Pierre, *Les Savoirs ventriloques ou comment la culture parle à travers la science*, Paris, Seuil, 1983.

THYSSEN, Johannes, *Historia de la filosofía de la historia*, Buenos Aires, Espasa-Calpe, 1954.

TIFFENEAU, D. (ed.), *La Narrativité. Recueil préparé sous la direction de...*, Paris, CNRS, 1980.

TIFFENEAU, D. (ed.), *Mythes et représentations du temps*, Paris, CNRS, 1985.

TODOROV, Tzvetan, *Las Morales de la historia*, Barcelona, Paidós, 1993.

TODOROV, Tzvetan, *Les Abus de la mémoire*, Paris, Arléa, 1998.

TOPOLSKY, Jerzy, "Le temps dans le récit historique et les conceptions méthodologiques de l'histoire", *Les Cahiers Franco-Polonais*, Paris, 1983.

TOPOLSKY, Jersy, "El relato histórico y las condiciones de su validez", *Historia y universalidad de las culturas*, Barcelona, Seibal/Unesco, 1984.

TOPOLSKY, Jerzy (eds.), *Narration and explanations. Contribution to the methodology of historical research*, Amsterdam and Atlanta, Ropodi, 1990.

TOPOLSKY, Jerzy, *Metodología de la historia*, Madrid, Ed. Cátedra, 1992.

TORT, Patrick, *La Pensée hiérarchique et l'évolution*, Paris, Aubier Montaigne, 1983.

TOYNBEE, Arnold, *Um Estudo de história*, Lisboa, Ed. Ulisseia, 1964.

TRAVERSO, Enzo, *Le Passé, modes d'emploi. Histoire, mémoire, politique*, Paris, La Fabrique Éditions, 2005.

URBAIN, Jean-Didier, "Morte", *Enciclopédia Einaudi*, vol. 36.º, Lisboa, Imprensa Nacional-Casa da Moeda, 1997.

VANN, Richard T., "Turning linguistic: history and theory and 'History and Theory', 1960-1975", *in* ANKERSMIT, Frank e KELLNER, Hans (org.), *A New philosophy of history*, London, Reaktion Books, 1995.

VATTIMO, Gianni, *O Fim da modernidade. Niilismo e hermenêutica na cultura pós-moderna*, Lisboa, Editorial Presença, 1987.

VÉDRINE, Hélène, *Filosofias da história. Declínio ou crise?*, Lisboa, Diabril, 1976.

VEYNE, Paul, *Comment on écrit l'histoire*, Paris, Seuil, 1979.

VICO, *Œuvres choisies*, Paris, Flammarion, s.d. (selecção e tradução de Jules Michelet).

VOLTAIRE, *Essai sur les mœurs et l'esprit des nations et sur les principaux faits de l'histoire depuis Charlemagne jusqu'à Louis XIII*, 2 vols., Paris, Garnier Frères, 1963.

VOLTAIRE, *La Philosophie de l'histoire, par feu M. l'abbé Bazin*, Amsterdam, Chez Changuion, 1765.

WAISMANN, A., *El Historicismo contemporáneo*, Buenos Aires, Editorial Nova, s. d.

WALSH, W. H., *Introducción a la filosofía de la historia*, México, Siglo XXI, 1968.

WHITE, Hayden, *Metahistory. The historical imagination in XIXth century Europe*, Baltimore and London, The Johns Hopkins University Press, 1978.

WHITE, Hayden, *Tropics of discourse. Essays in cultural criticism*, Baltimore e Londres, The Johns Hopkins University Press, 1978.

WHITE, Hayden, *The Content of the form. Narrative, discourse and historical representation*, Baltimore and London, The Johns Hopkins University Press, 1987.

WHITROW, G. J., *El Tiempo en la historia*, Barcelona, Editorial Crítica, 1990.

WISSER, Richard, *Responsabilidad y cambio histórico. Respuestas de Jaspers, Buber, C.-F. von Weizsäcker, Guardini y Heidegger*, Buenos Aires, Editorial Sudamerica, 1970.

WRIGHT, G. H. von, *Explicación y comprensión*, Madrid, Alianza Editora, 1987.

YATES, Frances A., *A Arte da memória*, Campinas, Editora Unicamp, 2007.

YERUSHALMI, Yosef, *Zakhor. Histoire juive et mémoire juive*, Paris, La Découverte, 1984.

YERUSHALMI, Yosef *et al.*, *Usages de l'oubli*, Paris, Seuil, 1988.

YILMAZ, Levent, *Le Temps moderne. Varations sur les anciens et les contemporains*, Paris, Gallimard, 2004.

Índice Onomástico

A

Abade de Saint-Pierre – 167.

Adorno, Theodor W. – 175, 253, 265, 288.

Albuquerque Júnior, Durval Muniz – 265.

Alcibíades – 60.

Allais, Vairasse d' – 154.

Althusser, Louis – 91, 92, 93, 94, 95, 96, 265..

Ampère, Jean-Jacques – 208, 229.

Anais Gómez, Ana – 39 ,265.

Anderson, Perry – 96, 170, 248, 250, 254, 261, 265.

André, João Maria – 152, 230, 265.

Andrés-Gallego, José – 265, 287.

Ankersmit, Frank R. – 265, 273, 290.

Anquetil-Duperron, Abraham Hyacinthe – 207.

Antiseri, Dario – 236, 286.

Antoni, Carlo – 266.

Appleby, Joyce- 266.

Archer, Paulo – 266, 311.

Arendt, Hannah – 17, 18, 58, 61, 62, 266.

Ariès, Philippe – 266.

Aristóteles – 16, 18, 58, 59, 60, 63, 88, 196, 266, 308.

Armogathe, Jean-Robert – 159, 266.

Arnold, Paul. – 215, 266.

Aron, Raymond – 64, 122, 123, 266.

Aróstegui, Julio – 129, 266.

Assoun, Paul-Laurent – 266.

Atkins, J. – 200.

Atkinson, R. F – 266.

Atsma, Hartmut – 266.

Auffret, Dominique – 252, 266.

Augé, Marc – 20, 32, 266.

Aymard, Maurice – 266.

B

Bachelard, Gaston – 108, 257, 266.

Bacon, Francis – 155, 160, 179, 221, 277.

Bacon, Roger – 159.

Baczko, Bronislaw – 154, 267.

Baier, Lothar – 182, 260, 267.

Bain, A. – 229.

Balibar, Étienne – 91, 95, 267.

Ballesteros, Jesús – 267.

Baluze, Étienne – 69.

Balzac, H. – 20.

Bann, Stephen – 267, 277.

Barash, Jeffrey Andrew – 13, 17, 18, 24, 73, 193, 196, 198, 267.

Barnard, Frederik – 70, 267.

Barónio, César – 69.

Barros, Carlos – 270, 273, 274, 282, 289.

Barth, Karl – 138.

Barthes, Roland – 125, 128, 267.

Baschet, Jérôme – 261, 262, 267.

Bastiat, F. – 173.

Bastide, Georges – 221, 267.

Bauer, Bruno – 172, 173, 174, 216.

Bäumler, Alfred – 198.

Bayle, Pierre – 69, 268.
Beda-o-Venerável – 143, 144.
Bédarida, François - 268.
Benavides Lucas, Manuel – 63, 86, 164, 170, 236, 268.
Bénichou, Pierre – 177, 268.
Benjamin, Walter – 20, 27, 30, 38, 45, 46, 96, 253, 263, 284, 288.
Benoist, Jocelyn – 255, 268, 269, 283, 284.
Bensussan, Gérard – 171, 173, 175, 178, 239, 247, 268.
Benveniste, Émile – 42, 61, 144, 268.
Berger, Peter – 14.
Bergson, H. – 11, 26, 231.
Berlin, Isaiah – 70, 155, 268.
Bermejo, J. C. – 77, 225, 268.
Bernard, Claude – 79.
Bernier, F. – 200.
Bernstein, John Andrew – 268.
Berr, Henri – 83, 268.
Berthelot, Marcelin – 234, 268.
Blache, Vidal de la – 83.
Bloch, Ernst – 96, 148, 150, 154, 247, 264, 268, 269, 310, 311.
Bloch, Marc – 40, 69, 84, 85, 87, 88, 100, 111, 118, 137, 220, 266, 284.
Blondel, Maurice – 83.
Blumenbach, Johann Friedrich – 200, 201, 202.
Bocchi, Gianluca – 269.
Bodei, Remo – 269.
Bodin, Jean – 68, 159, 269.
Boissel, Jean – 203, 269.
Bolland, Jean – 69.
Bonald, Joseph de – 69, 71.
Bopp, Franz – 202, 209.
Borges, Anselmo – 305, 311, 313.

Borges, Jorge Luis – 32.
Borne, Dominique – 269.
Bossuet, J. B – 145.
Boullée, É. L. – 205.
Bourdé, Guy – 75, 76, 122.
Bourdeau, Louis – 77, 81.
Bourdieu, Pierre – 15, 23.
Boutier, Jean – 269, 275.
Bouton, Christophe – 174, 249, 253.
Bowler, Peter J. – 230.
Boyer, Alain – 269.
Braudel, Fernand – 76, 84, 85, 88, 90, 97, 98, 117, 265, 270.
Brauer, Daniel – 269.
Breckenridge, Carol A. –, 269, 282, 285.
Browne, E. J. – 222, 270.
Bruck, Arthur Moeller van den – 150.
Brumfitt, John Henry – 270.
Brun, Jean – 182, 240, 243, 270.
Bruni, Leonardo – 67.
Bruno, Giordano – 161.
Buchez, Ph. J. B. – 173, 180.
Buda – 213, 216.
Buffon, G. L. L. – 200, 201.
Bultman, R. – 150.
Burckhardt, Jacob P. M. – 191, 270, 277.
Burguière, André – 98, 266, 270.
Burke, Edmund – 186, 193, 270.
Burke, Peter – 53, 76, 84, 85, 99, 270, 273, 288.
Burnouf, Eugène – 208.
Bury, John – 151, 270.

C
Cabet, É. – 173.
Cabrera Acosta, Miguel Ángel – 258, 259, 261, 270.

Camões – 51, 276.
Campillo, Antonio – 270.
Candau, Joël – 11, 23, 270.
Canguilhem, Georges – 108, 224, 257, 270.
Carbonnel, Charles-Olivier – 270.
Carlyle, Thomas – 188, 270.
Carr, D. – 76, 270.
Carr, E. H. – 76, 270.
Carrard, Philippe – 270.
Carus, C. G. – 202.
Cassirer, Ernst – 194, 195, 196, 270, 271.
Centlivres, Pierre – 269, 271.
Certeau, Michel de – 38, 39, 43, 108, 111, 115, 122, 123, 171, 271, 274, 277.
Ceruti, Mauro – 269.
César – 137, 189.
Chabanis, Christian – 266.
Chaix-Ruy, Jules – 140, 171, 270.
Challe, Charles Michel-Ange – 205.
Chamberlain, H. S. – 210.
Charlton, D. G. – 221.
Chartier, Roger – 54, 104, 106, 271.
Chateaubriand, R. – 206.
Châtelet, François – 61, 253, 272.
Chaunu, Pierre – 108, 171.
Chesneau, J. – 272.
Cícero – 59, 63, 64.
Cieszkowski, August von – 157, 172, 173, 174, 175, 178, 179, 188, 240, 241, 249, 272, 276.
Citron, Suzanne – 272.
Clarke, J. J. – 204, 213, 272.
Clemente de Alexandria – 216.
Cleópatra – 308.
Coenen-Huther, Josette – 14, 272.
Cohn, Bernard S. – 206, 272.

Cohn, Norman – 139, 147, 148, 272.
Collingwood, Robin G. – 65, 112, 114, 120, 127, 272.
Comte, Auguste – 49, 75, 81, 82, 149, 157, 167, 168, 1171, 172, 179, 180, 182, 188, 211, 212, 214, 225, 226, 227, 228, 229, 230, 240, 241, 245, 256, 257, 258, 272, 288.
Conant, James – 235, 272.
Condorcet – 162, 163, 167, 168, 178, 179, 180, 182, 212, 221, 230, 234, 272.
Confúcio – 213.
Connerton, Paul – 272.
Conrad, Alfred – 104.
Conry, Yvette – 230, 272.
Constantino-o-Grande – 66, 158.
Copérnico – 94, 184.
Cornblit, Oscar – 272.
Coulanges, Fustel de – 78, 278.
Coulmas, Peter – 193, 272.
Cournot, A. – 149, 175, 176, 214, 229, 246, 273.
Courtet, Victor – 203, 269.
Cousin, Victor – 188.
Coutau-Bégarie, Hervé – 273.
Croce, Benedetto – 118, 130, 273.
Cruz, Manuel – 273.
Creutzer, Friedrich – 206.
Cusa, Nicolau de – 161.

D
D'Alembert, J. le R. – 222.
Dantec, Félix le – 222.
D'Hondt, J. – 273.
Danto, Arthur C. – 118, 273.
Darnton, Robert – 104, 273.
Darwin, Ch. – 94, 168, 203, 230, 265, 277.

Dastur, Françoise – 273.
Déchaux, Jean-Hugues – 273.
Delacroix, Christian – 273.
Delumeau, Jean – 273.
Derrida, Jacques – 164, 254, 263, 274, 289.
Deruette, Serge – 274.
Descartes, R. – 75, 76, 155, 168, 169.
Devulder, C. – 274.
Diderot, D. – 222.
Diehl, Astor Antônio – 274.
Dilthey, Wilhelm – 73, 86, 116, 118, 157, 231, 274.
Dionísio-o-Pequeno – 143, 144
Dobb, Maurice – 96.
Domanska, Ewa – 274.
Donnino, Gerardo da Borgo San – 146.
Dosse, François – 16, 19, 30, 35, 39, 40, 44, 52, 68, 88, 89, 90, 98, 101, 122, 124, 127, 274.
Douglas, Mary – 99.
Dray, W. R. – 274.
Droysen, J. G. – 73, 86, 116, 118, 231.
Du Pan, Jacques Mallet – 186.
Duarte, Joana – 24, 274, 313.
Duby, Georges – 114, 274, 275.
Dulong, Renaud – 42, 275.
Dunk, Hermann Von Der – 275.
Durkheim, Émile – 12, 14, 33, 75, 81, 84, 88, 90, 93.

E
Eco, Umberto – 34, 111, 275.
Einstein, S. – 233.
Eliade, Mircea – 137, 140, 242.
Elias, Norbert – 15, 275.
Elkana, Y. – 108, 275.

Ellul, Jacques – 221, 222, 232, 233, 275.
Elton, G. – 275.
Engel, Pascal – 275.
Engels, F. – 230, 275.
Eribon, Didier – 275.
Erlach, J. B. Fischer von – 205.
Espinosa, B. – 69, 193.
Etlin, Richard A. – 205, 275.

F
Farge, Arlette – 101.
Febvre, Lucien – 34, 84, 85, 88, 97, 100, 105, 109, 115, 192, 220, 269, 275, 284.
Ferguson, Adam – 192.
Ferrater Mora, José – 163, 275.
Ferreira, José Ribeiro – 313.
Ferro, Marc – 98, 275.
Feyerband, Paul – 108.
Feuerbach, L. – 91, 172, 174, 216, 275.
Fiasse, Gaëlle – 267, 275.
Fichant, Michel – 160, 228, 276.
Fichte, J. G. – 91, 149, 172, 196, 218, 245.
Finley, Moses I. – 276.
Fiori, Gioacchino da – 146, 240, 309.
Flammarion, Camille – 234.
Flaubert, G. – 206.
Fogel, Robert – 104.
Fontana, Josep – 68, 256, 276.
Fontenelle, B. B. – 160, 228.
Fosters, Robert – 276.
Foucault, Michel – 93, 101, 102, 221, 276.
Fourez, Gérard – 235, 276.
Fourier, Ch. – 173.
Franck, Robert – 223, 224, 276.
Franco Barrio, Jaime – 276.

Franklin, B. – 162.
Frederico II – 147.
Freud, S. – 94, 266.
Friedländer, Saul – 276.
Fukuyama, Francis – 254, 255, 256, 257, 261, 276, 310.
Fumaroli, Marc – 158, 276.
Furet, François – 276.

G
Gadamer, Hans-Georg – 118, 169, 193, 194, 195, 276, 309.
Gadoffre, Gilbert – 276.
Garcia, Manuel Emídio – 52, 276.
Garcia, Patrick – 273.
Gardiner, Patrick – 187, 247, 277.
Gatterer, J. C. – 70.
Gaukroger, Stephen – 277.
Geertz, Clifford – 99.103.
Gehlen, Arnold – 253, 254.
Gentz, Friedrich von – 198.
Giard, Luce – 277.
Gibbon, Eduardo – 70.
Giddens, Anthony – 204, 277.
Gilbert, Felix – 277.
Gilson, Étienne – 141, 142, 232, 277.
Ginzburg, Carlo – 21, 103, 277.
Goberna Falque, Juan R. – 192, 277.
Gobineau, J. A. de – 203, 210.
Goddard, Jean-Christophe – 277.
Goerres, J. – 188.
Goethe, J. W. – 172, 174, 205, 277.
Goldman, Lucien – 96.
Gomes, Greta – 230, 277.
Gómez Ramos, Antonio – 127, 277.
Gooch, George P. – 65, 277.
Goody, Jack - 35, 277.
Gordon, Scott – 226, 227.

Groethuysen, Bernard – 230, 277.
Grotius, H. – 164.
Guicciardini, Francesco – 68.
Guimarães, Manoel Luiz Salgado – 277, 278.
Gumplowicz, L. – 210.
Gurvitch, Georges – 90, 277.
Gusdorf, Georges – 192, 221, 222, 229, 277, 278.
Gutiérrez, Gustavo – 311.

H
Habermas, Jürgen – 223, 260, 278.
Haeckel, E. – 210.
Hainard, Jacques – 269, 271.
Halbwachs, Maurice – 11, 12, 15, 19, 21, 26, 27, 33, 40, 271, 278, 284.
Halévy, Daniel – 183, 187, 278.
Hanson, R. R. – 108.
Harrington, James – 154.
Hartmann, Eduard von – 215, 216, 217, 219, 231, 278.
Hartmut, Atsma – 266.
Hartog, François – 23, 28, 29, 34, 35, 60, 79, 108, 109, 159, 162, 185, 219, 261, 267, 278.
Harvey, J. Kayy – 278.
Hastings, Warren – 206.
Haym, Rudolf – 172, 208, 249.
Hazard, Paul – 278.
Heeren, Arnold von – 70.
Hegel, G. W. F. – 27, 45, 49, 72, 82, 149, 164, 167, 168, 170, 171, 172, 174, 176, 178, 181, 184, 187, 188, 189, 193, 197, 210, 211, 212, 213, 214, 218, 226, 230, 231, 240, 241, 244, 245, 247, 248, 249, 250, 251,

252, 253, 254, 265, 269, 272, 273, 275, 277, 278, 279, 280, 282, 310.

Heidegger, Martin – 17, 18, 19, 164, 233, 250, 258, 273, 279, 291.

Heine, H. – 196, 206, 217.

Heinsenberg, Werner – 233.

Heller, A. – 279.

Hempel, C. G. – 118, 272, 279.

Heraclito – 18, 57, 264, 311.

Herbart, Johann F. – 175, 218.

Herculano, Alexandre – 51, 70, 72, 105, 130, 131, 188, 271, 279.

Herder, J. G. – 70, 73, 149, 155, 169, 188, 193, 194, 195, 196, 197, 198, 201, 206, 231, 240, 241, 242, 244, 245, 260, 263, 267, 268, 276, 279, 280, 285, 286, 287.

Hernández Sandoica, Elena – 28, 78, 117, 126, 279.

Heródoto de Halicarnasso – 18, 35, 58, 59, 60, 61, 62, 64, 65, 69, 112, 279, 306.

Hespanha, António Manuel – 279.

Hess, Moses – 172, 173, 174.

Hill, Christopher – 96.

Hill, Raphael – 96.

Hilton, Rodney – 96.

Himmelfarb, G. – 279.

Himmler, Heinrich – 219.

Hitler, A. – 219.

Hobbes, Th. – 164, 165, 168, 184.

Hobsbawm, Erich – 96.

Homero – 18, 35.

Hooykaas, R. – 157, 279.

Horkheimer, Max – 154.

Hugo, Victor – 183, 206, 279.

Huizinga, Johan – 97.

Humboldt, Wilhelm von – 73, 86, 114, 198, 209, 263, 279.

Hume, David – 70, 176.

Hunt, Lynn – 104, 266.

Huntington, Samuel P. – 255, 280.

Husserl, E. – 12, 233.

Huyssan, A. – 28, 280.

Hyppolite, Jean – 280.

I

Illyricus, Flacius – 69.

Irvin, Robert – 207, 208, 219, 280.

Iselin, Isaak – 162, 194.

J

Jacob, Margaret – 266.

Jacolliot, Louis – 208.

Janicaud, Dominique – 224, 275, 280.

Janko de Wirsberg – 147.

Jankélévitch, Vladimir – 27, 280.

Jarczyk, Gwendoline – 252, 280.

Jefferson, Thomas – 162.

Jones, William – 207, 208.

Jouvenal, Bertrand de – 253.

Jünger, Ernst – 253.

Julia, Dominique – 269, 275.

Justiniano – 158.

Justo, José M. – 196, 197, 279, 280.

K

Kagan, Robert – 310.

Kant, E. – 86, 89, 91, 122, 149, 161, 162, 163, 164, 165, 167, 168, 170, 171, 172, 178, 179, 184, 194, 196, 197, 200, 201, 240, 245, 246, 247, 254, 280, 282, 284, 288.

Karki, Hakim – 140.

Kaye, H. J. – 280.
Kedourie, Elie – 196, 280.
Kedrov, B. M. – 229, 280.
Keller, K. – 67.
Kelley, D. R. – 66, 280.
Kellner, Hans – 265, 273, 280.
Kepler, J. – 152.
Khun, Thomas – 108, 235, 280.
Kierkegaard, S. – 175.
Kirkinen, Heikki – 152, 280.
Klaproth, H. J. – 209.
Klemm, G. – 210.
Kofman, Sarah – 235, 280.
Kojève, Alexandre – 176, 248, 249, 250, 251, 252, 253, 254, 266, 280, 281, 284, 289.
Koselleck, Reinhart – 14, 29, 63, 109, 127, 162, 183, 184, 192, 204, 246, 262, 277, 281.
Koyré, Alexandre – 281, 310.
Krasin'ski, Zygmunt – 149.

L
La Mettrie, Julien Offrey de – 152.
La Popelinière, Lancelot de – 68, 69, 70, 193, 285.
Labarrière, Pierre-Jean – 280.
Lactâncio – 143.
Ladurie, Emmanuel Le Roy – 98.
Laín Entralgo, Pedro – 136, 141, 162, 169, 281.
Lakatos, Imre – 120, 236.
Lalande, André – 107, 222, 281.
Lamarck, J.-B. – 168, 203, 230.
Lamartine, Alphonse de – 206.
Lamprecht, Karl – 84.

Langlois, Charles-Victor – 74, 75, 77, 84, 113, 281.
Lao-Tze – 216.
Laplace, P.-S. – 176.
Lardreau, Guy – 274.
Latour, Bruno - 281
Launay, Marc de – 281.
Lavelle, Louis – 249.
Le Goff, Jacques – 22, 88, 98, 281, 284, 287.
Leduc, Jean – 281.
Lefebvre, Henri – 169, 248, 253, 281.
Leibniz, G. W. – 161, 193, 195, 200, 248, 278.
Lenine, V. I. – 94, 95.
Lepetit, Bernard - 281
Lessing, G. E. – 149, 160, 167, 168, 182, 193, 278, 281.
Levi, G. – 103.
Lévinas, Emmanuel – 21,112, 281.
Lévi-Strauss, Claude – 88, 90, 93, 101, 281.
Lewis, John – 96.
Lima, Henrique Espada – 104, 281.
Lima, Sílvio – 77, 176, 188, 282.
Lineu, C. – 200, 201.
Locke, J. – 12, 168.
Longlès, Louis Mathieu – 208.
Lorenz, Konrad – 233, 236, 282, 286.
Losee, John – 229, 282.
Löwith, Karl – 136, 138, 141, 147, 149, 151, 199, 249, 282.
Löwy, M. – 259, 282.
Lozano, Jorge – 62, 72, 114, 275, 282.
Lubac, Henri de – 149, 282.
Luckmann, Thomas – 14.

Índice Onomástico

Ludden, David – 282.
Lukács, G. – 93, 282.
Lutero – 243.
Lyell, Charles – 230.
Lyotard, Jean-François – 258, 282.

M

Mabillon, Jean – 69, 71, 87, 113.
Machado, Álvaro Manuel – 206, 282.
Mainers, Ch. – 201.
Maître, Joseph de – 186, 245.
Malter, Rudolf – 168, 282.
Man, Henri de – 253, 254.
Mannien, Juha – 282.
Maquiavel, N. – 67, 68, 153.
Marat, J.-P. – 187.
Marco António – 308
Marcuse, Herbert – 282.
Marques, Viriato Soromenho – 164, 282.
Marramao, Giacomo – 61, 97, 138, 141, 155, 169, 178, 181, 282.
Marrou, Henri-Irénée – 34, 96, 123, 142, 282.
Martin, Hervé – 75, 76, 122, 269, 277.
Martin, Jean-Clément – 54, 283.
Martins, Oliveira – 40, 212, 229, 283, 288.
Marx, Karl – 49, 90, 91, 92, 93, 94, 95, 149, 157, 168, 172, 173, 174, 175, 180, 213, 215, 226, 228, 234, 240, 241, 245, 246, 250, 251, 254, 258, 265, 274, 283, 289.
Marx, Leo – 149, 151, 283.
Massano, António – 313.
Max-Müller, Friedrich – 208.
Mate, Reyes – 269, 272, 273, 283, 287.
Mauss, Marcel – 83.

Mayor, John – 104.
Mazlish, Bruce – 151, 283.
Meinecke, F. – 283.
Meiners, C. – 201.
Mendonça, Henriques Lopes de – 51.
Mercier, L.-S. – 154, 184.
Merejkowski, Dimitri – 149, 150.
Merleau-Ponty, Maurice – 122, 253, 283.
Merlini, Fabio – 182, 268, 269, 283, 284.
Metz, Johann Baptist – 137.
Michelet, Jules – 74, 122, 155, 156, 157, 183, 195, 244, 283, 290.
Michelet, K. L. – 172, 173.
Miller, Cecilia – 157, 283.
Milo, Daniel S. – 144, 283.
Mirabeau, H. G. R. – 192.
Moltmann, Jürgen – 306.
Momigliano, A. – 283, 284.
Monod, Gabriel – 74, 76, 283.
Monod, Jean-Claude – 251, 252, 253, 284.
Montesquieu, C.-L de Secondat – 68, 70, 179, 193, 196, 200, 213, 278, 284.
Moradiellos, Enrique – 66, 67, 70, 284.
Morin, Edgar – 120, 236, 284.
Moro, Thomas – 154, 184.
Möser, Justus – 70, 188.
Moses, Hess – 172, 173, 174.
Mosès, Stéphane – 20, 30, 38, 45, 46, 169, 284.
Mottu, Henri – 147, 284.
Müller, Bertrand – 122, 273, 274, 284.
Müntzer, Thomas – 148, 268.
Muglioni, Jean-Michel – 284.
Muxell, Anne – 284.

N

Namer, Gérard – 12, 14, 15, 24, 284.
Napoleão – 189, 250, 253.
Nerval, G. – 206.
Nicolau de Cusa – 161.
Niebuhr, B. G. – 130.
Niethammer, Lutz - 253, 254, 284.
Nietzsche, F. – 19, 32, 48, 53, 93, 123, 136, 151, 175, 191, 218, 219, 231, 241, 244, 249, 261, 263, 282,284, 285.
Nisbet, Robert A. – 151, 284.
Noiriel, Gérard – 47, 71, 108, 284.
Nora, Pierre – 26, 34, 49, 284.
Novalis – 215.

O

Oakeshott, Michael – 284.
Oldroyd, D. R. – 230, 285.
Olender, Maurice – 203, 285.
Orósio, Paulo – 241, 243.
Ortega y Gasset, José – 118.

P

Padre Mersenne – 152.
Pain, Thomas – 162.
Pascal, Blaise – 308.
Patocka, J. – 285.
Paul, Jean-Marie – 218, 285.
Pécheux, Michel – 276.
Pénisson, Pierre – 195, 196, 198, 267, 285.
Pereira, Ana Leonor – 230, 285.
Pereira, Maria Helena da Rocha – 279.
Pereira, Miguel Baptista – 5, 23, 28, 29, 239, 143, 144, 148, 150, 154, 162, 177, 184, 200, 201, 202, 203, 236, 285, 305, 306.

Perrault, Charles – 158.
Perrot, Michelle – 101, 285.
Petrarca, F. – 66.
Peuch, Henri-Charles – 138, 285.
Peyrère, Isaac de – 200.
Philonenko, Alexis – 164, 285.
Piqué, Nicolas – 68, 69, 285.
Pitchard, Evans – 99.
Platão – 16, 17, 18, 35, 251.
Plínio – 305.
Plutarco – 63.
Poincaré, Henri – 233.
Poliakov, Léon – 213, 285.
Políbio – 59, 63.
Pollock, Sheldon – 209, 286.
Pomian, Krzysztof – 34, 64, 65, 67, 89, 90, 91, 100, 136, 141, 145, 154, 159, 161, 163, 243, 285, 286.
Poni, Carlo – 103.
Popelinière, La – 68, 69, 70, 193, 286.
Popper, Karl – 222, 225, 233, 236, 281, 286.
Porter, Mark – 259, 286.
Prestes João – 154.
Priestley, Joseph – 162.
Prigogine, Ilya – 120.
Prost, Antoine – 101, 104, 108, 286.
Proudhon, Pierre-Joseph – 90, 173, 175, 226, 241, 245, 246, 286.
Proust, M. – 30, 45.

Q

Quatremère, É. M. – 205.
Queirós, Eça de – 205, 212, 232, 286.
Quental, Antero de – 216, 263, 271, 286.
Quinet, Edgar – 206, 286.

R

Radelet, Edgar – 140, 280.

Rancière, Jacques – 91, 286.

Ranke, Leopold von – 40, 72, 73, 85, 105, 130, 155, 194, 195, 198, 231, 260, 277.

Raulet, G. – 261, 286.

Reale, Giovanni – 236, 286.

Reisch, G. A. – 286.

Rémond, René – 286.

Rémusat, Jean-Pierre – 205.

Renan, Ernest – 19, 203, 205, 213, 218, 286.

Renouvier, Charles-Bernard-Joseph – 175, 286.

Revel, Jacques – 175, 286.

Ricardo, David – 173.

Rickert, H. – 73, 86, 118, 231, 286.

Ricœur, Paul – 13, 16, 19, 21, 27, 30, 34, 39, 40, 42, 43, 44, 45, 96, 108, 111, 113, 118, 122, 123, 127, 128, 144, 261, 267, 273, 274, 275, 284, 287.

Rienzo, Cola di – 147.

Roberston, William – 70.

Robespierre, Maximilien de – 183, 187, 250.

Robin, Régine – 287.

Robinson, James Harvey – 84.

Rorty, R. – 287.

Rose, Hilary – 276, 287.

Rosenberg, Alfred – 198, 219.

Rosenzweig, Franz – 30, 180, 239, 284, 287.

Rossi, Paolo – 108, 158, 287.

Rouché, Max – 287.

Rousseau, J.-J. – 70, 165, 168, 193.

Ruben, D. H. – 287.

Rubinstein, Moses – 249.

Rüsen, Jörn – 287.

Ruge, Arnold – 172.

S

S. Bento – 147.

S. Justino – 143.

Sacristán Luzón, Manuel – 287.

Sacy, A. I. Silvestre de – 205.

Sádaba, Javier – 287.

Said, Edward W. – 287.

Saint-Hilaire, Barthélemy de – 208.

Saint-Simon, Henri de – 149, 173, 180, 226, 227, 229.

Saitta, A. – 287.

Salisbury, Lord – 211.

Salmi, Hannu – 287.

Salomon, Jean-Jacques – 224, 287.

Santo Agostinho – 12, 14, 64, 135, 136, 139, 140, 141, 146, 153, 245, 262, 288, 306.

Santana Pérez, Juan Manuel – 288.

Santo Irineu – 143.

Santo Isidoro de Sevilha – 143.

Santos, Leonel Ribeiro dos – 149, 240, 288.

Sayre, R. – 259, 282.

Scharff, Robert C. – 228, 288.

Schelling, F. W. J. – 149, 175, 179, 218, 240, 245, 288.

Schiller, Johann Ch. Friedrich von – 167, 168, 170, 175, 244, 282, 288.

Schlegel, Fr. – 177, 202, 209, 215, 243.

Schlözer, A. L. – 70.

Scholem, Gershom – 30, 284, 288.

Schopenhauer, A. – 203, 209, 215, 216, 217, 218, 219, 231, 244.

Schwab, Raymond – 206, 211.

Scott, Joan – 288.
Seignobos, Charles – 74, 75, 77, 78, 84, 113, 281, 288.
Seligmann-Silva, Márcio – 54, 288.
Séneca – 140.
Sexl, Romanan – 233.
Shakespeare, W. – 196.
Silva, Augusto Santos – 40, 288.
Simiand, François – 83, 88, 288.
Simmel, G. – 15, 86, 118, 231, 288.
Simon, Richard – 69.
Skinner, Quentin – 289.
Smith, Adam – 173.
Smith, Carl – 253.
Sorell, Tom – 221, 289.
Spencer, Herbert – 82, 229, 230.
Spengler, Oswald – 191, 219, 256, 258, 289.
Spiegel, Gabrielle M. – 104, 289.
Spranger, Eduard – 233.
Springer, Anton H. – 249.
Sprinker, Michael – 274, 289.
Stanford, M. J. G. – 289.
Starobinski, Jean – 192, 289.
Stirner, Max – 172.
Stone, Lawrence – 99, 289.
Strauss, David – 213, 216.
Strauss, Leo – 251, 289.
Suter, Andreas – 184, 289.

T
Tagliacozzo, Giorgio – 157, 289.
Teodósio – 158.
Tertuliano – 143.
Thompson, Edward P. – 96, 289.
Thuillier, Pierre – 289.
Thyssen, Johannes – 289.
Tiffeneau, D. – 290.

Todorov, Tzvetan – 16, 20, 36, 290.
Topolsky, Jerzy – 290.
Torgal, Luís Reis – 271.
Tort, Patrick – 223, 290.
Toulmin, Stephen – 108.
Toumela, Raino – 282.
Toynbee, Arnold – 219, 256, 258, 290.
Traverso, Enzo – 290.
Treitschke, Heinrich von – 197.
Trendelenburg, Adolfo – 175.
Tucídides – 35, 59, 61, 62, 63, 64, 71, 113, 140.
Turgot, A. R. – 162, 167, 168, 212, 230, 245.
Turner, Victor – 99.

U
Urbain, Jean-Didier – 39, 290.

V
Valéry, Paul – 219, 264, 308.
Valla, Lourenço – 66.
Vann, Richard T. – 290.
Vasari, Giorgio – 159.
Vattimo, Gianni – 258, 259, 290.
Vaucanson, Jacques de – 152.
Védrine, Hélène – 290.
Veyne, Paul – 46, 123, 126, 128, 266, 290.
Vico, G. B. – 74, 86, 116, 121, 145, 149, 155, 156, 157, 181, 219, 231, 268, 275, 283, 290.
Voltaire – 70, 162, 163, 167, 168, 169, 182, 193, 194, 195, 205, 213, 270, 275, 290.
Vovelle, Michel – 101.

W
Waismann, A. – 290.

Wallon, Henri – 83.

Walsh, W. H. – 290.

Weber, Max – 73, 86, 96, 109, 118, 158.

Whewell, W. – 229.

White, Hayden – 73, 86, 96, 109, 118, 158, 290, 291.

Whitrow, G. J. – 135, 291.

Wilson, Horace Hayman – 208.

Windelband, Wilhelm – 73, 86, 96, 109, 118, 158.

Wirsberg, Livin de – 147.

Wisser, Richard – 291.

Wittram, R. – 308.

Worthington, William – 148.

Wright, G. H. von – 272, 291.

Wüst, Walter – 219.

Y

Yates, Frances A. – 35, 291.

Yerushalmi, Yosef A. – 20, 291.

Yilmaz, Levent – 159, 291.

Posfácio

*(Palavras proferidas por Anselmo Borges
no lançamento da 1.ª edição deste livro)*

Este texto tem a sua origem numa exposição oral – constatar-se-á que mantém muito de oralidade – de apresentação da obra *Os Passos do Homem como Restolho do Tempo. Memória e Fim do Fim da História*, do Doutor Fernando Catroga, Professor Catedrático da Faculdade de Letras da Universidade de Coimbra. Quer, como a exposição e associando-se ao Doutor Fernando Catroga, ser uma homenagem à memória do amigo comum, Miguel Baptista Pereira.

1. Antes de mais, agradeço o convite generoso que me foi feito para esta apresentação, que tanto me honra. Seguindo o preceito de Plínio – *ne sutor ultra crepidam* –, procurarei não ir além da sandália. De facto, a melhor apresentação da obra é ela mesma na excelência de obra de maturidade de um prestigiado pensador, investigador e professor, de renome internacional.

Fernando Catroga é conhecido e reconhecido pelas suas investigações sobre a morte. Também escreveu a melhor obra em língua portuguesa sobre a problemática da secularização, laicidade e religião civil: *Entre Deuses e Césares*. Ele é o historiador que entre nós melhor faz o cruzamento da história e da filosofia.

Tenho de confessar o imenso prazer intelectual na leitura desta obra: o pensamento é profundo, as referências são sem limite, a bibliografia é extensa, há sugestões em desafio constante que nos convocam para o diálogo crítico. Repito: obra de excelência da maturidade intelectual, muito exigente na sua profundidade reflexiva. A sua melhor introdução foi escrita pelo autor nas "Palavras Prévias", de belo recorte literário.

Tem três momentos, ou, melhor, eixos fundamentais: a história como superação da morte; a *episteme* da história; as filosofias da história, o fim da história e o fim do fim da história.

2. Entramos no primeiro momento. Porque vamos à história, porque escrevemos história? Porque há a questão, o enigma, o mistério do tempo e da morte e mortalidade. Se soubéssemos o que é o tempo, teríamos resolvido o nosso enigma. Heródoto escreveu as suas *Histórias* "para que os feitos dos homens se não desvaneçam com o tempo nem fiquem sem renome os grandes empreendimentos realizados pelos Helenos e pelos Bárbaros".

Então, fundamentalmente queremos saber o que e quem somos. Na história, há um interesse essencial antropológico. Porque a nossa identidade é narrativa. Quando perguntamos a alguém quem é, narra-nos a sua história, a sua biografia. Mas, para narrá-la completamente, terá de passar à sua família, pais, avós, bisavós..., ao país, ao continente em que está inserido, à história toda da Humanidade, à história da vida, da passagem do *australopithecus* ao *sapiens sapiens* e *demens demens*, à história toda do cosmos até ao *big bang* e, aí chegado, perguntar ainda: porque há algo e não nada, porquê o *big bang*?...

Isto mostra que não há lugar para a separação entre as ciências da natureza, baseadas na explicação (*erklären*), e as ciências do espírito, baseadas na compreensão (*verstehen*). Afinal, são todas hermenêuticas. Por outro lado, vemos que o nosso passado são as nossas costas, que nunca vimos, e o nosso rosto, que também não vemos, somos nós voltados para os outros e para o futuro. E, se perdêssemos a memória, não perderíamos apenas o passado, mas a própria identidade. O esquecimento é a morte.

Assim, quando se pensa no enigma do tempo, é-se confrontado com a sua concepção circular – o círculo era para os gregos a melhor representação da eternidade –, a concepção sobretudo moderna, linear... Santo Agostinho ia dizendo que, se não lhe perguntassem, sabia o que é o tempo, mas, se lhe perguntassem e tivesse de responder, não sabia, porque o passado já não existe, o futuro ainda não existe e o presente nunca o agarramos, pois é passagem. Ou está como presente presente, e o passado como presente na memória e o futuro como presente na expectativa?

Mas, se reflectirmos de forma conveniente e adequada, observaremos que o tempo e a história não podem entender-se de modo exclusivamente linear, isto é, de modo unidimensional, como se as diferenças e relações entre o passado, o presente e o futuro pudessem reduzir-se à simples relação do antes e depois. O tempo é linear e entrecruzado, numa rede de relações múltiplas e complexas, como reflecte Fernando Catroga, na esteira de Miguel Baptista Pereira e Jürgen Moltmann.

Há certamente presente, passado e futuro. Mas cada modo do tempo tem ele próprio tríplice modo. Isto é: o passado não pode entender-se pura e simplesmente como o ultrapassado e superado; ele próprio teve um passado, um presente e um futuro. Trata-se de um presente passado, com o seu próprio passado e também o seu futuro.

De modo semelhante, o nosso presente enquanto presente actual tem em si o passado presente e o futuro presente. Não pressupõe o presente actual o futuro do presente passado? Por outras palavras, não nasceu o nosso presente das esperanças, projectos e possibilidades do presente passado?

E o mesmo deverá dizer-se do futuro, que, no seu presente, enquanto concretização do nosso futuro presente, estará entrelaçado com o seu passado, que é o nosso presente actual, e com o seu próprio futuro.

Portanto, o passado não é pura e simplesmente o passado e superado; o passado vive e actua no presente. O passado tinha e tem futuro. Há futuro no passado. O passado também sonhou, nele fermentavam possibilidades, também esteve grávido de projectos e de esperanças. Esse futuro do presente passado tem a sua concretização no nosso presente, mas o nosso presente actual enquanto realização desse passado é apenas uma das suas concretizações. Apenas uma. Tanto assim é que, de vez em quando, há renascimentos. E há renascimentos porquê? Porque houve um passado com imensas esperanças, enormes sonhos e possibilidades, com projectos maiores do que aqueles que encontraram realização. Houve, portanto, projectos, esperanças e possibilidades do passado que foram esquecidos e até reprimidos e, por isso, há movimentos que vão ao passado para recuperar as esperanças e os projectos que ficaram ocultos, que foram esquecidos e reprimidos, para de novo os colocar em marcha. As esperanças reprimidas são reactivadas no projecto do futuro – não é aqui que se coloca, Doutor Fernando Catroga, toda a sua longa meditação sobre a memória e o monumento?

Mas também o futuro do nosso presente há-de ficar sempre aquém daquilo que o presente sonhou. Quer dizer, o presente futuro, que será também realidade resultante do nosso futuro presente, não esgotará as nossas possibilidades e sobretudo as nossas esperanças. Como o presente actual se não identifica com o futuro do presente passado, também o presente futuro se não adequará ao futuro do presente. E o mesmo é necessário dizer do próprio futuro, também ele sempre com futuro.

Aqui está, pois, a história como memória contra o esquecimento, contra a morte e a perda de identidade.

3. O segundo eixo tem a ver com a *episteme* da história. Pode a história pretender constituir-se em ciência? Aristóteles negava essa pretensão, pois a ciência refere-se ao universal. Ora, a história tem como objecto o singular, irrepetível e contingente. A contingência e o acaso em história são algo que não deixa de impressionar profundamente, na medida em que estamos em presença de acontecimentos imprevisíveis e contingentes que acabam por ter uma incidência histórica aparentemente indevida. Pascal disse-o de forma pregnante: o nariz de Cleópatra, se não fosse como era, a história do mundo seria diferente. E, realmente, se Marco António não tivesse ido no encalço de Cleópatra, poderia ter vencido e a história mundial seria outra. O príncipe russo não se converteu ao islão, e, com ele, o povo russo, porque o islão não permite bebidas alcoólicas... Se a Rússia fosse islâmica e não cristã, como seria a história do mundo?

Assim, quanto a essa pretensão científica da histórica erguem-se algumas objecções, temíveis.

Em primeiro lugar, o historiador não observa directamente os factos. Pela sua própria natureza, a história é conhecimento do passado. Mas o passado já não existe. O historiador e filósofo R. Wittram, na sua obra *Das Interesse an der Geschichte,* escreveu: "A mim os grandes acontecimentos históricos do passado afiguram-se-me como cataratas geladas, imagens congeladas pelo gelo da vida que se foi e nos mantém à distância. Gelamos à vista dos grandes feitos: reinos caídos, culturas destruídas, paixões apagadas, cérebros mortos. Se tomamos isto a sério, podemos sentir que nós, historiadores, temos uma ocupação bem estranha: habitamos na cidade dos mortos, abraçamos as sombras, recenseamos os defuntos."

Depois, o conhecimento do passado só é possível indirectamente, e permanece subjectivo. Não vai o historiador para o seu ofício com a sua subjectividade – homem de uma época, de uma classe, de um país, com determinados interesses? Projectará inevitavelmente sobre o passado os seus valores próprios, os seus interesses e preocupações presentes...

Em terceiro lugar, não sendo possível a experimentação nem a repetibilidade, pois se trata de acontecimentos únicos e irrepetíveis, não poderá estabelecer leis...

Fernando Catroga é bem consciente destas objecções. Por isso, opõe-se à história objectivista, positivista e não pensa que a história seja mestra da vida... Aliás, como escreveu Paul Valéry, "a história justifica o que se quiser. Ela não ensina rigorosamente nada, pois contém tudo e dá exemplos de tudo".

Mas é possível reconstruir o facto histórico, porque há vestígios, sinais, traços – aqui está o título da obra: *Os Passos do Homem como Restolho do Tempo*. O historiador representa, então, *re-presentifica* o passado, sempre na convergência da explicação e da compreensão e tendo em conta a imaginação, que não fantasia, para perceber os outros possíveis e assim fazer uma síntese. Tem, pois, de precaver-se contra o perigo de, já que escreve a história do fim para o princípio, julgar que há uma necessidade histórica, como se o passado só pudesse ser o que foi.

Dada a sua subjectividade inevitável e sempre histórica, impõe-se distinguir entre a factualidade e a significação da história. Esta distinção faz entender a necessidade de reescrever permanentemente a história. Também por causa da interpenetração dos tempos ou do seu cruzamento, de que falámos. E ainda porque há a *Wirkungsgeschichte* (a história efeitual), de que falava Gadamer... Precisamente por isso, não é só a história vivida que é nova, também o é a historiografia: a história está sempre a ser reescrita.

4. O terceiro eixo diz respeito ao fim do fim da história.

Aqui, temos todo o campo da teologia da história e da sua secularização em filosofias da história, segundo o esquema sucessivo de teodiceia, logodiceia, historiodiceia, agregando a mercadodiceia.

Para a intelecção desta problemática, é decisiva a passagem pelo conceito de secularização, nos seus vários sentidos: a secularização da consciência, que deriva do esbatimento da relação pessoal com a Transcendência divina; a secularização enquanto autonomia das realidades terrestres, que constitui uma conquista civilizacional fundamental, sobretudo na sua incidência sociopolítica – separação da(s) Igreja(s) e do Estado, da religião e da política; e a secularização enquanto traz para a imanência da história, herdando-os, conteúdos semânticos da escatologia cristã, referentes à meta-história – pense-se, por exemplo, nos conceitos de salvação e de Reino de Deus, realizados numa sociedade humana finalmente transparente, sem contradição nem exploração.

Se a história é uma herança essencialmente bíblica – ao conceito grego de geração, que implica necessidade, contrapõe-se o conceito bíblico de criação, que implica liberdade –, na perspectiva cristã, a história tem o seu fim, enquanto termo e *telos* na meta-história.

Foi quando a história se acelerou, concretamente com a revolução da ciência e da técnica, que, bebendo, por exemplo, em Giocchino da Fiori com a sua interpretação da Santíssima Trindade e a tripartição da história em reino ou idade do Pai, idade do Filho e idade do Espírito Santo, se elaborou a lei dos três estádios da história e a partir da ideia de criação pelo *Logos* se procurou a racionalidade da história e se avançou pela secularização no terceiro sentido indicado.

É aqui que se inserem nomeadamente Hegel e o marxismo. Segundo Hegel, a história do mundo é o tribunal do mundo (*Weltgeschichte Weltgericht*), a teodiceia converte-se em historiodiceia, pois a história é racional enquanto desenvolvimento dialéctico de Deus. O marxismo não é compreensível sem o seu horizonte bíblico-profético-messiânico. Também Ernst Bloch elaborou toda a sua filosofia à volta da esperança do Reino de Deus sem Deus – humanização da natureza e naturalização do homem –, no quadro de um salto sobrenatural da própria natureza...

Mas a consumação da história na sua imanência é contraditória, porque a história, pela sua natureza, é sempre finita e contingente. E, por outro lado, há constitutivamente o novo ineliminável...

Aqui, sem pretender meter-me em debates intermináveis, gostaria apenas de acenar para a ideia de que a modernidade ainda é teológica, no sentido de que herda e quer realizar na imanência da história conceitos e categorias essencialmente teológicas. Se se fala hoje tanto em pós--modernidade, é porque é essa modernidade teológica que entrou em crise, na medida em que se desconfia do progresso, a tecnociência está em crise, caiu o sonho do comunismo como solução do enigma da história e não se confia muito em utopias...

Já mais perto de nós, Francis Fukuyama também falou do "fim da história", na medida em que, com a queda do muro de Berlim, já nada haveria de novo, pois o futuro caminharia, no domínio político, pela democracia e, no económico, pelo liberalismo: depois do fim da União Soviética e da libertação dos países satélites, por causa da falência do comunismo, a democracia liberal e a economia de mercado impor-se-iam por si ao mundo todo. Diga-se, de passagem, que esta tese já tinha sido avançada na Segunda Guerra Mundial por Alexandre Kojève.

Embora no quadro do messianismo americano, era sobretudo a ideologia da história dos vencedores que estava em marcha. O próprio Fukuyama acabou já por recuar... Afinal, a história, pela sua própria definição, é aberta... Não foi por acaso que, em 2008, outro politólogo americano, Robert Kagan, escreveu também um livro, mas com o título: *O Regresso da História e o fim dos sonhos*.

Depois, nesta visão, falta sempre a história dos vencidos – a história no seu reverso (Gustavo Gutiérrez). Há um provérbio africano, admirável neste domínio: um ditado sobre a memória mutilada. Diz assim: "Enquanto os leões não tiverem os seus próprios historiadores, as histórias de caça continuarão a glorificar o caçador."

À maneira de *excursus*, permitam uma palavra teológica. Há a historicidade, a história vivida, a história escrita, a filosofia da história. Mas a filosofia da história enquanto termo e consumação (*Ende* e *Vollendung*) não é possível. Mas é pensável uma teologia da história. No quadro do entrecruzamento dos tempos, é pensável Deus como o Futuro absoluto, isto é, o Futuro de todos os passados, presentes e futuros. Deus enquanto Futuro absoluto consuma a história ao mesmo tempo que a abre ao sempre novo.

Aqui, ganha mais sentido a palavra enigmática de Heraclito, que Ernst Bloch resumiu deste modo: "Wer das Unverhoffte nicht erhofft wird es nicht finden" (quem não espera o inesperado não o encontrará). É também precisamente com ela que Fernando Catroga fecha a sua obra, à qual só posso desejar que tenha o êxito que uma obra de mestre merece.

ANSELMO BORGES

Faculdade de Letras da Universidade de Coimbra

Nota Final

Este livro retoma, refunde e junta o que fomos escrevendo em *Teoria da história e do conhecimento histórico*, Coimbra, Faculdade de Letras, 1996 (relatório para provas de agregação); "A história começou a Oriente", AA.VV., *O Orientalismo em Portugal*, Lisboa, Comissão Nacional para as Comemorações dos Descobrimentos Portugueses, 1999; *Memória, história e historiografia*, Coimbra, Quarteto, 2001 (com uma edição anterior incluída em Sandra Pesavento (org.), *Fronteiras do milénio*, Porto Alegre, Editora da Universidade do Rio Grande do Sul, 2001); *Caminhos do fim da história*, Coimbra, Quarteto, 2003; "Teorias da história dos historiadores", *Trajetos*, revista de História da Universidade Federal do Ceará, vol. 3, n.º 6, 2005, pp. 11-42; "Ainda será a história mestra da vida?", *Estudos Ibero--Americanos*, revista do Departamento de História da Pontifícia Universidade Católica do Rio Grande do Sul, edição especial, n.º 2, 2006, pp. 7-34.

Alguns amigos mostraram-me que valia a pena concatenar todos estes escritos, porque, na sua diversidade temática (memória, historiografia e teoria da história), encontraram um pano de fundo comum que a sua compilação tornaria mais patente. Acabei por dar-lhes razão. E, para esse convencimento, foi fundamental o contributo da Joana Duarte, ao disponibilizar-se para ler os textos e para aferir acerca da pertinência interna da sua ordenação. Mais uma vez, também foi preciosa a ajuda que recebemos do Paulo Archer, do José Ribeiro Ferreira e, no que a esta reedição respeita, do António Massano e do Anselmo Borges. A todos, o meu muito obrigado.

Em termos institucionais, este trabalho foi apoiado pelo Centro de História da Sociedade e da Cultura da Universidade de Coimbra.

Índice

Palavras Prévias 7

Primeira Parte
UMA POÉTICA DA AUSÊNCIA

CAPÍTULO I – **Recordação e esquecimento** 11
Memória e alteridade 11
Memória, esquecimento e expectativas na construção selectiva do passado 16
O recordado como ponta do icebergue do esquecido 20
Memória e monumento 21
A memória como narrativa 23
Filiar, identificar, distinguir 24
Os futuros do passado 26
A ilusória permanência do presente 27

CAPÍTULO II – **A representificação do ausente** 33
A escrita da história como rito de recordação 35
Um "gesto de sepultura" 38
Entre a fidelidade e a veridicção 40
O eco do silêncio no rumor do recordado 43
Memória política e política da memória 46
"Recordo-me, logo existo" 50
O historiador como um "remembrancer" 53

Segunda Parte
MEDIATEZ E MEDIAÇÃO

CAPÍTULO III – **A historiografia como *ars memoriae*** 57
Quando a boca do tempo mordia a cauda do tempo 57
Ver, ouvir, testemunhar 60
O método como caminho 65
Um "cartesianismo" impossível 71

Índice

CAPÍTULO IV – **Uma historiografia sem rostos** 81
    Morte e ressurreição dos *idola* 83
        Uma hermenêutica não assumida? 85
    O tempo quase eleático da totalidade impossível 88
    O *requiem* da história como finalidade imanente 92
    A saturação do cânone 96
        A hora dos "regressos" 99
        O caminho plural da historiografia contemporânea 102

CAPÍTULO V – **Uma poliédrica coluna de mármore** 105
    O historiador-epistemólogo 106
        A lição epistémica da história da historiografia 109
    "Ver" para além do "olhar" 111
        A mediatez do conhecimento histórico 112
    Explicar/compreender 116
    O historiador como sujeito *pré-ocupado* 121
    Um referente também ausente 124
        A história como escrita; a escrita como história 127
    Um conhecimento sem fim da história do conhecimento 129

Terceira Parte
A ACTIVA ESPERA DA ESPERANÇA

CAPÍTULO VI – **O tempo peregrino** 135
    O círculo e a linha 135
    A nova cronosofia 142
    Quando a terra começou a tocar o céu 146

CAPÍTULO VII – **A história: o livro ainda por acabar** 151
    A a-historicidade das ciências da natureza 152
    A temporalização da utopia 153
    A teologia civil racional da Providência divina 155
    Historicidade e progresso das ciências 157
    As filosofias da história 162
        A entificação da história e da humanidade 164

CAPÍTULO VIII – **O canto do galo do novo amanhecer**	167
A "gramática" das filosofias da história.	167
Uma história profética da humanidade	170
"Ao princípio era a acção"	172
A aceleração do tempo histórico.	181
"Revolução" e "revolucionários"	183
O desfecho trágico da vida do "grande homem"	187
CAPÍTULO IX – **Uma viagem no expresso do Ocidente.**	191
As dessintonias da história	191
A humanidade como polifonia	193
A bélica biologia das palavras	199
A diáspora ariana nos arcanos da Europa	202
A geografia da consumação da história universal	211
A idealização do Oriente como crítica do Ocidente ao Ocidente	215
CAPÍTULO X – **A ciência como o novo áugure do futuro**	221
Uma filosofia da história com vestes cientistas	221
O caminhar do problema para novos problemas	226
A ciência como uma ideologia da salvação	232

Quarta Parte
O *AINDA NÃO SER*

CAPÍTULO XI – **A história do mundo é o tribunal do mundo**	239
A antropodiceia no tempo	240
A dialéctica da redenção	242
O desfecho irónico da história.	248
O fim do fim da história.	256
A sempre iminente irrupção do novo	257
Bibliografia	265
Índice Onomástico	293
Posfácio de Anselmo Borges	305
Nota final	313